Band 89: Fachgespräche auf der 14. GI-Jahrestagung. Braunschweig, Oktober 1984. Herausgegeben von H.-D. Ehrich. V, 267 Seiten. 1984.

Band 90: Informatik als Herausforderung an Schule und Ausbildung. GI-Fachtagung, Berlin, Oktober 1984. Herausgegeben von W. Arlt und K. Haefner. X, 416 Seiten. 1984.

Band 91: H. Stoyan, Maschinen-unabhängige Code-Erzeugung als semantikerhaltende beweisbare Programmtransformation. IV, 365 Seiten. 1984.

Band 92: Offene Multifunktionale Büroarbeitsplätze. Proceedings, 1984. Herausgegeben von F. Krückeberg, S. Schindler und O. Spaniol. VI, 335 Seiten. 1985.

Band 93: Künstliche Intelligenz. Frühjahrsschule Dassel, März 1984. Herausgegeben von C. Habel. VII, 320 Seiten. 1985.

Band 94: Datenbank-Systeme für Büro, Technik und Wirtschaft. Proceedings, 1985. Herausgegeben von A. Blaser und P. Pistor. X, 519 Seiten. 1985.

Band 95: Kommunikation in Verteilten Systemen I. GI-NTG-Fachtagung, Karlsruhe, März 1985. Herausgegeben von D. Heger, G. Krüger, O. Spaniol und W. Zorn. IX, 691 Seiten. 1985.

Band 96: Organisation und Betrieb der Informationsverarbeitung. Proceedings, 1985. Herausgegeben von W. Dirlewanger. XI, 261 Seiten. 1985.

Band 97: H. Willmer, Systematische Software- Qualitätssicherung anhand von Qualitäts- und Produktmodellen. VII, 162 Seiten. 1985.

Band 98: Öffentliche Verwaltung und Informationstechnik. Neue Möglichkeiten, neue Probleme, neue Perspektiven. Proceedings, 1984. Herausgegeben von H. Reinermann, H. Fiedler, K. Grimmer, K. Lenk und R. Traunmüller. X, 396 Seiten. 1985.

Band 99: K. Küspert, Fehlererkennung und Fehlerbehandlung in Speicherungsstrukturen von Datenbanksystemen. IX, 294 Seiten. 1985.

Band 100: W. Lamersdorf, Semantische Repräsentation komplexer Objektstrukturen. IX, 187 Seiten. 1985.

Band 101: J. Koch, Relationale Anfragen. VIII, 147 Seiten. 1985.

Band 102: H.-J. Appelrath, Von Datenbanken zu Expertensystemen. VI, 159 Seiten. 1985.

Band 103: GWAI-84. 8th German Workshop on Artificial Intelligence. Wingst/Stade, October 1984. Edited by J. Laubsch. VIII, 282 Seiten. 1985.

Band 104: G. Sagerer, Darstellung und Nutzung von Expertenwissen für ein Bildanalysesystem. XIII, 270 Seiten. 1985.

Band 105: G. E. Maier, Exceptionbehandlung und Synchronisation. IV, 359 Seiten. 1985.

Band 106: Österreichische Artificial Intelligence Tagung. Wien, September 1985. Herausgegeben von H. Trost und J. Retti. VIII, 211 Seiten. 1985.

Band 107: Mustererkennung 1985. Proceedings, 1985. Herausgegeben von H. Niemann. XIII, 338 Seiten. 1985.

Band 108: GI/OCG/ÖGJ-Jahrestagung 1985. Wien, September 1985. Herausgegeben von H. R. Hansen. XVII, 1086 Seiten. 1985.

Band 109: Simulationstechnik. Proceedings, 1985. Herausgegeben von D. P. F. Möller. XIV, 539 Seiten. 1985.

Band 110: Messung, Modellierung und Bewertung von Rechensystemen. 3. GI/NTG-Fachtagung, Dortmund, Oktober 1985. Herausgegeben von H. Beilner. X, 389 Seiten. 1985.

Band 111: Kommunikation in Verteilten Systemen II. GI/NTG-Fachtagung, Karlsruhe, März 1985. Herausgegeben von D. Heger, G. Krüger, O. Spaniol und W. Zorn. XII, 236 Seiten. 1985.

Band 112: Wissensbasierte Systeme. GI-Kongreß 1985. Herausgegeben von W. Brauer und B. Radig. XVI, 402 Seiten, 1985.

Band 113: Datenschutz und Datensicherung im Wandel der Informationstechnologien. 1. GI-Fachtagung, München, Oktober 1985. Proceedings, 1985. Herausgegeben von P. P. Spies. VIII, 257 Seiten. 1985.

Band 114: Sprachverarbeitung in Information und Dokumentation. Proceedings, 1985. Herausgegeben von B. Endres-Niggemeyer und J. Krause. VIII, 234 Seiten. 1985.

Band 115: A. Kobsa, Benutzermodellierung in Dialogsystemen. XV, 204 Seiten. 1985.

Band 116: Recent Trends in Data Type Specification. Edited by H.-J. Kreowski. VII, 253 pages. 1985.

Band 117: J. Röhrich, Parallele Systeme. XI, 152 Seiten. 1986.

Band 118: GWAI-85. 9th German Workshop on Artificial Intelligence. Dassel/Solling, September 1985. Edited by H. Stoyan. X, 471 pages. 1986.

Band 119: Graphik in Dokumenten. GI-Fachgespräch, Bremen, März 1986. Herausgegeben von F. Nake. X, 154 Seiten. 1986.

Band 120: Kognitive Aspekte der Mensch-Computer-Interaktion. Herausgegeben von G. Dirlich, C. Freksa, U. Schwatlo und K. Wimmer. VIII, 190 Seiten. 1986.

Band 121: K. Echtle, Fehlermaskierung durch verteilte Systeme. X, 232 Seiten. 1986.

Band 122: Ch. Habel, Prinzipien der Referentialität. Untersuchungen zur propositionalen Repräsentation von Wissen. X, 308 Seiten. 1986.

Band 123: Arbeit und Informationstechnik. GI-Fachtagung. Proceedings, 1986. Herausgegeben von K. T. Schröder. IX, 435 Seiten. 1986.

Band 124: GWAI-86 und 2. Österreichische Artificial-Intelligence-Tagung. Ottenstein/Niederösterreich, September 1986. Herausgegeben von C.-R. Rollinger und W. Horn. X, 360 Seiten. 1986.

Band 125: Mustererkennung 1986. 8. DAGM-Symposium, Paderborn, September/Oktober 1986. Herausgegeben von G. Hartmann. XII, 294 Seiten, 1986.

Band 126: GI-16. Jahrestagung. Informatik-Anwendungen – Trends und Perspektiven. Berlin, Oktober 1986. Herausgegeben von G. Hommel und S. Schindler. XVII, 703 Seiten. 1986.

Band 127: GI-17. Jahrestagung. Informatik-Anwendungen – Trends und Perspektiven. Berlin, Oktober 1986. Herausgegeben von G. Hommel und S. Schindler. XVII, 685 Seiten. 1986.

Band 128: W. Benn, Dynamische nicht-normalisierte Relationen und symbolische Bildbeschreibung. XIV, 153 Seiten. 1986.

Band 129: Informatik-Grundbildung in Schule und Beruf. GI-Fachtagung, Kaiserslautern, September/Oktober 1986. Herausgegeben von E. v. Puttkamer. XII, 486 Seiten. 1986.

Band 130: Kommunikation in Verteilten Systemen. GI/NTG-Fachtagung, Aachen, Februar 1987. Herausgegeben von N. Gerner und O. Spaniol. XII, 812 Seiten. 1987.

Band 131: W. Scherl, Bildanalyse allgemeiner Dokumente. XI, 205 Seiten. 1987.

Band 133: B. Freisleben, Mechanismen zur Synchronisation paralleler Prozesse. VIII, 357 Seiten. 1987.

Informatik-Fachberichte 133

Herausgegeben von W. Brauer
im Auftrag der Gesellschaft für Informatik (GI)

Bernhard Freisleben

Mechanismen zur Synchronisation paralleler Prozesse

Springer-Verlag
Berlin Heidelberg New York
London Paris Tokyo

Autor

Bernhard Freisleben
Technische Hochschule Darmstadt
Fachbereich Informatik, Institut für Systemarchitektur
Fachgebiet Betriebssysteme
Alexanderstr. 24, 6100 Darmstadt

CR Subject Classifications (1985): D.4.1, D.1.3, D.3.3, B.1.5, D.4.8

ISBN-13: 978-3-540-17217-8   e-ISBN-13: 978-3-642-71659-1
DOI: 10.1007/978-3-642-71659-1

CIP-Kurztitelaufnahme der Deutschen Bibliothek. Freisleben, Bernhard: Mechanismen zur Syn-
chronisation paralleler Prozesse / Bernhard Freisleben. – Berlin; Heidelberg; New York; Tokyo:
Springer, 1987.
(Informatik-Fachberichte; 133)

NE: GT

2145/3140–543210

Vorwort

Die vorliegende Arbeit entspricht inhaltlich meiner im Oktober 1985 vom Fachbereich Informatik der Technischen Hochschule Darmstadt genehmigten Dissertation. Eine Übersicht über die Themenstellungen der einzelnen Kapitel findet sich im Abschnitt "Thema und Gliederung der Arbeit".

Ich möchte nicht versäumen, mich für die Unterstützung bei der Anfertigung dieser Arbeit zu bedanken:

Mein besonderer Dank gilt Herrn Prof. Dr. J. L. Keedy, der diese Arbeit, zuerst in Darmstadt und später in Newcastle/Australien, in hervorragender Weise betreut hat. Seine exzellente Sachkenntnis, sein reichhaltiger Erfahrungsschatz und sein großes menschliches Potential waren für die Fertigstellung dieser Arbeit von unschätzbarem Wert.

Danken möchte ich weiterhin Herrn Prof. Dr. P. Kammerer für seine wertvollen Anregungen und seine hilfsbereite Unterstützung bei der Übernahme des Erstgutachtens. Bei Herrn Prof. Dr. H. Tzschach bedanke ich mich für seine freundliche Bereitschaft, das Korreferat zu übernehmen.

Für ihre Hilfeleistungen beim Tippen des Manuskriptes und bei der Benutzung des Textformatierers bin ich Frau A. Ehlert, Herrn M. Schulte und Herrn J. Schrod zu Dank verbunden.

Dank gebührt auch dem Springer-Verlag für die Veröffentlichung der Arbeit in den Informatik-Fachberichten und dem anonymen Gutachter für seine konstruktiven Verbesserungsvorschläge.

Abschließend möchte ich einen herzlichen Dank an alle Freunde, Bekannten und Kollegen aussprechen, die mir während der verschiedenen Phasen dieser Arbeit zur Seite standen.

Darmstadt, im November 1986   Bernhard Freisleben

Inhaltsverzeichnis

Thema und Gliederung der Arbeit

Das Thema der vorliegenden Arbeit ist der Entwurf und die Implementierung von Synchronisationsmechanismen zur Lösung von Problemen der Koordination paralleler Prozesse in Betriebssystemen.

Die Erforschung geeigneter Mechanismen zur Synchronisation paralleler Prozesse nahm nicht nur in den Anfängen der Betriebssystementwicklung eine zentrale Stellung ein, sondern ist auch heute noch Gegenstand unzähliger wissenschaftlicher Untersuchungen. In der vorliegenden Arbeit wird der Versuch unternommen, die historische Entwicklung dieses Themenkreises aufzuzeigen und durch neue Vorschläge einen Beitrag zur Verbesserung des Forschungsstandes zu leisten. Ausgangspunkt der Untersuchung ist ein Überblick über die relevanten Problemstellungen der Prozeßsynchronisation, sowie die Beschreibung, Analyse und Gegenüberstellung von den in der Literatur vorgeschlagenen Ansätzen zu deren Lösung. Als Konsequenz dieser Untersuchung wird ein neuer Ansatz zur Entwicklung von Synchronisationsmechnanismen vorgestellt, der sich von der Entwurfsphilosophie existierender Ansätze abwendet. Anstatt nämlich den Versuch zu unternehmen, einen einzigen Synchronisationsmechanismus zur Lösung unterschiedlichster Prozeßkoordinationsprobleme entwickeln zu wollen, wird in dem neuen Ansatz dafür plädiert, Problemklassen zu identifizieren und jeweils einen speziellen Mechanismus für eine bestimmte Problemklasse anzubieten. Eine Reihe solcher Mechanismen, die auf primitiven oder zusammengesetzten Semaphor-Operationen und ähnlichen Konstrukten basieren, wird zur Verdeutlichung dieses Ansatzes in der Arbeit vorgeschlagen. Diese neuen Mechanismen werden sowohl unter programmiermethodischer Hinsicht, als auch unter Effizienzaspekten mit existierenden Synchronisationsmechanismen verglichen. Dabei wird nachgewiesen, daß die neuen Vorschläge hinsichtlich beider Kriterien existierenden weit überlegen sind.

Die Arbeit ist folgendermaßen gegliedert:

In Kapitel 1 wird neben einer Einführung in die Problematik der für die effiziente Nutzung einer Rechenanlage notwendigen Parallelität eine Reihe von möglichen Synchronisationsproblemen angegeben, die im wesentlichen darin bestehen, den Zugriff einer Menge von Prozessen zu einer Menge von Betriebsmitteln zu koordinieren, um eine störungsfreie und konsistente Funktionsweise des Rechnersystems zu garantieren. Aus diesem Grunde ist es nicht verwunderlich, daß in der Literatur eine Vielzahl von Synchronisationsmechanismen eingeführt wurde, deren gemeinsames Ziel in der Gewährleistung der jeweiligen Synchronisationsbedingungen eines Prozeßkoordinationsproblems zu finden ist. Bei genauer Betrachtung stellt sich heraus, daß die Entwurfsmotivationen der publizierten Synchronisationsmechanismen von den unterschiedlichsten Überlegungen geleitet wurden. Daraus resultierend wird am Ende von Kapitel 1 eine vom Implementierungsstandpunkt aus gesehene Hierarchie von Synchronisationsmechanismen aufgestellt, die aus drei verschiedenen Ebenen besteht. Auf der Ebene 1 befinden sich alle Mechanismen, die direkt in der Hardware einer Maschine implementiert sind, während die Mechanismen der Ebene 2 aus programmiermethodischer Sicht eine Einstufung in die Makro-Assembler-Ebene nahelegen; Mechanismen der Ebene 3 sind Synchronisationskonstrukte von höheren Programmiersprachen. Eine Hierarchie bilden diese Mechanismen deshalb, weil zur Implementierung eines Mechanismus einer höheren Ebene ein oder mehrere Mechanismen einer tieferen Ebene notwendig sind.

Da ein Großteil der publizierten Mechanismen meist im Hinblick auf traditionelle Einprozessor-Architekturen (begrenzt auch für Mehrprozessorsysteme mit gemeinsamem Speicher) entwickelt wurde, ist der Aspekt "Verteilte Systeme" in dieser Arbeit bewußt außer acht gelassen worden, weil eine befriedigende Abhandlung dieses Gebiets den Rahmen der vorliegenden Arbeit bei weitem übersteigen würde. Es gibt auch in diesem Gebiet bereits eine Vielzahl von Publikationen, so daß eine separate Bearbeitung angebracht erscheint.

Eine Beschreibung von Synchronisationsmechanismen der Ebene 1 findet man in Kapitel 2. Alle diese Mechanismen haben die gemeinsame Eigenschaft, die notwendige Unteilbarkeit für höhere Mechanismen zu gewährleisten, ihr Anwendungsbereich besteht deshalb vornehmlich in der Implementierung des gegenseitigen Ausschlusses von Prozessen aus gemeinsamen Datenbereichen.

Synchronisationsmechanismen der Ebene 2 werden in Kapitel 3 vorgestellt. Diese Mechanismen können zur Lösung einer Vielzahl von Synchronisationsproblemen eingesetzt werden, aber solche Lösungen sind wegen der niedrigen Programmierebene oft relativ unstrukturiert, nicht unmittelbar verständlich und länglich, so daß nicht selten Fehlersituationen auftreten, die später nur relativ aufwendig zu beheben sind.

Aufgrund dieser unerwünschten Charakteristika entstanden die Synchronisationsmechanismen der Ebene 3, die dem Programmierer durch eine Einbettung in eine höhere Programmiersprache von zeitraubenden Programmierdetails befreien und ihm klare, modular strukturierte Lösungen zu Synchronisationsproblemen ermöglichen sollen. Leider erfordern diese Mechanismen, die in Kapitel 4 beschrieben werden, oft eine teure, ineffiziente Implementierung; in einigen Fällen sind selbst die Lösungen zu bestimmten Synchronisationsproblemen nur schwierig zu finden.

Aus den obigen Ausführungen geht hervor, daß ein idealer Synchronisationsmechanismus die Eigenschaften einer einfach verständlichen Lösungserstellung mit einer dennoch effizienten Implementierungsmöglichkeit verbindet, also ein Mechanismus, der sich nicht direkt in die oben beschriebene Hierarchie einordnen läßt, der demnach die Lösungserstellung auf der Ebene 3 erlaubt, aber auf der

Ebene 1 implementiert werden kann. Da der Entwurf eines einzigen Mechanismus zur Lösung aller möglichen Synchronisationsprobleme wegen der Fülle der unterschiedlichen Problemtypen unrealistisch erscheint, wie die zahlreichen in den Kapiteln 2, 3 und 4 beschriebenen Mechanismen demonstrieren, wurde in dieser Arbeit der Ansatz gewählt, eine begrenzte Menge verschiedener Mechanismen für die jeweiligen Problemtypen anzubieten. Dieser Ansatz basiert auf den Arbeiten von Keedy, Rosenberg und Ramamohanarao (1979) und Keedy, Ramamohanarao und Rosenberg (1982), die spezialisierte Mechanismen zur Belegung eines Betriebsmittels aus einer Menge von identischen Betriebsmitteln und zur Lösung von Leser/Schreiberproblemtypen entworfen haben. Beide Mechanismen erlauben die Lösungserstellung auf der Ebene 3, sowie eine effiziente Implementierung im Mikrocode, also auf der Ebene 1. Da die Motivation der vorliegenden Arbeit sehr stark von dem oben beschriebenen Ansatz beeinflußt ist, werden beide Mechanismen in Kapitel 5 vorgestellt.

Der obigen Entwurfsphilosophie folgend, wird in Kapitel 6 ein neuartiger Mechanismus zur Lösung des Problems der gleichzeitigen Anforderung mehrerer Betriebsmittel vorgestellt. Dieser Mechanismus basiert auf einer ungewohnten Verwendung von zwei bereits in Kapitel 2 aufgeführten Hardwareinstruktionen, die normalerweise lediglich zur Implementierung von bestimmten Mechanismen der Ebene 2 eingesetzt werden. Die Nützlichkeit dieser Hardwareinstruktionen, sowie einiger weiterer, neu vorgeschlagener, primitiver Operationen wird überdies an der Lösung einer Reihe von anderen Synchronisationsproblemen demonstriert.

Ein in der parallelen Prozeßsteuerung häufig auftretendes Problem ist die Reihenfolgesteuerung des Zugriffs von Klassen von Prozessen auf ein Betriebsmittel nach verschiedenen Prioritäten. Ein neuer Mechanismus, der für diesen Problemtyp geeignet ist, wird in Kapitel 7 vorgestellt. Dieser Mechanismus kann außerdem benutzt werden, um Zustandsinformationen über ein Betriebsmittel zwischen Prozessen auszutauschen.

Obwohl der in Kapitel 7 eingeführte Mechanismus zur Lösung der beschriebenen Problemstellungen ausreichend ist, kann die Güte und Einfachheit solcher Lösungen angezweifelt werden. Aus diesem Grund wird in Kapitel 7 ein weiterer Mechanismus vorgestellt, der nicht nur für Prioritätsproblemstellungen, sondern auch für die gleichzeitige Belegung eines Betriebsmittels durch eine Klasse von Prozessen einfache Lösungen ermöglicht.

Die Überlegenheit der in dieser Arbeit neu eingeführten Mechanismen wird in Kapitel 8 anhand der Angabe von Lösungen für alle in dieser Arbeit beschriebenen Synchronisationsprobleme, sowie eines Effizienzvergleichs von Lösungen mit verschiedenen in der Literatur beschriebenen Mechanismen demonstriert. Dieser Vergleich basiert auf einer analytischen Betrachtung der Zeitkomplexität der jeweiligen Lösungsprotokolle. Als Ergebnis läßt sich feststellen, daß die neu vorgeschlagenen Mechanismen sowohl eine aus Benutzersicht sehr einfache Lösungserstellung für Synchronisationsprobleme ermöglichen, als auch sehr effiziente Ausführungszeiten der Lösungsprotokolle gewährleisten.

In Kapitel 9 werden die Ergebnisse der Arbeit zusammengefaßt, und es wird ein Ausblick über zukünftige Forschungsziele vorgenommen.

KAPITEL 1

Parallelität und Synchronisation

1.1 Einleitung

Für die effiziente Nutzung einer Rechenanlage ist ein hoher Grad an Parallelität innerhalb ihrer Komponenten von wesentlicher Bedeutung. Parallelität in diesem Sinne ist gleichzusetzen mit der Existenz gleichzeitiger Aktionen, wobei zwei Aktionen A1 und A2 gleichzeitig sind, wenn A1 beginnt, bevor A2 endet, und A2 beginnt, bevor A1 endet. Die Notwendigkeit paralleler Aktionen ist dadurch begründet, daß einerseits die maximale physikalische Verarbeitungsgeschwindigkeit bei vielen einzelnen (Hardware)-Komponenten bald erreicht sein wird, so daß eine Steigerung der Leistung nur durch eine Parallelisierung der Einzelaktivitäten erreicht werden kann und andererseits Unregelmäßigkeiten in der Auslastung der einzelnen Komponenten nur durch eine parallele Arbeitsweise effizient ausgeglichen werden können.

Die Rechner der frühen fünfziger Jahre erlaubten keinerlei Parallelität zwischen Zentralprozessor *(Central Processing Unit)* und Ein-/Ausgabegeräten, da typischerweise nur ein einzelnes Programm auf dem Zentralprozessor lief und Aktivitäten der CPU während der Ausführung von Ein-/Ausgabeoperationen unterdrückt wurden. Diese erhebliche Ineffizienz führte zur Einführung von asynchron arbeitenden peripheren Geräten, die den hohen Geschwindigkeitsunterschied zum schnellen Zentralprozessor durch eine parallele Operationsmöglichkeit ausgleichen konnten. Da es jedoch in der Verantwortlichkeit eines einzelnen Programmes lag, diese Parallelität auszunutzen, in dem es beispielsweise eine Eingabeoperation vor dem eigentlichen Gebrauch anfordern mußte, versuchte man, durch die Einführung von Systemprogrammen dem Benutzer eine einfache Schnittstelle zur Hardware zu liefern. Diese Systemprogramme, die die Parallelität in einer Rechenanlage einfach, zuverlässig und effizient verwalten sollten, nannte man *Betriebssysteme.*

Die Hauptaufgabe eines Betriebssystems besteht demnach in der Verwaltung der *Betriebsmittel* einer Rechenanlage, wobei der Begriff "Betriebsmittel" sowohl im Hardware-, als auch im Softwarebereich anwendbar ist. Nach dieser Begriffsbildung werden also so unterschiedliche Bestandteile einer Rechenanlage wie z.B. Zentralprozessor(en), Haupt- und Hintergrundspeicher, Ein-/Ausgabegeräte, Dateien, Prozeduren, Tabellen, Übersetzer, Dienstprogramme, etc. als Betriebsmittel aufgefaßt.

Ein besonders wichtiges Kriterium für die Leistungsfähigkeit einer Rechenanlage ist die gemeinsame Benutzung, das Teilen der Betriebsmittel *(Sharing)*. Die einfachste Form ist das Aufteilen des Zentralprozessors an mehrere (sich im Hauptspeicher befindliche) Programme oder Programmteile: jedes Programm erhält die Erlaubnis, den Prozessor für einen bestimmten Zeitabschnitt zu benutzen (z.B. bis es eine Ein-/Ausgabe-Operation anfordert), bevor der Prozessor einem anderen Programm zugeteilt wird. Dieses Verfahren wird als *Mehrprogrammbetrieb* bezeichnet. Andere Anwendungen des *Sharing-Konzepts* sind z.B. die

(a) Benutzung schon vorhandener Dienstleistungen (die Möglichkeit, bereits existierende Programme oder Programmteile zu benutzen)

(b) gemeinsame Benutzung von Daten (z.B. der Zugriff von mehreren Benutzern auf eine gemeinsame Datenbank)

(c) Verminderung der Redundanz (Speicherplatzersparnis bei Benutzung desselben Programms durch mehrere Benutzer)

Aufgrund der gleichzeitigen gemeinsamen Benutzung von Betriebsmitteln kann es gelegentlich erforderlich sein, parallele Aktionen, die in sich sequentiell sind, koordinieren zu müssen. Eine solche Koordination wird beispielsweise notwendig, wenn ein parallel neben einer Eingabe laufendes Zentralprozessorprogramm unterbrochen werden muß, um die Eingabedaten zu verarbeiten. Weiterhin dürfen zwei parallele Programme nicht gleichzeitig den Wert einer bestimmten Speicherposition ändern.

Die Ausnutzung der Parallelität einer Rechenanlage läßt sich in zwei prinzipiell verschiedene Fälle unterscheiden (Richter 1977):

(a) Die Parallelität wird benutzt zur Abwicklung verschiedener voneinander unabhängiger Aufgaben nebeneinander.

(b) Die Parallelität wird zur gleichzeitigen Abarbeitung verschiedener Elemente der gleichen Aufgabe benutzt.

Lösungsversuche zu Problemen der Parallelität in frühen Mehrprogramm-Systemen führten schnell zu der Einsicht, daß das Programmieren in Maschinensprachen und die Verwendung von *ad hoc-Mechanismen* zur Parallelitätsbewältigung nur äußerst mühsame, von unkontrollierbaren Programmierfehlern durchsetzte Ergebnisse liefern konnte. Deshalb begann man, nach einem abstrakten, maschinenunabhängigen Mittel zu suchen, das das Verhalten eines parallele Aktivitäten beinhaltenden Systems ausdrücken und beschreiben konnte.

Eines der ersten Konzepte dieser Abstraktion war das Konzept eines *Prozesses*. Da dieser Begriff oft synonym mit dem Begriff *Programm* benutzt wird, sollen zunächst die Eigenschaften eines Programmes charakterisiert werden (Richter 1977):

(a) Ein (sequentielles) Programm ist eine gegebene Folge von Elementaroperationen, die entsprechend dem zugrundeliegenden Algorithmus sequentiell ausgeführt wird.

(b) Die Folge der Elementaroperationen wird vollständig durch den jeweiligen Zustand des Programmes bestimmt.

(c) Eine Elementaroperation wird unteilbar ausgeführt, d.h. es gibt keine Überlappung von mehreren Elementaroperationen.

(d) Die zur Ausführung einer Folge von Programmschritten benötigte Zeit ist irrelevant für den Ablauf des Programmes, und der Ablauf ist reproduzierbar. Ein Programm ist also ein in sich abgeschlossenes System.

Die Restriktion, daß bei diesem Programmbegriff die zur effizienten Nutzung einer Rechenanlage notwendige Parallelarbeit unberücksichtigt bleibt, führte zur Einführung des Begriffes "Prozeß". Die erste Begriffsbildung geht auf Dijkstra (1965) und Dennis und van Horn (1966) zurück, die unter einem Prozeß das Aktivitätszentrum innerhalb einer Folge von Elementaroperationen verstehen. Ein Prozeß kann also als Ausführung eines sequentiellen Programmes verstanden werden. Horning und Randell (1973) definieren den Prozeßbegriff formal, in dem sie *Zustandsvariablen*, *Mengen von Zustandsvariablen* und *Zustandsräume* einführen. Als *Berechnungen* werden dann Folgen von Zuständen innerhalb des Zustandsraumes bezeichnet, die mit einem Anfangszustand beginnen und mit einem Endzustand abschließen (falls die Berechnungen endlich sind). *Aktivitäten* bedeuten Zuweisungen von Werten zu den Zustandsvariablen. Eine *Aktivitätsfunktion* ist dann eine Abbildung von Zuständen in Aktivitäten, und ein Prozeß erzeugt alle Berechnungen aus dem Anfangszustand durch Anwendung der Aktivitätsfunktion. Frühe Anwendungen des Prozeßbegriffs findet man in Dijkstra (1968,1968a), Morris und Detlefsen (1969) und Brinch Hansen (1970). Von Horning und Randell abweichende, formale Definitionen geben Presser (1975) und Denning (1971) an.

Prozesse, die im Gegensatz zu Programmen nicht als geschlossenes System betrachtet werden, können in zwei Formen miteinander kommunizieren, nämlich explizit durch das Senden und Empfangen von Nachrichten und implizit durch die gemeinsame Benutzung oder Veränderung der *Umgebung* der betreffenden Prozesse.

Als *Umgebung* bezeichnet man die Gesamtheit aller Objekte (Instruktionen und Daten), die durch den Ablauf der Programme beeinflußbar sind. Man unterscheidet zwischen *globaler Umgebung* (eine mehreren Prozessen gemeinsame Umgebung) und *lokaler Umgebung* (die nur von einem Prozeß erreichbare Umgebung). Teile der Umgebung sind beispielsweise Befehlszähler, sichtbare Register (Basis-, Index-, Akkumulator) eines Prozessors, Betriebsmittel, das Programm selbst etc. Prozesse dürfen beliebig gestoppt und wieder gestartet werden, unter der

Bedingung, daß der *Prozeßzustand* erhalten bleibt. Hierunter versteht man alle prozeßspezifischen Daten, wie z.B. Prozessorregister, CPU-Uhr, Gründe für das Stoppen, zeitabhängige Kontrollblöcke (für Echtzeitbetrieb), Änderungen des realen Adreßraumes etc.

Die Idee, eine Rechenanlage als eine Menge von asynchronen, kooperierenden, sequentiellen Prozessen anzusehen, die parallel ausgeführt werden können und sich zeitunabhängig verhalten (d.h. man kann keine Annahmen über die Geschwindigkeit der Ausführung treffen ("finite progress assumption", Andrews und Schneider 1983)), war bei weitem die bedeutenste Innovation für die strukturierte Kontrolle der Parallelität in einer Rechenanlage. In diesem Zusammenhang erwähnenswert sind das CTTS Projekt (Saltzer 1966) und Dijkstras THE-System (Dijkstra 1968a), die als erste diese Idee realisierten.

Die Ausführung eines parallelen Programmes wird durch die Architektur der jeweiligen Rechenanlage in starkem Maße mitbeeinflußt. Wenn die Rechenanlage aus einem Prozessor besteht, dann ist das der schon früher erwähnte *Mehrprogrammbetrieb*. Befindet sich jeder Prozeß auf einem eigenen Prozessor, so wird dies als *Mehrprozessorbetrieb (multiprocessing)* bezeichnet, wenn die Prozessoren sich einen gemeinsamen Speicher teilen (Jones und Schwarz 1980); es wird *verteilter Prozessorbetrieb (distributed processing)* genannt, wenn die Prozessoren durch ein Kommunikationsnetz miteinander verbunden sind (Kuck 1977, Enslow 1977). Natürlich sind auch Mischformen denkbar, beispielsweise, daß eine Rechenanlage aus mehreren Prozessoren besteht, die Zugriff zu einen gemeinsamen Speicher haben, und daß jeder Prozessor im Mehrprogrammbetrieb arbeitet. Andere Ansätze legen die sogenannte *SIMD-Architektur (Single Instruktion, Multiple Data)* zugrunde, wobei mehrere eng-verbundene parallele Prozessoren den gleichen Instruktionenfluß mit verschiedenen Daten ausführen (Yau und Fung 1977, Ramamoorthy und Li 1977). Die SIMD-Maschinen sind als Assoziativ-, Array- oder Pipeline-Rechner bekannt. Eine in ihrer praktischen Wertigkeit noch fragwürdige Sichtweise einer Rechenanlage besteht darin, die Rechenanlage nicht als Menge von kommunizierenden, sequentiellen Prozessen aufzufassen, sondern als eine ungeordnete Menge von Instruktionen, wobei eine Instruktion immer dann ausgeführt werden kann, wenn ihre Operanden verfügbar sind. Maschinen dieser Art werden als *Datenflußmaschinen (Data Flow Machines)* bezeichnet (Arwind, Gostelow und Plouffe 1977, Dennis 1974, Weng 1975).

Wenn mehrere parallele Prozesse in einer Rechenanlage existieren, sind Probleme der Betriebsmittelverwaltung, der Beeinflussung der Reihenfolge der Ausführung von Prozessen und der Vermeidung von gegenseitigen Störungen innerhalb der parallelen Aktivitäten nur zu lösen, wenn gelegentlich eine *Interaktion* oder *Kooperation* zwischen den Prozessen stattfindet. Dies kann in folgenden Formen geschehen (Richter 1977):

(a) Ein Prozeß übermittelt Daten an einen anderen Prozeß und beeinflußt damit die Ausführung des anderen. Diese Form der Kooperation wird *Kommunikation* genannt und basiert auf der Benutzung gemeinsamer Variablen oder Nachrichtenübermittlung.

(b) Prozesse kooperieren, um eine korrekte Sequenzialisierung verschiedener Ereignisse zu garantieren. Diese Form der Kooperation zur Steuerung der Reihenfolge von Prozessen wird *Synchronisation* genannt und basiert auf der Benutzung gemeinsamer Variablen oder Nachrichtenübermittlung.

Die Synchronisation von Prozessen wird oft notwendig, wenn Prozesse kommunizieren. Wenn beispielsweise ein Prozeß eine bestimmte Aktion durchgeführt haben muß, bevor ein zweiter weiterlaufen kann (z.B. das Setzen einer Variable oder das Senden einer Nachricht), dann müssen die Abläufe der beiden Prozesse aufgrund einer bestimmten Bedingung beeinflußt werden. Zur Erfüllung einer solchen Ablaufbedingung bzw. zur Organisation der Ausführungsreihenfolge von Prozessen benutzt man einen *Synchronisationsmechanismus*. Eine Synchronisation wird zusätzlich notwendig, wenn sich Prozesse gemeinsame Betriebsmittel wie Prozessor, Speicherplätze oder Ein-/Ausgabe-Geräte teilen. Denn wenn mehrere Prozesse mit unvorhersagbaren Geschwindigkeiten gleichzeitig auf gemeinsamen Daten operieren, dann ist auch das Resultat unvorhersagbar, da keiner der Prozesse die Möglichkeit hat, herauszufinden, wie andere die Daten verändert haben. Dies kann man durch das folgende Beispiel illustrieren (siehe (Dijkstra 1968)):

Angenommen, es gebe zwei Prozesse P1 und P2, die folgende Operationen ausführen:

```
P1: x:=x+1      P2: x:=x+2      (initially x=0)
```

Vernünftigerweise sollte man annehmen, daß nach der Ausführung von P1 und P2 x den Wert 3 hat. Nimmt man jedoch an, daß die Zuweisungen nicht als unteilbare Operationen implementiert sind, sondern als Sequenz von drei unteilbaren Maschinenoperationen

```
P1: (a) lade ein Register     P2: (d) lade ein Register
        mit dem Wert von x             mit dem Wert von x

    (b) addiere 1                 (e) addiere 2

    (c) speichere das            (f) speichere das
        Resultat in x                Resultat in x
```

dann kann nach Ausführung von P1 und P2 x den Wert 1, 2 oder 3 haben:

```
Bei   (d),(e),(a),(b),(f),(c)   => x=1


      (a),(b),(d),(e),(c),(f)   => x=2


      (a),(b),(c),(d),(e),(f)   => x=3
```

Dieses nicht-deterministische Verhalten, das viele parallele Systeme aufweisen, kann man verhindern, indem die geschachtelte Ausführung der Zuweisungsoperationen verboten wird, d.h. indem man die Zuweisungen als *unteilbare Operationen* oder *atomare Aktionen (atomic actions)* betrachtet. Hierbei wird angenommen, daß ein einzelner Speicherzugriff unteilbar ist; wenn zwei oder mehrere Prozesse gleichzeitig einen Speicherzugriff auf die gleiche Speicherposition versuchen, dann ist das Resultat so, als ob nacheinander zugegriffen wurde. Dies ist eine legitime Annahme in Anbetracht des Aufbaus heutiger Speicher. Eine Betrachtung der Implikationen dieser Annahme findet man in (Lamport 1980a).

Eine Sequenz von Anweisungen, die als eine unteilbare Operation ausgeführt werden müssen, wird *kritischer Abschnitt* genannt. Kritische Abschnitte tauchen in allen gemeinsam benutzten Betriebsmitteln auf, so kann man z.B. ein Ein-/Ausgabe-Gerät (Drucker) als kritischen Abschnitt betrachten. Die Verwaltung von kritischen Abschnitten kann in den verschiedensten Formen erfolgen: eine einfache Form ist der *gegenseitige Ausschluß (mutual exclusion)*, wobei ein Prozeß sich exklusiv innerhalb des kritischen Abschnitts befindet und andere Prozesse außerhalb warten müssen, bis der kritische Abschnitt verlassen wird. Andere Formen der Verwaltung von kritischen Abschnitten erlauben mehreren Prozessen, gleichzeitig innerhalb des kritischen Abschnitts zu sein; es können verschiedene Prioritäten an Prozesse vergeben werden, die sich um den kritischen Abschnitt bewerben, oder es kann einem Prozeß erlaubt werden, den kritischen Abschnitt der Kontrolle eines anderen innerhalb des kritischen Abschnitts befindlichen Prozesses gewaltsam zu entziehen.

1.2 Prozeßstrukturierungsmodelle

Das Gebiet der parallelen Prozeßsteuerung war in der Vergangenheit oft von einer
starken Undurchsichtigkeit geprägt, die es kaum ermöglichte, parallele Programme
aufgrund der Verwendung mehrerer Synchronisationsmechanismen in anscheinend
beliebiger Weise nachzuvollziehen und zu verstehen. Dies ließ die fundamentale
Frage nach einer strukturierten Unterteilung eines parallelen Programms oder
Systems in Prozesse und geeigneten Mechanismen für deren Synchronisation auf-
kommen, die mit der Einführung unterschiedlicher Prozeßstrukturierungsmodelle
in der Literatur Behandlung fand. Die Unterschiede der Modelle zirkulieren
hauptsächlich um verschiedene Sichtweisen der Beziehung zwischen Prozessen
und Programmoduln (d.h. textuell separate Programmuntereinheiten), wobei die
Frage ist, wie ein in einem Modul laufender Prozeß die Dienstleistungen eines
anderen Moduls beanspruchen kann.

Im ersten Modell, dem sogenannten *in-process* oder *prozedur-orientierten* Modell,
werden Dienstleistungen durch einen vom Prozeß ausgeführten Prozeduraufruf
angefordert, der die Ausführungskontrolle ohne das Eingreifen des CPU-Prozeßschedulers bei diesem Prozeß läßt (deshalb "in-process"). Da in diesem Modell
Prozesse direkt auf einen Modul zugreifen, kann es möglich sein, daß mehrere
Prozesse gleichzeitig gemeinsame Variablen benutzen wollen. Zur Vermeidung
inkonsistenter Resultate muß der Zugriff im Modul durch einen Ausschlußmechanismus synchronisiert werden. Zusätzlich ist ein Mechanismus zur Suspendierung
und Aktivierung von Prozessen notwendig, um komplexe Betriebsmittelzuteilungs-
probleme zu lösen. Die Realisierung dieses Modells, bei dem die Interaktion von
Prozessen implizit auf gemeinsamen Variablen und Prozeduraufrufen basiert, findet man in den Programmiersprachen CONCURRENT PASCAL (Brinch Hansen
1975), MODULA (Wirth 1977), MESA (Lampson und Redell 1980) und EDISON
(Brinch Hansen 1981).

Im zweiten Modell, dem sogenannten *out-of-process* oder *botschafts-orientierten*
Modell, ist jeder Modul ein separater Prozeß, so daß die Anforderung einer Dienstleistung durch das Senden von Botschaften zwischen den Prozessen bzw. Moduln
erfolgt. In diesem Fall wird die Aktivierung des CPU-Prozeßschedulers notwendig, um eine Prozeßumschaltung durchzuführen. Weil die Dienstleistung nicht
innerhalb des anfordernden Prozesses gewährleistet wird, nennt man dieses Modell "out-of-process". Wenn Moduln keine gemeinsame Datenstruktur haben, ist
ein Ausschlußmechanismus bei diesem Modell nicht notwendig, da die Prozesse
nicht direkt auf einen Modul zugreifen können, sondern explizite Botschaften an
einen anderen Prozeß gesandt werden müssen, der die Dienstleistung eines Moduls
verwaltet. Zur Betriebsmittelzuteilung, die innerhalb eines separaten Moduls or-
ganisiert werden könnte, braucht man allerdings einen Suspendierungs- bzw. Akti-
vierungsmechanismus. Beispiele für Programmiersprachen, die dem botschaftsori-

entierten Modell zuzuordnen sind, sind CSP (Hoare 1978), GYPSY (Good,Cohen und Keeton-Williams 1979) und PLITS (Feldman 1979).

Ein drittes Modell, das sogenannte *operations-orientierte* Modell, benutzt zur Prozeßinteraktion den sogenannten *entfernten Prozeduraufruf (remote procedure call)*. Man kann dieses Modell als Kombination der beiden obengenannten verstehen, wobei jeder Modul einen Verwalterprozeß hat, aber Dienstleistungen des Moduls durch Prozeduraufrufe beantragt werden. Der eine Dienstleistung anfordernde Prozeß und der Verwalterprozeß synchronisieren sich, während die Dienstleistung beansprucht wird. Beide Prozesse laufen dann asynchron weiter. Beispiele für die Verwirklichung dieses Konzepts sind Distributed Processes (Brinch Hansen 1978), *MOD (Cook 1980), ADA (U.S.Department of Defense 1981) und SR (Andrews 1981,1982).

Die beschriebenen Modelle können sowohl Ein- oder Mehrprozessorsysteme, als auch verteilte Systeme zugrunde liegen haben, die jedoch nicht notwendigerweise für die verschiedenen Architekturen gleichermaßen geeignet sein müssen. Ein Vergleich von prozedurorientierten und botschaftsorientierten Systemen durch Lauer und Needham (1979) zeigt die funktionale Äquivalenz der beiden Modelle in Bezug auf die Ausdruckskraft und Leistungsfähigkeit (operationsorientierte Systeme wurden noch nicht berücksichtigt), was durch Reid (1980) noch weiter unterstrichen wurde. Keedy (1979a) demonstriert, daß trotz dieser logischen Dualität, d.h. daß man ein prozedurorientiertes System ohne erheblichen Aufwand in ein botschaftsorientiertes System transformieren kann (und umgekehrt), das prozedurorientierte Modell wegen seiner dynamischen Eigenschaften effizienter ist. Für ein verteiltes System ist dieses Modell allerdings prinzipiell ineffizient, da der dem Modell zugrundeliegende gemeinsame Speicher simuliert werden muß. Dies kann jedoch dadurch behoben werden, daß ein individuelles Programm für jeden Prozessor existiert und das Kommunikationsnetz als gemeinsames Objekt angesehen wird, oder daß die Verteilung des virtuellen Speichers nach der Idee von Abramson und Keedy (1984) realisiert wird. Ein Vorteil von botschaftsorientierten gegenüber prozedurorientierten Systemen ist die Möglichkeit, daß in verteilten Systemen die Existenz eines Kommunikationsnetzes vollständig transparent gemacht werden kann, d.h. Details über Zugriffe zum Netz, Lokalität der Prozesse etc. brauchen dem Programmierer nicht bekannt zu sein. Dies gilt allerdings auch für den oben erwähnten Ansatz von Abramson und Keedy (1984).

Der Versuch einer Kombination von den Vorteilen beider obengenannten Modelle ist in den operationsorientierten Systemen zu finden. Wenn man einen gemeinsamen Speicher zur Verfügung hat, kann man ein operationsorientiertes wie ein prozedurorientiertes System implementieren (Habermann und Nassi 1980), anderenfalls als Botschaftssystem (Nelson 1981, Spector 1982).

1.3 Parallele Programmierkonstrukte

Neben geeigneten Mechanismen zur Lösung von Synchronisationsproblemen ist es in der parallelen Prozeßsteuerung von Bedeutung, Konstrukte zur Beschreibung der Parallelität selbst zur Verfügung zu haben, deren Anwendung nicht nur in Betriebssystemen, sondern auch in Datenbanksystemen, Echtzeitsystemen oder bei numerischen Kalkulationen notwendig sein kann. Dies führte schon frühzeitig zur Entwicklung von Programmierkonstrukten, die die Funktionsweise eines Systems von parallelen Prozessen ausdrücken sollten. Es sollen nun einige repräsentative Konstrukte dieser Art vorgestellt werden. Es sind *Koroutinen, Fork und Join, Cobegin und Coend* sowie *Process-Deklarationen.*

1.3.1 Koroutinen

Das von Conway (1963) eingeführte Konzept der Koroutinen stellt einen ersten Versuch dar, parallele Prozesse zu simulieren. Koroutinen sind als Unterroutinen zu verstehen, die sich nicht unbedingt in einer streng hierarchischen Weise gegenseitig aufrufen müssen, sondern mit Hilfe der sogenannten **resume**-Anweisung einen symmetrischen Transfer der Ausführungskontrolle vornehmen können. Die **resume**-Anweisung verhält sich wie ein normaler Prozeduraufruf: nachdem die Kontrolle der aufgerufenen Routine übergeben und genügend Zustandsinformationen gerettet wurden, wird die Ausführung der aufrufenden Routine später mit dem der **resume**-Anweisung nachfolgenden Befehl fortgesetzt. Der Rücksprung wird nicht durch eine **Prozedur-Return**-Anweisung, sondern durch ein weiteres **resume**, ausgeführt von der aufgerufenen Routine, vorgenommen. Die Benutzung der **resume**-Anweisung ist also die einzige Möglichkeit, die Kontrolle zwischen Koroutinen zu transferieren.

Abbildung 1.1 zeigt ein Beispiel zur Verwendung von Koroutinen.

Um die Koroutinenbenutzung zu initiieren, wird im Programm P ein **call** ausgeführt, während zwischen den Koroutinen A und B die **resume**-Anweisung verwendet wird. Zum Rücksprung zum Programm P wird ein **return** benutzt. Die Pfeile im Diagramm symbolisieren den Fluß der Kontrolle. Es ist zu beachten, daß die Ausführung der **resume**-Anweisungen (außer beim erstmaligen Aufruf) immer mit dem der **resume**-Anweisung folgenden Befehl der aufgerufenen Koroutine fortgesetzt wird.

Die Möglichkeit, ständige Kontrollumschaltungen zwischen den Koroutinen vornehmen zu können, hat eine gewisse Ähnlichkeit mit dem *Zeitscheibenmechanismus (time slicing)* des Mehrprogrammbetriebs eines Einprozessorsystems. Obwohl zu

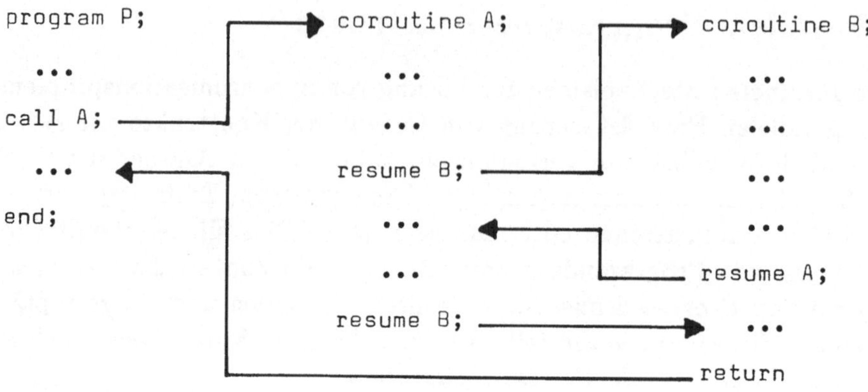

Abb. 1.1: *Verwendung von Koroutinen*

einem Zeitpunkt nur eine Routine ausgeführt wird, können Prozesse quasi-parallel laufen.

Das Koroutinen-Konzept findet man in den Programmiersprachen SIMULA (Nygaard und Dahl 1978), SL5 (Hanson und Griswold 1978), BLISS (Wulf, Russel und Habermann 1971) und MODULA-2 (Wirth 1982).

1.3.2 FORK und JOIN

Eine weitere Möglichkeit zur Beschreibung einer parallelen Verarbeitungsweise sind die sogenannten FORK- und JOIN-Anweisungen (Dennis und van Horn 1966, Conway 1963 b). Der Aufruf eines Programms durch eine FORK-Anweisung gewährleistet die parallele Ausführung des aufrufenden Programms (ab der FORK-Anweisung) und des aufgerufenen Programms. Wird in dem aufrufenden Program eine JOIN-Anweisung ausgeführt, dann wartet es solange, bis das aufgerufene Programm endet. Die Benutzung von FORK und JOIN wird an folgendem Beispiel demonstriert:

```
   Program P1;                    Program P2;
       . . .                          . . .
   FORK P2;                           . . .
       . . .                          . . .
   JOIN P2;                       end
       . . .
```

Die Ausführung von P2 wird durch die Anweisung FORK P2 initiiert. P1 und P2 laufen ab diesem Punkt parallel, bis entweder P1 die JOIN P2-Anweisung ausführt oder P2 endet. Nachdem P1 JOIN P2 erreicht hat und P2 endet (oder beendet ist), werden die dem JOIN P2 folgenden Anweisungen in P1 ausgeführt.

Da FORK und JOIN in Bedingungen und Schleifen verwendet werden dürfen, kann es oft sehr schwierig sein, die parallel ausgeführten Routinen zu erkennen. Trotz dieser eventuellen Undurchsichtigkeit sind die beiden Anweisungen sehr nützlich und mächtig, beispielsweise bei der dynamischen Prozeßkreierung oder der mehrfachen Aktivierung desselben Programms. Ein dem FORK- und JOIN-Mechanismus ähnliches Konstrukt sind die beiden Anweisungen DOTOGETHER und HOLD (Opler 1965); andere Varianten werden im UNIX-System (Ritchie und Thompson 1974) benutzt. FORK- und JOIN-Anweisungen findet man auch in den Programmiersprachen PL/1 (Radin 1981) und MESA (Mitchell, Maybury und Sweet 1979).

1.3.3 COBEGIN und COEND

COBEGIN und COEND (ursprünglich PARBEGIN und PAREND genannt) wurden von Dijkstra (1968) eingeführt, um die parallele Ausführung einer Menge von Anweisungen strukturiert beschreiben zu können. Die Notation

```
COBEGIN S1 // S2 .... // Sn COEND
```

bedeutet, daß die Anweisungen S1,S2,...,Sn parallel ausgeführt werden. Die Anweisungen können selbst COBEGINs oder Blöcke mit lokalen Deklarationen enthalten. Die Ausführung einer COBEGIN-Anweisung ist erst dann beendet, wenn alle Anweisungen S1,...,Sn beendet sind.

Aufgrund der expliziten Angabe aller parallel auszuführenden Anweisungen oder Routinen wird durch die COBEGIN/COEND-Konstruktion eine hohe Überschaubarkeit erreicht. Ein Nachteil gegenüber den FORK- und JOIN-Anweisungen besteht allerdings darin, daß bei den letzteren eine beliebige Anzahl von parallelen Prozessen kreiert werden kann, während beim COBEGIN/COEND nur eine feste Anzahl aktiviert werden. COBEGIN/COEND ähnliche Konstrukte findet man in den Programmiersprachen ALGOL68 (van Wijngarden, Mailloux, Peck, Koster, Sintzoff, Lindsey, Meertens und Fisker 1975), CSP (Hoare 1978), EDISON (Brinch Hansen 1981) und ARGUS (Liskov und Scheifler 1982).

1.3.4 Process-Deklarationen

Die Struktur eines parallelen Programms ist verständlicher, wenn explizit angegeben werden kann, welche Routinen gleichzeitig ausgeführt werden können. Dies ist dadurch zu erreichen, daß die betroffenen Routinen als Prozesse deklariert werden. Zur Veranschaulichung diene folgendes Beispiel:

```
Program P;
var ...;
begin

Process P1;
var ...;
begin
 ...
end;

Process P2;
var ...;
begin
 ...
end;

Process P3;
var ...;
begin
 ...
end;

end.
```

Hierbei können die als Prozesse deklarierten Routinen P1, P2 und P3 parallel ausgeführt werden. In einigen Programmiersprachen (Distributed Processes (Brinch

Hansen 1978), SR (Andrews 1981)) ist eine Kollektion von Prozeßdeklarationen äquivalent zu einem einfachen COBEGIN, wobei jeder deklarierte Prozeß einer Komponente der COBEGIN-Anweisung entspricht. Das bedeutet, daß es genau eine Ausprägung jedes deklarierten Prozesses gibt. Alternativ existieren in einigen Programmiersprachen (Concurrent PASCAL (Brinch Hansen 1975), MODULA (Wirth 1977)) explizite FORK-ähnliche Mechanismen, die während der Programminitialisierung benutzt werden können, um mehrfache Aktivierungen einer festen Anzahl von Prozessen zu ermöglichen. Die Kreierung einer variablen Anzahl von Prozessen zu jedem Ausführungszeitpunkt findet man in den Programmiersprachen PLITS (Feldman 1979) und ADA (U.S. Dept. of Defense 1981).

1.4 Synchronisationsprobleme

Die im vorhergehenden Abschnitt beschriebenen parallelen Programmierkonstrukte sind ein Mittel zur Beschreibung der Parallelität. Wenn nun mehrere parallele Prozesse zur gleichen Zeit um die Inanspruchnahme bestimmter Betriebsmittel einer Rechenanlage konkurrieren, dann ist es zur Vermeidung von gegenseitigen Störungen notwendig, den Ablauf der Prozesse zu bestimmten Zeitpunkten zu koordinieren. Im folgenden soll deshalb eine Reihe von Problemen vorgestellt werden, die verschieden komplexe Koordinationen von Prozessen erforderlich machen und in der Literatur beschrieben sind. Es ist zu betonen, daß diese Probleme lediglich für die Prozeßkoordination in Betriebssystemen für Einprozessorarchitekturen und Mehrprozessorsystemen mit gemeinsamem Speicher relevant sind. Wie bereits angedeutet, wurden in dieser Arbeit Synchronisationsprobleme, die speziell in verteilten Systemen bedeutsam sind, bewußt außer acht gelassen, da eine befriediegende Bearbeitung dieses Gebiets den Rahmen der vorliegenden Arbeit bei weitem übersteigen würde. Eine Zusammenstellung von Synchronisationsproblemen findet man auch in (Holober 1980).

Wie bereits erwähnt, kann man eine Rechenanlage als Kollektion von Prozessen betrachten, die sich um die Benutzung von Betriebsmitteln bewerben. Diese Prozesse können in verschiedene Klassen unterteilt werden, die verschiedene Prioritäten haben können (z.B.Betriebssystemprozesse und Benutzerprozesse). Ähnlicherweise gibt es verschiedene Typen von Betriebsmitteln, die verschiedene Zugriffscharakteristika haben (z.B. darf ein Drucker exklusiv von nur einem Prozeß benutzt werden, während mehrere Prozesse gleichzeitig eine Datei lesen können). Gleiche Betriebsmittel können auch in einer Klasse zusammengefaßt sein, wobei ein Prozeß irgendein Betriebsmittel aus dieser Klasse belegen möchte, ohne es genau zu spezifizieren. Alle im folgenden beschriebenen Probleme bestehen im wesentlichen darin, den Zugriff von einer Menge von Prozessen zu einer Menge von Betriebsmitteln unter spezifizierten Bedingungen zu koordinieren.

1.4.1 Einseitiger Ausschluß zweier Prozesse
(Lipton und Tuttle 1975, Lamport 1976)

Gegeben seien zwei Prozesse P1 und P2 mit ihren jeweiligen kritischen Abschnitten KA1 und KA2. Sobald sich P1 in KA1 befindet, darf KA2 von P2 nicht begonnen werden und muß deshalb angehalten werden. Wird beim Eintritt von P1 in KA1 jedoch schon KA2 ausgeführt, so laufen beide Prozesse ungehindert weiter. Das Hauptmerkmal des Problems besteht darin, daß P1 nie von P2 zum Warten gezwungen werden darf. Dieses Problem wurde von Lipton und Tuttle (1975) eingeführt, um die Unzulänglichkeiten eines bestimmten Synchronisationsmechanismus zu demonstrieren; die praktische Relevanz dieses Problems ist jedoch zweifelhaft (Lamport 1976).

1.4.2 n Prozesse, gleiche Priorität, ein Betriebsmittel

Gegeben seien n Prozesse mit gleicher Priorität, die gleichzeitig auf ein Betriebsmittel zugreifen wollen, welches immer nur von einem Prozeß exklusiv benutzt werden kann. Alle anderen Prozesse müssen warten, bis der aktive Prozeß die Betriebsmittelbenutzung beendet. Erst dann darf ein weiterer Prozeß zur Betriebsmittelbenutzung zugelassen werden. Dieses Problem, das auch das Problem des *gegenseitigen Ausschlusses* (mutual exclusion (Dijkstra 1968)) genannt wird, ist Bestandteil vieler komplexer Synchronisationsprobleme und tritt häufig auf, beispielsweise bei der Verwaltung eines Druckers. In der vorliegenden Form findet man dieses Problem, sowie die Probleme 1.4.3 bis 1.4.9, in (Agerwala 1977a).

1.4.3 n Prozesse, gleiche Priorität, Teilmenge von
m (möglicherweise verschiedenen) Betriebsmitteln

Gegeben seien n Prozesse mit gleicher Priorität, sowie m Betriebsmittel, die alle nur exklusiv benutzt werden dürfen. Ein Prozeß benötige nun zu einem bestimmten Zeitpunkt eine bestimmte Teilmenge dieser m Betriebsmittel, um fortfahren zu können, d.h. er muß für jedes dieser Betriebsmittel das exklusive Benutzungsrecht besitzen. Wenn andere Prozesse disjunkte Teilmengen benötigen, dürfen sie gleichzeitig aktiv sein. Ein Beispiel hierfür ist die Benutzung von Kartenleser, Drucker und Magnetband durch drei Prozesse (Presser 1975).

1.4.4 k Prozesse, k Prioritäten, ein Betriebsmittel

Gegeben seien k Prozesse, die paarweise verschiedene Prioritäten besitzen und die alle exklusiv ein Betriebsmittel benutzen wollen. Die Vergabe des Betriebsmittels erfolgt aufgrund der Prioritäten: eine Anforderung wird solange nicht erfüllt, bis alle Prozesse mit höherer Priorität bedient wurden. Wenn während der Benutzung des Betriebsmittels ein Prozeß mit höherer Priorität ankommt, dann darf der gerade aktive Prozeß ungehindert enden. Dieses Problem kann bei der Behandlung von Unterbrechungen (Interrupts) auftreten, wobei die Prozesse die Unterbrechungen darstellen und das Betriebsmittel der Prozessor selbst ist.

1.4.5 k Prioritätsklassen, ein Betriebsmittel

Gegeben seien mehrere Prozesse, die in k Prioritätsklassen aufgeteilt sind, sowie ein Betriebsmittel. Die k Prioritätsklassen haben paarweise verschiedene Prioritäten. Eine Klasse umfaßt eine Menge von Prozessen, die alle die gleiche Priorität haben. Jeder Prozeß möchte das Betriebsmittel exklusiv benutzen. Warten zwei Prozesse verschiedener Klassen auf das Betriebsmittel, so wird die Vergabe aufgrund der Prioritäten geregelt. Sind die beiden Prozesse in der gleichen Klasse, dann ist die Bedienreihenfolge beliebig. Einen Spezialfall dieses Problems findet man in Keedy und Freisleben (1985a).

1.4.6 n Prozesse, gleiche Priorität, eine Betriebsmittelklasse mit m identischen Betriebsmitteln

Gegeben seien n Prozesse mit gleicher Priorität, die Anforderungen für ein Betriebsmittel aus einer Menge von m identischen Betriebsmitteln stellen. Die ersten m anfordernden Prozesse können alle ein Betriebsmittel erhalten. Ein anfordernder Prozeß muß erst dann warten, wenn alle Betriebsmittel vergeben sind. Wird ein Betriebsmittel frei, dann ist die Reihenfolge der Bedienung von wartenden Prozessen beliebig. Dieses Problem hat zahlreiche Anwendungen, beispielsweise bei der Verwaltung von mehreren identischen Druckern.

1.4.7 k Prioritätsklassen, ein Betriebsmittel, gleichzeitiger Zugriff durch die Prozesse jeder Klasse

Gegeben seien k Prioritätsklassen, wobei die Prozesse einer Klasse ein Betriebsmittel gleichzeitig benutzen dürfen. Die Prozesse einer bestimmten Klasse dürfen solange ungehindert gleichzeitig auf das Betriebsmittel zugreifen, wie keine Prozesse höherer Priorität das Betriebsmittel benutzen möchten. Liegt eine solche Anforderung höherer Priorität vor, dürfen die sich in der Ausführung befindlichen Prozesse zu Ende laufen. Neu ankommende Prozesse der aktiven Klasse müssen warten. Erst wenn kein Prozeß mehr das Betriebsmittel benutzt, kann die mit der höchsten Priorität wartende Klasse auf das Betriebsmittel zugreifen. Ein Anwendungsbeispiel ist folgende Situation: es existiert eine Datei, die in Segmente unterteilt ist. Mehrere Benutzerprozesse der gleichen Priorität können die gesamte Datei lesen, während mehrere Betriebssystemprozesse der gleichen Priorität (aber höher als die Benutzerpriorität) jeweils auf unterschiedlichen Segmenten der Datei schreiben dürfen. Das Lesen und das Schreiben schließen sich gegenseitig aus, aber Benutzerprozesse dürfen gleichzeitig lesen und Betriebssystemprozesse gleichzeitig schreiben.

1.4.8 k Prozesse, k Prioritäten, Teilmenge von m (möglicherweise verschiedenen) Betriebsmitteln

Gegeben seien k Prozesse mit paarweise verschiedenen Prioritäten. Ein Prozeß kann nur dann zur Betriebsmittelbenutzung zugelassen werden, wenn er alle benötigten Betriebsmittel erhalten hat (vergl. 1.4.3) und wenn keine Prozesse höherer Priorität warten. Prozesse, die disjunkte Teilmengen von Betriebsmitteln benötigen, können gleichzeitig aktiv sein. Dieses Problem kann dann auftreten, wenn ein Benutzer- und ein Betriebssystemprozeß Zugriff auf überlappende Betriebsmittel benötigen.

1.4.9 k Prioritätsklassen, Teilmenge von m Betriebsmitteln gleichzeitiger beschränkter Zugriff durch die Prozesse jeder Klasse

Gegeben seien m Betriebsmittel und k Klassen von Prozessen mit verschiedenen Prioritäten. Jeder dieser Prozesse benötige eine Teilmenge der gegebenen m Betriebsmittel, auf die verschieden viele Prozesse einer Klasse parallel zugreifen können. Für jedes Betriebsmittel kann man eine maximale Anzahl von Prozessen angeben, die gleichzeitig dieses Betriebsmittel benutzen dürfen. Bevor ein Prozeß einer Klasse aktiv werden kann, muß er alle benötigten Betriebsmittel erhalten können. Prozesse einer Klasse dürfen solange auf die Betriebsmittel zugreifen, wie keine Prozesse höherer Priorität Anforderungen an eines oder mehrere dieser Betriebsmittel angemeldet haben. Warten Prozesse höherer Priorität, dürfen die Prozesse der aktiven Klasse noch zu Ende laufen, bevor die höchste wartende Prioritätsklasse das exklusive Benutzungsrecht erhält. Das folgende Anwendungsbeispiel ist ein Spezialfall von Problem 1.4.9: Gegeben seien drei Prozesse X,Y,Z mit der gleichen Priorität und zwei Prozesse P,Q mit höherer, aber gleicher Priorität. X liest von Datei A und schreibt in Datei B. Y liest von Datei A und druckt auf einem Drucker. Z liest von Datei C und druckt auf dem Drucker. P liest von einem Magnetband und schreibt in Datei A. Q liest von Datei B und druckt auf dem Drucker. Die gewünschte Koordination in Anbetracht der Prioritätsbedingungen ist:

X,Y: gleichzeitiger Zugriff erlaubt
X,Z: gleichzeitiger Zugriff erlaubt
Y,Z: gegenseitiger Ausschluß
P,Q: gleichzeitiger Zugriff, höhere Priorität als X,Y,Z
X,Y,Z und P,Q: gegenseitiger Ausschluß

1.4.10 Leser/Schreiber Problem
(Courtois, Heymans und Parnas 1971)

Das Problem wurde zum erstenmal von Courtois, Heymans und Parnas (1971) beschrieben und ist wegen seiner universellen Relevanz Gegenstand unzähliger Publikationen. Neben der Tatsache, daß das Leser/Schreiber Problem exemplarisch bei der Einführung nahezu aller Synchronisationsmechanismen Verwendung findet, werden zahlreiche damit verbundene Aspekte in der Literatur diskutiert (Boari und Natali 1976, 1978, Lamport 1977, Greif 1977, Hill 1973, Babich 1979, Conradi 1977, Silberschatz und Johnson 1978, Peterson 1983a). Das Problem läßt sich folgendermaßen charakterisieren: Gegeben seien zwei Klassen von Prozessen, Leser und Schreiber, die ein Betriebsmittel (eine Datei) benutzen wollen. Die Schreiber müssen exklusiven Zugriff haben, während eine unbegrenzte Anzahl von Lesern das Betriebsmittel gleichzeitig benutzen können. Leser und Schreiber schließen sich gegenseitig aus.

Es gibt zahlreiche Varianten des Problems, die durch zusätzliche Bedingungen beschrieben werden können:

1.4.10.1 Ohne Prioritätsbedingung

Beendet ein Schreiber den Schreibvorgang, und es warten Leser und Schreiber, so ist es beliebig, ob danach ein Schreiber oder mehrere Leser an die Reihe kommen. Die Leser können solange mit dem Lesen beginnen, wie andere Leser aktiv sind.

1.4.10.2 Leserpriorität

Wenn ein Leser lesen kann, muß ihm das Lesen schnellstmöglich ermöglicht werden, d.h. benutzt ein Schreiber das Betriebsmittel, und es warten Leser und Schreiber, dann müssen zuerst wartende Leser Zugriff bekommen.

1.4.10.3 Schreiberpriorität

Wenn ein Schreiber schreiben kann, muß ihm das Schreiben schnellstmöglich ermöglicht werden, d.h. wenn ein Schreiber oder mehrere Leser das Betriebsmittel benutzen, und es warten Schreiber, muß der nächste Schreiber vor neu hinzukommenden Lesern berücksichtigt werden.

1.4.10.4 Wechselnde Priorität (mit begrenzter Leseranzahl)

Dieses Problem findet man in (Hoare 1974). Die Bedingungen lauten: Wenn mehrere Leser lesen, soll einem neu hinzukommenden Leser das Lesen nicht erlaubt werden, wenn ein Schreiber wartet. Umgekehrt sollen alle Leser, die auf das Ende eines Schreibers warten, Vorrang über den nächsten Schreiber haben. Zusätzlich kann eine maximale Anzahl von gleichzeitig aktiven Lesern angegeben werden, die dem Schreiber den Zugriff nach einer beschränkten Zeitspanne gewährleisten soll.

1.4.10.5 Sicheres Leser/Schreiber Problem (Reed und Kanodia 1979)

Dieses Problem ist durch folgende Bedingungen zu beschreiben:

(a) Schreiber haben gegenseitigen Ausschluß untereinander.

(b) Ein Schreiber darf schreiben, auch wenn Leser aktiv sind.

(c) Leser müssen deshalb sicherstellen, daß sie konsistente Informationen gelesen haben. Wenn also während des Lesevorgangs ein Schreiber aktiv war, muß das Lesen wiederholt werden.

(d) Wenn ein Schreiber aktiv ist, sollen neu hinzukommende Leser warten.

1.4.11 Produzenten/Konsumenten Problem (Habermann 1972)

Das von Habermann (1972) eingeführte Produzenten/Konsumenten Problem, manchmal auch das "Bounded Buffer Problem" genannt, ist, ähnlich wie das Leser/Schreiber Problem eines der am häufigsten zitierten Beispiele zur Demonstration der Nützlichkeit eines neu eingeführten Synchronisationsmechanismus. Das Problem ist ein Beispiel für die Kommunikation zwischen Prozessen und hat zahlreiche Anwendungen in Situationen eines notwendigen Nachrichtenaustausches, beispielsweise bei der Zwischenpufferung von zu sendenden Informationen.

Gegeben ist ein Puffer mit einer begrenzten Anzahl (n) von Zellen (Abb. 1.2).

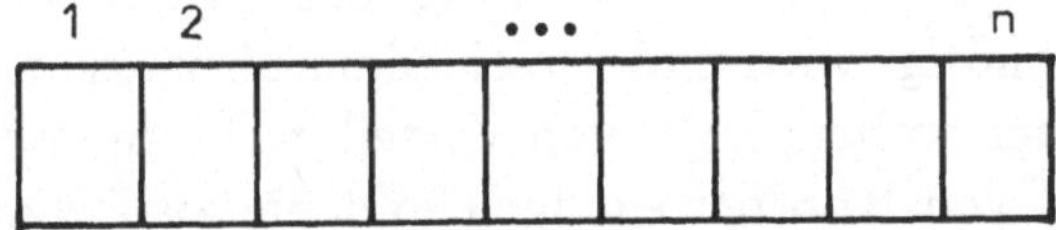

Abb. 1.2: *Puffer*

Weiter gebe es eine Menge von Produzenten-Prozessen, die Informationen im Puffer ablegen und eine Menge von Konsumenten-Prozessen, die dem Puffer Informationen entnehmen. Dabei muß beachtet werden, daß Produzenten nur dann Informationen ablegen können, wenn freie Pufferplätze vorhanden sind. Ebenso können Konsumenten nur dann Informationen entnehmen, wenn welche gespeichert wurden. Es gibt zahlreiche Varianten des Problems, von denen einige im folgenden beschrieben werden.

1.4.11.1 Ein Produzent, ein Konsument

Es gibt nur einen Produzenten-Prozeß und einen Konsumenten-Prozeß. Diese beiden Prozesse können parallel auf den Puffer zugreifen, d.h. der Produzent und der Konsument können gleichzeitig auf verschiedenen Pufferzellen operieren.

1.4.11.2 n Produzenten, m Konsumenten, maximal ein Produzent und ein Konsument gleichzeitig im Puffer

Hier muß zusätzlich gewährleistet sein, daß von den m Konsumenten und den n Produzenten jeweils immer nur einer auf den Puffer zugreift, allerdings auf unterschiedliche Pufferzellen. Produzenten schließen sich ebenso wie die Konsumenten während der Pufferbenutzung gegenseitig aus.

1.4.11.3 n Produzenten, m Konsumenten, maximal soviele Prozesse im Puffer wie Pufferplätze vorhanden

Im Puffer können maximal soviele Prozesse parallel aktiv sein, wie es Puffereinträge gibt. Mit dieser Problemstellung wird der maximale Parallelitätsgrad erreicht. Der gegenseitige Ausschluß bezieht sich nur noch auf die einzelne Pufferzelle.

1.4.12 Minimierung von Plattenkopfbewegungen

Plattenspeicher sind das heutzutage am häufigsten verwendete Medium zur Abspeicherung großer Informationsmengen. Da in heutigen Plattenlaufwerken die meiste Zeit für die Positionierung des Lese/Schreibarms bzw. der Lese/Schreibköpfe benötigt wird und verschiedene Prozesse meistens auf verschiedene Zylinder zugreifen wollen, ist es von Vorteil, wenn man durch eine geschickte Strategie die Anzahl von Kopfbewegungen und die zurückgelegten Strecken der Köpfe minimiert. Da der Zugriff eines Prozesses auf die Platte exklusiv erfolgen muß, sind Probleme aus dem Themenkreis der Plattenspeicherverwaltung als Synchronisationsprobleme anzusehen, die eng verbunden mit dem Bereich der *Ablaufsteuerung (Scheduling)* sind. Hierzu existiert eine Anzahl verschiedener Strategien, von denen der sogenannte "Fahrstuhlalgorithmus" (Elevator Algorithm (Hoare 1974)) als Beispiel herausgegriffen werden soll:

Der Lese/Schreibarm bewegt sich in einer Richtung und bedient alle Anforderungen in dieser Richtung, in dem jeweils die am nächsten liegende Anforderung dieser Richtung bearbeitet wird. Liegen keine Anforderungen in dieser Richtung mehr vor, wird die Richtung geändert, und alle Anforderungen in der neuen Richtung werden in der gleichen Weise bearbeitet.

Andere Strategien sind: First-Come-First-Served Scheduling (Teorey und Pinkerton 1972), Shortest-Seek-Time-First Scheduling (Teorey und Pinkerton 1972), SCAN Scheduling (Denning 1967), N-Step SCAN (Frank 1969), Eschenbach Scheduling (Weingarten 1966), C SCAN (Teorey und Pinkerton 1972), F SCAN (Coffman, Klimko und Ryan 1972) und MTPT (Fuller 1974).

1.4.13 Weckerproblem

Das Weckerproblem (Alarm Clock, (Hoare 1974)) ist ein einfaches Beispiel eines limitierten Wartens:

Gegeben sei eine Systemuhr, auf die mit zwei Operationen zugegriffen werden kann. Die erste Operation ist `tick`, die zweite Operation ist `wakeme(n)`. Die beiden Operationen sollen so gestaltet werden, daß wakeme(n) einen aufrufenden Prozeß für n tick-Operationen, die von anderen Prozessen ausgeführt werden, suspendiert. Es wird hierbei üblicherweise angenommen, daß die tick-Operation in regelmäßigen Zeitabständen von Hardware-Prozessen aufgerufen wird und einen oder mehrere wartende Prozesse zu den jeweiligen Zeitpunkten aktiviert.

1.4.14 Philosophenproblem (Dijkstra 1971)

Das Problem der fünf speisenden Philosophen (5 Dining Philosophers) wurde von Dijkstra (1971) eingeführt und hat Anwendungen bei der Betriebsmittelverwaltung in Mehrprozessorsystemen (Pieper 1977).

Fünf Philosophen leben gemeinsam in einem Haus. Ihr Leben besteht abwechselnd aus Denken, Essen und Schlafen. Niemand interessiert sich für die Resultate ihres Denkens oder ihre Schlafgewohnheiten. Jedoch beim Essen entsteht für die Philosophen ein Problem:

Sie nehmen ihre Mahlzeiten an einem runden Tisch ein, an dem jeder seinen festen Platz hat. An jedem Platz steht ein Teller. Die Schwierigkeit beim Essen ist, daß es immer eine Mahlzeit gibt, die nur mit zwei Gabeln gegessen werden kann und zwischen zwei Tellern immer nur eine Gabel liegt (siehe Abb. 1.3).

Deshalb kann kein Philosoph jemals mit seinem Tischnachbar zusammen essen. Gesucht ist eine Lösung dieses Problems, bei der die Philosophen sich möglichst wenig gegenseitig behindern, d.h. der Parallelitätsgrad möglichst hoch ist, die Essenszeiten nicht vorgeschrieben werden und kein Philosoph verhungert.

1.4.15 Zigarettenraucher-Problem (Patil 1971, Parnas 1975)

Das Problem der Zigarettenraucher (Cigarette Smokers' Problem), in (Patil 1971) und (Parnas 1975) beschrieben, ist ein Beispiel für die Ausführung bestimmter Aktionen infolge nichtdeterministischer Auswahlentscheidungen verbunden mit dem Zusammentreffen verschiedener Ereignisse. Obwohl Anwendungen des Problems im Zuge der Aufnahme nichtdeterministischer Entscheidungen in Programmiersprachen vorstellbar sind (siehe (Dijkstra 1977) und (U.S. Dept. of Defense 1981)) ist die praktische Relevanz dieses Problems noch ungeklärt. Das Problem lautet:

Drei Raucher, die ihre Zigaretten selbst drehen, sitzen an einem Tisch. Zum Zigarettendrehen und dem anschließenden Rauchen benötigen sie Tabak, Papier und Streichhölzer. Jeder der Raucher besitze einen dieser Gegenstände, jeder einen

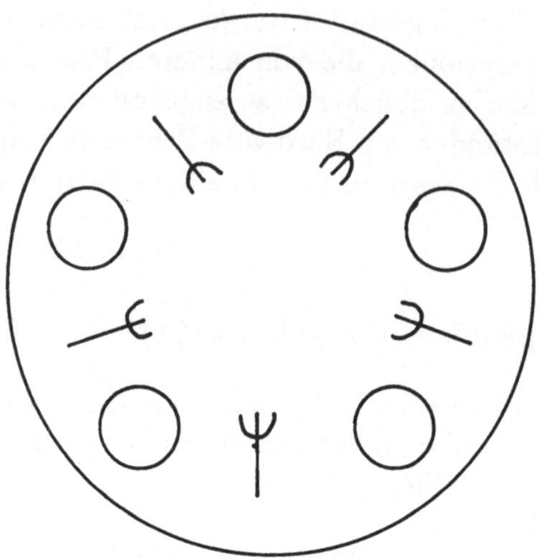

Abb. 1.3: *Philosophenproblem*

anderen. Eine vierte Person, der sogenannte *Agent*, wirft nach einer gewissen
Zeit zwei beliebige verschiedene der drei Rauchutensilien auf den Tisch. Welche
Gegenstände geworfen werden, sei nicht vorhersehbar. Einem Wurf folgt nur dann
ein zweiter, wenn der Tisch leer ist und einer der drei Raucher geraucht hat.
Es muß also derjenige die beiden Gegenstände erhalten, dem sie fehlen, um sich
eine Zigarette zu drehen und zu rauchen. Greifen die beiden anderen nach den
Gegenständen, kann niemand rauchen und es folgt kein weiterer Wurf.

1.4.16 Kritischer Blockausgang (Keedy und Freisleben 1985)

In einem Prozeßsystem ist es möglich, daß ein Prozeß in einem bestimmten
Block andere Prozesse (Söhne) kreiert. In einem solchen Fall soll sichergestellt
werden, daß der Vaterprozeß diesen Block nicht verläßt, bevor die Söhne ihre
Ausführung beendet haben, da sie unter Umständen Datenbereiche aus diesem
Block benötigen. Dieses Problem taucht beispielsweise im Burroughs B6700 Sys-
tem (Organick 1973) auf.

1.4.17 Abschließende Bemerkungen

Da die in den aufgelisteten Synchronisationsproblemen enthaltenen Bedingungen sich auf verschiedene Faktoren beziehen, sollen die unterschiedlichen Möglichkeiten zum Zwecke einer besseren Überschaubarkeit tabellarisch zusammengefaßt werden (Abb. 1.4).

Prioritäten	keine Prioritäten paarweise verschiedene Prioritäten Prioritätsklassen
Betriebsmittel	ein Betriebsmittel eine Menge verschiedener Betriebsmittel eine Menge gleichartiger Betriebsmittel Zustand von Betriebsmitteln
Benutzung	exklusive Benutzung gleichzeitige Benutzung beschränkte Benutzung

Abb. 1.4: *Synchronisationsbedingungen*

Obwohl die Auflistung der oben beschriebenen Synchronisationsprobleme aufgrund ihrer verschiedenartigen Bedingungen mannigfaltig erscheint, lassen sich viele Probleme als eine Kombination einiger Teilprobleme identifizieren. Im folgenden soll nun versucht werden, diese immer wieder vorkommenden Grundbestandteile herauszufiltern und somit komplexe Koordinationsprobleme auf bestimmte Grundproblemtypen zu reduzieren:

(a) Der Inhalt vieler Synchronisationsprobleme ist der einfache gegenseitige Ausschluß (Problem 1.4.2), der immer dann gewährleistet sein muß, wenn ein Betriebsmittel exklusiv benutzt werden soll. Der gegenseitige Ausschluß ist impliziter Grundbestandteil der Probleme 1.4.3, 1.4.4, 1.4.5, 1.4.6, 1.4.10, 1.4.11.2, 1.4.12, 1.4.14 und 1.4.15.

(b) Die gleichzeitige Anforderung mehrerer, möglicherweise verschiedener Betriebsmittel (Problem 1.4.3), ist eine weitere Komponente vieler Synchronisationsprobleme und ist ein Teil der Probleme 1.4.8, 1.4.9 und 1.4.14.

(c) Die Reihenfolgesteuerung von Prozessen aufgrund verschiedener Prioritäten (Problem 1.4.4) ist ein Grundproblemtyp, der in den Problemen 1.4.5, 1.4.7, 1.4.8, 1.4.9, 1.4.10 und 1.4.12 vorkommt.

(d) Die Anforderung eines Betriebsmittels aus einer Betriebsmittelklasse mit m identischen Betriebsmitteln (Problem 1.4.6) ist ein weiterer Problemtyp.

(e) Der gleichzeitige Zugriff mehrerer Prozesse einer Klasse auf ein Betriebsmittel ist Grundbestandteil der Probleme 1.4.7, 1.4.9 und 1.4.10.

(f) Die Kommunikation von Prozessen im Falle eines notwendigen Informationsaustausches stellt einen weiteren Grundproblemtyp dar, der Bestandteil der Probleme 1.4.1, 1.4.10.5, 1.4.11 und 1.4.16 ist.

Zusätzlich zu den für ein bestimmtes Problem spezifizierten Bedingungen müssen Lösungen zu allen Problemen folgenden Anforderungen genügen:

(a) Die Lösungen müssen unabhängig von den relativen Ablaufgeschwindigkeiten der Prozesse und Prozessoren sein.

(b) Die Lösungen müssen frei von *Verklemmungen (Deadlocks)* sein.

(c) Die Lösungen müssen frei von *Verhungerungen (Starvation, Livelock, Lockout)* sein.

(d) Die Lösungen sollen maximale Parallelität aufweisen.

<u>Zu (a):</u>
Diese Anforderung ist notwendig, weil Prozesse in einer Rechenanlage mit unvorhersagbaren Geschwindigkeiten ablaufen, und deshalb keine Annahmen über die relativen Ablaufgeschwindigkeiten ("race conditions") von Prozessen getroffen werden dürfen.

<u>Zu (b):</u>
Eine Verklemmung ist ein Zustand, in dem zwei oder mehr Prozesse gegenseitig auf Ereignisse warten, die niemals eintreten können (Habermann 1969, Holt 1972). Beispielsweise könnte ein Prozeß P1 ein Betriebsmittel B1 zur Verfügung haben und auf die Freigabe eines weiteren Betriebsmittels B2, das notwendig für seine Fortsetzung ist, warten, während ein Prozeß P2 das Betriebsmittel B2 besitzt und auf B1 wartet. Es gibt verschiedene Strategien, die das Verklemmungsproblem innerhalb eines Systems zu lösen versuchen:

(i) Entdeckung und Behebung (Detection and Recovery)

Dieser Ansatz setzt die Existenz von Verklemmungen voraus und versucht mit Hilfe von geeigneten Strategien, eine mögliche Verklemmung zu finden. Entdeckungsstrategien findet man in (Bittmann und Unterauer 1979), (Chesnais, Gelenbe, Mitrani 1983), (Gligor und Shattuck 1980), (Ho und Ramamoorthy 1982), (Holt 1972), (Menasce und Muntz 1979), (Murphy 1968), (Schulze 1978) und (Silberschatz und Kedem 1982).

(ii) Verhinderung (Prevention)

Dieser Ansatz versucht Verklemmungen zu verhindern, indem nur solche Prozesse gestartet werden, die in ihrer gesamten Lebenszeit niemals eine Verklemmung produzieren können. Dies wird dadurch erreicht, daß die Prozesse entweder bestimmten Regeln unterworfen werden (z.B. hierachisches Ordnen von Betriebsmittelanforderungen) oder Informationen über die Zukunft eines Prozesses geliefert werden müssen (z.B. Flußdiagramme). Verhinderungsstrategien findet man in (Dijkstra 1971), (Gold 1978), (Hebalkar 1972), (Ibraki und Kameda 1982), (Kameda 1980) und (Minoura 1982).

(iii) Vermeidung (Avoidance)

In diesem Ansatz, der die häufigste diskutierte Strategie zur Lösung des Verklemmungsproblems ist, wird jede Zustandsänderung eines Systems, welche möglicherweise zu einer Verklemmung führen könnte, untersucht. Diese Methode kann recht aufwendig werden, da das System bei jeder Zustandsänderung untersucht werden muß. Vermeidungsstrategien findet man in (Coffman, Elphick und Shoshani 1971), (Fontao 1971), (Habermann 1969,1974,1977), (Havender 1968), (Holt 1972) und (Minoura 1982).

Eine umfangreiche Bibliographie zum Verklemmungsproblem ist (Zöbel 1983). Es sollte ausdrücklich erwähnt werden, daß die oben beschriebenen Methoden zur Lösung des Verklemmungsproblems innerhalb eines Systems nicht Gegenstand der vorliegenden Arbeit sind. In diesem Zusammenhang besteht das Interesse lediglich darin, verklemmungsfreie Lösungen zu Synchronisationsproblemen zu erstellen.

<u>Zu (c):</u>
Der Begriff Verhungern stammt von dem Problem der fünf speisenden Philosophen (Problem 1.4.14) und bedeutet einen Zustand, in dem ein Prozeß unendlich verzögert wird. Das bedeutet beispielsweise, daß es möglich sein kann, daß ein Prozeß durch ein geschicktes Zusammenspiel anderer Prozesse niemals in einen kritischen Abschnitt gelangen könnte. Wenn eine Lösung verhungerungsfrei ist, bezeichnet man sie auch als "fair"; sie ist begrenzt fair, wenn eine Grenze existiert, die angibt, wie lange ein Prozeß verzögert wird. Eine vollständige Diskussion erscheint in (Lehmann, Pnueli und Stavi 1981).

<u>Zu (d):</u>
Diese Anforderung ist für die Effizienz einer Lösung natürlich von höchster Bedeutung; sie steht aber oft im Widerspruch zur Forderung nach Verklemmungsfreiheit.

Ein wichtiger Aspekt, der speziell im Zusammenhang mit den oben beschriebenen Anforderungen von Bedeutung ist, ist eine formale Behandlung von Synchronisationsmechanismen zur Verifikation der Korrektheit (z.B Verklemmungsfreiheit, Verhungerungsfreiheit) von Problemlösungen. Der asynchrone Ablauf mehrerer paralleler Prozesse resultiert in einer großen Zahl möglicher Ausführungssequenzen, so daß subtile Fehler, die womöglich nur gelegentlich auftreten, oft auch nicht durch aufwendige Testverfahren (Glumpler 1984, Frischmann und Hämel 1985) erkannt werden können.

Da die Angabe von Korrektheitsbeweisen zu jeder Problemlösung den Rahmen der in der vorliegenden Arbeit beabsichtigten Zielsetzung übersteigen würde, wurde deshalb auf eine ausführliche Diskussion von Verifikationsmethoden verzichtet. Stattdessen soll jedoch kurz auf allgemeine Beweisverfahren in Form von Literaturangaben hingewiesen werden.

Erste Arbeiten auf dem Gebiet der Verifikation paralleler Programme wurden von Floyd (1967), Hoare (1969) und Dijkstra (1976) durchgeführt, die die Bedeutung paralleler Ausdrücke anhand von axiomatischen Definitionen zu beschreiben suchen. Dieser Ansatz basiert auf der Erweiterung von Beweismethoden für sequentielle Programme und bedient sich der Techniken der Aussagenlogik (assertion logic). Erweitert und verfeinert wurde dieser Ansatz in den Arbeiten von Ashcroft (1975), Keller (1976), Owicki und Gries (1976, 1976a), Lamport (1977a, 1980), Nishimura (1977), Babich (1979), Apt (1981), Levin und Gries (1981) Misra und Chandy (1981) und Lamport und Schneider (1982). Andere Ansätze basieren auf Zustandsänderungen von Prozessen (Gilbert und Chandler 1972), (Flik, Hoffmann und Liebig 1985), Flußalgebren (Milne und Miller 1979) oder temporaler Logik (Lamport 1979, 1983, Manna und Pnueli 1981, Karp 1984, Ramamritham und Keller 1983).

1.5 Synchronisationsmechanismen

Die in Abschnitt 1.4 beschriebenen Probleme verdeutlichen die Wichtigkeit von geeigneten Mechanismen zur Lösung von Synchronisationsproblemen, deren Anwendung nicht nur in Betriebssystemen, sondern in nahezu allen Gebieten der Informatik, in denen parallele Berechnungen auftreten, notwendig werden kann. Aus diesem Grund ist es nicht verwunderlich, daß in der Literatur eine große Anzahl verschiedenartiger Synchronisationsmechanismen eingeführt wurde, deren Entwurfsphilosophie und Funktionsweise von den unterschiedlichsten Überlegungen geleitet wurden. Aufgrund einer daraus resultierenden Undurchsichtigkeit soll nun der Versuch unternommen werden, gemeinsame Eigenschaften bestimmter Synchronisationsmechanismen zu identifizieren und die Beziehung verschiedener Mechanismen untereinander zu untersuchen, um somit eine strukturierte Klassifizierung von Synchronisationsmechanismen zu erhalten.

1.5.1 Allgemeine Eigenschaften

Bevor detailliert einige in der Literatur auftretende Synchronisationsmechanismen beschrieben werden, soll eine Reihe von allgemeinen Eigenschaften, die bei vielen Synchronisationsmechanismen auftreten, vorgestellt werden. Diese Eigenschaften sind:

(a) Zählen

(b) Aktives Warten

(c) Prozeßscheduler-Aktivität

(d) Kommutativität

<u>Zu (a):</u>
Viele Synchronisationsmechanismen basieren auf dem Zählen verschiedener Ereignisse. Dies reicht vom Zählen der noch verfügbaren Betriebsmittel über das Zählen der wartenden Prozesse bis hin zum Zählen von Prozedurausführungen. Wenn ein Synchronisationsmechanismus auf der Manipulation gemeinsamer Variablen aufgebaut ist, dann kann das unteilbare Inkrementieren oder Dekrementieren einer solchen Variable die Benutzungsabsicht eines Prozesses für ein bestimmtes Betriebsmittel protokollieren, falls zusätzlich in der Abhängigkeit von einem bestimmten Resultat bestimmte Aktionen veranlaßt werden. Eine solche Aktion ist beispielsweise die Unterbrechung der Ausführung eines Prozesses, um auf ein bestimmtes Ereignis zu warten. Das Eintreten dieses Ereignisses kann wiederum durch einen bestimmten Wert eines Zählers angezeigt werden.

Aus den oben beschriebenen Beispielen wird deutlich, daß die Methode des Zählens bei dem Entwurf eines Synchronisationsmechanismus bedeutsam sein kann. Aus den folgenden Kapiteln wird deutlich werden, daß Zähler in der Tat explizit oder implizit in vielen Mechanismen enthalten sind.

<u>Zu (b):</u>

Eine unerwünschte Eigenschaft einiger Synchronisationsmechanismen ist das sogenannte *aktive Warten (busy waiting)*. Dieser Zustand tritt auf, wenn ein Prozeß solange wiederholt eine Variable abtestet, bis die Abfragebedingung erfüllt ist. Variablen, die in dieser Weise benutzt werden, nennt man oft auch *Spin Locks* (Gilbert 1978). Es ist klar, daß dadurch Prozessorzeit verloren geht. Außerdem können Spin Locks sehr leicht Ursache von Fehlern sein, da ein Programmierer, dem das Programm unbekannt ist, nur schwer abschätzen kann, ob eine solche Variable zur Synchronisation verwendet wird, oder anderen Zwecken dient. Mechanismen mit aktivem Warten sind deshalb schwer zu verstehen und wegen der Verschwendung von Prozessorzeit unwirtschaftlich. Allerdings kann es Kriterien geben, die die Verwendung eines solchen Mechanismus legitimieren. Wenn ein Prozessor aufgrund der Wichtigkeit der gegenwärtigen Arbeit nichts anderes tun kann (z.B. Dispatching, Verwaltung des virtuellen Speichers etc.), dann ist ein Mechanismus mit aktivem Warten sinnvoll. Zur Synchronisation von Prozessoren in einem Mehrprozessorsystem ist er ebenfalls akzeptabel, da das ein Betriebsmittel anfordernde Objekt kein Prozeß, sondern ein Prozessor ist, dessen Aktivität solange unterbrochen werden muß, bis er das zur Fortsetzung notwendige Betriebsmittel erhalten hat und somit keine Möglichkeit einer alternativen Betätigung besteht. In diesem Fall ist ein Wartezustand also gleichbedeutend mit einer notwendigen Periode der Inaktivität. Sinnvoll ist ein Mechanismus mit aktivem Warten auch dann, wenn in einem Mehrprozessorsystem die voraussichtliche Wartezeit kürzer als die Zeit zu einer Prozeßumschaltung ist.

Eine besondere Eigenschaft einiger Synchronisationsmechanismen, die im Zusammenhang mit dem aktivem Warten erwähnenswert erscheint, ist die von Brinch Hansen (1972) benannte "gesteuerte Form des aktiven Wartens", die dann auftritt, wenn mehrere Prozesse auf ein Ereignis warten, dessen Eintreten zwar alle Prozesse aktiviert, aber nur einem (oder möglicherweise einer begrenzten Anzahl) dieser aktivierten Prozesse die Fortsetzung gestattet, da die mit dem Ereignis verbundene Bedingung zwischenzeitlich nicht mehr erfüllt sein könnte. Es kann dann passieren, daß bestimmte Prozesse wiederholt nur aktiviert werden, um sofort wieder in einen Wartezustand versetzt zu werden.

<u>Zu (c):</u>

Das aktive Warten eines Prozesses kann vermieden werden, wenn der Prozessor bei einem auftretenden Wartezustand nicht blockiert wird, sondern dagegen andere, nützliche Aktivitäten ausgeführt werden können, wie z.B. einem nicht wartenden Prozeß die Ausführungskontrolle zu übergeben. Diesem Zweck dient ein Teil des Betriebssystems, der *Prozeß-Scheduler* oder *Dispatcher* genannt wird. Der Entwurf vieler Synchronisationsmechanismen beinhaltet Aufrufe an den Prozeß-Scheduler, wobei die Aktivität desselben generell mit der Vermeidung des aktiven Wartens gleichzusetzen ist.

Im Prozeß-Scheduler ist jeder Prozeß durch einen *Prozeßleitblock (process control block)* mit einer Identifikation repräsentiert. Der Prozeßleitblock enthält wichtige Informationen über den Prozeß, wie z.B. Prozeßtyp, Priorität, Betriebsmittelbedarf, Betriebsmittelverbrauch, Registerinhalte, Verwaltungsdaten und Prozeßzustand. Der Begriff *Prozeßzustand* resultiert aus einem in vielen Betriebssystementwürfen realisierten Modell zur Implementierung von Prozessen (Keedy und Kammerer 1984), nach dem sich jeder Prozeß zu jedem Zeitpunkt in genau einem der Zustände **running**, **ready**, **blocked**, **start** und **end** befindet, wie es in Abbildung 1.5 gezeigt ist.

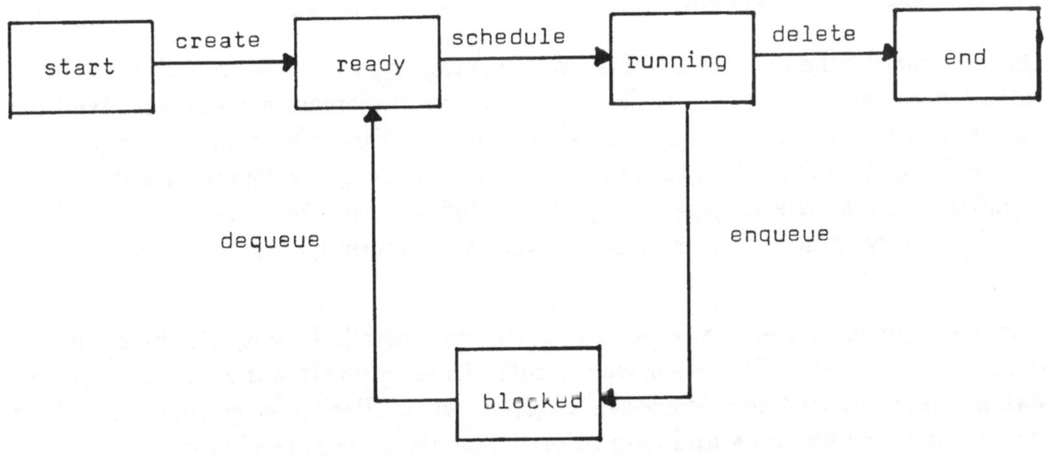

Abb. 1.5: *Prozeßschedulermodell*

Mit **create** wird ein neuer Prozeß kreiert und in den Zustand **ready** überführt. **Ready** ist ein Prozeß, wenn er alle Betriebsmittel, die für seinen Ablauf notwendig sind, jedoch noch keinen Prozessor erhalten hat. Die Zuordnung eines ausführenden Prozessors zu einem Prozeß wird nach einer bestimmten Strategie durch die Operation **schedule** vorgenommen. Dieser Prozeßzustand wird dann als **running** bezeichnet. Abhängig von bestimmten Ereignissen kann ein Prozeß vom **running**-Zustand durch **enqueue** in den Zustand **blocked** versetzt werden, welcher anzeigt, daß ein Prozeß solange nicht ablaufbereit ist, bis eine bestimmte

Bedingung erfüllt worden ist. Das Eintreten einer solchen Bedingung wird mit der Operation **dequeue** signalisiert, die einen Prozeß wieder in den Zustand **ready** bringt. Aus dem Zustand **running** kann ein Prozeß weiterhin durch **schedule** in den Zustand **ready** und durch **delete** in den Zustand **end** versetzt werden. Dies ist deshalb sinnvoll, weil einem Prozeß die Kontrolle des Prozessors entzogen werden kann (z.B. wegen des Ablaufs einer Zeitscheibe), ohne daß er auf ein bestimmtes Ereignis wartet oder weil ein Prozeß nach Beendigung seiner Aufgabe sich nicht mehr um den Prozessor bewirbt.

Die Prozeßzustandsmengen werden im Prozeß-Scheduler als Warteschlangen von Prozessen realisiert. **Enqueue** und **dequeue** sind daher Operationen, die einen Prozeß an das Ende einer Warteschlange einreihen bzw. einen Prozeß vom Anfang der Warteschlange entfernen. Weiterhin wird angenommen, daß die Operation **schedule** (von **ready** nach **running**) nach einer gegebenen Auswahlstrategie einen Prozeß aus der Bereitschlange ausreiht und in den **running**-Zustand überführt.

Da der Prozeß-Scheduler gerade der Implementierung von Prozessen dient, können seine Operationen nicht mit Hilfe von Prozessen implementiert werden. Weil die Daten im Prozeß-Scheduler (Prozeßleitblöcke und Warteschlangen) prinzipiell gemeinsame Datenbestände sind, dürfen sie nur unter gegenseitigem Ausschluß manipuliert werden. Dieser gegenseitige Ausschluß auf der Ebene der Schnittstellenoperationen wird normalerweise durch Hardwareunterstützung gewährleistet.

Mit dem Aufruf von **enqueue** blockiert sich ein Prozeß. Damit allerdings ein anderer Prozeß auf dem Prozessor weiterlaufen kann, muß ein **schedule** erfolgen, so daß ein neuer Prozeß dem Prozessor zugeteilt wird. Hierbei ist es wichtig, daß die Ausführung von **enqueue** und dem sofort folgenden **schedule** nicht-unterbrechbar erfolgt, da sonst die Daten des Prozeß-Schedulers in einen inkonsistenten Zustand geraten würden, weil der Prozessor für eine Zeitspanne logisch keinem Prozeß zugeordnet ist. Aus diesem Grund werden die Prozeß-Scheduler-Operationen vor Fehlersituationen auslösenden Benutzern geschützt, indem sie nur innerhalb der Komponente Prozeßverwaltung des Betriebssystems als lokale Prozeduren benutzt werden.

<u>Zu (d):</u>
Wie bereits erwähnt, ist es manchmal notwendig, daß Prozesse kommunizieren. Dies kann entweder in Form eines Nachrichtenaustausches oder in Form eines durch die Veränderung einer gemeinsamen Variable erzeugten Signals erfolgen. In beiden Fällen existiert eine Eins-zu-Eins Beziehung zwischen dem Senden und Empfangen einer Nachricht bzw. zwischen dem Signal und dem Erhalt dieses Signals. Für viele Synchronisationsmechanismen ist es notwendig, daß diese Beziehung kommutativ in dem Sinne ist, daß die Ausführungsreihenfolge des Sendens/Signals und

des Empfangens/Erhalt des Signals irrelevant und der Effekt in jedem Fall derselbe ist. Aus diesem Grunde sind die meisten Synchronisationsmechanismen Paare von gegenläufigen Operationen, die vor bzw. nach der Benutzung eines gemeinsam benutzten Betriebsmittels ausgeführt werden müssen. Da die Eigenschaft des aktiven Wartens immer dann auftritt, wenn ein Mechanismus nicht kommutativ ist und das aktive Warten durch die Benutzung des Prozeß-Schedulers vermieden werden kann, ist es zusätzlich notwendig, daß die Prozeßscheduleraufrufe zum Suspendieren bzw. Aktivieren eines Prozesses ebenfalls kommutativ sind. Das bedeutet beispielsweise, daß ein Aktivierungsaufruf, der an eine leere Warteschlange gerichtet ist, dem ersten sich danach suspendierenden Prozeß ohne Verzögerung erlaubt, fortzufahren. Die Probleme nichtkommutativer Mechanismen sind neben einem eventuellen aktiven Warten auch Verklemmungssituationen und Verhungerungserscheinungen. Detaillierte Beispiele werden bei der Darstellung verschiedenartiger Synchronisationsmechanismen in den Kapiteln 2, 3 und 4 präsentiert werden.

1.5.2 Hierarchieebenen

Zur Klassifizierung von Synchronisationsmechanismen wird in einigen Publikationen (Andrews und Schneider 1983, Saito 1982) das schon beschriebene Unterscheidungsmerkmal "Synchronisation über gemeinsame Variablen - Synchronisation über Nachrichtenaustausch" verwendet. Ein anderer Ansatz, der in dieser Arbeit gewählt wurde, basiert auf der Zielsetzung bzw. der Funktionalität des Entwurfs eines Mechanismus und ist deshalb interessant, weil er die Beziehung verschiedener Mechanismen untereinander miteinschließt. Es gibt eine Reihe von Mechanismen, deren Wirkungsweise von einer Nähe zur Hardware geprägt ist und die deshalb in der englischsprachigen Literatur als "Low-Level"-Mechanismen bezeichnet werden. Bei genauer Betrachtung kann man allerdings feststellen, daß diese Kategorie in zwei weitere Teile aufgespalten werden kann. Einige dieser maschinennahen Mechanismen zeichnen sich dadurch aus, daß ihr Anwendungsbereich zwar nur auf einen bestimmten Problemtyp (z.B. gegenseitiger Ausschluß) beschränkt ist, sie aber wegen ihres geringen Implementierungsaufwandes in der Hardware effizient eingesetzt werden können, um die notwendige Unteilbarkeit höherer Synchronisationsoperationen zu gewährleisten. Andere Low-Level-Mechanismen sind aufgrund ihres breiten Lösungsspektrums attraktive Kandidaten zur Lösung einer Vielzahl von Synchronisationsproblemen, haben allerdings den Nachteil, daß die Komplexität solcher Lösungen recht hoch werden kann, da sie oft nur äußerst mühsam zu erstellen bzw. nachzuvollziehen sind. Dies führte zur Einführung von Mechanismen, die dem Benutzer ein höheres Niveau der Programmierung anbieten und in der Literatur als "High-Level"-Mechanismen bezeichnet werden. Solche Mechanismen sollen den Benutzer durch ihre Einbettung in eine höhere Programmiersprache zwar von unnötigen Programmierdetails entlasten, erfordern aber oft eine aufwendige Implementierung.

Die in der Literatur beschriebenen Synchronisationsmechanismen lassen sich also zusammenfassend in drei Ebenen aufteilen:

Ebene 1:
Mechanismen der Ebene 1 sind alle Mechanismen, die direkt in der Hardware (einschließlich Mikrocode) implementiert sind.

Ebene 2:
Mechanismen der Ebene 2 sind alle Mechanismen, bei denen eine direkte Hardwareimplementierung wegen der Komplexität der Operationen nicht sinnvoll ist, deren Funktionsweise aber aus programmiermethodischer Sicht auf der Makro-Assembler-Ebene eingestuft werden kann.

Ebene 3:
Mechanismen der Ebene 3 sind alle Mechanismen, deren Entwurfskonzept auf eine direkte Aufnahme in eine höhere Programmiersprache abzielt.

Vom Implementierungsstandpunkt gesehen, bildet die Unterteilung in drei Ebenen eine Hierarchie von Synchronisationsmechanismen. Es ist offensichtlich, daß in eine höhere Programmiersprache eingebettete Synchronisationsmechanismen nur implementiert werden können, wenn die Basismaschine hinreichende Unterstützung in Form von primitiveren Operationen liefert. Der Aufwand für die Implementierung ist abhängig sowohl von der Natur der Programmierkonstrukte, als auch von der Natur der primitiven Operationen und davon, wie gut diese beiden zusammenpassen. Es kann deshalb erstrebenswert sein, einen Mechanismus der Ebene 3 direkt durch das Betriebssystem unterstützen zu lassen oder ihn als Laufzeitroutine der Programmiersprache zu implementieren, wenn das Betriebssystem Möglichkeiten zum Suspendieren bzw. Aktivieren von Prozessen bereitstellt. Zur Erläuterung der verschiedenen Implementierungsmöglichkeiten soll als Vorgriff auf die in den Kapiteln 2-4 detailliert beschriebenen Mechanismen repräsentativ für jede Ebene ein Beispielmechanismus herausgegriffen werden. Für die Ebene 1 sind das die TINC/DECT-Operationen (Keedy und Freisleben 1985), für die Ebene 2 Dijkstras Semaphoroperationen P/V (Dijkstra 1968) und für die Ebene 3 die sogenannten *Pfad-Ausdrücke* (Campbell und Habermann 1974).

In Abbildung 1.6 sind die verschiedenen Hierarchieebenen dargestellt. Die Lösung eines bestimmten Synchronisationsproblems kann von einem Benutzer mit den in der Programmiersprache PATH PASCAL (Campbell und Kolstad 1980) eingebetteten Pfad-Ausdrücken programmiert werden. Die Pfad-Ausdrücke können dann

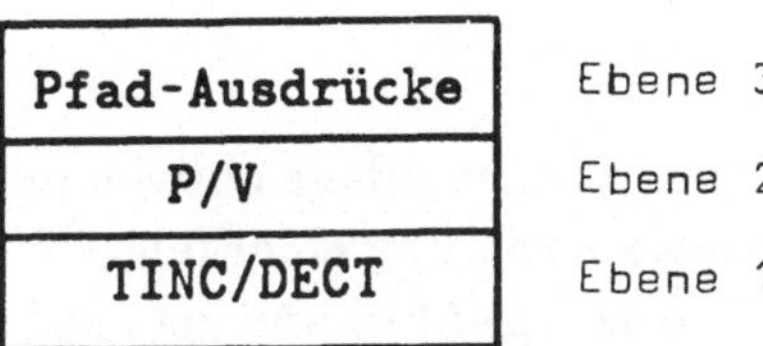

Abb. 1.6: *Beispielhierarchie*

nach der in (Campbell und Habermann 1974) beschriebenen Methode vom Compiler in P/V-Operationen umgesetzt werden. Für eine korrekte Funktionsweise brauchen die P/V-Operationen Unterstützung auf der Hardwareebene durch die Operationen TINC/DECT in Verbindung mit dem Prozeßscheduler des Betriebssystems.

Dieser Prozeß einer mehrstufigen Umsetzung ist repräsentativ für die Implementierung von vielen Mechanismen der Ebene 3, wobei die Semaphoroperationen ein vielseitig verwendetes Umsetzungsmedium auf der Ebene 2 darstellen. Die TINC/DECT-Operationen auf der Ebene 1 sind eine effiziente Möglichkeit, Semaphoroperationen zu implementieren. Die Vorteile einer solchen Umsetzung sind

(a) Benutzerprozesse können das System nicht stören.

(b) Benutzerprogramme/Compiler haben keine Kenntnis von den primitiven Synchronisationsoperationen, die deshalb dann ersetzt werden können, ohne daß man ein Programm ändern oder erneut übersetzen muß.

In einigen Fällen kann es allerdings aus Effizienzgründen von Vorteil sein, eine solche hierarchische Umsetzung zu umgehen. Semaphoroperationen eignen sich oft ausgezeichnet für die Erstellung einer einfachen und verständlichen Lösung für bestimmte Synchronisationsprobleme, so daß eine direkte Programmierung in P/V-Operationen angebracht erscheint. Eine solche Lösung kann dann durch Mechanismen der Ebene 1 unterstützt werden. Ähnlicherweise könnte man sich vorstellen, Pfad-Ausdrücke direkt in Mechanismen der Ebene 1 umzusetzen, falls geeignete Mechanismen auf der Ebene 1 zur Verfügung stehen. Es gibt einige Situationen, in denen selbst Mechanismen der Ebene 1 alleine gewisse Synchronisationsprobleme einfach und effizient lösen können, so daß es hierbei keinerlei Umsetzungsschritte bedarf.

1.6 Zusammenfassung

Die für die effiziente Nutzung einer Rechenanlage notwendige Parallelität innerhalb des Betriebssystems kann zur Gewährleistung einer fehlerfreien Funktionsweise nur dann ausgenutzt werden, wenn geeignete Mechanismen zur Lösung von Problemen der Koordination paralleler Prozesse zur Verfügung stehen. Grundsätzlich geht es bei solchen Problemen der Kommunikation und Synchronisation von Prozessen darum, den Zugriff einer Menge von Prozessen auf eine Menge von Betriebsmitteln unter spezifizierten Bedingungen zu koordinieren, wie es beispielsweise an einigen Grundproblemtypen, dem gegenseitigen Ausschluß, der gleichzeitigen Anforderung mehrerer Betriebsmittel, der Reihenfolgesteuerung von Prozessen aufgrund verschiedener Prioritäten, der Anforderung eines Betriebsmittels aus einer Klasse mit identischen Betriebsmitteln, dem gleichzeitigen Zugriff mehrerer Prozesse einer Klasse auf ein Betriebsmittel und dem Informationsaustausch über den Zustand eines Betriebsmittels illustriert werden kann.

Aufgrund der Mannigfaltigkeit dieser Problemstellungen ist es nicht verwunderlich, daß in der Literatur eine große Anzahl verschiedenartiger Synchronisationsmechanismen eingeführt wurde, deren Entwurfsphilosophie und Funktionsweise von den unterschiedlichsten Überlegungen geleitet wurden. Nichtsdestotrotz lassen sich einige allgemeine Eigenschaften, wie zum Beispiel die Verwendung von Zählvariablen, das aktive Warten, die Benutzung von Prozeßschedulerroutinen und die Kommutativität von Synchronisationsoperationen, bei vielen Synchronisationsmechanismen implizit oder explizit identifizieren.

Ein möglicher Ansatz, die Fülle der bereits publizierten Synchronisationsmechanismen strukturiert zu klassifizieren, basiert auf der Zielsetzung bzw. Funktionalität des Entwurfs und ist deshalb interessant, weil er die Beziehung verschiedener Mechanismen miteinschließt. Vom Standpunkt der Implementierung aus lassen sich die verschiedenen Synchronisationsmechanismen in drei Ebenen unterteilen, die in einer hierarchischen Beziehung zueinander stehen.

Mechanismen der Ebene 1 sind alle Mechanismen, die direkt in der Hardware (einschließlich Microcode) implementiert sind und deren Anwendungsgebiet hauptsächlich in der Gewährleistung der notwendigen Unteilbarkeit von Mechanismen höherer Ebenen zu finden ist.

Mechanismen der Ebene 2 sind alle Mechanismen, bei denen eine direkte Hardwareimplementierung wegen der Komplexität der Operationen nicht sinnvoll ist, deren Funktionalität aber aus programmiermethodischer Sicht auf der Makro-Assembler-Ebene eingestuft werden kann.

Mechanismen der Ebene 3 sind alle Mechanismen, deren Entwurfskonzept auf eine direkte Aufnahme in eine höhere Programmiersprache abzielt.

Eine Hierarchie bilden diese drei Ebenen deshalb, weil zur Implementierung eines Mechanismus der Ebene 2 mindestens ein Mechanismus der Ebene 1 bzw. zur Implementierung eines Mechanismus der Ebene 3 mindestens ein Mechanismus der Ebene 1 und/oder ein Mechanismus der Ebene 2 notwendig ist.

Aufgrund der unterschiedlichen Zielsetzungen der verschiedenen Ebenen ist es nicht sinnvoll, zur Entwicklung eines Synchronisationsmechanismus die gleichen Kriterien für alle Ebenen heranzuziehen. Für einen Mechanismus der Ebene 3 ist es wichtig, modulare Programmierung zu erlauben, um Programmteile unabhängig voneinander betrachten zu können, weil parallel ausgeführte Programmteile sich in undurchsichtiger Weise beeinflussen und zu verschiedenen Formen unkorrekten Programmierens führen können, die besonders kritisch sind, wenn Fehler nur in seltenen Fällen auftreten und so für eine lange Zeit unentdeckt bleiben. Ein Mechanismus der Ebene 2 muß eher in der Lage sein, verschiedene Formen paralleler Operationsmöglichkeiten, sowie verschiedene Typen der Kommunikation, Synchronisation und Nichtdeterminismus auszudrücken. Für einen Mechanismus der Ebene 1 dagegen sind Fragen, ob er auf einer existierenden Rechenanlage realisiert werden kann, ob eventuell leichte Veränderungen notwendig sind, oder ob eine komplett neue Architektur entworfen werden muß, von vornehmlicher Bedeutung. Der Wunsch, einen Synchronisationsmechanismus einfach, aber dennoch effizient implementieren zu können, scheint oft im Widerspruch zu den oben genannten Kriterien einer mächtigen Ausdruckskraft und einer klaren, modularen Verwendungsmöglichkeit zu stehen. Ein "idealer" Synchronisationsmechanismus würde die Vorteile aller dreier Kriterien vereinen; viele der bislang publizierten Mechanismen weisen allerdings eine Reihe von Nachteilen auf. Zur Illustration sollen in den folgenden drei Kapiteln einige in der Literatur beschriebene Mechanismen der verschiedenen Ebenen vorgestellt werden. Im nächsten Kapitel werden zunächst Mechanismen der Ebene 1 beschrieben.

KAPITEL 2

Synchronisationsmechanismen der Ebene 1

2.1 Einleitung

In dem folgenden Kapitel sollen einige in der Literatur beschriebene Synchronisationsmechanismen der Ebene 1, also die Mechanismen, die in der Hardware/Mikrocode implementiert sind und die zur Implementierung höherer Mechanismen unbedingt notwendig sind, vorgestellt werden. Die Zielsetzung der meisten dieser Mechanismen ist die Gewährleistung des gegenseitigen Ausschlusses zur Implementierung der Unteilbarkeit von Synchronisationsoperationen der Ebenen 2 und 3.

Zur konsistenten Beschreibung der wesentlichen Aspekte eines Synchronisationsmechanismus wurde einheitlich für alle Mechanismen eine Unterteilung vorgenommen. Diese Unterteilung, die für die Kapitel 3 und 4 übernommen wurde, gliedert sich in die Abschnitte *Konzept, Beispiele, Implementierung* und *Bemerkungen*.

In dem Abschnitt *Konzept* wird die einem Synchronisationsmechanismus zugrundeliegende Philosophie erläutert und seine Funktionsweise beschrieben. In einigen Fällen erfolgt dies durch eine algorithmische Darstellung, die einer der Programmiersprache PASCAL (Wirth 1971) ähnlichen Notation angelehnt ist.

Der Abschnitt *Beispiele* demonstriert die Verwendung eines Mechanismus zur Lösung von ausgewählten Synchronisationsproblemen. Es wird dabei angenommen, daß der Code der einzelnen Prozesse parallel ausgeführt wird und zyklisch unendlich oft wiederholt werden kann, falls eine variable Anzahl von Prozessen an der Problemstellung beteiligt ist.

In dem Abschnitt *Implementierung* wird die Möglichkeit einer Implementierung eines Mechanismus untersucht und der Aufwand einer solchen Implementierung betrachtet.

Der Abschnitt *Bemerkungen* faßt die Vor- und Nachteile eines Mechanismus zusammen und beschreibt einige mit einem Mechanismus verbundene Aspekte, die im Zusammenhang mit seiner Verwendung erwähnenswert erscheinen. Zusätzlich wird dort, wo es angebracht erscheint, auf Beweisverfahren zur Verifikation von Lösungen mit einem jeweiligen Mechanismus, sowie auf Programmiersprachen, in die ein Mechanismus aufgenommen wurde, in Form von Literaturangaben hingewiesen.

2.2 Speicherausschluß

<u>Konzept:</u>

Wie bereits in Kapitel 1 beschrieben, ist die Architektur heutiger Speicher so angelegt, daß der Zugriff auf eine Speicherposition nur exklusiv erfolgen kann, d.h. wenn zwei oder mehr Prozesse versuchen, einen Wert an einer bestimmten Speicherposition abzuspeichern, dann wird der Zugriff automatisch durch die Hardware serialisiert. Ähnlich kann ein Speicherwort nicht gleichzeitig gelesen und geändert werden. Diese Eigenschaft der Hardware bezeichnet man als *Speicherausschluß (Memory Interlock)*.

<u>Beispiel:</u>

Eine lange Zeit nahm man an, daß das Problem des gegenseitigen Ausschlusses zweier Prozesse aus ihren kritischen Abschnitten (Problem 1.4.2) nicht durch den simplen Speicherausschluß gelöst werden konnte, aber Dijkstra und Dekker waren in der Lage, eine Lösung zu entwickeln (Dijkstra 1965, 1968). Die Lösung ist nach dem folgenden Schema aufgebaut:

```
Process P1                      Process P2
 loop                            loop
   Eingangsprotokoll               Eingangsprotokoll
   Kritischer Abschnitt            Kritischer Abschnitt
   Ausgangsprotokoll               Ausgangsprotokoll
   Unkritischer Abschnitt          Unkritischer Abschnitt
 end                             end
```

Dekkers Lösung (umgeschrieben von Holt ohne GOTO-Anweisungen (Tsichritzis und Bernstein 1974) sieht folgendermaßen aus:

```
integer  c1,c2 (initially=0);
         turn  (initially=1);


Process 1:  begin c1:=1;
                  while c2=1 do
                    if turn=2
                        then begin c1:=0;
                                   while turn=2 do
                                   end;
                                   c1:=1;
                             end;
                  end;
                  -Kritischer Abschnitt-
                  c1:=0;
                  turn:=2;
            end;
Process 2:  begin c2:=1;
                  while c1=1 do
                    if turn=1
                        then begin c2:=0;
                                   while turn=1 do
                                   end;
                                   c2:=1;
                             end;
                  end;
                  -Kritischer Abschnitt-
                  c2:=0;
                  turn:=1;
            end;
```

In dieser Lösung wird die Variable c1 auf 1 gesetzt, wenn Prozeß1 in den kritischen
Abschnitt eintreten will, c2 wird auf 1 gesetzt, wenn Prozeß2 in den kritischen Abschnitt eintreten will, und turn gibt an, welcher Prozeß gerade versucht, in den
kritischen Abschnitt zu gelangen. Durch die Variable turn wird überdies sichergestellt, daß die Prozesse im Eingangsprotokoll keine unendliche Schleife ausführen
können, wodurch eine Verklemmung vermieden wird. Da ein Prozeß für höchstens
eine Ausführung des kritischen Abschnitts des anderen Prozesses verzögert wird,
ist die Lösung nach der Definition von Seite 29 begrenzt fair.

Eine andere (einfachere) Lösung des Problems des gegenseitigen Ausschlusses
zweier Prozesse aus ihren kritischen Abschnitten stammt von Peterson (1981):

```
boolean enter1, enter2 (initially=false);
integer turn          (initially=1); (or 2)


Process P1                    Process P2

enter1:=true;                 enter2:=true;
turn:=2;                      turn:=1;
while enter2 and turn=2 do    while enter1 and turn=1 do
end;                          end;
-Kritischer Abschnitt-        -Kritischer Abschnitt-
enter1:=false;                enter2:=false;
```

Die Lösung benutzt drei gemeinsame Variablen **enter1**, **enter2** und **turn**; **enteri** (i=1 oder 2) wird auf **true** gesetzt, wenn Prozeß Pi das Eingangsprotokoll oder den kritischen Abschnitt ausführt. Die Variable **turn** vermerkt den Namen des nächsten Prozesses, der in den kritischen Abschnitt eintreten darf, **turn** wird benutzt, wenn beide Prozesse gleichzeitig versuchen, das Eingangsprotokoll auszuführen. Ähnlich wie bei Dekkers Lösung verhindert **turn** das Auftreten einer Verklemmung. Die Lösung ist begrenzt fair. Weitere Lösungen des gegenseitigen Ausschlußproblems durch den Speicherausschluß-Mechanismus findet man in (Kowaltowski und Palma 1984) und (Doran und Thomas 1980).

Implementierung:

Der Speicherausschluß ist durch die Eigenschaften der Speicherarchitektur automatisch in jeder Rechenanlage implementiert. Auf Assemblerebene stehen für die Programmierung sogenannte LOAD und STORE Befehle zur Verfügung.

Bemerkungen:

Zur Lösung komplexer Synchronisationsprobleme ist der Speicherausschlußmechanismus ungeeignet, weil selbst vergleichsweise einfache Probleme unüberschaubare, subtil fehleranfällige Lösungsalgorithmen von hoher Komplexität implizieren können. Dies wird in der Literatur bei den verschiedenen Entwicklungsphasen zur Lösung des Problems des gegenseitigen Ausschlusses in anschaulicher Weise dokumentiert (siehe (Dijkstra 1965), (Hyman 1966), (Knuth 1966) und (Eisenberg und McGuire 1972), sowie für Mehrprozessorsysteme (Dijkstra 1971) und (Lamport 1974)). Der Speicherausschluß ist deshalb eher als eine Basis zu betrachten, auf der höhere Mechanismen aufbauen können. Obwohl die beiden obigen Lösungen demonstrieren, daß der Speicherausschluß für die Gewährleistung des gegenseitigen Ausschlusses ausreicht, ist die praktische Bedeutung dieses Mechanismus gering, da die Anzahl und Identität der Prozesse im voraus bekannt sein muß und die Komplexität einer Lösung für mehr als zwei Prozesse wesentlich erhöht wird. Außerdem ist der Mechanismus auf dem bereits in Kapitel 1 erwähnten aktiven Warten aufgebaut. Korrektheitsbeweise für Lösungen, die auf dem Speicherausschluß basieren, findet man in (Peterson 1981).

2.3 Verbot von Unterbrechungen

<u>Konzept:</u>

Eine der frühen Lösungen des gegenseitigen Ausschluß-Problems wurde durch die Benutzung des Unterbrechungssystems des Rechners erreicht, welches eigentlich ein Mittel zur Kommunikation zwischen Ein-/Ausgabegeräten und Prozessor war. Eine Möglichkeit, die Unteilbarkeit eines kritischen Abschnitts auf einem Einprozessorsystem zu erreichen, ist das Verbieten von Unterbrechungen für die Dauer des kritischen Abschnitts. Somit wird gewährleistet, daß nur der die Unterbrechung verbietende Prozeß aktiv ist und deshalb keine Konflikte mit anderen Prozessen entstehen können.

<u>Beispiel:</u>

Das Problem des gegenseitigen Ausschlusses wird wie folgt gelöst:

```
Process1                        Process2

Unterbrechungen verbieten       Unterbrechungen verbieten
-Kritischer Abschnitt-          -Kritischer Abschnitt-
Unterbrechungen zulassen        Unterbrechungen zulassen
```

<u>Implementierung:</u>

In den meisten unterbrechungsgesteuerten Einprozessorarchitekturen werden privilegierte Befehle bereitgestellt, um Unterbrechungen verbieten zu können.

<u>Bemerkungen:</u>

Das Unterbrechungsverbot ist eine sehr rigorose Synchronisationsmethode, da keine anderen Prozesse weiterlaufen können. Normalerweise befinden sich kritische Abschnitte, die in dieser Weise synchronisiert werden, resident im Betriebssystem, und der Benutzer muß durch einen expliziten Betriebssystemaufruf die Ausführung solcher kritischen Abschnitte initiieren. Unterbrechungen dürfen allerdings nur im privilegierten Zustand verboten werden, da ein fehlerhaftes Benutzerprogramm (z.B. mit einer unendlichen Schleife im kritischen Abschnitt) sonst den Ablauf des Systems nachhaltig stören könnte. Hierbei ist es von großer Bedeutung, daß die Zeit des Verbots kurz ist, da sonst Unterbrechungen verloren gehen oder Ein-/Ausgabegeräte nicht rechtzeitig bedient werden könnten. Aus oben genannten Gründen wird deutlich, daß das Unterbrechungsverbot, das offensichtlicherweise nur bei Einprozessorsystemen anwendbar ist und deshalb die Möglichkeit ausschließt, das System später durch einen zweiten Prozessor zu erweitern, keine praktische Lösung zur Synchronisation darstellt. Obwohl es außerdem zur Lösung komplexer Synchronisationsprobleme ungeeignet erscheint, ist es oft ein impliziter Grundbestandteil höherer Synchronisationsmechanismen zur Implementierung der Unteilbarkeit von Code-Abschnitten innerhalb der Synchronisationsoperationen selbst.

2.4 TEST-and-SET

<u>Konzept:</u>

Eine von vielen Rechnern unterstützte Möglichkeit zur Gewährleistung des gegenseitigen Ausschlusses ist die Verwendung des unteilbaren, hardwarenahen Befehls **TEST-and-SET**, der eine Variable testen und setzen kann, ohne unterbrechbar zu sein. Dieser Befehl testet eine globale Variable **busy** und weist den Wert von **busy** einer prozeßlokalen (privaten) Variable **local** zu; dann wird **busy** auf 1 gesetzt. Der **TEST-and-SET**-Befehl ist damit äquivalent zur unteilbaren Ausführung der beiden folgenden Zuweisungen:

```
local:=busy;
busy:=1;
```

Wenn **busy** beim Testen schon den Wert 1 gehabt hat (und damit auch **local**), wird der **TEST-and-SET**-Befehl erneut ausgeführt, bis **busy**=0. Die lokale Variable local wird normalerweise im Condition-Code-Register der Maschine abgespeichert. Am Schluß eines kritischen Abschnitts wird busy dann auf 0 zurückgesetzt.

<u>Beispiel:</u>

Der gegenseitige Ausschluß wird dann analog zur Beschreibung des Konzepts folgendermaßen gelöst:

```
integer  busy (initially=0);

Process1:  integer  local1;
           local1:=1;
           repeat TEST-and-SET(local1, busy)
           until local1=0;
           --Kritischer Abschnitt--
           busy:=0;

Process2:  integer  local2;
           local2:=1;
           repeat TEST-and-SET(local2, busy)
           until local2=0;
           end;
           --Kritischer Abschnitt--
           busy:=0;
```

<u>Implementierung:</u>

Der TEST-and-SET-Befehl ist ein in der Hardware implementierter, unteilbarer Maschinenbefehl. Verwendung findet ein solcher Befehl beispielsweise in der IBM 360/370-Architektur (IBM 1981).

<u>Bemerkungen:</u>

Neben der Tatsache, daß die TEST-and-SET-Operation nur bei der Lösung des gegenseitigen Ausschlußproblems Verwendung findet und für komplizierte Synchronisationsprobleme ungeeignet ist, weist sie eine Reihe unerwünschter Eigenschaften auf. An dieser Stelle zu nennen ist die Verschwendung von Prozessorzeit durch das aktive Warten, sowie die Möglichkeit, daß ein Prozeß nie den kritischen Abschnitt betreten kann, wenn andere Prozesse während der Testphase ständig früher busy=0 vorfinden. Das bedeutet, daß der Mechanismus nicht verhungerungsfrei ist.

Außerdem könnte bei einem Einprozessorsystem (mit Ablaufsteuerung der Prozesse nach Prioritäten) eine Verklemmung entstehen: wenn ein Prozeß P1 nach dem Setzen von **busy** innerhalb des kritischen Abschnitts von einem Prozeß P2 mit höherer Priorität gestoppt wird, dann wartet P2 unendlich lange im Test-Zyklus, während P1 im kritischen Abschnitt auf die Fortsetzungsmöglichkeit und das notwendige Zurücksetzen von **busy** wartet.

Die Vorteile der **TEST-and-SET**-Operation liegen in ihrer Einfachheit und der Möglichkeit, sie für jede beliebige Anzahl von Prozessoren und Prozessen einsetzen zu können.

2.5 REPLACE-ADD

<u>Konzept:</u>

Eine Verallgemeinerung der **TEST-and-SET**-Operation zur Koordinierung paralleler Prozesse in Mehrprozessorsystemen mit gemeinsamem Speicher ist die **Replace-Add**-Operation. Die Operation hat das Format **RepAdd(V,e)**, wobei V eine Integer-Variable und **e** ein Integer-Ausdruck ist. Diese unteilbare Operation liefert die Summe S=V+e und ersetzt den Inhalt der Speicherposition V durch diese Summe. Zusätzlich erfüllt **RepAdd** die Serialisierungsbedingung: Angenommen, V ist eine globale, sich im gemeinsamen Speicher befindliche Variable und mehrere gleichzeitige **Replace-Add**-Operationen greifen auf V zu. Dann ist der Effekt so, als ob seriell zugegriffen wurde, d.h. V hat zum Schluß den Wert der Summe aller sukzessiven Inkrementierungen und jede Operation den Zwischenwert von V, der mit der Reihenfolge der Operationen korrespondiert. Wenn also beispielsweise Prozessor **P_i** die Operation **X_i:=RepAdd(V,e_i)** gleichzeitig mit der Operation **X_j:=RepAdd(V,e_j)** eines anderen Prozessors ausführt, dann gilt:

```
X_i:=V+e_i
X_j:=V+e_i+e_j
```

oder

```
X_i:=V+e_i+e_j
X_j:=V+e_j
```

wobei in jedem Fall V den Wert

```
V+e_i+e_j     hat.
```

<u>Beispiel:</u>

Eine Lösung des gegenseitigen Ausschlußproblems mit **n** Prozessen sieht folgendermaßen aus:

```
integer s (initially=1);

Process i, 1<=i<=n

boolean ok_i (initially=false);
repeat if s>=1 then
                if RepAdd(s,-1)>=0 then ok_i:=true
                                   else RepAdd(s,1);
until ok_i;

-Kritischer Abschnitt-

RepAdd(s,1);
```

Bei der Ausführung der **repeat**-Schleife können mehrere Prozesse gleichzeitig in den **then**-Zweig laufen, da für alle **s>=1** gelten könnte. Dann führen auch alle diese Prozesse **RepAdd(s,-1)** aus. S erhält dann einen Wert, der kleiner als 0 ist. Wegen der Serialisierungsbedingung erhält aber nur ein Prozeß als Antwort die 0 zurück, d.h. nur ein Prozeß erhält sein **ok**. Dieser Prozeß erhält die Erlaubnis, in den kritischen Abschnitt einzutreten, während die anderen Prozesse **RepAdd(s,1)** ausführen und **s** bei der letzten Ausführung den Wert 0 erhält. Dies bedeutet, daß die **repeat**-Schleife erneut solange ausgeführt wird, bis **s>=1** ist. Dieser Fall tritt aber erst dann ein, wenn der sich im kritischen Abschnitt befindliche Prozeß beim Verlassen die Operation **RepAdd(s,1)** ausgeführt hat. Ein anderer Prozeß kann nun in den kritischen Abschnitt gelangen.

<u>Implementierung:</u>

Eine Hardware-Implementierung der **RepAdd**-Operation wird in (Gottlieb, Lubachevsky und Rudolph 1983) detailliert beschrieben. Die Grundlage dieser Implementierung bildet ein erweitertes OMEGA-Netzwerk (Lawrie 1975), das die Existenz eines eindeutigen Verbindungspfades zwischen Prozessoren und Speichern gewährleistet, um die Serialisierungsbedingung zu erfüllen. Die Realisierung dieser Implementierung findet man im NYU Ultracomputer (Gottlieb, Grishman, Kruskal, McAuliffe, Rudolph und Snir 1983).

<u>Bemerkungen:</u>

Die **Replace/Add**-Operation, die schon 1967 während der Forschungsarbeiten am
"Athene hypothetical parallel computer system" (Draughon, Grishman, Schwarz
und Stein 1967) eingeführt wurde, hat ähnliche Eigenschaften wie die schon beschriebene TEST-and-SET-Operation, nämlich das aktive Warten und die mögliche
Verhungerung von Prozessen, wie es an dem oben angegebenen Beispiel des gegenseitigen Ausschlußproblems illustriert werden kann. Trotzdem kann sie vielsei-
tiger als Grundlage zur Bildung höherer Konstrukte eingesetzt werden, um auch
Lösungen zu komplexeren Synchronisationsproblemen zu ermöglichen. Außerdem
wird deutlich, daß die **Rep/Add**-Operation zur Gewährleistung des gegenseitigen
Ausschlusses im Prinzip paarweise im Eintritts- und Austrittsprotokoll eines kritischen Abschnitts eingesetzt wird. Das bedeutet, daß dieser Mechanismus prinzipiell die in Kapitel 1 beschriebene Eigenschaft der Kommutativität zu beinhalten
versucht. Wie später zu sehen sein wird, ist die **Rep/Add**-Operation außerdem
sehr nützlich bei der Implementierung von Mechanismen der Ebene 2. Beispiele
für die Überlegenheit der **Rep/Add**-Operation gegenüber TEST-and-SET findet
man in (Gottlieb, Lubachevsky und Rudolph 1983). Anwendungen der **Rep/Add**-
Operation für die Synchronisation in Datenbanksystemen werden in (Stone 1984)
beschrieben.

2.6 EXCHANGE

<u>Konzept:</u>

Eine weitere Hardwareinstruktion, die für die Gewährleistung des gegenseitigen Ausschlusses eingesetzt werden kann, ist die sogenannte EXCHANGE-Operation, die den Inhalt von zwei Speicherpositionen vertauscht. Die Instruktion
EXCHANGE(a,b) ist äquivalent zur unteilbaren Ausführung der folgenden drei Zuweisungen:

```
temp:=a;
   a:=b;
   b:=temp;
```

<u>Beispiel:</u>

Eine Lösung zum Problem des gegenseitigen Ausschlusses sieht folgendermaßen
aus:

```
integer busy (initially=1);


Process1                        Process2


integer local1;                 integer local2;
local1:=0;                      local2:=0;
repeat                          repeat
  EXCHANGE(busy,local1);          EXCHANGE(busy,local2);
until local1=1;                 until local2=1;
--Kritischer Abschnitt--        --Kritischer Abschnitt--
EXCHANGE(busy,local1);          EXCHANGE(busy,local2);
```

Der gegenseitige Ausschluß wird gewährleistet, indem der zuerst ausgeführte
EXCHANGE-Befehl den Wert einer globalen (gemeinsamen) Variable busy (initialisiert mit 1) mit dem Wert einer für jeden Prozeß lokalen Variable local (initialisiert mit 0) vertauscht. Wenn der Wert von local dann 1 ist, darf der kritische
Abschnitt betreten werden, anderenfalls wird solange der EXCHANGE-Befehl ausgeführt, bis local den Wert 1 hat. Am Ende eines kritischen Abschnitts wird
dann durch die Ausführung von EXCHANGE(busy,local) erreicht, daß busy und
local wieder die ursprünglichen Werte erhalten. Da nun busy wieder den Wert
1 hat, wird einem wartenden Prozeß gestattet, in den kritischen Abschnitt zu
gelangen.

<u>Implementierung:</u>

Die EXCHANGE-Instruktion ist ein in der Hardware implementierter, unteilbarer
Maschinenbefehl. Verwendung findet ein solcher Befehl beispielsweise in Form der
COMPARE AND SWAP-Instruktion in der IBM 360/370-Architektur (IBM 1981).

<u>Bemerkungen:</u>

Die Bemerkungen zum TEST-and-SET-Befehl gelten analog für die EXCHANGE-Instruktion (siehe Abschnitt 2.4).

2.7 TEST-AND-INCREMENT/DECREMENT-AND-TEST

<u>Konzept:</u>

Einige Rechner (z.B. ICL 2900 Series, (Keedy 1982)) unterstützen ein Paar von unprivilegierten, unteilbaren Maschinenbefehlen, die TEST-AND-INCREMENT (TINC) bzw. DECREMENT-AND-TEST (DECT) genannt werden und auf eine globale Integervariable angewendet werden. Der Effekt der Instruktion DECT(common) ist die Verringerung von common um 1 und das Setzen einer für jeden Prozeß lokalen Variable, die anzeigt, ob der Wert von common nach Ausführung der Subtraktion negativ, null oder positiv ist. Ähnlich setzt die Operation TINC(common) eine prozeßlokale Variable, die anzeigt, ob common negativ, null oder positiv ist und erhöht dann den Wert von common um 1. Die für jeden Prozeß lokale Variable wird manchmal im Condition-Code-Register der Maschine abgespeichert.

<u>Beispiel:</u>

Eine Lösung zum Problem des gegenseitigen Ausschlusses kann dann mit den DECT/TINC-Operationen analog zu der im Abschnitt 2.5 beschriebenen Lösung mit der **Rep/Add**-Operation folgendermaßen angegeben werden:

```
integer common (initially=1);

Process i, 1<=i<=n

boolean ok_i (initially=false);
repeat
   if common>=1 then
                  if DECT(common)<0 then TINC(common)
                                    else ok_i:=true;
until ok_i;
-- Kritischer Abschnitt --
TINC(common);
```

Prozesse, die in den kritischen Abschnitt eintreten wollen, durchlaufen die **repeat**-Schleife solange, bis der Wert von common größergleich 1 ist. Es ist natürlich möglich, daß diese Abfragebedingung anfänglich und zu anderen bestimmten Zeitpunkten für mehrere Prozesse "wahr" ist. Alle diese Prozesse testen anschließend, ob der Wert von common nach einer Dekrementierung kleiner als 0 ist. Dies ist genau dann der Fall, wenn ein Prozeß nach Ausführung der DECT(common)-Operation ein Ergebnis "0" erhalten, im **else**-Zweig sein ok auf **true** gesetzt hat und in den kritischen Abschnitt eingetreten ist. Alle anderen Prozese müssen dann warten, in dem sie die Dekrementierung von common durch die Ausführung der Operation TINC(common) rückgängig machen und die repeat-Schleife erneut durchlaufen. (Der Test in der TINC(common)-Operation wird einfach ignoriert). Dieser Zyklus wiederholt sich solange, bis der sich im kritischen Abschnitt befindliche Prozeß beim Austritt die TINC(common)-Operation ausführt. Ein wartender Prozeß hat nun die Gelegenheit, den kritischen Abschnitt zu betreten, da er nach dem Passieren der common-Abfrage (durch möglicherweise mehrere wartende Prozesse) in der DECT(common)-Operation einen Wert von 0 erhält und damit sein ok auf true setzen kann.

Implementierung:

Die Instruktionen DECT und TINC sind in der Hardware implementierte, unteilbare Maschinenbefehle. Ein Beispiel für ihre Verwendung sind die Rechner der ICL 2900 Serie (Keedy 1982).

Bemerkungen:

An dieser Stelle soll nochmals auf die oben angegebene Lösung zum Problem des gegenseitigen Ausschlusses eingegangen werden, um auf einen in dieser Lösung vorhandenen subtilen Punkt hinzuweisen. Zu diesem Zweck wird die folgende, inkorrekte Lösung betrachtet:

```
integer common (initially=1);

Process i, 1<=i<=n

boolean ok_i (initially=false);
repeat
   if DECT(common)<0 then TINC(common)
                     else ok_i:=true;
until ok_i;
--Kritischer Abschnitt--
TINC(common);
```

Wenn man diese vereinfachte Version der Lösung mit der korrekten Lösung im Abschnitt "Beispiele" vergleicht, so scheint es, als ob lediglich ein redundanter Test (if common>=1) weggelassen wurde. Tatsächlich aber ist es möglich, daß die vereinfachte Lösung eine Verklemmungssituation aufweisen kann. Wenn nämlich beispielsweise 3 Prozesse in die **repeat**-Schleife laufen und nacheinander die DECT(common)-Operation ausführen, dann kann der erste Prozeß in den kritischen Abschnitt gelangen, und der Wert von common ist dann -2. Angenommen, dieser Prozeß verläßt den kritischen Abschnitt mit der Ausführung von TINC(common), dann ergibt das einen Wert von -1 für common. Der zweite Prozeß könnte jetzt im **then**-Zweig die Operation TINC(common) ausführen (so daß der Wert von common 0 wird) und sofort anschließend die **if**-Bedingung mit einer erneuten Dekrementierung von common durchlaufen. Common hat jetzt erneut einen Wert von -1. Wenn nun der dritte Prozeß diesen Zyklus in analoger Weise durchläuft, dann bewegt sich der Wert von common unendlich lange zwischen 0 und -1. Es liegt nun eine Verklemmungssituation vor. Eine solche Verklemmung wird durch das Abtesten der Bedingung, ob common größergleich 1 ist, bevor common dekrementiert wird, verhindert. Dieser Test in der Lösung im Abschnitt "Beispiel" ist also nicht überflüssig und muß in der dort angegebenen Weise durchgeführt werden.

Die Vorteile der DECT/TINC-Instruktionen beinhalten neben ihrer Funktionsfähigkeit für jede beliebige Anzahl von Prozessoren und Prozessen auch die Möglichkeit, die Operationen direkt im Objekt-Code von Benutzerprogrammen einzusetzen. Die Nachteile sind, wie es die Lösung im Abschnitt "Beispiele" demonstriert, aktives Warten und mögliche Verhungerungen von Prozessen. Allerdings sollte betont werden, daß die oben beschriebene Benutzung der DECT/TINC-Operationen zur Lösung des gegenseitigen Ausschlußproblems nicht der Entwurfsintention der Operationen entspricht. Wie die DECT/TINC-Operationen in einer anderen Weise sehr nützlich bei der Implementierung von höheren Synchronisationsmechanismen und sogar beim Erstellen von Lösungen für komplexe Synchronisationsprobleme eingesetzt werden können, wird in Kapitel 6 demonstriert werden.

2.8 Zusammenfassung

Es gibt eine Reihe von Mechanismen, die auf der Hardware/Mikrocode-Ebene von Rechnern implementiert sind und die Implementierung von höheren Synchronisationsmechanismen unterstützen. Obwohl alle diese Mechanismen wie der Speicherausschluß, das Verbot von Unterbrechungen, der TEST-and-SET-Befehl, die EXCHANGE-Operation, die **Rep/Add**-Instruktion und die DECT/TINC-Operationen Nachteile wie das aktive Warten, Verhungerungszustände und eventuelle Verklemmungssituationen aufweisen, können die DECT/TINC-Operationen und die **Rep/Add**-Instruktion, wie man später sehen wird, in Verbindung mit Prozeßschedulerroutinen sehr nützlich bei der Implementierung höherer Synchronisationsmechanismen eingesetzt werden. Dies kann dadurch begründet werden, daß sowohl die TINC/DECT-Operationen als auch die **Rep/Add**-Instruktion prinzipiell die in Kapitel 1 beschriebene Eigenschaft der Kommutativität beinhalten, da die beiden Mechanismen jeweils paarweise im Eintritts- und Austrittsprotokoll eines kritischen Abschnitts auftreten.

Einige weitere Möglichkeiten für die Synchronisationsunterstützung auf Maschinenebene sind

(a)   die direkte Hardware- oder Mikrocodeunterstützung zur Manipulation von Warteschlangen (z.B. bei der VAX 11-780, (Digital Equipment Corporation 1982)) oder zur Reduktion von Konfliktsituationen an Warteschlangen (Denning und Dennis 1980) und

(b)   spezielle Mikrocodeinstruktionen zur Vereinfachung von Betriebsmittelzuteilungen (Keedy, Ramamohanarao und Rosenberg 1979) oder Leser/Schreibersituationen (Keedy, Rosenberg und Ramamohanarao 1981).

Auf eine ausführliche Diskussion der in (a) und (b) genannten Möglichkeiten wurde in Kapitel 1 verzichtet, da Punkt (a) nichts mit der eigentlichen Synchronisation zu tun hat und die Mechanismen von Punkt (b) aufgrund ihrer interessanten Möglichkeit, auch auf der Ebene 3 eingesetzt werden zu können, an einer späteren Stelle dieser Arbeit von Bedeutung für die Motivation zum Entwurf neuartiger Synchronisationsmechanismen sind. Eine detailierte Beschreibung findet man deshalb in Kapitel 5.

Zusammenfassend sollte erwähnt werden, daß ein Rechner mindestens einen Mechanismus der Ebene 1 anbieten muß, um überhaupt die Synchronisation paralleler Prozesse zu ermöglichen. Die Entscheidung, welcher dieser Mechanismen dann tatsächlich als Grundbaustein eingesetzt werden sollte, muß dann im Hinblick auf die Anwendungszielsetzung anhand der jeweiligen Vor- und Nachteile eines Mechanismus getroffen werden. Im nächsten Kapitel werden Synchronisationsmechanismen der Ebene 2 beschrieben.

KAPITEL 3

Synchronisationsmechanismen der Ebene 2

3.1 Einleitung

Das folgende Kapitel beschreibt einige in der Literatur vorgeschlagene Synchronisationsmechanismen der Ebene 2, also solche Mechanismen, die die Implementierungsunterstützung von Mechanismen der Ebene 1 benötigen, aber dennoch zu primitiv sind, um in eine höhere Programmiersprache aufgenommen zu werden. Der Anwendungsbereich dieser Mechanismen ist deshalb eher auf der Makro-Assembler-Ebene der Programmierung zu finden, so daß die Komplexität von Lösungen zu Synchronisationsproblemen oft recht hoch werden kann, da diese meist nur äußerst mühsam zu erstellen bzw. nachzuvollziehen und weitgehend fehleranfälliger sind als Lösungen mit Mechanismen der Ebene 3. Dagegen können viele Mechanismen der Ebene 2 aufgrund ihres breiten Lösungsspektrums attraktiv zur Lösung einer Vielzahl von Synchronisationsproblemen sowie zur Implementierung von Mechanismen der Ebene 3 eingesetzt werden.

Die meisten der im folgenden beschriebenen Mechanismen haben das Ziel, die Nachteile der Hardwaremechanismen wie aktives Warten, Verhungerung und Verklemmung zu vermeiden, indem sie implizit oder explizit von der Aktivität eines Prozeßschedulers zum Suspendieren bzw. Aktivieren von Prozessen Gebrauch machen.

3.2 LOCK und UNLOCK

<u>Konzept:</u>

Ein früher Synchronisationsmechanismus der Ebene 2 basiert auf der Analogie des Eindringens und Verlassens kritischer Abschnitte mit dem Auf- und Zuschließen einer Tür: Jedem kritischen Abschnitt wird ein Bit, das sogenannte LOCK BIT (Denning 1971) zugeordnet, auf das die unteilbaren Operationen LOCK und UN-LOCK angewandt werden können. Ein Prozeß, der in den kritischen Abschnitt eindringen will, führt eine LOCK-Operation auf das mit dem kritischen Abschnitt assoziierte LOCKBIT aus; beim Verlassen wird analog eine UNLOCK-Operation ausgeführt. Wenn ein Prozeß versucht, eine LOCK-Operation auszuführen, während ein anderer sich im kritischen Abschnitt befindet, muß er "aktiv" warten, bis der andere UNLOCK ausgeführt hat.

Beispiel:

Gegenseitiger Ausschluß zweier Prozesse:

```
Process1                    Process2

LOCK(lockbit);              LOCK(lockbit);
-Kritischer Abschnitt-      -Kritischer Abschnitt-
UNLOCK(lockbit);            UNLOCK(lockbit);
```

Implementierung:

Die Operationen LOCK und UNLOCK können mit dem in Abschnitt 2.4 beschriebenen TEST-and-SET-Befehl, oder auch mit der in Abschnitt 2.6 beschriebenen Operation EXCHANGE implementiert werden. Habermann (1975) benutzt eine solche unteilbare EXCHANGE-Operation zur Implementierung von LOCK und UNLOCK:

```
type lockbit=lock: boolean; (initially=false)

    procedure LOCK(lb: lockbit);
    boolean x; (initially=true);
    begin
      while x do EXCHANGE(x,lb.lock) end;
    end;


    procedure UNLOCK(lb: lockbit);
    begin lb.lock:=false; end;
```

Die Variable x ist eine lokale Variable für jeden Prozeß, die zu Beginn auf "true" gesetzt wird. Der erste Prozeß, der die EXCHANGE-Operation ausführt, vertauscht die Werte von `lb.lock` und `x`, so daß `lb.lock=true` und `x=false` wird. Ein anderer Prozeß, der nun `LOCK(lb)` ausführt, muß nun solange "aktiv" die EXCHANGE-Operation ausführen, bis das Lockbit durch `UNLOCK(lb)` zurückgesetzt wird.

Bemerkungen:

Die Operationen LOCK und UNLOCK haben die negative Eigenschaft des aktiven Wartens und auch des Verhungerns, da ein Prozeß nie den kritischen Abschnitt betreten kann, wenn andere Prozesse wiederholt früher das LOCKBIT setzen. Außerdem könnte bei einem Einprozessorsystem (mit Ablaufsteuerung der Prozesse nach Prioritäten) eine Verklemmung entstehen: Wenn ein Prozeß P1 nach dem Setzen des LOCKBITS innerhalb des kritischen Abschnitts von einem Prozeß P2 mit höherer Priorität gestoppt wird, dann wartet P2 unendlich lange in der EXCHANGE-Operation, während P1 im kritischen Abschnitt auf die Fortsetzungsmöglichkeit und die notwendige Ausführung der UNLOCK-Operation wartet.

3.3 BLOCK und WAKEUP

Konzept:

Unter den ersten Synchronisationsoperationen, die das aktive Warten vermeiden, sind die unteilbaren BLOCK/WAKEUP-Operationen von Saltzer (1966) (siehe auch (Lampson 1968)). Die Operationen für einen Prozeß i sind folgendermaßen definiert:

```
BLOCK(i) :        if not wws(i) then SUSPEND process i
                                 else wws(i):=false

WAKEUP(i):        if ready(i) then wws(i):=true
                              else ACTIVATE process i
```

Jedem Prozeß ist ein sogenannter "wakeup-waiting-switch" (wws) zugeordnet, der beim `BLOCK(i)` abgetestet wird, um zu verhindern, daß ein Prozeß blockiert wird, wenn ein WAKEUP einem BLOCK zeitlich zuvorkommt. Der Test `ready(i)` ergibt true, wenn i im running- oder ready-Zustand ist und false im anderen Fall. SUSPEND process i und ACTIVATE process i sind Prozeßscheduleraufrufe, die einen Prozeß in die BLOCKED-Schlange eintragen bzw. von der BLOCKED- in die READY-Schlange bewegen.

<u>Beispiel:</u>

BLOCK und **WAKEUP** können nicht für die Kooperation von Prozessen verwendet
werden, sondern dienen lediglich dazu, daß ein Prozeß sich selbst oder andere für
eine bestimmte Zeit blockiert bzw. später wieder aktiviert oder aktiviert wird.
Aus diesem Grund kann als Beispiel nur angegeben werden, wie die Operationen
in dieser Situation benutzt werden. Ein Prozeß P1, der einen Prozeß P2 blockieren
will, führt folgendes aus:

```
(initially wws(2)=false);

Process 1

BLOCK(2);

   ...

WAKEUP(2);
```

<u>Implementierung:</u>

Der Aufwand für die Implementierung ist gering, da ein Bit für jeden Prozeß
und dem damit verbundenen "Wakeup-Waiting-Switch" ausreicht. Die **SUSPEND**-
und **ACTIVATE**-Routinen entsprechen der normalen Funktionsweise des Prozeß-
Schedulers. Die Unteilbarkeit der Operationen kann durch einen Mechanismus
der Ebene 1 (Verbot von Unterbrechungen, **TEST-and-SET**) gewährleistet werden.

<u>Bemerkungen:</u>

Die **BLOCK**- und **WAKEUP**-Operationen sind nur für unkooperative Synchronisationsprobleme verwendbar. Trotz ihrer einfachen Implementierung und der Vermeidung
des aktiven Wartens sind die **BLOCK**- und **WAKEUP**-Operationen wegen ihres äußerst
limitierten Anwendungsspektrums kein geeigneter Kandidat zur Lösung von Synchronisationsproblemen, deuten allerdings durch die Einführung des "Wakeup-
Waiting-Switches" erstmals die Wichtigkeit der Kommutativität von Synchronisationsoperationen an.

3.4 Dijkstras Semaphoroperationen

<u>Konzept:</u>

Die Entwicklung der *Semaphore* durch Dijkstra (Dijkstra 1968,1968a) ist als Meilenstein in der parallelen Programmierung zu bezeichnen. Ein Semaphor ist eine Integer-Variable, auf die zwei Operationen angewandt werden können: P und V (P ist der Anfangsbuchstabe des holländischen "Passeren", das "Passieren" bedeutet, V ist der Anfangsbuchstabe von "Vrygeven" (Freigeben). Später jedoch erkannte Dijkstra, daß P besser für "Prolagen", eine Kombination aus "Proberen" (Probieren) und "Verlagen" (Verringern) und V für "Verhagen" (Erhöhen) stehen sollte. Oft wird auch wait und signal für P und V benutzt.)

Die unteilbaren Operationen P(sem) und V(sem) auf den Semaphor sem werden in Dijkstras Originalarbeit (Dijkstra 1968) folgendermaßen definiert:

```
P(sem):   // as soon as sem-1>=0 then sem:=sem-1 //

V(sem):   // sem:=sem+1 //

Die Unteilbarkeit wird durch //  // angezeigt.
```

Falls sem=0 ist, dann müssen Prozesse, die die P-Operation ausführen, warten. Falls mehrere Prozesse bei der Ausführung der P-Operation warten, wird durch eine V-Operation nur einem Prozeß die vollständige Abarbeitung der P-Operation gestattet, da erstens die P-Operation unteilbar ist und zweitens sem dann wieder gleich 0 ist, sobald ein Prozeß P(sem) ausgeführt hat. Dabei soll die Entscheidung, welcher Prozeß als erster aktiviert wird, nicht deterministisch sein. Semaphore, die mit 1 initialisiert sind, werden *binäre Semaphore* genannt, Semaphore mit beliebigen Initialisierungswerten nennt man *allgemeine Semaphore* (Barz 1983).

<u>Beispiele:</u>

Das Problem des gegenseitigen Ausschlusses zweier Prozesse wird durch Semaphore folgendermaßen gelöst:

```
semaphore mutex (initially=1);

Process P1                          Process P2

P(mutex);                           P(mutex);
--Kritischer Abschnitt--            --Kritischer Abschnitt--
V(mutex);                           V(mutex);
```

Jeder kritische Abschnitt wird von einem P/V-Paar (auf den Semaphor **mutex**) umschlossen. **Mutex** ist mit 1 initialisiert und erlaubt jeweils nur einem Prozeß, zu einem Zeitpunkt in den kritischen Abschnitt zu gelangen, während alle anderen, die eine P-Operation versuchen, warten müssen. Die V-Operation am Ende eines kritischen Abschnitts "weckt" genau einen wartenden Prozeß auf. Im Gegensatz zu Dekkers Algorithmus kann das gegenseitige Ausschlußproblem auf beliebig viele Prozesse erweitert werden, deren kritische Abschnitte von **P(mutex)** und **V(mutex)** umschlossen sind.

Dijkstras Semaphoroperationen können elegant eingesetzt werden, um das Produzenten/Konsumentenproblem in zahlreichen Varianten zu lösen (Problem 1.4.11). Eine Lösung für den Fall mehrerer Produzenten und Konsumenten, wobei jeweils entweder ein Produzent oder ein Konsument im Puffer aktiv sein kann, sieht folgendermaßen aus:

```
const       n=Anzahl der Pufferplätze;

semaphore mutex       (initially=1);
          full        (initially=0);
          empty       (initially=n);

integer   nextem      (initially=0);
          nextfu      (initially=0);


Produzenten                         Konsumenten

P(empty);                           P(full);
P(mutex);                           P(mutex);
BUFFER(nextem):=item;               item:=BUFFER(nextfu);
nextem:=nextem+1 mod n;             nextfu:=nextfu+1 mod n;
V(mutex);                           V(mutex);
V(full);                            V(empty);
```

In dieser Lösung wird durch **mutex** garantiert, daß entweder ein Produzent oder ein Konsument im Puffer aktiv ist, während **empty** und **full** dafür verwendet werden, um zu gewährleisten, daß ein Produzent nicht versucht, einen Eintrag in einen vollen Puffer (d.h. wenn **empty=0**) abzulegen bzw. ein Konsument keinen Eintrag aus dem Puffer nimmt, wenn er leer ist (d.h. wenn **full=0**). Die Reihenfolge der P-Operationen ist wichtig, da eine Vertauschung der beiden P-Operationen bei entweder dem Produzenten oder dem Konsumenten zu einer Verklemmung führen könnte.

Eine Erweiterung der Lösung für den Fall mehrerer Produzenten und Konsumenten, bei der jeweils ein Produzent und ein Konsument parallel im Puffer aktiv sein können (Problem 1.4.11.2), kann leicht erreicht werden:

Produzenten	**Konsumenten**
`P(empty);`	`P(full);`
`P(mutex1);`	`P(mutex2);`
`BUFFER(nextem):=item;`	`item:=BUFFER(nextfu);`
`nextem:=nextem+1 mod n;`	`nextfu:=nextfu+1 mod n;`
`V(mutex1);`	`V(mutex2);`
`V(full);`	`V(empty);`

Die Verwendung von **mutex1** und **mutex2** (beide initialisiert mit 1) erlaubt jeweils einem Produzenten und einem Konsumenten, gleichzeitig im Puffer aktiv zu sein, allerdings an verschiedenen Pufferplätzen. Full und **empty** werden zu den gleichen Zwecken wie bei dem vorangegangenen Beispiel genutzt.

<u>Implementierung:</u>

Um die Erstellung von Korrektheitsbeweisen zur Programmverifikation zu erleichtern, ließ Dijkstra in seiner oben angegebenen Originaldefinition nur nichtnegative Integerwerte der Semaphorvariablen zu. Für die spätere Implementierung im T.H.E. System (Dijkstra 1968a) verwendete er jedoch eine in ihrer Wirkungsweise äquivalente Definition der P/V-Operationen, in der Wartezustände von Prozessen durch die Benutzung der Warteschlangenroutinen des Prozeßschedulers realisiert wurden. Die P/V-Operationen sehen dann folgendermaßen aus:

```
P(sem):
// sem:=sem-1; if sem<0 then ENQUEUE; SCHEDULE //

V(sem):
// sem:=sem+1; if sem<=0 then DEQUEUE;(SCHEDULE) //
```

Die Unteilbarkeit wird durch //   // angezeigt.

ENQUEUE und DEQUEUE bedeuten hierbei das Einfügen bzw. Herausnehmen eines Prozesses in/aus einer dem Semaphor zugeordneten Warteschlange. Wie bereits in Kapitel 1 beschrieben, muß nach einem ENQUEUE ein anderer Prozeß den Prozessor zugeteilt bekommen, deshalb wird ein SCHEDULE ausgeführt. Nach einem DEQUEUE ist ein SCHEDULE nur notwendig, wenn ein anderer Prozeß auf dem Prozessor ablaufen soll (die Klammern um das SCHEDULE deuten die Optionalität an). Für die Organisation der Warteschlange werden keine Strategien vorgeschrieben, aus Gründen der Fairness nimmt man daher im folgenden eine FIRST IN/FIRST OUT Organisation an. Die obige Definition demonstriert, daß die P/V-Operationen auf dem Zählen verschiedener Ereignisse basieren, da der Wert des Semaphors den momentanen Stand der Betriebsmittelzuteilung widerspiegelt:

Ist der Wert des Semaphors positiv, so gibt er die Anzahl der noch verfügbaren Betriebsmittel an, ist er Null, so zeigt er an, daß weder Prozesse warten, noch Betriebsmittel zur Verfügung stehen, ist er negativ, so gibt er die Anzahl der wartenden Prozesse an.

Es gibt in der Literatur verschiedene Definitionen der P/V-Operationen, die neben der oben beschriebenen Verwendung von Prozeßschedulerroutinen auch die FIFO-Organisation der Warteschlange betreffen. In einem Vergleich dieser verschiedenen Definitionen stellt Stark (1982) fest, daß einige P/V-Operationen ein mögliches Verhungern von Prozessen erlauben. Die verschiedenen Semaphoroperationen werden in zwei Klassen kategorisiert, die "weak semaphores" und "blocked-set/blocked-queue semaphores" genannt werden. "Weak Semaphores" werden mit der TEST-and SET-Instruktion implementiert: ein Prozeß, der eine P-Operation auf einen Semaphor S auszuführen versucht, testet in einer Schleife kontinuierlich den Wert von S. Sobald S größer als Null ist, wird S um 1 dekrementiert, wobei der Test und das Dekrementieren unteilbar ausgeführt werden. In einer V-Operation wird S einfach unteilbar um 1 erhöht.

Bei den "blocked-set semaphores" wird zwischen Prozessen unterschieden, die innerhalb einer P-Operation blockiert werden und anderen, die gerade eine P-Operation ausführen wollen, aber noch nicht blockiert werden. Diese Unterscheidung ist wichtig, weil eine V-Operation einem schon blockierten Prozeß den Vorzug gegenüber einem noch nicht blockierten gibt. Bei der Selektion eines Prozesses werden alle blockierten Prozesse gleich behandelt, d.h. es wird nicht zwischen kürzer oder länger blockierten Prozessen unterschieden. Da die Gruppe der blockierten Prozesse deshalb als ein "set" modelliert werden kann, aus dem die V-Operation einen beliebigen Prozeß zufällig auswählt, nennt man diesen Typ der Semaphoroperationen "blocked-set semaphores". Bei den "blocked-queue-semaphores" werden die blockierten Prozesse in einer FIFO-Warteschlange (anstatt einem set) gehalten, wobei ein zu blockierender Prozeß an das Ende und ein auszuwählender Prozeß vom Anfang der Warteschlange eingereiht bzw. entnommen wird. Stark(1982) zeigt, daß die "blocked-set/blocked-queue semaphores" in Bezug auf die Gewährleistung des verhungerungsfreien gegenseitigen Ausschlusses mächtiger als die "weak semaphores" sind. Die im Abschnitt "Implementierung" angegebene, von Dijkstra (1968a,1971) modifizierte Definition der P/V-Operationen ist also in die Klasse der "blocked-queue semaphores" einzuordnen und deshalb anderen Definitionen vorzuziehen. "Blocked-set semaphores" benutzen Courtois, Heymans und Parnas (1971), Habermann (1972) und Lipton (1973). "Weak Semaphores" findet man in (Kosaraju 1973), (Morris 1979), (Presser 1975) und (Shaw 1974).

Die Verwendung von Prozeßschedulerroutinen in der oben angegebenen Definition legt nahe, die kompletten P/V-Operationen als Systemaufrufe an den *Betriebssystemkern (Kernel, Supervisor oder Nucleus)* zu implementieren, deshalb ist dies die meist verbreiteste Implementierung von Semaphoroperationen. Die Ausführung einer P- oder V-Operation springt hierbei zu einer Kernroutine, die die Addition bzw. Subtraktion durchführt und eventuell den Deskriptor des ausführenden Prozesses in die Semaphorschlange stellt bzw. aus der Schlange in die "ready"-Liste bringt.

Die Unteilbarkeit der Operationen kann durch das Verbot von Unterbrechungen implementiert werden. Dies hat die Vorteile, daß die Zeit des Ausschlusses relativ kurz ist, da Unterbrechungen nur während des Ausführens einer P- oder V-Operation und nicht für den gesamten kritischen Abschnitt ausgeschlossen werden. Außerdem können Benutzer-Programme selbst kritische Abschnitte synchronisieren, ohne Einfluß auf das Gesamtsystem zu nehmen, da Unterbrechungen weiterhin vom Betriebssystem kontrolliert werden. Die Nachteile dieser Lösung sind:

(a) Sie gilt nur für Einprozessorsysteme, da der Ausschluß von Unterbrechungen auf einem Prozessor nicht verhindern kann, daß ein anderer Prozessor den Semaphor manipuliert.

(b) Jede P oder V-Operation bedeutet einen Aufruf an das Betriebssystem (z.B.

durch SVC-Calls). Solche Aufrufe kosten Prozessorzeit für das Umschalten von Prozessen (oft sind mehrere tausend Maschineninstruktionen auszuführen).

(c) Das Betriebssystem muß jede Semaphorvariable resident im Hauptspeicher halten.

Eine andere Methode ist die bereits erwähnte Implementierung von Semaphoren durch den TEST-and-SET-Befehl. Hier tritt jedoch das Problem des aktiven Wartens während der Ausführung einer P/V-Operation auf; diese Lösung ist daher wenig vorteilhaft.

Die weitaus effizienteste Methode ist eine Implementierung als Kombination von unteilbaren Hardwarebefehlen und Kern-Routinen, wobei diese Kernroutinen effektiv äquivalent zu der Kern-Implementierung der P/V-Operationen (auf Seite 62) sind. Deshalb sollen die dort beschriebenen Operationen P "SUSPEND" und V "ACTIVATE" genannt werden, um anzuzeigen, daß sie Aufrufe an den Betriebssystemkern sind. Wenn nun die Existenz solcher "ACTIVATE"- und "SUSPEND"-Routinen im Kern vorausgesetzt wird, kann die Implementierung der P/V-Operationen effizienter gestaltet werden, in dem man Zählervariablen in Benutzerprogramme einführt, die beispielsweise mit den in Abschnitt 2.7 beschriebenen Hardwarebefehlen DECT/TINC oder mit der Rep/Add-Instruktion aus Abschnitt 2.5 implementiert werden können. Die P/V-Operationen sehen dann folgendermaßen aus:

```
P(sem): if DECT(sem)<0 then SUSPEND(semqueue)

V(sem): if TINC(sem)<0 then ACTIVATE(semqueue)
```

oder:

```
P(sem): if RepAdd(sem,-1)<0 then SUSPEND(semqueue)

V(sem): if RepAdd(sem,1)<=0 then ACTIVATE(semqueue)
```

Diese Implementierung setzt einen Anfangswert von 0 für semqueue voraus, wobei semqueue vom Standpunkt des Kerns als normaler Semaphor aufgefaßt wird und sem eine Integervariable im Benutzerprogramm ist, die mit einem beliebigen Wert initialisiert werden kann.

Wegen der Äquivalenz mit der Kernimplementierung der P/V-Operationen ist es klar, daß SUSPEND und ACTIVATE unteilbar sind, was nach der obigen Beschreibung durch das Verbot von Unterbrechungen (oder TEST-and-SET bzw. Rep/Add für Mehrprozessorsysteme) erreicht werden kann. Da außerdem die Sequenzen <SUSPEND,ACTIVATE> und <ACTIVATE,SUSPEND> den gleichen Effekt haben, d.h. weil SUSPEND und ACTIVATE kommutativ sind, darf die Ausführung einer P/V-Operation zwischen der if-then-Abfrage und SUSPEND/ACTIVATE unterbrochen werden. Die hierfür notwendige Bedingung, daß bei einer leeren Schlange notiert werden muß, wieviele ACTIVATE-Aufrufe stattgefunden haben, wird durch die Variable sem in der Kernimplementierung von P/V auf Seite 62 erfüllt.

Die Vorteile dieser Implementierung, die die Technik der Implementierung eines Mechanismus der Ebene 2 durch Mechanismen der Ebene 1 demonstriert, sind:

(a) Die Kernroutinen des Betriebssystems werden nur aufgerufen, wenn eine Warteschlangen-Operation unbedingt notwendig ist. Falls dadurch Kern-Aufrufe eingespart werden, kann Prozessorzeit (einige hundert Mikrosekunden) gespart werden.

(b) Die DECT/TINC-Operationen und die RepAdd-Instruktion sind nicht privilegiert, so daß sem im Benutzerprogramm gespeichert werden kann und nicht hauptspeicherresident sein muß.

<u>Bemerkungen:</u>

Obwohl die Probleme des gegenseitigen Ausschlusses, der gleichzeitigen Anforderung mehrerer Betriebsmittel sowie der prioritätsgesteuerten Reihenfolge des Zugriffs auf ein Betriebsmittel durch Semaphore lösbar sind, ist die Komplexität solcher Lösungen oft recht hoch. Ein Beispiel hierfür ist das Leser/Schreiberproblem (Courtois, Heymans und Parnas 1971). Generell haben alle Lösungen zu Problemen, die die gleichzeitige Anforderung mehrerer Betriebsmittel sowie die Belegung von Betriebsmitteln aufgrund verschiedener Prioritäten beinhalten, die Eigenschaft, unübersichtlich und schwierig nachvollziehbar zu sein. Ein solches Problem ist das Problem 1.4.9, dessen Semaphorlösung im folgenden präsentiert wird.

1 sei die höchste, k die niedrigste Priorität. Jedem Betriebsmittel j wird ein Semaphor bm_j, $1<=j<=m$ zugeordnet. Ein Prozeß in Klasse i benötige eine Teilmenge $(i\_1,...,i\_s)$, $1<=s<=m$ von Betriebsmitteln, wobei eine Betriebsmittelnummer i_r, $1<=r<=s$ mit einem j, $1<=j<=m$ korrespondiert. Die maximale Anzahl von gleichzeitig aktiven Prozessen wird für jedes Betriebsmittel j in einer Variablen max_j spezifiziert. Die Anzahl der wartenden Prozesse der Klasse

i wird in einem Array `request(i)` festgehalten, während die Anzahl der auf ein Betriebsmittel j wartenden Prozesse in einem Array `busy(j)` notiert wird.

Das Eingangsprotokoll besteht aus den Teilen (1)-(35), wobei der Codeabschnitt (1)-(20) für die Prioritätensteuerung verantwortlich ist und (21)-(35) die gleichzeitige Betriebsmittelanforderung realisiert. Zur Ausführung der Zeilen (21)-(35) gelangt ein Prozeß nur, wenn er entweder der erste ist, oder der gerade aktiven Klasse zugehört. Findet er dann eines der angeforderten Betriebsmittel als nicht verfügbar vor, wird er suspendiert. Nach einer späteren Aktivierung muß er das gesamte Eingangsprotokoll (ab start) erneut durchlaufen, da sich die Situation der Betriebsmittel und Prozesse zwischenzeitlich verändert haben könnte.

Das Ausgangsprotokoll besteht analog aus der Rückgabe der Betriebsmittel und der eventuellen Aktivierung wartender Prozesse (37)-(46), sowie der Aktivierung der Prozeßklasse mit der höchsten Priorität (47)-(63).

```
integer array busy(1..m)        (initially=max_1,....,max_m);
              request(1..k)     (initially=0);
integer       current           (initially=0);
              active            (initially=0);
boolean       priority          (initially=false);
semaphore     bm_1,....,bm_m    (initially=0);
              sem_1,....,sem_k  (initially=0);
              mutex1            (initially=1);
              mutex2            (initially=1);


    Process in class i,  1<=i<=k
    integer l,p  (initially l=k);

(1)start:P(mutex1);
(2)     if active=0
(3)        then begin
(4)              current:=i;
(5)              active:=active+1;
(6)              V(mutex1);
(7)              end
(8)        else begin
(9)              if i<current then priority:=true;
(10)             if priority or i>current
(11)                then begin
(12)                      request(i):=request(i)+1;
(13)                      V(mutex1);
```

```
(14)                        P(sem_i);
(15)                        end
(16)                   else begin
(17)                        active:=active+1;
(18)                        V(mutex1);
(19)                        end;
(20)              end;
(21)      P(mutex2);
(22)      for each i_r, 1<=r<=s do
(23)          if busy(i_r)<=0
(24)              then begin
(25)                   busy(i_r):=busy(i_r)-1;
(26)                   V(mutex2);
(27)                   P(mutex1);
(28)                   active:=active-1;
(29)                   V(mutex1);
(30)                   P(bm_i_r);
(31)                   goto start;
(32)                   end;
(33)      for each i_r, 1<=r<=s do
(34)          busy(i_r):=busy(i_r)-1;
(35)      V(mutex2);
(36)      -Benutzung der Betriebsmittel-
(37)      P(mutex2);
(38)      for each i_r, 1<=r<=s do
(39)          if busy(i_r)>=0
(40)              then busy(i_r):=busy(i_r)+1
(41)              else begin
(42)                   for p:=-1 downto busy(i_r) do
(43)                        V(bm_i_r);
(44)                   busy(i_r):=1;
(45)                   end;
(46)      V(mutex2);
(47)      P(mutex1);
(48)      active:=active-1;
(49)      if active=0
(50)          then begin
(51)               l:=1;
(52)               while l<k and request(l)=0 do l:=l+1;
(53)               if l>0 then begin
(54)                        active:=request(l);
(55)                        request(l):=0;
(56)                        current:=l;
(57)                        priority:=false;
```

```
(58)                                    for p:=1 to active do
(59)                                        V(sem_1);
(60)                                    end;
(61)                             else current:=C;
(62)                     end;
(63)         V(mutex1);
```

Der erste ankommende Prozeß setzt in (4) **current** entsprechend seiner Priorität und erhöht **active**. Von (21) bis (35) fordert er die Betriebsmittel an und belegt sie. Kommt ein Prozeß niedrigerer Priorität an, muß er warten, da in (10) i>**current** gilt. Kommt ein Prozeß höherer Priorität als der aktive an, setzt er in (9) **priority** und muß nach der Erhöhung von **request** auch bei (14) warten. Durch das Setzen von **priority** wird jedoch verhindert, daß weitere Prozesse aktiv werden. Prozesse der aktiven Klasse können nämlich nur so lange zur Betriebsmittelanforderung zugelassen werden, wie **priority** nicht gesetzt ist (16). Kann ein Prozeß der aktiven Klasse während der Betriebsmittelanforderung nicht alle Betriebsmittel erhalten, so erhöht er die Anzahl der Prozesse, die auf dieses Betriebsmittel warten (25), vermindert die Anzahl der aktiven Prozesse (28) und reiht sich in die Warteschlange ein, die zu diesem Betriebsmittel gehört. Nachdem er wieder aufgeweckt wurde, muß er mit der Anforderung von vorne beginnen, da nicht garantiert werden kann, daß sich vorher getestete **busy**-Komponenten nicht verändert haben. Nach der Betriebsmittelbenutzung werden von (37) bis (46) die Betriebsmittel freigegeben und die darauf wartenden Prozesse aufgeweckt. In (47) bis (63) wird die Anforderung zurückgenommen. Der letzte aktive Prozeß weckt die wartenden Prozesse der Klasse mit der höchsten Priorität auf.

Neben dem Nachvollziehen einer Lösung besteht bei der Benutzung von Semaphoren eine weitere Schwierigkeit in der Verifikation und überhaupt in dem Auffinden einer Lösung. Außerdem ist die Modifikation eines Semaphorprogramms zu einem späteren Zeitpunkt oft sehr mühsam. Trotz dieser Nachteile, deren Ursache in der Primitivität der Semaphoroperationen zu finden ist, sind Semaphore wegen ihres breiten Lösungsspektrums und ihrer effizienten Implementierung aktraktive Kandidaten für die Prozeßsynchronisation. Aus diesem Grunde ist es nicht verwunderlich, daß bei der Einführung eines höheren Mechanismus oft nachgewiesen wird, wie dieser mit Semaphoren und Semaphore mit ihm implementiert werden können. Dadurch wird gezeigt, daß durch den neu eingeführten Mechanismus alle Probleme gelöst werden können, die auch mit Semaphoren lösbar sind, und außerdem wird die Realisation einer Implementierung demonstriert. Beweisverfahren für Semaphoroperationen findet man in Habermann (1972). Semaphore werden verwendet in den Systemen Boss2 (Lauesen 1972), CDC6000 (Wood 1973) und MASCOT (Simpson und Jackson 1979), alternative Implementierungen diskutieren Hehner und Shyamasundar (1981), van de Snapsheut (1979), Weatherly und Leathrum (1982), Wettstein (1977), Harper (1982), Lauesen (1975) und Radue und Mullins (1975).

3.5 Semaphor-Arrays

<u>Konzept:</u>

Eine erste Erweiterung der P- und V-Operationen wurde von Dijkstra (1968) vorgeschlagen und später von Parnas (1975) benutzt, um bestimmte Probleme, die mit den üblichen P- und V-Operationen nur sehr schwierig oder gar nicht gelöst werden konnten, zu lösen. Diese Erweiterung beinhaltet die Deklaration von Arrays von Semaphoren und deren Manipulation durch entsprechende P- und V-Operationen.

<u>Beispiel:</u>

Ein Beispiel zur Verwendung von Semaphor-Arrays ist das Problem der Zigarettenraucher (Problem 1.4.15). Die folgende Lösung ist (Parnas 1975) entnommen:

```
semaphore       tobacco (initially=0);
                matches (initially=0);
                paper   (initially=0);
                mutex   (initially=1);
                sem     (initially=1);
                x,y,z   (initially=0);
semaphore array S(1..6) (initially=0);
integer         t       (initially=0);
```

Der Agent besteht aus neun Prozessen:

```
Process Pair1;      Process Pair2;      Process Pair3;


P(sem);             P(sem);             P(sem);
V(paper);           V(matches);         V(tobacco);
V(matches);         V(tobacco);         V(paper);
```

```
Process End1;          Process End2;          Process End3;

P(x);                  P(y);                  P(z);
V(sem);                V(sem);                V(sem);


Process Pa;            Process Ma;            Process To;

P(paper);              P(matches);            P(tobacco);
P(mutex);              P(mutex);              P(mutex);
t:=t+1;                t:=t+2;                t:=t+4;
V(S(t));               V(S(t));               V(S(t));
V(mutex);              V(mutex);              V(mutex);


Raucher1;              Raucher2;              Raucher3;

P(S(6));               P(S(5));               P(S(3));
t:=0;                  t:=0;                  t:=0;
--rauchen--            --rauchen--            --rauchen--
V(x);                  V(y);                  V(z);
```

Mit **sem** wird garantiert, daß nur ein bestimmtes Paar von Betriebsmitteln zur
Verfügung gestellt wird. Nur einer der Prozesse **Pair1-Pair3** kann aktiv werden. In diesen Prozessen wird ein Paar von Semaphoren aus (**tobacco, paper,
matches**) erhöht. Dadurch können zwei der Prozesse **To, Pa, Ma** aktiv werden.
Innerhalb der Prozesse **To, Pa** und **Ma** werden die einzelnen Betriebsmittel freigegeben. Da diese Prozesse gleichzeitig auf **t** zugreifen könnten, wird **t** mit **mutex**
geschützt. Wenn beide Betriebsmittelprozesse ihren Lauf beendet haben, wurde
V(S(6)), **V(S(5))** oder **V(S(3))** ausgeführt. Damit hat einer der Raucher 1-3
die Chance, zu rauchen. Die Semaphore **x, y** und **z** dienen dazu, dem Agent
anzuzeigen, daß der aktive Raucher fertig ist und daß eine neue Teilmenge von
Betriebsmitteln zur Verfügung gestellt werden kann.

<u>Implementierung:</u>

Die Implementierung funktioniert analog zur üblichen Semaphorimplementierung;
statt einer Integervariable wird jedoch ein Array von Integervariablen benutzt, dessen einzelne Werte unteilbar verändert werden. Parnas (1975) erwähnt jedoch eine
Schwierigkeit: in einer Operation der Form **P(S(E))**, wobei **E** ein beliebiger Ausdruck ist, muß die Auswertung von **E** einmalig vor der Ausführung der P-Operation
stattfinden, da die Auswertung des Ausdrucks nicht als Teil der P-Operation angesehen werden kann. Die Auswertung von **E** muß dann auch unteilbar ausgeführt
werden.

Bemerkungen:

Semaphor-Arrays sind eine reine Erweiterung der Semaphoroperationen, die Beachtung fanden, als Parnas damit das Problem der Zigarettenraucher löste, von dem angenommen wurde, man könne es ohne Bedingungsanweisungen nicht lösen. Die Semaphor-Arrays haben die gleichen Vor- und Nachteile wie die Semaphore, außer daß bei der Implementierung ein erhöhter Aufwand notwendig ist.

3.6 Patils Semaphoroperationen

Konzept:

Patil (1971) schlug vor, die P- und V-Operationen auf mehrere Semaphore anzuwenden, um das Problem der gleichzeitigen Anforderung mehrerer Betriebsmittel besser als mit Dijkstras Semaphoren lösen zu können. Seien $s\_1, \ldots, s\_n$ Semaphore, dann lauten diese erweiterten unteilbaren Operationen:

```
P(s_1,...,s_n):

        // if   s_i>=1 für alle i, 1<=i<=n
           then s_i:=s_i-1 für alle i, 1<=i<=n
           else suspendiere den Prozeß in der
                Warteschlange des ersten
                Semaphors s_k mit s_k<1; //

V(s_1,...,s_n):

        // s_i:=s_i+1 für alle i, 1<=i<=n;
           if   nicht alle Warteschlangen der
                Semaphore s_1,...,s_n sind leer
           then aus jeder nichtleeren Warteliste
                wird genau ein Prozeß aktiviert,
                um seine entsprechende P-Operation
                wiederholt auszuführen, da andere
                Semaphore zwischenzeitlich belegt
                worden sein könnten. //
```

Diese Operationen werden in der Literatur oft auch als *PVmultiple* (Lipton 1973) bezeichnet. Dijkstras Semaphoroperationen sind als Spezialfall mit n=1 in dieser Definition enthalten, wenn die FIFO-Organisation der Warteschlangen angenommen wird.

<u>Beispiel:</u>

Das Problem 1.4.3, die gleichzeitige Anforderung mehrerer Betriebsmittel, kann nun folgendermaßen gelöst werden:

Jedem Betriebsmittel wird ein Semaphor bm_j, $1<=j<=m$, zugeordnet. Ein Prozeß i benötige eine Teilmenge $(i\_1,\ldots,i\_s)$, $1<=s<=m$, von Betriebsmitteln, wobei eine Betriebsmittelnummer i_r, $1<=r<=s$, mit einem j, $1<=j<=m$, korrespondiert.

```
    semaphore bm_1,....,bm_m (initially=1);


    Process i

    P(bm_i_1,....,bm_i_s);
    --Betriebsmittelbenutzung--
    V(bm_i_1,....,bm_i_s);
```

Ein Prozeß fordert mit der P-Operation alle Betriebsmittel auf einmal an. Sind sie verfügbar, erhält er sie und kann weiterlaufen, sonst muß er warten.

Ein zweites Beispiel, bei dem Patils Semaphoroperationen sinnvoll eingesetzt werden können, ist das Problem der Zigarettenraucher (Problem 1.4.15), dessen Lösung im folgenden präsentiert wird:

```
    semaphore matches (initially=0);
              paper   (initially=0);
              tobacco (initially=0);
              start   (initially=1);


    Process A1;        Process A2;        Process A3;

    P(start);          P(start);          P(start);
    V(paper,matches);  V(matches,tobacco); V(tobacco,paper);
```

```
Raucher1;           Raucher2;           Raucher3;

P(paper,tobacco);   P(tobacco,matches); P(matches,paper);
-rauchen-           -rauchen-           -rauchen-
V(start);           V(start);           V(start);
```

Der Agent besteht aus den drei Prozessen A1, A2 und A3. Nur einer der drei Agent-Prozesse kommt dazu, mit der V-Operation zwei Gegenstände freizugeben. Die beiden anderen müssen bei P(start) warten. Von den Raucherprozessen wird genau derjenige aufgeweckt, der die beiden Gegenstände benötigt, die der Agent freigegeben hat. Nach dem Rauchen erhöht der Raucher start und weckt damit einen der Agent-Prozesse auf.

<u>Implementierung:</u>

Eine Implementierung von Patils Semaphoroperationen beinhaltet eine höhere Komplexität im Vergleich zu den einfachen Semaphoren. Der Prozessor muß eine weitaus längere Zeit nicht-unterbrechbar laufen, da beispielsweise in der P-Operation abgefragt werden muß, ob alle Semaphore größergleich 1 sind. Eine Implementierung, die hardwareunterstützte Befehle verwendet, ist nicht praktikabel, da diese nur auf einer Variablen arbeiten können. Weitere Ineffizienzen sind:

In der P-Operation:

(a)   die Subtraktion aller Semaphore

(b)   die Eintragung eines Prozesses in die Warteliste des ersten Semaphors s_k mit $s\_k<1$ beinhaltet, daß die Reihenfolge der Argumente der P-Operation entscheidend ist.

In der V-Operation:

(a)   die Addition aller Semaphore

(b)   der Test, ob alle Wartelisten leer sind

(c)   der Aufweckvorgang, der sich auf alle nichtleeren Semaphor-Warteschlangen bezieht.

<u>Bemerkungen:</u>

Es gibt verschiedene Ansätze zur Bewertung dieser erweiterten Semaphoroperationen: Nach Pressers Meinung (Presser 1975) sind Patils Semaphoroperationen den Semaphorarrays vorzuziehen, da

(a)   die Hauptarbeit dem System überlassen wird

(b)   die Arbeit des Programmierers vereinfacht wird

(c)   die resultierenden Algorithmen besser dokumentiert und verstanden werden können

(d)   weniger Prozesse notwendig sind, um ein Problem zu lösen

Presser glaubt weiterhin, daß bei erhöhter Komplexität der Probleme diese Punkte noch eine höhere Bedeutung bekommen und der Mehraufwand der Implementierung aufgrund einer verbesserten Hardwaretechnologie (falls man die Operationen in Hardware implementieren kann) ohne große Bedeutung ist.

Obwohl Pressers Argumentation durchaus berechtigt erscheint, gibt es einige Punkte, die gegen solche Operationen sprechen. Vor allem Parnas (1975) und Dijkstra (1971) sprechen solche Punkte an:

Die Komplexität von Patils Operationen läßt eine Interpretation als "primitive" Grundoperationen widersprüchlich erscheinen. Zum einen ist es möglich, die erweiterten Operationen direkt durch "normale" P- und V-Operationen (mit Bedingungsanweisungen) zu programmieren, zum anderen ist es von praktischem Vorteil, die Länge unteilbar auszuführender Codeabschnitte (im Kern) möglichst gering zu halten. Es ist zwar klar, daß bei Verwendung von Patils Operationen oft nur ein Prozeß notwendig ist, wo bei einfachen Semaphoren mehrere kooperierende notwendig wären, aber in einem Mehrprozessorsystem kann diese Möglichkeit nicht zur Anwendung kommen, da keine zwei Prozessoren gleichzeitig einem Prozeß zugeteilt werden. Wegen der impliziten Parallelität innerhalb eines Prozesses werden Programme, die diesen Prozeß beschreiben, sehr komplex. Parnas vergleicht die erweiterten Operationen in diesem Sinne deshalb mit der GOTO-Anweisung in Programmiersprachen. Außerdem muß man, obwohl das Problem der gleichzeitigen Anforderung von Betriebsmitteln mit Patils Semaphoroperationen elegant gelöst werden kann, bei anderen Problemtypen umständliche Lösungen in Kauf nehmen. Ein solches Problem ist die Belegung eines Betriebsmittels durch verschiedene Prozeßklassen mit unterschiedlichen Prioritäten (Problem 1.3.5):

1 sei die höchste, k die niedrigste Priorität. Jeder Klasse i werden die Semaphore m_i und p_i und eine Integervariable count_i zugeordnet. Den gegenseitigen Ausschluß für die Betriebsmittelbenutzung gewährleistet mutex.

```
semaphore mutex                 (initially=1);
          m_1,...,m_k           (initially=1);
          p_1,...,p_k           (initially=1);
integer   count_1,...,count_k (initially=0);


          Process in class i, 1<=i<=k


(1)   P(m_i);
(2)   count_i:=count_i+1;
(3)   if count_i=1 then P(p_i);
(4)   V(m_i);
(5)   P(p_1,...,p_(i-1),mutex);
(6)   V(p_1,...,p_(i-1));
(7)   P(m_i);
(8)   count_i:=count_i-1;
(9)   if count_i=0 then V(p_i);
(10)  V(m_i);
(11)  --Betriebsmittelbenutzung--
(12)  V(mutex);
```

Der erste Prozeß einer Klasse meldet die Anforderung für die Klasse mit P(p_i) in (3) an. Alle weiteren Prozesse der gleichen Klasse erhöhen count_i. In (5) wird getestet, ob das Betriebsmittel verfügbar ist, und ob Prozesse höherer Priorität angemeldet sind. Die Anmeldung ist erst dann erfolgt, wenn (3) ausgeführt wurde, ohne angehalten zu werden. In (6) wird die Verminderung der p_j, j<i von (5) rückgängig gemacht. Wenn ein Prozeß das Betriebsmittel erhalten hat, vermindert er count_i (8) und nimmt die Anforderung zurück, falls kein weiterer Prozeß seiner Klasse wartet (9). In (12) wird das Betriebsmittel freigegeben.

Patils erweiterte Semaphoroperationen, deren Nachteile im übrigen allen folgenden erweiterten Semaphoroperationen gemein sind, stellen einen Versuch dar, Problemlösungen verständlicher und einfacher zu gestalten, bieten aber keine praktikable Nutzungsmöglichkeit an. Nur bei einer leistungsfähigen Implementierung, die bis jetzt noch nicht angegeben worden ist, könnten diese erweiterten Semaphoroperationen als Synchronisationsmechanismus tatsächlich bedeutsam werden.

3.7 Vantilborgh und van Lamsweerdes Semaphoroperationen

<u>Konzept:</u>

Ein anderer Vorschlag, die P- und V-Operationen zu erweitern, stammt von Vantilborgh und van Lamsweerde (1972). Die Operationen sind wie folgt definiert, wobei s ein Semaphor und n eine nichtnegative ganze Zahl ist:

```
P(n,s): // if n<=s then s:=s-n
                  else reihe den Prozeß in
                       die s-Schlange ein
                       und speichere n;
                       n ist die
                       Ordnungsnummer des
                       blockierten Prozesses //


V(n,s): // s:=s+n; nehme aus der s-Schlange eine
                   Menge von Prozessen heraus, so
                   daß die Summe der Ordnungsnummern
                   kleiner oder gleich dem aktuellen
                   Wert von s ist und es keine
                   andere Menge mit dieser Eigenschaft
                   gibt, die diese Menge streng
                   einschließt; der aktuelle Wert
                   von s wird dann um diese Summe
                   vermindert. //
```

Folgende Punkte sind anzumerken:

(a) P(n,s) und V(n,s) sind unteilbare Operationen

(b) Außer der Möglichkeit, mehr als den Wert 1 zu einem Semaphor zu addieren, gibt es die zusätzliche Möglichkeit, in der V(n,s)-Operation, eine "maximale" Menge von Prozessen auszuwählen, deren Summe der Ordnungsnummern kleiner oder gleich dem Semaphorwert ist. Das ist der größte Unterschied im Vergleich zu Dijkstras V(s)-Operation.

(c) Der obige Mechanismus beinhaltet, daß der Wert eines Semaphors immer nicht-negativ ist.

(d) Dijkstras Semaphoroperationen sind ein Spezialfall mit n=1.

<u>Beispiele:</u>

Da die wartenden Prozesse in Vantilborgh und van Lamsweerdes Operationen nach
Prioritäten geordnet werden und beim Aufweckvorgang eine Reihenfolge vorge-
schrieben ist, sind Probleme, die Prioritäten beinhalten, einfach zu lösen. Ein
Beispiel ist das Problem 1.4.4 (Vantilborgh und van Lamsweerde 1972):

1 sei die höchste, k die niedrigste Priorität.

```
semaphore priority (initially=2k-1);

    Process i;   1<=i<=k
    integer l;

(1) P(k+i-1,priority);
(2) --Betriebsmittelbenutzung--
(3) V(i-1,priority);
(4) for l:=1 to k do V(l,priority);
```

Der gegenseitige Ausschluß wird dadurch gewährleistet, daß die Summe von zwei
Ordnungen immer größer als 2k-1 ist. Nachdem ein Prozeß das Betriebsmittel benutzt und (3) ausgeführt hat, gilt immer priority=k-1. Da die kleinste Ordnung
eines wartenden Prozeß immer größer gleich k ist, kann zu diesem Zeitpunkt noch
kein Prozeß aufgeweckt werden. In der for-Schleife wird priority sukzessiv um
1 erhöht. Dadurch wird sichergestellt, daß der wartende Prozeß mit der höchsten
Priorität aufgeweckt wird, da die Ordnungen der anderen Prozesse größer sind.

Ein zweites Beispiel, das die Verwendung von Vantilborgh und van Lamsweerdes
Semaphoroperationen demonstrieren soll, ist das Leser/Schreiberproblem mit
Schreiberpriorität (Problem 1.4.10.3). Die folgende Lösung wurde von Vantilborgh
und van Lamsweerde (1972) entwickelt:

```
    const       maxs=maximale Anzahl von Lesern;
                maxl=maximale Anzahl von Schreibern;

    semaphore S (initially=maxs);
              L (initially=maxl);

    Leser                       Schreiber

(1) P(maxs,S);                  P(1,S);
(2) P(1,L);                     P(maxl,L);
(3) V(maxs-1,S);                -schreiben-
```

```
(4) V(1,S);                V(maxl,L);
(5) -lesen-                V(1,S);
(6) V(1,L);
```

Aktive Leser schließen Schreiber aus, da L<maxl gilt. Sobald aber ein Schreiber ankommt, möchte er S um 1 vermindern. Befindet sich ein Leser zwischen (1) und (3), muß er warten, da S=0. Der Leser erhöht aber in (3) S nur um maxs-1 und läßt damit noch keinen anderen Leser zu, wohingegen die Schreiber (1) schon ausführen können. Nach der Ausführung von (1) durch die Schreiber kann kein weiterer Leser beginnen. Sie müssen warten, bis kein Schreiber mehr aktiv ist oder wartet. Der Schreiber wartet bei (2), bis die aktiven Leser fertig sind.

Implementierung:

Vantilborgh und van Lamsweerde (1972) geben eine Implementierung der P(n,s) und V(n,s)-Operationen an, die in der Literatur auch als *PVchunk* (Lipton 1973) bekannt sind, welche Dijkstras Semaphore und Semaphor-Arrays benutzt:

```
semaphore array privsems (1..Ns)  (initially=0);
integer array waits (1..Ns)       (initially=0);
semaphore mutexs                  (initially=1);
integer s,i,j;

P(n,s):    P(mutexs);
           if s>=n then begin s:=s-n; V(mutexs); end
                   else begin waits(n):=waits(n)+1;
                              V(mutexs);
                              P(privsems(n));
                   end;

V(n,s):    P(mutexs);
           s:=s+n;
           for i:=1 to Ns do
             for j:=waits(i) downto 1 do
               if s>=i then begin
                              waits(i):=waits(i)-1;
                              s:=s-i;
                              V(privsems(i));
                              end
                     else goto out;

    out: V(mutexs);
```

Anmerkungen:

(a) In der obigen Implementierung wird ein bestimmter "Aufweck"-Algorithmus verwendet: man beginnt, zuerst die Prozesse mit niedrigen Ordnungsnummern zu selektieren. Dieser Algorithmus ist jedoch unbedeutend für die vorgestellten Beispiele.

(b) Wenn Ns=n=1, dann erhält man die normalen Semaphoroperationen.

(c) Die Länge der Arrays **waits** und **privsems** sollten begrenzt sein durch die Anzahl der verschiedenen vorkommenden Ordnungsnummern, womit die Zahl der Schleifen in der ersten **for**-Anweisung von V(n,s) verringert werden kann. Dies aber macht Prozeduren zum Indexieren und Durchsuchen von Tabellen notwendig.

<u>Bemerkungen:</u>

Trotz der Möglichkeit, Probleme, die Prioritäten von Prozessen beinhalten, einfach zu lösen, sind solche Lösungen oft nicht klar zu verstehen. Dies ist wohl darauf zurückzuführen, daß die Operationen eingebaute Schedulingstrategien verwenden und die Interaktion zwischen den Prozessen unklar bleibt. Außerdem können Probleme, die die gleichzeitige Anforderung mehrerer Betriebsmittel beinhalten, nur mit erhöhtem Aufwand gelöst werden. Dies wird im folgenden mit dem Problem 1.4.3 demonstriert:

Jedem der m Betriebsmittel wird eine Komponente des Feldes **busy** und ein Semaphor **bm_j**, $1<=j<=m$, zugeordnet. Mit seiner Hilfe werden die Prozesse angehalten, die auf das entsprechende Betriebsmittel warten müssen, falls das Betriebsmittel zur Zeit von einem anderen Prozeß benutzt wird. **Mutex** gewährleistet den gegenseitigen Ausschluß auf dem Feld **busy**.

Ein Prozeß i benötige eine Teilmenge $(i\_1,\ldots,i\_s)$ von Betriebsmitteln mit $1<=s<=m$, wobei eine Betriebsmittelnummer i_r, $1<=r<=s$, mit einem j, $1<=j<=m$, korrespondiert.

```
semaphore      mutex       (initially=1);
               bm_1,...,bm_m (initially=0);
integer array  busy(1..m)  (initially=1);
```

```
        Process i;   1<=i<=n

        integer l;

(1)  s:P(1,mutex);
(2)    for each i_r, 1<=r<=s do
(3)        if busy(i_r)<1 then begin
(4)                          busy(i_r):=busy(i_r)-1;
(5)                          V(1,mutex);
(6)                          P(1,bm_i_r);
(7)                          goto s;
(8)                          end;
(9)    for each i_r, 1<=r<=s do
(10)       busy(i_r):=0;
(11)   V(1,mutex);
(12)   --Benutzung des Betriebsmittels--
(13)   P(1,mutex);
(14)   for each i_r, 1<=r<=s do begin
(15)                          V(|busy(i_r)|,bm_i_r);
(16)                          busy(i_r):=1;
(17)                          end;
(18)   V(1,mutex);
```

Der erste Prozeß erhält alle angeforderten Betriebsmittel. Ein Prozeß setzt busy nur dann auf 0, wenn er alle benötigten Betriebsmittel erhalten kann (10). Nach ihm ankommende Prozesse erhalten ihre Betriebsmittel nur dann, wenn sie eine vom ersten Prozeß disjunkte Teilmenge verlangen. Ist dies nicht der Fall (3), warten sie bei dem ersten bm_j, dessen busy(j)<1 ist, und erhalten die Ordnung 1 (6). Wenn sie wieder aufgeweckt werden, müssen sie mit der for-Schleife von vorne beginnen, da nicht sichergestellt werden kann, daß ein früher getestetes busy(i_r) immer noch gleich 1 ist. Prozesse, die die Betriebsmittelbenutzung beendet haben, wecken in (15) jeden auf das Betriebsmittel wartenden Prozeß auf und geben ihm damit die Chance, seine Anforderung zu wiederholen. Anschließend setzen sie die busy-Komponente auf 1, wodurch das Betriebsmittel wieder verfügbar wird. Die Notation |busy(i_r)| in (15) bedeutet den Absolutwert von busy(i_r), also die Anzahl der auf Betriebsmittel j wartenden Prozesse.

Eine Implementierung ist nur mit erhöhtem Aufwand möglich, da als Grundlage Semaphore und Semaphor-Arrays benutzt werden. Hierbei ist anzumerken, daß diese Art der Implementierung höchst unwirtschaftlich ist, da ein Mechanismus der Ebene 2 durch andere Mechanismen der gleichen Ebene implementiert wird.

3.8 Cerfs Semaphoroperationen

<u>Konzept:</u>

Cerfs Semaphoroperationen (Cerf 1972) sind eine Erweiterung der Operationen von Patil. Sie ermöglichen die Angabe eines Integerparameters zu jedem Semaphor. Die Veränderung eines Semaphors ist abhängig von dem Wert dieses Parameters. Cerf (1972) definiert die P- und V-Operationen, in denen die s_i Semaphore und die a_i nichtnegative ganze Zahlen sind, wie folgt:

```
P(s_1,a_1;...;s_n,a_n):

        //  if s_i>=a_i für alle i, 1<=i<=n
            then s_i:=s_i-a_i für alle i, 1<=i<=n
            else WARTEN //


V(s_1,a_1;...;s_n,a_n):

        //  s_i:=s_i+a_i für alle i, 1<=i<=n //
```

Über die Bedeutung von WARTEN wird in Cerf (1972) nichts ausgesagt. Bei der Ausführung einer V-Operation werden alle wartenden Prozesse "aufgeweckt", um die P-Operation erneut ausführen zu können und zu testen, ob alle $s\_i>=a\_i$. Trifft diese Bedingung nicht zu, muß nochmals gewartet werden.

<u>Beispiele:</u>

Da Cerfs Semaphoroperationen eine Erweiterung von Patils Operationen darstellen, können alle mit Patils Operationen lösbaren Probleme in analoger Weise auch mit Cerfs Operationen gelöst werden. Das Problem der gleichzeitigen Anforderung mehrerer Betriebsmittel (Problem 1.4.3) hat also folgende Lösung:

Jedem Betriebsmittel wird ein Semaphor bm_j, $1<=j<=m$, zugeordnet. Ein Prozeß i benötige eine Teilmenge $(i\_1,...,i\_s)$, $1<=s<=m$, von Betriebsmitteln, wobei eine Betriebsmittelnummer i_r, $1<=r<=s$, mit einem j, $1<=j<=m$, korrespondiert.

```
semaphore bm_1,...,bm_m (initially=1);

Process i,  1<=i<=n

P(bm_i_1,1;...;bm_i_s,1);
--Benutzung der Betriebsmittel--
V(bm_i_1,1;...;bm_i_s,1);
```

Ein Prozeß fordert mit P die benötigten Betriebsmittel an und kann erst dann weiterlaufen, wenn er sie alle erhält. Mit V gibt er sie wieder frei.

Die Möglichkeit, in Cerfs Operationen einen beliebigen Dekrementierungswert anzugeben, ist ein Versuch, auch die Probleme, bei denen verschiedene Prioritäten von Prozessen auftreten, einfach lösen zu können. Das Problem 1.4.4 ist ein Beispiel für die Benutzung eines von 1 verschiedenen Dekrementierungswerts:

Jeder Priorität wird ein Semaphor s_i, $1<=i<=n$, zugeordnet. 1 sei die höchste, k die niedrigste Priorität.

```
semaphore mutex        (initially=1);
         s_1,...,s_k   (initially=i);


    Process i,  1<=i<=k

(1) P(s_(i+1),1;...;s_k,1);
(2) P(mutex,1;s_i,i);
(3) V(s_i,i);
(4) --Benutzung des Betriebsmittels--
(5) V(mutex,1;s_(i+1),1;...;s_k,1);
```

In (1) meldet ein Prozeß mit der Verminderung der s_i der niedrigeren Klassen seine Anforderung an, wobei bei Prozeß k die Zeile (1) entfällt. In (2) versucht ein Prozeß, das durch mutex geschützte Betriebsmittel zu erhalten und testet, ob sein $s\_i>=i$ ist, indem er versucht, es zu vermindern. Sind Prozesse höherer Priorität angekommen, so ist $s\_i<i$, und er muß warten. Falls alle Tests in (2) positiv ausfallen, erhält er das exklusive Benutzungsrecht für das Betriebsmittel,

er hat aber auch sein s_i vermindert, was eigentlich nur getestet werden sollte. Deshalb wird diese Verminderung in (3) rückgängig gemacht. In (5) wird das Betriebsmittel freigegeben und die s_i niedrigerer Klassen werden erhöht, um ihre Ausgangswerte zu erhalten.

In Presser (1975) wird diese Lösung benutzt, um zu demonstrieren, daß Cerfs Operationen lediglich einen Versuch darstellen, Prioritätsprobleme zufriedenstellend zu lösen. Dabei wird von Presser folgendermaßen argumentiert:

Befindet sich ein Prozeß zwischen der Ausführung von (2) und (3), so zwingt er Prozesse höherer Priorität, bei (1) auf sein Semaphor s_i zu warten, da dieser gleich 0 ist. Nach der Ausführung von (3) kann jetzt nicht sichergestellt werden, daß von den in (1) wartenden Prozessen der mit der höchsten Priorität zuerst aufgeweckt wird. Dieser Einwand von Presser (1975) ist vernachläßigbar, da:

(a)   alle wartenden Prozesse aufgeweckt werden,

(b)   die Prozesse ihre Anforderung erst nach der erfolgreichen Ausführung von (1) geltend gemacht haben, und

(c)   sie in diesem speziellen Fall in (2) sowieso auf die Freigabe des Betriebsmittels **mutex** warten müssen.

<u>Implementierung:</u>

Die Kritikpunkte einer Implementierung der erweiterten Semaphoroperationen sind auch auf Cerfs Operationen übertragbar. Beispiele hierfür sind der Test, ob alle Semaphore größer als ihr zugehöriger Parameter sind, sowie die gemeinsame Inkrementierung bzw. Dekrementierung der Semaphore. Die Unteilbarkeit der Operationen muß hier einen längeren Zeitraum gewährleistet sein. Eine Software-Implementierung findet man in (Cerf 1972).

<u>Bemerkungen:</u>

Obwohl Pressers Einwände an Cerfs Operationen bei der Lösung von Prioritätsproblemen durch das oben Gesagte entkräftet werden konnten, sind einige Lösungen nur schwer verständlich. Ein solches Beispiel ist das Problem 1.4.7, dessen Lösung im folgenden angegeben ist:

1 sei die höchste, k die niedrigste Priorität. Zu jeder Prozeßklasse gibt es zwei Semaphore, l_i und g_i; l_i ist gleich der Anzahl der Prozesse in höheren Klassen, g_i ist gleich der Anzahl der inaktiven Prozesse der Klasse i.

```
semaphore g_1,....,g_k (initially g_i=c_i);
          l_1,....,l_k (initially l_i=ct_i);
```

```
c_i  = Anzahl der Prozesse in der Klasse i
ct_i = Summe der Prozesse höherer Priorität als
       Klasse i
```

```
Process in class i;   1<=i<=k
```

```
(1) P(l_(i+1),1;...;l_k,1);
(2) P(g_i,1;g_(i+1),c_(i+1);...;g_k,c_k;l_i,ct_i);
(3) V(g_(i+1),c_(i+1);...;g_k,c_k;l_i,ct_i);
(4) --Betriebsmittelbenutzung--
(5) V(g_i,1;l_(i+1),1;...;l_k,1);
```

Nach der erfolgreichen Ausführung von (1) hat ein Prozeß seine Anforderung angemeldet. In (2) wird getestet, ob Prozesse höherer Priorität Anforderungen angemeldet haben ($l_i < ct_i$), und ob Prozesse in niedrigeren Klassen aktiv sind ($g_j < c_j$), $j > i$. Gilt weder $l_i < ct_i$ noch $g_j < c_j$, so wird g_i um 1 vermindert. In (3) werden die Verminderungen von g_j und l_i aus (2) rückgängig gemacht. In (5) wird die Anzahl der inaktiven Prozesse der Klasse i (g_i) erhöht und die Anforderung zurückgenommen.

Wie das Beispiel zeigt, wird die Bedeutung der verschiedenen Dekrementierungswerte nicht unmittelbar deutlich. Eine effiziente Implementierung der Operationen kann ebenfalls nicht angegeben werden.

3.9 Pressers Semaphoroperationen

<u>Konzept:</u>

Presser (1975) ließ einen weiteren Parameter in den P- und V-Operationen zu. Dies führte zu der folgenden Erweiterung von Patils Semaphoroperationen, in denen $s_1,\ldots,s_n$ Semaphore und a_i, b_i ($i=1,\ldots,n$) nichtnegative ganze Zahlen sind.

```
P(s_1,a_1,b_1;...;s_n,a_n,b_n):

    // if s_i>=a_i für alle i, 1<=i<=n
        then s_i:=s_i-b_i für alle i, 1<=i<=n
        else suspendiere den ausführenden Prozeß
            in der Warteschlange des ersten
            Semaphors s_k mit s_k<a_k //


V(s_1,b_1;...;s_n,b_n):

    // s_i:=s_i+b_i für alle i, 1<=i<=n
        if nicht alle Warteschlangen der Semaphore
            s_1,...,s_n sind leer
        then aus jeder nichtleeren Warteschlange
            wird genau ein Prozeß aktiviert,
            um seine entsprechende P-Operation
            erneut auszuführen, da andere
            Semaphore zwischenzeitlich belegt
            worden sein könnten. //
```

<u>Beispiele:</u>

Die Erweiterung der Operationen durch getrennte Test-, Dekrementierungs- und Inkrementierungsmöglichkeiten gestattet, das Problem 1.4.4 im Gegensatz zu Cerfs Operationen eindeutig zu lösen:

1 sei die höchste, k die niedrigste Priorität. Jedem Prozeß i wird ein Semaphor s_i zugeordnet.

```
semaphore s_1,...,s_k (initially s_i=i);
        mutex        (initially=1);

        Process i,  1<=i<=k

(1)     P(s_(i+1),1,1;s_(i+2),1,1;...;s_k,1,1);
(2)     P(mutex,1,1;s_i,i-1,0);
(3)     -- Betriebsmittelbenutzung --
(4)     V(mutex,1;s_(i+1),1;...;s_k,1);
```

In (1) werden die Semaphore aller Prozesse mit niedrigerer Priorität um 1 verringert, wobei bei Prozeß k Zeile (1) entfällt. In (1) kann kein Prozeß angehalten werden, da die Semaphore jeweils mit i initialisiert sind und die P-Operation in (1) für s_i maximal i-1 mal ausgeführt wird. Mit der Ausführung von (1) hat ein Prozeß seine Anforderung geltend gemacht. In (2) sorgt mutex für den gegenseitigen Ausschluß auf dem Betriebsmittel. Mit $(s\_i,i$-$1,0)$ testet der Prozeß i, ob sein Semaphor noch den Initialwert hat. Ist dies nicht mehr der Fall, so haben Prozesse höherer Priorität Anforderungen angemeldet, und Prozeß i muß warten. Nach der Benutzung des Betriebsmittels wird in (4) mutex erhöht und die Anforderung zurückgenommen.

Die Möglichkeit, in Pressers Operationen verschiedene Dekrementierungs- und Inkrementierungswerte angeben zu können, ist nützlich bei der Lösung des Leser/Schreiberproblems mit Schreiberpriorität (Problem 1.4.10.3). Die folgende Lösung stammt von Presser (1975):

```
semaphore sem    (initially sem=w=max. Schreiberanzahl);
          mutex  (initially mutex=r=max. Leseranzahl);

    Leser                          Schreiber

(1)                                P(sem,1,1);
(2) P(sem,w,0;mutex,1,1);          P(mutex,r,r);
(3) --Lesen--                      --Schreiben--
(4) V(mutex,1);                    V(mutex,r;sem,1);
```

Mit mutex schließen die Schreiber die Leser und sich selbst aus, so wie die Leser die Schreiber ausschließen. Sind Leser aktiv, und es wartet ein Schreiber, so gilt $sem<w$; es kann kein Leser mehr beginnen, bis alle wartenden Schreiber fertig sind. Sind Leser aktiv, so müssen die Schreiber warten, da $mutex<r$ gilt (2). Ist ein Schreiber aktiv, dann schließt er weitere Leser und Schreiber wegen $mutex=0$ aus. Warten nach der Beendigung des Lesens Leser und Schreiber, so gilt $sem<w$, und es kann kein Leser mehr beginnen, bis alle wartenden Schreiber fertig sind.

<u>Implementierung:</u>

Presser (1975) erwähnt eine Implementierung der Operationen im JOSLE SYSTEM (White, Johnson und Presser 1973). Die Komplexität einer solchen Implementierung dürfte, in ähnlicher Weise wie bei den anderen erweiterten Semaphoroperationen, wegen der aufgeführten Nachteile unakzeptabel hoch sein.

<u>Bemerkungen:</u>

Obwohl Pressers Operationen benutzt werden können, um komplexe Synchronisationsprobleme zu lösen, ist bei der Lösungserstellung und dem späteren Nachvollziehen einer solchen Lösung oft ein erhöhter Aufwand in Kauf zu nehmen. Als Beispiel soll hier die Lösung zum Problem 1.4.7 herausgegriffen werden:

1 sei die höchste, k die niedrigste Priorität. Jeder Klasse i werden zwei Semaphore s_i und ex_i zugeordnet.

```
semaphore ex_1,...,ex_k   (initially ex_i=c_i);
        s_1,...,s_k       (initially s_i=ct_i);


c_i  = Anz. der Prozesse in der Klasse i
ct_i = Summe der Prozesse in den Klassen 1 bis i
ex_i = Anz. der nicht aktiven Prozesse in der Klasse i


    Process in class i,   1<=i<=k

(1) P(s_(i+1),1,1;...;s_k,1,1);
(2) P(ex_i,1,1;ex_(i+1),c_(i+1),0;...;ex_k,c_k,0;s_i,ct_i,0);
(3) -Betriebsmittelbenutzung-
(4) V(ex_i,1;s_(i+1),1;...;s_k,1);
```

In (1) verringert ein Prozeß die s_i der Klassen mit niedrigerer Priorität. Damit nimmt er ihnen die Möglichkeit, vor ihm an die Reihe zu kommen, da sie in (2) warten müssen. In (2) verringert er die Anzahl der inaktiven Prozesse der eigenen Klasse und testet, ob Prozesse höherer Priorität Anforderungen angemeldet haben ($s_i<ct_i$), und ob Prozesse niedrigerer Klassen aktiv sind ($ex_j<c_j$ für $j>i$). Nach der Betriebsmittelbenutzung erhöht er die Anzahl der nicht aktiven Prozesse der eigenen Klasse und nimmt die Anforderung mit der Erhöhung der s_i zurück.

Neben dem Nachteil einer unübersichtlichen Lösungserstellung bei manchen Problemtypen mangelt es an einer Möglichkeit zur effizienten Implementierung der Operationen. In Habermann (1976) wird überdies kritisiert, daß Pressers Definition der Operationen ein mögliches Verhungern von Prozessen zuläßt, da in der V-Operation nicht spezifiziert wird, welcher Prozeß zum weiteren Ablauf freigegeben wird.

3.10 Agerwalas Semaphoroperationen

<u>Konzept:</u>

In Agerwalas Publikation (Agerwala 1977a) werden Erweiterungen der P- und V-Operationen vorgeschlagen, von denen behauptet wird, daß sie jegliche Prozeßinteraktionen ohne die Benutzung von Bedingungsanweisungen (conditional statements) ausdrücken können. Die Operationen werden definiert auf einer Anzahl von Semaphoren, die mit nicht-negativen ganzen Zahlen initialisiert sind:

```
P(s_1,....,s_n,'s_(n+1),....,'s_(n+m)):

    // if s_i>0 für alle i, 1<=i<=n, und
          's_(n+j)=0 für alle j, 1<=j<=m
          then s_i:=s_i-1 für alle i, 1<=i<=n
          else der Prozeß muß warten //

V(s_1,....,s_n):

    // s_i:=s_i+1 für alle i, 1<=i<=n //
```

Ein wartender Prozeß kann nur dann weiterlaufen, wenn die Semaphore abhängig von erfolgten P- oder V-Operationen bestimmte Werte angenommen haben (d.h. alle s_i>0 für 1<=i<=n bzw. alle 's_(n+j)=0 für 1<=j<=m). Dabei wird angenommen, daß der Prozeßscheduler entscheidet, welcher Prozeß wann weiterlaufen kann.

<u>Beispiel:</u>

Ein komplexes Beispiel ist das Problem 1.4.9. Dieses Problem vereint einige der Grundproblemtypen, nämlich das Prioritätenscheduling und die gleichzeitige Anforderung mehrerer Betriebsmittel. Eine Lösung mit Agerwalas Operationen sieht folgendermaßen aus (Agerwala 1977a):

1 sei die höchste, k die niedrigste Priorität. Jedem Betriebsmittel j wird ein Semaphor bm_j, 1<=j<=m, zugeordnet. Ein Prozeß in Klasse i benötige eine Teilmenge (i_1,....,i_s), 1<=s<=m von Betriebsmitteln, wobei eine Betriebsmittelnummer i_r, 1<=r<=s, mit einem j, 1<=j<=m, korrespondiert. Der Initialisierungswert jedes bm_j ergibt sich aus der Anzahl der maximal erlaubten, gleichzeitig aktiven Prozesse. Jeder Prozeßklasse werden zwei Semaphore g_i und

s_i zugeordnet, wobei g_i die Anzahl der aktiven Prozesse der Klasse i und s_i die Anzahl der Anforderungen der Klasse i spezifizieren. Die Konstante par_j gibt für jedes Betriebsmittel j den maximalen Parallelitätsgrad an.

```
semaphore s_1,...,s_k   (initially=0);
          g_1,...,g_k   (initially=0);
          bm_1,...,bm_m (initially bm_j=par_j);
          m             (initially=1);


          Process in class i, 1<=i<=k

(1) V(s_i);
(2) P(m,bm_i_1,...,bm_i_s,'s_1,...,'s_(i-1),'g(i+1),...,'g_k);
(3) V(m,g_i);
(4) -- Benutzung der Betriebsmittel --
(5) V(bm_i_1,...,bm_i_s);
(6) P(s_i,g_i);
```

Ein ankommender Prozeß meldet in (1) seine Anforderung an. (2) besteht aus folgenden Aktionen:

(a) testen, ob Prozesse höherer Priorität Anforderungen angemeldet haben ('s_1, 1<i)

(b) testen, ob Prozesse niedrigerer Priorität aktiv sind ('g_1, 1>i)

(c) testen, ob die Betriebsmittel verfügbar sind (bm_i_r>=1, 1<=r<=s)

(d) testen, ob m>=1

(e) bei positivem Test Vermindern der bm_i_r und des m

Durch den Semaphor m wird erreicht, daß bei positivem Test in (2) die Ausführung von (2) solange gesperrt bleibt, bis die Anzahl der aktiven Prozesse dieser Klasse in (3) erhöht wurde. In (5) werden die Betriebsmittel freigegeben, in (6) wird die Anforderung zurückgenommen.

<u>Implementierung:</u>

Agerwala (1977a) beschreibt eine ausführliche Implementierung seiner erweiterten Semaphoroperationen, die eine Mehrprozessorumgebung voraussetzt und im wesentlichen aus drei nicht unterbrechbaren Softwareroutinen besteht. Wesentlich bei dieser Implementierung ist, daß jede dieser Routinen unabhängig von der Anzahl der Prozesse höchstens eine feste, vorher bekannte Zeit ausgeführt wird. Die Tatsache, daß in den Operationen bei einer Änderung der Semaphorwerte mehrere Prozesse erneut untersucht werden müssen und Tests, Additionen und Subtraktionen für mehrere Semaphore ausgeführt werden (wie bei den anderen erweiterten Operationen), erhöht die Komplexität im Vergleich zu normalen Semaphoren erheblich.

<u>Bemerkungen:</u>

Agerwalas Operationen sind ein interessanter Mechanismus zur Lösung von Synchronisationsproblemen, da selbst komplexe Koordinationen von Prozessen, die mehrere Grundproblemtypen vereinigen, in der Form von wenigen P/V-Operationen formuliert werden können (siehe Beispiel), obwohl die unmittelbare Verständlichkeit einer solchen Lösung zweifelhaft ist. Die Komplexität der Implementierung ist höher als bei den einfachen P/V-Operationen, aber zumindest wird die Existenz einer solchen Implementierung in (Agerwala 1977a) nachgewiesen.

3.11 Dependence-Operationen

<u>Konzept:</u>

Ein weiterer Vorschlag, die Schwächen der P- und V-Operationen bei Problemen, die Prioritäten innerhalb Klassen von Prozessen beinhalten (wie z.B. das Leser/Schreiber-Problem), zu beheben, stammt von Wodon (1972) und wurde weiterentwickelt von Belpaire und Wilmotte (1974). Letztere gehen davon aus, daß man die Semaphoroperationen weiter unterteilen sollte, indem man das Testen eines Semaphorwertes von dem eigentlichen Inkrementieren oder Dekrementieren trennt. Zu diesen Zwecken werden drei sogenannte *Dependence-Operationen* (oder *D-Operationen*) definiert, die die Abhängigkeit zwischen Ereignissen innerhalb von Prozessen beschreiben. Die D-Operationen liegen auf einem tieferen Niveau als die P- und V-Operationen, können aber kombiniert werden, um komplexere, auf einem höheren Niveau der Abstraktion stehende Konstrukte zu bilden, wobei die P- und V-Operationen als Spezialfall enthalten sind. Die Operationen sind:

1. Passage-Operation

Notation s:

wobei s der Name eines Semaphors ist

Effekt: WARTEN bis s>=0

2. Das Schließen des Semaphors

Notation: down s

Effekt: // s:=s-1 //

3. Das Öffnen des Semaphors

Notation: up s

Effekt: // s:=s+1 //

Die Operationen sind unteilbar und können in beliebiger Weise zu komplexen, ebenfalls unteilbaren Konstrukten kombiniert werden:

s_1:s_2:...s_n: down t_1,t_2,...,t_m up u_1,...,u_k

mit n,m,k>=1

Der Effekt dieser Operation ist, daß gewartet werden muß, bis die Summe s_1+s_2+...+s_n>=0 ist. Dann werden t_1,t_2,...,t_m um 1 erniedrigt und u_1,u_2,...,u_k um 1 erhöht.

Weiterhin schlugen Belpaire und Wilmotte ein Verfahren vor, mit dem leicht Lösungen für Ausschlußprobleme gefunden werden können und das dann direkt in D-Operationen umgesetzt werden kann. Das Verfahren basiert auf sogenannten *Ausschlußgraphen (graphs of exclusion)*, wobei die Knoten eines Graphen Prozeß-Zustände und die Kanten Ausschlüsse darstellen. Als Beispiel diene Abb. 3.1.

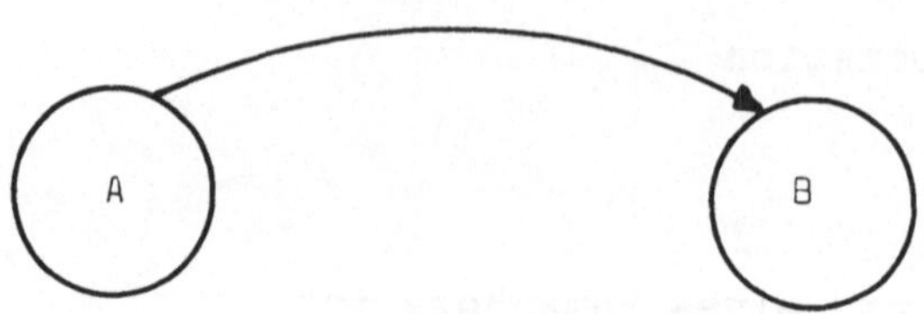

Abb. 3.1: *Ausschlußgraph*

Abb. 3.1 bedeutet, daß die Ausführung von A den Beginn von B ausschließt. Die Umsetzung in D-Operationen wird folgendermaßen durchgeführt:

Jede Kante des Graphen wird durch einen mit 0 initialisierten Semaphor dargestellt. Ausschlußprobleme haben die folgende Struktur

```
Eintrittsprotokoll
-Kritischer Abschnitt-
Austrittsprotokoll
```

Für das Eintrittsprotokoll gilt:

(a)   Jede Kante zu einem Knoten wird durch eine **Passage**-Operation auf den assoziierten Semaphor ersetzt.

(b)   Jede Kante von einem Knoten wird durch eine **down**-Operation auf den assoziierten Semaphor ersetzt.

Für das Austrittsprotokoll gilt:

(a)   Jede Kante von einem Knoten wird durch eine **up**-Operation auf den assoziierten Semaphor ersetzt.

Weiterhin gelten 2 Reduktionsregeln:

Reduktionsregel 1:

Zwei Semaphore können zu einem reduziert werden, wenn sie in der Problemlösung immer zusammen als Argument von **up** und **down**-Operationen auftreten und die Initialisierungswerte gleich sind. Der Initialisierungswert des neuen Semaphors ist der Initialisierungswert der ersetzten Semaphore.

Reduktionsregel 2:

Zwei Semaphore können zu einem reduziert werden, wenn sie in der Problemlösung immer zusammen als Argumente der **Passage**-Operation auftreten. Der Initialisierungswert des neuen Semaphors ist die Summe der Initialisierungswerte der ersetzten Semaphore.

Beispiele:

Die P- und V-Operationen können durch D-Operationen folgendermaßen dargestellt werden:

```
P(s)    :       s:down s

V(s)    :       up s
```

Der gegenseitige Ausschluß eines kritischen Abschnitts wird dann gewährleistet durch:

```
semaphore s (initially=0);

Process i;

s:down s
-Kritischer Abschnitt-
up s
```

Ein Prozeß kann die **down**-Operation nur dann ausführen, wenn $s>=0$. Dies gilt nur für den ersten ankommenden Prozeß, da er in der gleichen Operation **s** um 1 vermindert. Alle anderen Prozesse müssen solange warten, bis **s** durch eine **up**-Operation erhöht wird.

Der einseitige Ausschluß (Problem 1.4.1), der durch Semaphore nicht gelöst werden kann (Lipton und Tuttle 1975, Lamport 1976), wird gelöst durch:

```
semaphore s (initially=0);

Process P1                    Process P2

down s                        s:

up s
```

Um zu zeigen, wie man Ausschlußgraphen in D-Operationen umsetzt, wird das Leser/Schreiberproblem mit Leser-Priorität (Problem 1.4.10.2) benutzt. Der Ausschlußgraph für dieses Problem ist in Abb. 3.2 dargestellt.

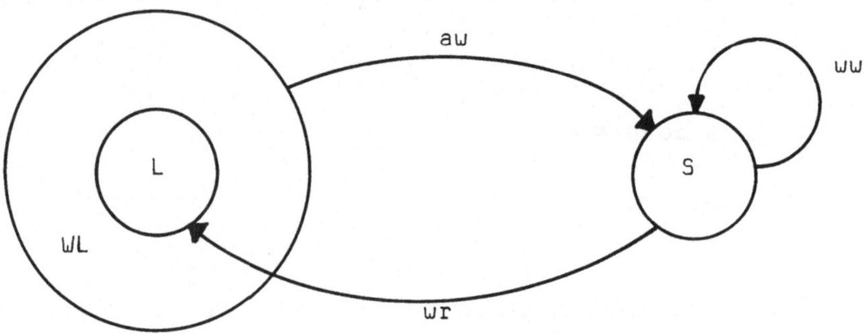

Abb. 3.2: *Ausschlußgraph für Problem 1.4.10.2*

```
L:  Leser
WL: Wartende Leser
S:  Schreiber
ww: Schreiber schließen Schreiber aus
wr: Schreiber schließen Leser aus
aw: Wartende Leser schließen Schreiber aus
```

```
semaphore aw,ww,wr (initially=0);

Leser                       Schreiber

down aw                     ww:aw:down ww,wr
wr:
-Lesen-                     -Schreiben-
up aw                       up ww,wr
```

Reduktionsregel 1 ergibt: (wr,ww) --> w

```
Leser                       Schreiber

down aw                     w:aw:down w
w:
-Lesen-                     -Schreiben-
up aw                       up w
```

Wenn ein Schreiber aktiv ist, und Leser und Schreiber warten, dann haben die Leser **aw** erniedrigt und warten bei **wr**, und die Schreiber warten bei **ww**. Wird der aktive Schreiber fertig, dann können die wartenden Schreiber nicht beginnen, da **aw**$<$0 gilt.

Implementierung:

Belpaire und Wilmotte weisen auf die Schwierigkeiten hin, die Dependence-Operationen ohne die von Brinch Hansen (1972) benannte *gesteuerte Form des aktiven Wartens* zu implementieren, die dann auftritt, wenn bei der Passage-Operation Prozesse warten müssen. Es könnte dann passieren, daß der Passage-Semaphor nicht-negativ wird, aber es nicht klar ist, welche und wieviele Prozesse "aufgeweckt" werden sollten, weil zwischenzeitlich der Wert wieder negativ werden könnte. Somit werden einige Prozesse aufgeweckt, um sofort wieder in den Wartezustand versetzt zu werden. Andere Schwierigkeiten gibt es bei der Unteilbarkeit einer ganzen Sequenz von D-Operationen. Allerdings werden Verfahren in der Literatur referenziert, bei denen das aktive Warten vermieden werden konnte (Belpaire und Wilmotte 1972). Es handelt sich hierbei aber lediglich um Vorschläge zur Implementierung (z.B. eine Umsetzung in P- und V-Operationen), deren Realisatisierung weiterhin offen bleibt.

<u>Bemerkungen:</u>

Die D-Operationen deuten an, daß eine Dekomposition der Semaphoroperationen notwendig wird, um gewisse Probleme einfacher zu lösen. Die Methode der Ausschlußgraphen mit ihrer direkten Umsetzung in die D-Operationen ist ein interessanter Ansatz, der allerdings Schwächen aufweist, da mit einem Ausschluß verbundene Randbedingungen nicht in den Graphen einfließen können. Die Ineffizienz der Implementierung ist jedoch das größte Problem zur allgemeinen Verwendbarkeit von D-Operationen bei der Lösung von Synchronisationsproblemen.

3.12 Eventcounts und Sequencers

<u>Konzept:</u>

Die Synchronisation paralleler Prozesse erfordert Steuerungsmaßnahmen zur Einreihung von Ereignissen in den Prozessen, die bei den meisten Mechanismen durch Manipulation an gemeinsamen Variablen durchgeführt werden. Diese gemeinsamen Variablen werden durch gegenseitigen Ausschluß geschützt. Im Gegensatz hierzu schlugen Reed und Kanodia (1979) vor, daß die Prozesse direkt die Steuerung der Einreihung von Ereignissen durchführen sollen. Dazu entwickelten sie zwei abstrakte Objekte, die sogenannen *Eventcounts* und *Sequencers*. Ein Eventcount, der als ein Mittel zur Signalisierung und Beobachtung des Verlaufs einer parallelen Berechnung angesehen werden kann, ist eine Integervariable, die nur inkrementiert werden kann und mit Null initialisiert ist. Drei Operationen können auf einem Eventcount operieren: `ADVANCE`, `AWAIT` und `READ`.

(a) `ADVANCE(E)` : `// E:=E+1 //`

(b) `x:=READ(E)` : `x:=E`

(c) `AWAIT(E,v)` : `WARTEN bis E>=v`

Die unteilbare Operation `ADVANCE(E)` wird benutzt, um das Eintreten eines Ereignisses anzuzeigen. Um den Wert eines Eventcounts zu beobachten, gibt es zwei Möglichkeiten: `READ(E)` oder `AWAIT(E,v)`. Die Operation `READ(E)` liefert den "gegenwärtigen" Wert von Eventcount E, d.h. die Anzahl der `ADVANCE` Operationen. Hierbei ist es unbedeutend, ob auch die `ADVANCE`-Operationen mitgezählt werden, die während der Ausführung von `READ(E)` erfolgen. Um auf ein spezielles Ereignis zu warten, gibt es die Operation `AWAIT(E,v)`, die einen Prozeß warten läßt, bis $E>=v$; v ist aus programmiersprachlicher Sicht ein Ausdruck, der nicht geändert wird, während der Prozeß wartet (v ist ein call-by-value Parameter).

Die Einreihung von Ereignissen wird durch die Sequencers gewährleistet. Ein Sequencer ist eine mit Null initialisierte Integervariable, die nur inkrementiert werden kann. Es gibt nur eine Operation:

```
x:=TICKET(S) : // x:=S ; S:=S+1 //
```

Diese unteilbare Operation liefert einen Integerwert als Ergebnis; zwei Ausführungen von TICKET ergeben garantiert zwei verschiedene Werte. Die Idee der TICKET-Operation kann an einem Geschäft illustriert werden, in dem jeder Kunde beim Eintritt eine Nummer bekommt und die Bedienung anhand der Reihenfolge der Nummern erfolgt.

Beispiele:

Ein erstes Beispiel ist die Simulation von den Semaphoroperationen P und V. Ein Semaphor **sem** besteht aus den beiden Teilen

	E	T

sem

Abb. 3.3: *Semaphordatenstruktur*

Wenn **sem**.N der Initialisierungswert des Semaphors ist, ergibt sich für die P- und V-Operationen folgendes:

```
P(sem)  ==>  integer i;
             i:=TICKET(sem.T);
             AWAIT(sem.E,i-sem.N+1);


V(sem)  ==>  ADVANCE(sem.E);
```

Anmerkung: In Reed und Kanodias Veröffentlichung steht bei der Simulation der P-Operation ein **AWAIT(sem.E,i-sem.N)**. Dies ist ein Fehler! Zusätzlich ist die Publikation an einer weiteren Stelle fehlerhaft:

Zu einer beliebigen Zeit ist der Wert des Semaphors **sem.E-sem.T+sem.N** und nicht, wie Reed und Kanodia behaupten, **sem.T-sem.E**.

Ein binärer Semaphor (d.h. mit Initialisierungswert 1) sieht dann folgendermaßen aus:

```
P(sem)   ==>   integer i;
               i:=TICKET(sem.T);
               AWAIT(sem.E,i);


V(sem)   ==>   ADVANCE(sem.E);
```

Eine weitere Operation, die mit Eventcounts und Sequencers simuliert werden kann, ist eine verklemmungsfreie P-Operation auf zwei (oder mehrere) Semaphore, um beispielsweise 2 Betriebsmittel gleichzeitig anfordern zu können (Reed und Kanodia 1979):

```
Procedure Pboth(R,S);
begin integer g,r,s;
      g:=TICKET(G.T);
      AWAIT(G.E,g);

      r:=TICKET(R.T);
      s:=TICKET(S.T);

      ADVANCE(G.E);
      AWAIT(R.E,r-R.N+1);
      AWAIT(S.E,s-S.N+1);
end.
```

Der Semaphor G wird global dazu benutzt, um koordinierte Tickets von den Sequencers von R und S zu bekommen. Das Warten wird hierbei separiert und in den beiden AWAIT-Anweisungen am Ende des Programms implementiert. Dieses Aufteilen der Semaphoroperation in zwei Teile, das Einreihen eines Prozesses zur Benutzung der Semaphore und das Warten auf das Freiwerden ist, ähnlich wie bei den D-Operationen, der Grund für die Möglichkeit, eine solche verklemmungsfreie, gleichzeitige P-Operation durchzuführen. Operationen auf mehr als 2 Semaphoren werden dann einfach nach demselben Muster simuliert.

Eine Eigenschaft von Eventcounts ist, daß man Ereignisse beobachten kann, ohne auf diese Ereignisse Einfluß auszuüben (dies ist nicht möglich bei Semaphoroperationen). Diese Eigenschaft kann benutzt werden, um eine spezielle Variante des Leser/Schreiber-Problems, das sichere Leser/Schreiber-Problem (Problem 1.4.10.5) (Reed und Kanodia 1979) zu lösen:

```
Eventcount  S,C;
Sequencer      T;


Leser                           Schreiber


integer w;                      integer x;

RETRY: w:=READ(S);              ADVANCE(S);
       AWAIT(C,w);              x:=TICKET(T);
                                AWAIT(C,x);


       -Lesen-                  -Schreiben-


if READ(S)<>w
       then goto RETRY;         ADVANCE(C);
```

Die Lösung funktioniert folgendermaßen: Schreiber gewährleisten den gegenseitigen Ausschluß durch die Simulation eines binären Semaphors unter Verwendung von Sequencer T und Eventcount C. Die Leser müssen sicher sein, daß sie konsistente Informationen gelesen haben. Dies ist möglich, wenn sie beobachten können, ob zwischen dem Anfang und dem Ende des Lesens kein Schreiber aktiv war. Die Schreiber erhöhen deshalb am Anfang einen Eventcount S, den die Leser am Anfang lesen und am Ende ihres Codes vergleichen können. Das AWAIT(C,w) gewährleistet, daß neu hinzukommende Leser nicht lesen, wenn Schreiber aktiv sind: wenn keine Schreiber aktiv sind (d.h. mit der Ausführung des Codes begonnen haben) ist C=S; wenn Schreiber aktiv sind, ist S-C die Anzahl der Schreiber (aktiv+wartend). Also müssen Leser warten, bis C S erreicht hat. Da der Wert von S bei den Lesern in w abgespeichert ist, müssen Leser warten, bis C>=w.

<u>Implementierung:</u>

Das Konzept der Eventcounts und Sequencers beinhaltet, daß sowohl Eventcounts als auch Sequencers unendlich groß werden können, da beide nur inkrementiert werden. Eine praktische Anwendung wird dagegen eine Obergrenze für die Größe festlegen müssen. Wenn diese Grenze größer als ein Speicherwort ist, dürfen READ und ADVANCE, sowie mehrere ADVANCE-Operationen nicht gleichzeitig stattfinden, weil der normale Speicherausschluß nicht mehr gilt. Also wird hierbei eine Form des gegenseitigen Ausschlusses notwendig werden, was aber der Philosophie dieses Synchronisationsmechanismus widerspricht. Ähnliches gilt für die TICKET-Operation: auch hier kann die Unteilbarkeit nicht allein durch Speicherausschluß erreicht werden, falls ein Sequencer länger als ein Wort ist. Reed und Kanodia diskutieren mehrere Vorschläge, die Operationen ohne gegenseitigen Ausschluß zu implementieren. Sie benutzen dabei die Repräsentation eines Eventcounts in *Gray Code* (Kohavi 1970), der die Eigenschaft hat, daß nur ein Bit geändert werden muß, um einen Eventcount zu inkrementieren. Der algorithmische Aufwand ist aber sehr hoch. Die Implementierung der AWAIT-Operation ist nach Ansicht der Autoren abhängig von der Struktur eines speziellen Betriebssystems. Reed (1976) beschreibt eine solche Implementierung für das Multics System. Allerdings ist eine Implementierung, die das Warten auf ein bestimmtes Ereignis beinhaltet, ohne aktives Warten kompliziert und aufwendig.

<u>Bemerkungen:</u>

Die Schwierigkeiten der oben besprochenen Implementierung sind nachteilhaft. Der grundlegende Gedanke, Synchronisation nicht auf wechselseitigen Ausschluß zu basieren, sondern als eine Einreihung von Ereignissen, wie es bereits von Greif (1976) vorgeschlagen wurde, ist speziell attraktiv für verteilte Systeme, die keinen gemeinsamen Speicher benutzen. Da Eventcounts und Sequencers auf einem niedrigeren Niveau als Semaphore stehen, ist es möglich, eine Reihe von Problemen einfacher zu lösen. Allerdings sind manch andere Probleme, wie das Leser/Schreiber-Problem, nur durch die Simulation der Semaphorlösung zu lösen. Dies erhöht die sonst schon hohe Komplexität dieses Problems noch (die Autoren verzichten natürlich darauf, diese Probleme zu erwähnen). Es ist zweifelhaft, ob Lösungen mit Eventcounts und Sequencers leicht zu finden und zu verstehen sind (was aber auch für die Semaphore gilt). Beweisverfahren für Eventcounts und Sequencers findet man in (Reed und Kanodia 1979) und (Lamport 1978).

3.13 Zusammenfassung

Es gibt eine Reihe von in der Literatur vorgeschlagenen Synchronisationsmechanismen, deren Funktionsweise eine Einstufung auf die Ebene 2 der in Kapitel 1 beschriebenen Ebenenhierarchie nahelegt. Die meisten dieser Mechanismen machen von Warteschlangenroutinen des Prozeßschedulers Gebrauch. Sie können für eine Vielzahl von Synchronisationsproblemen eingesetzt werden, deren Lösungen durch die notwendige Ausprogrammierung meist nicht unmittelbar mit den Synchronisationsbedingungen im Zusammenhang stehender Details oft unüberschaubar, unverständlich oder länglich werden können. Aus diesem Grund ist es sinnvoll, die Mechanismen der Ebene 2 soweit wie möglich zur Implementierung von in höheren Programmiersprachen enthaltenen Mechanismen der Ebene 3 einzusetzen.

Während die früh in der Literatur eingeführten LOCK/UNLOCK- und BLOCK/WAKEUP-Operationen wegen ihres relativ limitierten Anwendungsspektrums noch als uninteressant zu betrachten sind, stellt die Einführung von Dijkstras Semaphoroperationen (1968) einen Meilenstein in der parallelen Programmierung dar. Die Attraktivität dieser Operationen liegt in der universellen Verwendbarkeit zur Lösung selbst komplexer Prozeßkoordinationsprobleme in Verbindung mit der Möglichkeit einer effizienten, einfachen Implementierung. Es ist deshalb nicht verwunderlich, daß viele Autoren bei der Einführung eines neuen Synchronisationsmechanismus die Äquivalenz mit den Semaphoroperationen zu demonstrieren versuchen, weil dies impliziert, daß der neue Mechanismus das gleiche Lösungsspektrum wie die Semaphoroperationen aufweist und auch, daß eine Implementierung mit diesen möglich ist.

Um die Lösungen zu speziellen Problemtypen, bei denen der Semaphormechanismus nur relativ umständlich einzusetzen ist, zu vereinfachen, wurden zahlreiche Erweiterungen des ursprünglichen Konzeptes in die Literatur eingeführt. Neben den Semaphor-Arrays sind dies die Semaphoroperationen von Patil (1971), Vantilborgh und van Lamsweerde (1972), Cerf (1972), Presser (1975) und Agerwala (1977a). Obwohl in einigen Fällen Problemlösungen einfacher zu gestalten sind, weisen alle diese Erweiterungen den Nachteil einer im Vergleich zu Dijkstras Semaphoroperationen erheblich ineffizienteren Implementierung auf.

Ein mit den Semaphoroperationen in Zusammenhang stehender Mechanismus sind die sogenannten Dependence-Operationen (Belpaire und Wilmotte 1972). Die eigentlichen Operationen sind noch etwas primitiver als die Semaphoroperationen, sie können allerdings zusammengesetzt werden, um komplexere Konstrukte zu bilden. Leider ist für diese Operationen noch kein Implementierungsvorschlag angegeben worden, der nicht das aktive Warten von Prozessen beinhaltet, was die Attraktivität der Dependence-Operationen herabmindert.

Ein anderer Mechanismus, dessen Implementierung ebenfalls auf dem aktiven Warten basiert, der aber dennoch ein interessanter Vorschlag ist, sind die Eventcounts und Sequencers (Reed und Kanodia 1979). Dieser Mechanismus betrachtet die Synchronisation im Gegensatz zu vielen anderen nicht als Gewährleistung von Ausschlußbedingungen, sondern als eine Einreihung von Ereignissen, wodurch er speziell für Mehrprozessorsysteme interessant ist.

Im nächsten Kapitel sollen nun Synchronisationsmechanismen in höheren Programmiersprachen, also Mechanismen der Ebene 3, vorgestellt werden.

KAPITEL 4

Synchronisationsmechanismen der Ebene 3

4.1 Einleitung

Einige der bisher diskutierten Synchronisationsmechanismen sind sehr mächtig, aber ihr Gebrauch enthält viele Gefahren. Die Primitivität der Operationen führt oft zu sehr komplexen Problemlösungen, die schwierig nachzuvollziehen sind und bei der kleinsten Veränderung völlig andere Effekte aufweisen. Die in diesem Kapitel präsentierten Synchronisationsmechanismen basieren auf der Idee, dem Benutzer eine höhere Ebene der Programmierung anzubieten, um Lösungen zu erhalten, die leicht verständlich sind. In diesem Sinne werden die Mechanismen, die im folgenden Kapitel in Programmiersprachenkonstrukte eingebettet sind, nach der in Kapitel 1 beschriebenen Hierarchie in die Ebene 3 eingruppiert. Obwohl die Mechanismen der Ebene 3 die Synchronisation und Kommunikation elegant beschreiben können, ist oft eine teure, ineffiziente Implementierung erforderlich. Die Reduktion der Fehlerhäufigkeit läßt die Mechanismen der Ebene 3 allerdings attraktiv erscheinen.

4.2 Kritische Regionen/Bedingte kritische Regionen

<u>Konzept:</u>

Die Einführung der *kritischen Regionen (critical regions)*, (Brinch Hansen 1972) war der erste Ansatz, die Schwierigkeiten bei der Programmierung mit Semaphoren durch eine strukturierte programmiersprachliche Notation zu überwinden. Diese Notation lautet folgendermaßen:

```
region v do s_1;s_2;...;s_n end
```

Die in der kritischen Region v enthaltenen Anweisungen s_i stellen einen kritischen Abschnitt dar, für den der gegenseitige Ausschluß gewährleistet ist. Gemeinsame Variablen werden vor parallel zugreifendenden Prozessen geschützt, in dem sie nur von den Anweisungen s_i manipuliert werden können. Wenn beim Eintritt in eine

Region bereits ein Prozeß innerhalb dieser Region ist, dann muß der eintretende Prozeß warten. **Region**-Anweisungen können geschachtelt werden.

Eine Erweiterung des Region-Konzepts sind die später von Brinch Hansen (1972a, 1973a) und Hoare (1972) eingeführten *bedingten kritischen Regionen (conditional critical regions)*. Die Notation hierfür lautet folgendermaßen:

```
region v when B do s_1;s_2;...;s_n end
```

Im Unterschied zu der Semantik kritischer Regionen beinhalten bedingte kritische Regionen zusätzlich die Auswertung einer Bedingung B (boolscher Ausdruck) vor dem Eintritt in die kritische Region. Wenn diese Bedingung erfüllt ist, werden die Anweisungen `s_1;s_2;...;s_n` ausgeführt, anderenfalls verläßt der Prozeß die kritische Region und muß warten. Sobald ein Prozeß die kritische Region erfolgreich beendet hat, wird die Synchronisationsbedingung B neu ausgewertet. Falls sie erfüllt ist, darf ein Prozeß in die kritische Region eintreten. Es wird nicht spezifiziert, welcher Prozeß starten kann, aber ein "faires Scheduling" wird angenommen, um zu gewährleisten, daß kein Prozeß "verhungert". Die Ausführung einer **region**-Anweisung ist unteilbar und kann deshalb nicht von anderen **region**-Anweisungen mit demselben v unterbrochen werden.

Eine weitere Möglichkeit, Prozesse in einen Wartezustand zu versetzen, ist die Verwendung der Anweisung

```
await B
```

innerhalb einer kritischen Region. Hierbei wird die kritische Region bis zur **await**-Anweisung ausgeführt. Ist die Bedingung B erfüllt, dann kann der Prozeß die Region weiter ausführen; sonst wartet er, bis B erfüllt ist. Sobald B=**true** ist, nimmt der Prozeß die Ausführung der Region mit der Anweisung wieder auf, die auf **await** folgt.

Beispiele:

Zur Gewährleistung des gegenseitigen Ausschlusses können kritische Regionen wie folgt benutzt werden:

```
Process i

region v do
  begin
  -Kritischer Abschnitt-
  end
```

Es ist anzumerken, daß das Region-Konstrukt hierbei die gleiche Funktion wie eine Semaphorlösung mit einem P/V-Paar erfüllt.

Das Problem der gleichzeitigen Belegung mehrerer Betriebsmittel (1.4.4) wird durch bedingte kritische Regionen folgendermaßen gelöst:

Es wird ein gemeinsamer Array **bm** definiert und jedem der m Betriebsmittel eine Komponente **bm(j)**, $1<=j<=m$, zugeordnet. Der Prozeß i benötige eine Teilmenge $(i\_1,\ldots,i\_s)$, $1<=s<=m$, von Betriebsmitteln, wobei eine Betriebsmittelnummer i_r, $1<=r<=s$, mit einem j, $1<=j<=m$, korrespondiert.

```
shared boolean array bm(1..m) (initially=true);

Process i;     1<=i<=n

region bm when bm(i_1) and ... and bm(i_s) do
               begin
               bm(i_1):=false;
                   ...

                   ...
               bm(i_s):=false;
               end;

-Benutzung des Betriebsmittels-

region bm do begin
               bm(i_1):=true;
                   ...

                   ...
               bm(i_s):=true;
               end;
```

Ein Prozeß beginnt erst dann mit der Ausführung der kritischen Region, wenn alle
bm(i_r)=true, 1<=r<=s, d.h. wenn alle benötigten Betriebsmittel zur Verfügung
stehen. Erhält er Zugang zur Region, dann belegt er die Betriebsmittel, indem er
alle bm(i_r), 1<=r<=s, auf false setzt. Prozesse, die disjunkte Teilmengen von
Betriebsmitteln benötigen, können parallel laufen. Die Freigabe der Betriebsmittel
erfolgt dann durch das Zurücksetzen aller bm(i_r), 1<=r<=s.

Ein Beispiel für die Verwendung der await-Anweisung ist das Problem 1.4.5:

1 sei die höchste, k die niedrigste Priorität. Jedem der k Prozesse wird eine
Komponente i eines Arrays request(1..k) zugeordnet.

```
var v=shared record
        busy: boolean (initially=false);
        request(1..k): boolean array (initially=false);
     end;
```

```
Process i,  1<=i<=k

region v do begin
            request(i):=true;
            await (not(request(1) or...or request(i-1)
                    or busy));
            busy:=true;
            end;
-Benutzung des Betriebsmittels-
region v do begin
            busy:=false;
            request(i):=false;
            end;
```

Der erste ankommende Prozeß setzt seine request-Komponente und busy auf
true und kann dann das Betriebsmittel benutzen. Wenn jetzt weitere Prozesse das
Betriebsmittel anfordern, dann setzen sie ihre request-Komponente auf true und
warten bei der await-Anweisung. Sobald der laufende Prozeß das Betriebsmittel
zurückgibt, setzt er busy auf false, wodurch für alle wartenden Prozesse eine

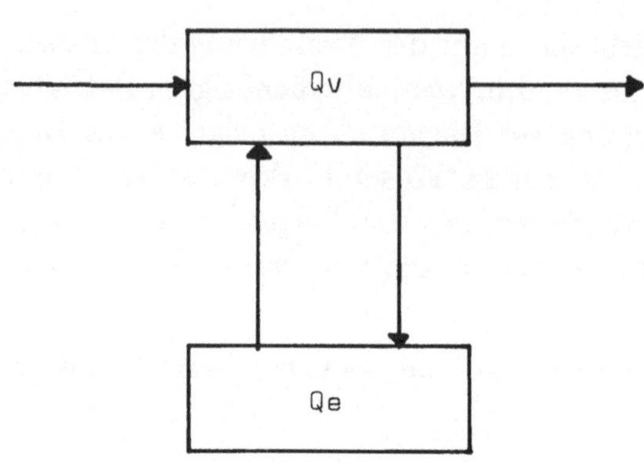

Abb. 4.1: *Implementierung bedingter kritischer Regionen*

Teil-Bedingung erfüllt wird. Es kann jedoch nur der mit der höchsten Priorität weiterlaufen, da für die anderen die Bedingung (irgendeine **request**-Komponente ist noch auf **true** gesetzt) noch nicht erfüllt ist.

<u>Implementierung:</u>

Kritische Regionen können sehr einfach durch Dijkstras Semaphoroperationen implementiert werden. Die Anweisung

```
region v do s end;
```

wird umgesetzt zu

```
P(v);
 s;
V(v);
```

wobei v ein mit 1 initialisierter Semaphor ist.

Dagegen existieren einige Vorschläge zur Implementierung von bedingten kritischen Regionen (Brinch Hansen 1972, Schmid 1976, Lamport 1976a, Kessels und Martin 1978, Ford 1978, Kant und Silberschatz 1982, Sintzoff und van Lamsweerde 1975, Peterson und Silberschatz 1983). Die ursprüngliche Implementierung der bedingten kritischen Regionen wird in Brinch Hansen (1972) beschrieben und ist in Abb. 4.1 dargestellt.

Wenn ein Prozeß in eine Region eintreten möchte, wird er in eine Warteschlange Qv eingetragen. Wenn er dann bei der Auswertung von B den Wert true erhält, führt er die Anweisungsfolge s_1, ..., s_n aus, anderenfalls verläßt der Prozeß vorübergehend die kritische Region und kommt in die Ereignis-Warteschlange Qe. Alle Prozesse, die auf eine Bedingung warten, kommen in die gleiche Ereignisschlange. Wird eine kritische Region von einem Prozeß beendet, dann werden alle Prozesse von Qe nach Qv transferiert, um allen eine erneute Auswertung von B zu ermöglichen. Hierbei ist es natürlich möglich, daß ein Prozeß mehrmals zwischen Qe und Qv hin- und herpendelt. Dieser Vorgang wird als "gesteuertes aktives Warten" ("controlled form of busy waiting") (Brinch Hansen 1972) bezeichnet. Diese Implementierung ist sehr ineffizient, da jeder Prozeß seine Bedingungen immer wieder neu auswerten muß, was in einem Mehrprogramm-Rechner zu unzähligen Prozeßumschaltungen führt, die umsonst sind, wenn die Bedingung noch nicht erfüllt ist. Aus diesem Grund hat Schmid (1976) einen Vorschlag zur Effizienzsteigerung gemacht, der zusätzliche Warteschlangen verwendet, um die Prozesse, die auf dieselbe Bedingung warten, in einer Klasse bzw. Warteschlange zusammenzufassen. Hierdurch reduziert sich der Auswertungsaufwand für B, da nur noch ein Prozeß stellvertretend für die ganze Klasse die Auswertung von B vornehmen muß. Eine zusätzliche Erweiterung ist die Einführung von Prioritätswarteschlangen, um den Nichtdeterminismus von Brinch Hansens Implementierung aufzuheben. Es bleibt jedoch der Nachteil einer (reduzierten) Form des aktiven gesteuerten Wartens. Ein ähnlicher Vorschlag, der die Anzahl unnötiger Bedingungsauswertungen reduziert, stammt von Sintzoff und van Lamsweerde (1975). Andere Implementierungen legen ein Mehrprozessorsystem zugrunde (Lamport 1976a). In diesem Fall können bedingte kritische Regionen durch aktives Warten implementiert werden. Eine Alternative findet man in (Ford 1978). Dieser Vorschlag bezieht sich auf eine verallgemeinerte Form der bedingten kritischen Regionen und benutzt Dijkstras *Secretary-Konzept* (Dijkstra 1971) zur Gewährleistung der Synchronisationsbedingungen. Der Code für den Secretary-Prozeß wird durch einen Compiler automatisch generiert. Prozesse kommunizieren mit dem Secretary-Prozeß mit Hilfe von Nachrichten. Kant und Silberschatz (1982) weisen auf Schwächen dieses Konzepts hin und präsentieren eine Erweiterung.

Zur Illustration, wie bedingte kritische Regionen als Mechanismus der Ebene 3 durch einen Mechanismus der Ebene 2 implementiert werden können, soll zum Schluß die Semaphorimplementierung von Peterson und Silberschatz (1983) angegeben werden. Mit der Variablendeklaration

```
semaphore mutex (initially=1);
          wait  (initially=0);
integer   count (initially=0);
          temp  (initially=0);
```

wird die Anweisung

```
region x when B do s;
```

umgesetzt zu

```
P(mutex)
if not B
    then begin
            count:=count+1;
            V(mutex);
            P(wait);
            while not B do
                begin
                temp:=temp+1;
                if temp<count then V(wait)
                                else V(mutex);
                P(wait);
                end;
            count:=count-1;
            end

s;

if count>0
    then begin
            temp:=0;
            V(wait);
            end
    else V(mutex);
```

Der gegenseitige Ausschluß der kritischen Region wird durch **mutex** garantiert. Wenn ein Prozeß nicht in die kritische Region eintreten kann (**B=false**), dann wartet er bei **P(wait)**, wobei die Anzahl der wartenden Prozesse in **count** festgehalten wird. Wenn ein Prozeß die kritische Region verläßt, so könnte er den Wert einer boolschen Bedingung B, die einen anderen Prozeß am Eintritt in die kritische Region gehindert haben könnte, verändert haben. Deshalb wird allen auf **wait** wartenden Prozessen erlaubt, die jeweilige boolsche Bedingung erneut zu testen.

<u>Bemerkungen:</u>

Das Konstrukt der kritischen Regionen kann effektiv eingesetzt werden, um das gegenseitige Ausschlußproblem zu lösen. Für die Lösung einiger anderer Synchronisationsprobleme bietet es jedoch keine Möglichkeit an. Die Schachtelung von kritischen Regionen kann außerdem zu Verklemmungen führen, wie das folgende Beispiel demonstriert:

```
var x,y : shared T;

      Process Q                    Process P

(1) region x do            (3) region y do
(2) region y do s_1;       (4) region x do s_2;
```

Es ist offensichtlich, daß eine Verklemmung entsteht, wenn die Anweisungen in der Reihenfolge (1),(3),(2),(4) ausgeführt werden, da dann Prozeß Q auf y und Prozeß P auf x wartet.

Für bedingte kritische Regionen hat der vorhergehende Abschnitt die Nachteile einer ineffizienten Implementierung verdeutlicht (siehe auch (Parnas, Heymans und Courtois 1972). Nichtsdestotrotz sollte erwähnt werden, daß die Verwendung von bedingten kritischen Regionen bei bestimmten Synchronisationsproblemen in strukturierten, weniger fehleranfälligen Lösungen resultieren kann.

Bedingte kritische Regionen sind der Synchronisationsmechanismus in der Programmiersprache EDISON (Brinch Hansen 1981), die speziell für Mehrprozessorsysteme entwickelt wurde. Varianten der bedingten kritischen Regionen haben ihre Verwendung in den Sprachen DP (Brinch Hansen 1978) und ARGUS (Liskov und Scheifler 1982) gefunden. Beweisverfahren für bedingte kritische Regionen findet man in Brinch Hansen (1973a).

4.3 Monitore

<u>Konzept:</u>

Monitore sind eine von Dijkstra eingeführte, von Brinch Hansen und Hoare weiterentwickelte Sprachkonstruktion, die die Verwaltung, Zuteilung und Zugriffsoperationen für ein Betriebsmittel (d.h. gemeinsame Daten) zusammenfaßt (Dijkstra

1971, Brinch Hansen 1973, Hoare 1974). Dijkstra nennt Monitore *Secretaries*; Secretaries sind ein *out-of-process* Konzept (siehe Kapitel 1), während Monitore ein *in-process* Konzept darstellen. Ein Monitor kann als abstrakter, statisch existenter Datentyp aufgefaßt werden und hat generell die folgende Struktur :

```
mon : monitor;
var -Deklaration von permanenten Variablen-

procedure op_1(parameters)
  var -Deklaration von Variablen lokal zu op_1-
  begin -Code von op_1- end


         . . .


procedure op_n(parameters)
  var -Deklaration von Variablen lokal zu op_n-
  begin -Code von op_n- end

begin -Initialisierungscode von permanenten Variablen-
end mon
```

Ein Monitor ist ein passives Objekt, das keinerlei selbständige Aktionen im System veranlaßt; er besteht also aus einer Kollektion von permanenten Variablen, die benutzt werden, um den Zustand des Betriebsmittels zu speichern und einigen Prozeduren, die die Operationen des Zugriffs auf das Betriebsmittel implementieren. Der Initialisierungscode für die permanenten Variablen wird einmalig vor jedem Prozeduraufruf ausgeführt; die Werte der permanenten Variablen zwischen zwei Prozeduraufrufen werden erhalten und können nur innerhalb des Monitors angesprochen werden. Die Prozeduren können selbst lokale Variablen enthalten, die sich bei jeder erneuten Prozeduraktivierung ändern.

Der Aufruf von Monitorprozeduren, die allen Prozessen im System zur Verfügung stehen und die die einzigen nach außen hin sichtbaren Schnittstellen bilden, geschieht mit

```
call mon.op_i(arguments)
```

Bei einem Prozeduraufruf wird der gegenseitige Ausschluß aller Prozeduren eines Monitors hergestellt, d.h. zu einem Zeitpunkt darf nur ein Prozeß im Monitor aktiv sein. Dies versichert, daß auf die permanenten Variablen nie parallel zugegriffen werden kann.

Zur Realisierung von Wartezuständen, die bei der Zuteilung von Betriebsmitteln an Prozesse auftreten, gibt es sogenannte *Condition Variablen*. Hierzu existieren in der Literatur einige Vorschläge; zunächst soll Hoares Vorschlag (Hoare 1974) diskutiert werden. Alternative Vorschläge findet man im Abschnitt "Bemerkungen".

Hoare definiert drei Operationen auf Condition Variablen:

```
cond.wait(p)
cond.signal
cond.queue
```

Wenn ein Prozeß die Operation `cond.wait(p)` innerhalb einer Monitorprozedur ausführt, dann versetzt er sich selbst in einen Wartezustand und der gegenseitige Ausschluß des Monitors wird aufgehoben (p kann optional benutzt werden, um eine nach aufsteigender Reihenfolge von p geordnete Wartepriorität anzugeben, ansonsten gilt die FIFO-Strategie).

Die Ausführung von `cond.signal` durch einen Prozeß bewirkt, daß ein wartender Prozeß aktiviert wird. Wenn bei der Ausführung von `cond.signal` kein Prozeß wartet, ist diese Operation ohne Wirkung und somit nicht kommutativ zu `wait`.

Die Operation `cond.queue` kann benutzt werden, um zu testen, ob es wartende Prozesse gibt (`cond.queue=true`) oder nicht (`cond.queue=false`).

Es ist anzumerken, daß die Einführung von Condition-Variablen erlaubt, daß mehrere Prozesse im gleichen Monitor sein können, obwohl alle außer einem durch `wait`- und wie es im folgenden demonstriert wird, auch durch `signal`-Operationen blockiert sind.

<u>Beispiele:</u>

Ein Monitor, der den gegenseitigen Ausschluß beim Zugriff mehrerer Prozesse auf ein Betriebsmittel gewährleistet (Problem 1.4.2), sieht folgendermaßen aus (Hoare 1974):

```
mutex: monitor;
begin busy: boolean;
      nonbusy: condition;

      procedure acquire;
        begin if busy then nonbusy.wait;
               busy:=true;
        end;

      procedure release;
        begin busy:=false;
               nonbusy.signal;
        end;
busy:=false;
end.
```

Ein Prozeß, der das Betriebsmittel belegen möchte, ruft die Prozedur **acquire** auf, setzt **busy=true** und benutzt das Betriebsmittel. Andere nachfolgende Prozesse müssen beim Aufruf von **acquire** bei **nonbusy.wait** warten. Beendet der erste Prozeß die Benutzung des Betriebsmittels, setzt er **busy=false** und aktiviert einen auf **nonbusy** wartenden Prozeß. Dieser setzt **busy=true**, hebt den Monitorausschluß auf und benutzt das Betriebsmittel. Jetzt verläßt auch der **signal** ausführende Prozeß den Monitor, so daß neue Prozesse das Betriebsmittel anfordern können.

Dieser Monitor simuliert einen boolschen Semaphor, mit **acquire=P** und **release=V**. Das bedeutet, daß man mit Monitoren alles synchronisieren kann, was auch mit Semaphoren möglich ist. Wie später zu sehen sein wird, gilt auch die Umkehrung.

Die Angabe der jeweiligen Priorität eines Prozesses als Parameter der **wait**-Operation ermöglicht es, Prioritätsprobleme einfach zu lösen. Als Beispiel soll die Lösung zu Problem 1.4.4 angegeben werden:

i sei die höchste, k die niedrigste Priorität.

```
      m:monitor;
begin c     :condition;
      busy :boolean;
```

```
(1)    procedure request(i:integer);
(2)      begin
(3)        if busy then c.wait(i);
(4)        busy:=true;
(5)      end;

(6)    procedure release;
(7)      begin
(8)        busy:=false;
(9)        c.signal;
(10)     end;

(11) busy:=false;
(12) end.
```

Bei der Betriebsmittelanforderung übergibt jeder Prozeß seine Priorität (1). Falls
das Betriebsmittel belegt ist (busy=true), werden die anfordernden Prozesse nach
Prioritäten geordnet in c eingereiht (3). Bei der Freigabe des Betriebsmittels wird
dann automatisch der wartende Prozeß mit der höchsten Priorität aufgeweckt (9).

<u>Implementierung:</u>

Hoare (1974) gibt eine Implementierung des vorgestellten Monitorkonzepts durch
Semaphore an, deren prinzipielle Wirkungsweise im folgenden dargestellt werden
soll:

Wenn ein Prozeß die Operation cond.wait innerhalb einer Monitorprozedur
ausführt, wird der Prozeß in eine cond zugeordnete Warteschlange eingetragen,
die weitere Ausführung blockiert und der gegenseitige Ausschluß des Monitors
aufgehoben. Die Ausführung von cond.signal durch einen Prozeß bewirkt, daß
dieser Prozeß kurzzeitig angehalten wird und ein wartender Prozeß aus der cond-
Warteschlange herausgenommen und zur Fortsetzung freigegeben wird. Wenn dieser aktivierte Prozeß die Monitorprozedur, in der er gewartet hat, nach vollständig
erfolgter Abarbeitung verläßt, wird der Monitorausschluß aufgehoben, und der
Prozeß, welcher cond.signal ausgeführt hat, läuft weiter. Signalisierende Prozesse haben also höhere Priorität als Prozesse, die neu versuchen, Eintritt in den
Monitor zu erhalten.

Eine Implementierung durch Semaphore, die ein Beispiel für eine hierarchische
Umsetzung eines Mechanismus der Ebene 3 durch einen Mechanismus der Ebene
2 darstellt, sieht dann folgendermaßen aus:

(a) Für den wechselseitigen Ausschluß innerhalb des gesamten Monitors wird
     ein Semaphor mutex (initially mutex=1) benötigt: beim Eintritt in eine

Prozedur des Monitors wird ein `P(mutex)`, beim Austritt ein `V(mutex)` ausgeführt.

(b) Wenn ein Prozeß ein `cond.signal` ausführt, auf das ein anderer Prozeß wartet, dann muß der signalisierende Prozeß warten, bis der aufgeweckte Prozeß ihm das Weiterlaufen gestattet. Hierfür wird ein zweiter Semaphor `urgent` (initially `urgent=0`) eingeführt, auf den signalisierende Prozesse mit der Operation `P(urgent)` warten. Bevor ein Prozeß den Monitor verläßt, muß er testen, ob irgend ein anderer Prozeß auf `urgent` wartet. Ist dies der Fall, wird `V(urgent)` ausgeführt. Es ist deshalb notwendig, die Anzahl der Prozesse, die bei `urgent` warten, festzuhalten. Dies geschieht mit der Integer-Variablen `urgentcount` (initially `urgentcount=0`). Das Verlassen einer Monitorprozedur sieht dann so aus:

```
if urgentcount>0 then V(urgent) else V(mutex)
```

(c) Die Operation `cond.wait` wird folgendermaßen implementiert:

```
condcount:=condcount+1;
if urgentcount>0 then V(urgent) else V(mutex);
P(condsem);
condcount:=condcount-1;
```

Hierbei ist `condsem` (initially `condsem=0`) ein Semaphor, bei dem alle Prozesse warten, die eine `wait`-Operation ausgeführt haben und `condcount` (initially `condcount=0`) ein Zähler, der die Anzahl der wartenden Prozesse zählt.

(d) Die Operation `cond.signal` kann dann wie folgt implementiert werden:

```
urgentcount:=urgentcount+1;
if condcount>0 then begin
                    V(condsem);
                    P(urgent);
                    end;
urgentcount:=urgentcount-1;
```

Einen einfacheren Implementierungsvorschlag, der den Semaphor `urgent` nicht benutzt, findet man in (Bochmann 1976) und (Saxena 1975). Trivedi (1976) diskutiert die Benutzung von `urgent`, während Boddy (1984) einen Vorschlag zur Implementierung (einer erweiterten Version) der Angabe von Prioritätsparametern präsentiert. Reale Implementierungen werden in (Lister und Maynard 1976), (Saxena und Bredt 1975), (Lister und Sayer 1977), (Karp und Luckham 1976) und (Hug, Kammerer, Dittrich, Lienert, Mau und Wachsmuth 1982) beschrieben.

Bemerkungen:

Obwohl Monitore attraktiv für die Strukturierung eines Systems erscheinen mögen, weisen sie eine große Anzahl von Problemen und Ineffizienzen im Bereich der Betriebsmittelverwaltung und der Synchronisation paralleler Prozesse auf.

Während Prioritätsprobleme durch die Angabe der jeweiligen Priorität eines Prozesses in der wait-Anweisung einfach gelöst werden können, sind Monitor-Lösungen zu Problemen der gleichzeitigen Anforderung mehrerer Betriebsmittel komplex. Ein Beispiel hierfür ist das Problem 1.4.3:

Den Betriebsmitteln werden die Nummern $1,\ldots,m$ zugeordnet. Ein Prozeß i benötige eine Teilmenge $i\_1,\ldots,i\_s$, $1<=s<=m$, von Betriebsmitteln, wobei eine Betriebsmittelnummer i_r, $1<=r<=s$, mit einem j, $1<=j<=m$, korrespondiert.

```
        mon:monitor;
        begin c_1,....,c_m: condition;
            busy       : array(1..m) of boolean;
            1          : integer;

(1)     procedure request(menge:set of 1..m);
(2)       t:integer;
(3)       begin
(4)       t:=0;
(5)   st: for t:=1 to m do
(6)           if ((t) in menge) and busy(t)
(7)             then begin
(8)                     c_t.wait;
(9)                     c_t.signal;
(10)                    goto st;
(11)                 end;
(12)       for t:=1 to m do
(13)       if (t) in menge then busy(t):=false;
(14)       end;

(15)    procedure release(menge:set of 1..m);
(16)      t:integer;
(17)      begin
```

```
(18)          for t:=1 to m do
(19)            if (t) in menge then begin
(20)                               busy(t):=false;
(21)                               c_t.signal;
(22)                               end;
(23)          end;


(24)          for l:=1 to m do busy(l):=false;
(25)          end;
```

Ein Prozeß fordert in **request** alle Betriebsmittel an, die er benötigt. Ist eins davon belegt, so wartet er in der zum Betriebsmittel gehörenden Warteschlange, bis es wieder frei ist (8). Sind alle Betriebsmittel verfügbar, werden sie in (12) belegt. Nach der Benutzung werden sie in (19) freigegeben und alle Prozesse aufgeweckt, die auf sie warten. Die Verwendung der **goto**-Anweisung in (10) widerspricht natürlich der Grundidee der Monitorentwicklung, die Synchronisation klar zu gliedern, um gut strukturierte Lösungsalgorithmen angeben zu können. Man könnte die Lösung auch durch ein anderes Schleifenkonstrukt realisieren. Es muß jedoch bei jeder Lösungsform beachtet werden, daß nach dem Aufwecken alle **busy**-Komponenten noch einmal getestet werden, da nicht sichergestellt werden kann, daß vor dem **wait** getestete **busy**-Komponenten noch gleich **false** sind. Im Prinzip handelt es sich hier um eine besondere Form des aktiven Wartens. Der Prozeß läuft solange in einer Schleife, bis alle Bedingungen (alle Betriebsmittel verfügbar) erfüllt sind.

Einige negative Eigenschaften des Monitorkonzeptes, die unter anderem auch das Problem der geschachtelten Monitore betreffen, werden ausführlich in (Keedy 1979) diskutiert. Dieses Problem, das zuerst von Lister (1977) besprochen wurde, war Anlaß zu einer kontroversen Diskussion (Parnas 1978, Lister 1978, Jammel 1978, Wagstaff 1978, Wettstein 1978, Needham und Herbert 1978, Haddon 1977, Wexelblat 1978, Joseph und Prasad 1978).

Die Kontroverse besteht darin, was zu tun ist, wenn ein Prozeß eine Monitorprozedur aufruft, die wiederum die Prozedur eines anderen Monitors aufruft (usw.) und in diesem Monitor suspendiert wird. Obwohl der gegenseitige Ausschluß im zweiten Monitor durch die Semantik der **wait**-Operation aufgehoben wird, bleibt er im ersten Monitor bestehen, da auf einen Rücksprung vom zweiten gewartet wird. Somit können andere Prozesse keinen Eintritt in den ersten Monitor erhalten. Dies hat natürlich erheblichen Einfluß auf die Leistung des Systems und kann unter Umständen sogar zu einer Verklemmung führen (Lister 1976). Es gibt mehrere Vorschläge zur Lösung dieses Problems:

(a) Geschachtelte Monitoraufrufe werden verboten.

Dieser Ansatz, der in der Programmiersprache SIMONE (Kaubisch, Perrot und Hoare 1976) gewählt wurde, ist zwar einfach, aber verhindert die Möglichkeit, ein System bestehend aus einer Hierarchie von abstrakten Maschinen zu entwerfen; dies ist allerdings eine anerkanntermaßen geeignete Methode für den Systementwurf (Dijkstra 1968a, Saxena 1975, Keedy 1979, Organick 1972).

(b) Alle Monitorausschlüsse in der Aufruf-Sequenz werden aufgehoben.

Dieser Ansatz verhindert zwar das Entstehen einer Verklemmung, die eintreten kann, wenn anstatt aller Monitore in der Aufruf-Sequenz nur der innere Monitor freigegeben wird (wie z.B. im SOLO-System von Brinch Hansen (1976)), ist aber nur relativ aufwendig zu realisieren. Da nämlich notiert werden muß, welche Monitorausschlüsse ein Prozeß besitzt, wenn er eine **wait**-Operation ausführt und es notwendig ist, beim Rücksprung den Ausschluß erneut zu erhalten, ist die Verwendung eines Stacks angebracht, in dem alle **wait**-Operationen gespeichert werden. Diese Lösung ist aufwendig, weil bei einer **signal**-Operation alle diese **wait**-Operationen erneut auf den Stack gebracht werden müssen. Weiterhin ist zu beachten, daß alle Monitore in der Aufruf-Sequenz bei der Fortsetzung des Aufrufs von der Ausschlußsperre befreit sein müssen und daß der Zustand der lokalen Daten der Monitore bewahrt bleiben muß.

(c) Definition spezieller Konstrukte

Ein weiterer Ansatz ist die Definition von speziellen Konstrukten, die in Situationen benutzt werden, wo geschachtelte Monitoraufrufe bevorzugt auftreten. Für die dynamische Verwaltung von Betriebsmitteln und die Zugriffssteuerung zu gemeinsam benutzten Betriebsmitteln gibt es die Konstrukte eines *Managers* (Jammel und Stiegler 1977), *Resource Managers* (Silberschatz, Kieburtz und Bernstein 1977), *Scheduler Monitors* (Schneider und Bernstein 1978), *Capability Managers* (Kieburtz und Silberschatz 1978), *Serializers* (Hewitt und Atkinson 1979), *Synchronizers* (Ramamritham und Keller 1980, Ramamritham 1981) und *Selectors* (Leinbaugh 1984).

Die Manager-Konstrukte beruhen darauf, daß ein Prozeß, der Zugriff auf ein Betriebsmittel erhalten möchte, zunächst den Manager aufruft und von ihm eine ”Zugriffsbindung” erhält, um später dann auf das Betriebsmittel zugreifen zu können. Während ein Monitor ein abstraktes Betriebsmittel verkörpert, Zugriffskonflikte von Prozessen verhindert und die Aktionen von Prozessen während der Benutzung des Betriebsmittels synchronisiert, verkörpert ein Manager einen Verteiler von Befähigungen zur Benutzung des Betriebsmittels. Die **wait**- und **signal**-Operationen werden durch Managerprozeduren dargestellt (als Einträge in eine Liste). Geschachtelte Manageraufrufe bereiten kein Problem.

Serializers und Scheduler-Monitore dienen dazu, die Zugriffsreihenfolge auf ein Betriebsmittel zu steuern. Anstatt Wartebedingungen zu benutzen, muß bei diesen Konstrukten die Bedingung, wann ein Prozeß wartet, explizit genannt werden. Ein Serializer entscheidet somit für jeden Prozeß die Bedingungen, die notwendig sind, um einen Prozeß weiterlaufen zu lassen.

Synchronizers und Selectors haben ebenfalls die Eigenschaft, die Zugriffsreihenfolge auf ein Betriebsmittel in einer modularen Weise zu kontrollieren. Modular bedeutet in diesem Zusammenhang, daß die Belegung eines Betriebsmittels in verschiedene, unabhängige Teilvorgänge aufgespalten werden kann.

Synchronizers stehen auf einer tieferen Ebene als Selectors und erlauben keine Parallelität von Zugriffsoperationen, während dies bei Selectors ermöglicht werden kann.

(d) Monitore sind lediglich Strukturierungsmittel.

Ein letzter Ansatz zum Problem der geschachtelten Monitoraufrufe ist der, daß man Monitore nur als Strukturierungsmittel für die Verwaltung von Betriebsmitteln ansieht, die gleichzeitigem Zugriff ausgesetzt sind. Der gegenseitige Ausschluß ist hierbei nur ein Mittel, die Integrität der permanenten Variablen, die ein Betriebsmittel darstellen, zu gewährleisten. So könnte es beispielsweise durchaus denkbar sein, daß man mehrere Monitorprozeduren parallel ausführt oder mehrere Prozesse die gleiche Monitorprozedur gleichzeitig ausführen. Außerdem könnte es sinnvoll sein, bei einem geschachtelten Aufruf den gegenseitigen Ausschluß aufzuheben.

Diese Gedanken führten zur Einführung eines Monitorkonstruktes, das es dem Programmierer gestattet, bestimmte Monitorprozeduren gleichzeitig auszuführen und bei anderen den gegenseitigen Ausschluß aufzuheben (Andrews und McGraw 1977). Die Programmiersprache MESA (Mitchell, Maybury und Sweet 1979) bietet diesbezüglich Mechanismen an, die es dem Programmierer gestatten, die Granularität des Ausschlusses zu beeinflussen.

Es gibt verschiedene alternative Vorschläge zum Monitorkonzept, die besonders die **wait** und **signal** Operationen betreffen und im folgenden kurz erwähnt werden sollen:

Brinch Hansen (1975) benutzt in Concurrent Pascal einen einfacheren Mechanismus: es ist möglich, Variablen vom Typ **queue** zu definieren, die mit den Operationen **delay** und **continue** manipuliert werden können. Höchstens ein Prozeß wartet in einer speziellen **queue** zu einem bestimmten Zeitpunkt. Die Ausführung von **continue** veranlaßt den Aufrufenden, den Monitor zu verlassen. Dies steht im Gegensatz zu Hoares **signal**-Operation. Obwohl es einfacher ist, **continue** zu implementieren, ist ein solcher Monitor nicht immer zu bevorzugen, da er weniger mächtig als Hoares Monitor ist. Dies bedeutet beispielsweise, daß ein Monitor, der **signal** und **wait** benutzt, nicht immer in einen Monitor mit **delay** und **continue** umgewandelt werden kann, ohne zusätzliche Monitorprozeduren hinzuzufügen.

Ein weiterer Vorschlag stammt von Hoare (1974). Er fügt ein "bedingtes Warten" mit dem Befehl

```
wait(B)
```

ein, wobei B ein boolscher Ausdruck ist, der die permanenten und lokalen Variablen des Monitors miteinbezieht. Die Ausführung von **wait(B)** veranlaßt den Prozeß, solange zu warten, bis B wahr wird, so daß kein **signal** notwendig ist. Die Implementierung dieses Befehls beinhaltet natürlich die erneute Auswertung von B, wann immer ein Prozeß den Monitor verläßt oder blockiert wird. Eine Prozeß-Umschaltung könnte nämlich für jede Auswertung notwendig werden, weil die Bedingung lokale Variablen beinhalten könnte.

Eine effizientere Variante des bedingten Wartens stammt von Kessels (1977a), der nur permanente Variablen in B zuläßt.

In MESA (Mitchell, Maybury und Sweet 1979, Lampson und Redell 1980) wird noch ein weiterer Befehl eingeführt:

```
cond.notify
```

Die Ausführung dieses Befehls veranlaßt einen Prozeß, auf die Bedingung cond zu warten und nach einer bestimmten Zeit in der Zukunft fortzufahren. Dies wird auch **signal** und **continue** genannt, da der Prozeß, der **notify** ausführt, sofort weiterläuft, anstatt suspendiert zu werden. Notify gibt einem wartenden Prozeß ein Zeichen, daß er eventuell weiterlaufen könnte. Die Notify-Variante erlaubt überdies noch einige nützliche Erweiterungen:

(a) Man kann ein Zeitintervall t für jede Condition-Variable angeben, wobei ein Notify automatisch ausgeführt wird, wenn ein Prozeß länger als t Zeiteinheiten gewartet hat. Der aufgeweckte Prozeß kann dann entscheiden, ob er eine **wait**-Anweisung ausführt oder etwas anderes tut.

(b)   Ein Broadcast-Mechanismus kann definiert werden, bei dem alle wartenden
Prozesse veranlaßt werden, zu einem zukünftigen Zeitpunkt weiterzulau-
fen, abhängig von den Ausschlußbedingungen des Monitors. Dieser Mechanismus ist nützlich, falls mehr als ein Prozeß weiterlaufen könnte, wenn
die Bedingung wahr wird. Außerdem könnte er verwendet werden, wenn
die Bedingung lokale Variablen enthält und der signalisierende Prozeß sie
nicht auswerten kann. Solch ein Mechanismus wird in UNIX (Ritchie und
Thompson 1974) benutzt.

Verschiedene **signal**-Operationen diskutiert und vergleicht Howard (1976a). Be-
weisverfahren für Monitore findet man in (Howard 1976, 1976a), (Gjessing 1980),
(Saxena und Bredt 1976), (Adams und Black 1982), (Howard 1982) und (Adams
und Black 1983). Programmiersprachen, die Monitore benutzen, sind Concurrent
PASCAL (Brinch Hansen 1975), Modula (Wirth 1977), Pascal Plus (Welsh und
Bustard 1979) und MESA (Mitchell, Maybury und Sweet 1979).

4.4 Pfad-Ausdrücke

<u>Konzept:</u>

Das Monitorkonzept versucht, die Bedingungen der Synchronisation in die Definition des Objektes einzubinden, aber die eigentlichen Synchronisationsoperationen
sind immer noch im Monitor verstreut. Hinzu kommt, daß ein Teil des Synchronisationsmechanismus sichtbar für den Programmierer ist, wie die **wait**- und
signal-Operationen (oder ein ähnlicher Mechanismus), während andere Teile, wie
der gegenseitige Ausschluß, unsichtbar bleiben.

Ein Ansatz, innerhalb der Modul- oder Objektdefinition an einer Stelle alle Synchronisationsbedingungen zu spezifizieren, die Implementierung der Synchronisationsoperationen von ihrer Spezifikation zu trennen und den Code, der die Synchronisationsbedingungen gewährleistet, von einem Compiler generieren zu lassen, sind die sogenannten *Pfad-Ausdrücke (path expressions)* von Campbell und
Habermann (1974). Ein Modul, der ein Betriebsmittel verwaltet, hat eine mo-
nitorähnliche Struktur, die nun außer den permanenten Variablen, die den Zustand eines Betriebsmittels speichern und den Prozeduren, die die Operationen
des Zugriffs verkörpern, am Anfang zusätzlich Pfad-Ausdrücke beinhalten, die die
gesamten Bedingungen der Ausführungsreihenfolge der Prozeduren beschreiben.
Es gibt keinerlei Synchronisationscode innerhalb der Prozeduren. Es existieren
folgende Operationen, wobei die Pi jeweils Prozeduren sind:

1. Wiederholung

Die Notation

    path   P1   end

erlaubt die wiederholte Ausführung der Prozedur P1, um die zyklische Natur vieler Prozesse zu repräsentieren. Existieren gleichzeitig mehrere Aufrufe von P1, dann darf nur ein Prozeß die Prozedur P1 ausführen, während alle anderen in einen Wartezustand versetzt werden.

Es gibt die Restriktion, daß wiederholte Pfad-Ausdrücke nicht in andere Pfad-Ausdrücke eingeschlossen werden dürfen.

2. Gleichzeitige Ausführung

Die Notation

    {P1}

erlaubt die gleichzeitige Ausführung der Prozedur P1 durch mehrere Prozesse. Wenn ein Prozeß P1 auszuführen beginnt, können andere Prozesse dies ebenfalls tun, solange es noch unvollständige Ausführungen von P1 gibt. Sobald die letzte dieser Ausführungen von P1 beendet ist, müssen weitere aufrufende Prozesse warten. Geschachtelte gleichzeitige Ausführungen sind nicht erlaubt.

3. Sequenz

Die Notation

    P1;P2;P3

bedeutet, daß die Ausführung der Prozeduren in der Reihenfolge P1-P2-P3 erfolgen muß. Hierbei ist es nicht notwendig, daß alle Prozeduren von ein und demselben Prozeß aufgerufen werden müssen. Ein Prozeß, der beispielsweise P2 aufruft, muß solange warten, bis ein Aufruf von P1 erfolgt.

4. Selektion

Die Notation

```
P1,P2,P3
```

bedeutet, daß eine der Prozeduren P1,P2 oder P3 ausgeführt wird. Die Auswahlstrategie soll nicht näher spezifiziert sein, sie muß aber Fairness garantieren. Prozesse, die Prozeduren aufgerufen haben, welche nicht selektiert werden, müssen warten, bis es zu einer erneuten Auswahl kommt.

Der Name einer Prozedur darf nur einmal in allen Pfad-Ausdrücken auftreten, was allerdings nicht restriktiv ist, da man innerhalb einer anderen Prozedur einen anderen Namen für dieselbe Funktion benutzen kann. Ein komplexer Pfad-Ausdruck der Form

```
path  P1,(P2;{P3;P4})  end
```

bedeutet beispielsweise, daß zunächst entweder Prozedur P1 oder P2 ausgeführt wird. Wenn P1 gewählt wird und vollständig ausgeführt wurde, wird eine erneute Selektion zwischen P1 und P2 durchgeführt. Wird diesmal P2 gewählt und vollständig ausgeführt, dann darf die Sequenz P3-P4 simultan von mehreren Prozessen ausgeführt werden. Ein Prozeß, der P4 aufruft, muß warten, bis P3 ausgeführt wurde, so daß die Anzahl der Ausführungen von P4 nie größer als die Anzahl der Ausführungen von P3 werden kann. Am Ende, wenn alle Aufrufe für die Sequenz P3-P4 erfüllt worden sind (Anzahl P3=Anzahl P4), wird eine erneute Auswahl zwischen P1 und P2 getroffen.

Beispiel:

Das Leser/Schreiberproblem mit Leserpriorität (Problem 1.4.10.2) soll als Beispiel für die Benutzung von Pfad-Ausdrücken angegeben werden (Campbell und Habermann 1974):

```
path requestwrite end;
path {read},write end;
```

```
procedure read;              procedure write;
begin                        begin
-Lesen-                      -Schreiben-
end;                         end;


procedure requestwrite;
begin
write;
end;
```

Ist ein Schreiber aktiv, so kann der nächste Schreiber **requestwrite** nicht beginnen. Die Leser warten auf die Beendigung von **write**, um **read** beginnen zu können. Da **write** vor **requestwrite** beendet ist, können die wartenden Leser vor einem wartenden Schreiber beginnen.

Ein weiteres Beispiel ist das Produzenten/Konsumentenproblem (Problem 1.4.11.3), dessen Lösung im folgenden präsentiert werden soll:

Campbell und Habermann (1974) schlagen folgende Implementierung eines Puffers vor:

```
type buffer
Eintrag x;
path write;read end;
operations
    procedure read (returns Eintrag z);
        begin z:=x; end;
  procedure write (accepts Eintrag z);
      begin x:=z; end;
endtype;
```

Eine Variable P vom Typ **buffer** beinhaltet dann einen Eintrag, der mit P.**read** gelesen und mit P.**write** überschrieben werden kann. Es kann immer nur gelesen werden, wenn ein Schreiben vorausgegangen ist.
Ein Puffer läßt sich jetzt aus einer Menge von Variablen des Typs **buffer** zusammensetzen. Da der Zugriff auf die einzelnen Pufferzellen schon synchronisiert ist, müssen nur noch die Pointer auf die Pufferzellen verwaltet werden. Dazu wird ein eigener Typ **pointer** eingeführt:

```
type pointer;
integer p (initially=0);
path next end;
    procedure next (returns integer i);
        begin p:=(p+1)mod n; i:=p; end;
endtype;


type bounded-buffer;
array(0..n-1) of buffer r;
pointer  write-slot,read-slot;
    procedure send (accepts Eintrag m);
        integer j;
        begin
        j:=write-slot.next;
        r(j):=m;
        end;

    procedure receive (returns Eintrag m);
        integer j;
        begin
        j:=read-slot.next;
        m:=r(j);
        end;
endtype;
```

Nach dieser Lösung können mehrere Produzenten und mehrere Konsumenten parallel im Puffer arbeiten, da sich der gegenseitige Ausschluß nur noch auf die einzelne Pufferzelle bezieht.

Implementierung:

Campbell und Habermann (1974) geben eine Implementierung der Pfad-Ausdrücke durch Semaphore an. In dieser Implementierung wird jeder Pfad-Ausdruck folgendermaßen implementiert:

$$O\_L < \textbf{path expression} > \quad O\_R$$

wobei O_L und O_R Semaphor-Operationen sind. O_L ist entweder eine P- oder PP-Operation. O_R ist entweder eine V- oder VV-Operation (PP und VV werden später erklärt).

125

(a) Die Wiederholung

    `path < path expression > end`

    wird ersetzt durch

    `P(s_1) < path expression > V(s_1) end`

    wobei s_1 ein mit 1 initialisierter, eindeutiger Semaphor ist.

(b) Die Sequenz

    `< path expression1 > ; < path expression2 >`

    wird ersetzt durch

    `< path expression1 > V(s_2) P(s_2) < path expression2 >`

    wobei s_2 ein mit 0 initialisierter, eindeutiger Semaphor ist.

(c) Die Selektion

    `O_L < path expression1 >, < path expression2 > O_R`

    wird ersetzt durch

    `O_L < path expression1 > O_R O_L < path expression2 > O_R`

    wobei O_L und O_R entweder P-, V-, PP- oder VV-Operationen sind.

(d) Für die gleichzeitige Ausführung

    `{ < path expression > }`

    benötigt man einen Zähler c_1 (mit 0 initialisiert) und einen Semaphor s_3 (initialisiert mit 1). Der Pfad Ausdruck

    `P(s_i) < path expression > V(s_j)`

    wird dann ersetzt durch

    `PP(c_1,s_3,s_i) < path expression > VV(c_1,s_3,s_j)`

    wobei PP(c_1,s_3,s_i) ::=

```
    begin  P(s_3);
           c_1:=c_1+1;
           if c_1=1 then P(s_i);
           V(s_3);
    end;
```

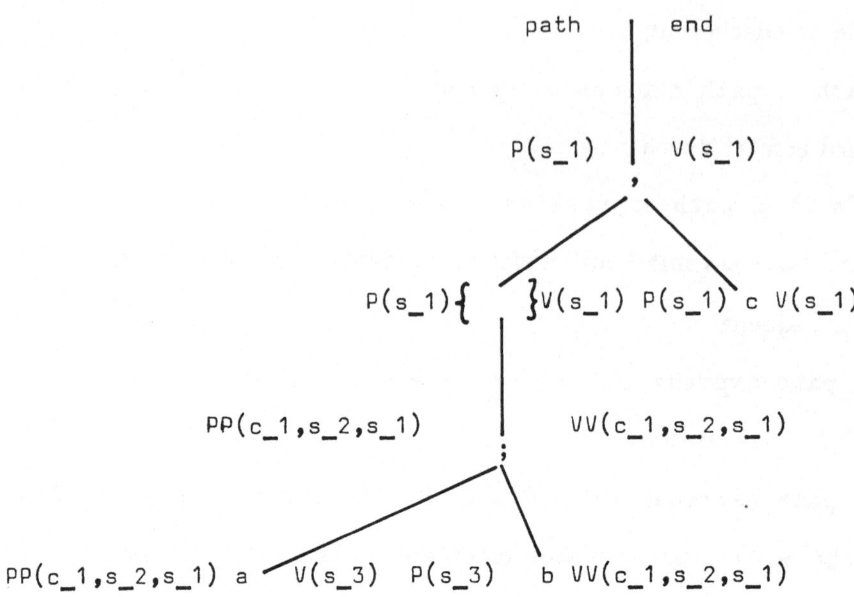

Abb. 4.2: *Implementierung von Pfad-Ausdrücken*

und **VV(c_1,s_3,s_j)** ::=

```
begin  P(s_3);
       c_1:=c_1-1;
       if c_1=0 then V(s_j);
       V(s_3);
end;
```

(e) Die Prozedur-Namen werden implementiert, indem es zu jeder Prozedur einen Prolog O_L und einen Epilog O_R gibt (O_L und O_R wie oben).

Beispiel: Der Pfad

path {a;b},c end

kann als Baum dargestellt werden (Abb. 4.2.).

Das ergibt dann

```
semaphore s_1,s_2=1;
            s_3=0;
integer     c_1=0;

proc a: begin PP(c_1,s_2,s_1) - body of a - V(s_3) end
proc b: begin P(s_3) - body of b - VV(c_1,s_2,s_1) end
proc c: begin P(s_1) - body of c - V(s_1) end
```

Einen weiteren Implementierungsvorschlag findet man in (Czaja 1978).

<u>Bemerkungen:</u>

Ein Pfad-Ausdruck definiert alle legalen Sequenzen der auf einem Betriebsmittel ausführbaren Operationen. Diese Menge von Sequenzen kann als formale Sprache betrachtet werden, in der jeder Satz eine Sequenz von Operationsnamen ist. Die Verwandtschaft mit regulären Ausdrücken ist also nicht überraschend. Obwohl Pfad-Ausdrücke oft eine elegante Methode zur Beschreibung der Synchronisationsbedingungen darstellen, gibt es einige Beispiele, bei denen Lösungen mit Pfad-Ausdrücken oft sehr umständlich und nicht unmittelbar verständlich sein können. Ein solches Beispiel ist das Leser/Schreiberproblem mit Schreiberpriorität (Problem 1.4.10.3) (Campbell und Habermann 1974):

```
(1) path readattempt end;
(2) path readrequest, {writerequest} end;
(3) path {openread;read} , write end;

procedure read;           procedure write;
begin                     begin
-Lesen-                   -Schreiben-
end;                      end;



procedure readrequest;    procedure writerequest;
begin                     begin
openread;                 write;
end;                      end;
```

```
procedure readattempt;
begin
readrequest;
end;
```

```
Leser                    Schreiber
begin                    begin
readattempt;             writerequest;
read;                    end;
end;
```

Der Pfad (1) gewährleistet, daß nur eine Leseranforderung zu einem Zeitpunkt
erfolgt. Während ein Prozeß eine Leseanforderung stellt, müssen alle anderen
Prozesse warten, bis sie die Prozedur **readattempt** ausführen können. Dies garantiert, daß eine Schreiberanforderung im Pfad (2) zum frühestmöglichen Zeitpunkt
erfolgen kann. Die Klammer um **writerequest** dient dazu, allen Schreibern eine
Anforderungsmöglichkeit zu geben, noch während ein weiterer Schreiber schreibt.
Die Klammern in Pfad (3) erlauben die Überlappung von Leseoperationen, solange
keine Schreiberanforderung vorliegt.

Pfad-Ausdrücke sind nicht geeignet, um Probleme zu lösen, die den Zustand eines
Betriebsmittels miteinschließen, z.B. Varianten des Leser/Schreiber-Problems, in
denen die Anzahl von wartenden Schreibern und Lesern von Bedeutung ist, um die
gewünschte Synchronisation zu erreichen. Tatsächlich ist es der Fall, daß die viele
Betriebsmittel Zugriff auf Parameter und/oder Zustandsinformationen erfordern.
Die Lösung solcher Probleme mit Pfad-Ausdrücken zwingt dazu, zusätzliche Mechanismen einzuführen. In einigen Fällen genügt es, zusätzliche Operationen zu
definieren, in anderen müssen Erweiterungen der Pfad-Ausdrücke implementiert
werden. Bedauerlicherweise gehen dabei die von den Entwerfern angestrebten Ziele
der Eleganz und Einfachheit verloren. Erweiterungen und Variationen findet man
in (Habermann 1975a), (Lauer und Campbell 1976), (Flon und Habermann 1976),
(Lauer und Shields 1978), (Andler 1979) und (Campbell 1983).

Ein gemeinsames Ziel der Pfad-Ausdrücke ist das Erreichen hoher Parallelität.
Dies wird tatsächlich erreicht, aber mit dem Nachteil, daß die Einheit einer parallelen Aktivität eine Prozedur ist, d.h. z.B., daß die Überprüfung von Prozedur-
Parametern nicht parallel durchgeführt werden kann. Ein anderes erklärtes Ziel
ist es, einen einfachen Mechanismus für den Benutzer anzubieten. Wenn man allerdings Lösungen z.B. zum Leser/Schreiber-Problem betrachtet, wird deutlich,
daß dies nicht unbedingt der Fall sein muß. Pfad-Ausdrücke sind jedoch nützlich

für die Spezifikation von parallelen Vorgängen (Shields 1979, Shaw 1980, Best 1980). Eine formale Definition von Pfad-Ausdrücken erscheint in (Berzins und Kapur 1977). Zwei Programmiersprachen, die Pfad-Ausdrücke verwenden, sind Path-Pascal (Campbell und Kolstad 1980) und COSY (Lauer 1981). Beweismethoden für Pfad-Ausdrücke findet man in (Flon und Habermann 1976), (Shields 1979), (Shaw 1980) und (Best 1980).

Es gibt eine Anzahl von ähnlichen Ansätzen, die auch auf regulären Ausdrücken basieren, und deshalb eine gewisse Ähnlichkeit mit den Pfad-Ausdrücken haben. Es sind dies *Nachrichtenübermittlungs-* oder *Ereignis-Ausdrücke (message transfer- or event expressions)* (Riddle 1973), *Fluß-Ausdrücke (flow expressions)* (Shaw 1978) und *Zugriffsrecht-Ausdrücke (access right expressions)* (Kieburtz und Silberschatz 1983).

Nachrichtenübermittlungs- oder Ereignis-Ausdrücke werden als Spezifikationssprache benutzt, um die zeitliche Reihenfolge von Ereignissen in einem System zu verwalten. Ein Ereignis-Ausdruck ist ein regulärer Ausdruck über einem Alphabet von Ereignis-Namen, der zusätzlich mit expliziten Synchronisations-Symbolen versehen ist. Abhängig von den sequentiellen Bedingungen dieser expliziten Synchronisation gibt es bestimmte Operationen, wobei die Synchronisations-Symbole eine geordnete Menge bilden. Wenn ein Synchronisations-Symbol in zwei oder mehreren Ereignis-Ausdrücken erscheint, wird es als Markierung für einen gemeinsamen Zeitpunkt angesehen und separiert die Ereignisse, die davor lagen, von denen, die danach kommen.

Fluß-Ausdrücke spezifizieren, ähnlich wie die Ereignis-Ausdrücke, mögliche Sequenzen von Operationen oder Ereignissen in einem System. Sie sind eine Erweiterung von regulären Ausdrücken mit bestimmten Operatoren sowie einem Synchronisationsmechanismus. Die Motivation für Fluß-Ausdrücke ist eine Beschreibung der Sequenzen, die den Fluß von Information durch mehrere Rechenschritte in einem System charakterisieren. Der Kontrollfluß wird implizit durch Fluß-Ausdrücke ausgedrückt.

Ein Zugriffsrecht-Ausdruck deklariert die Schutzbedingungen, die angewandt werden können für jede Instanz eines Betriebsmitteltyps während einer Folge von sukzessiven Zugriffen durch individuelle Prozesse. Da ein Zugriffsrecht-Ausdruck nur den Zugriff eines individuellen Prozesses auf ein individuelles Objekt beschreibt, wird keine Synchronisation impliziert. Synchronisation wird hierbei als Teil der Konsistenz-Anforderungen betrachtet, die durch wait/signal-Mechanismen oder andere passende Synchronisationsmechanismen erreicht werden müssen. Ein versuchter Zugriff, der nicht konsistent mit einem spezifizierten Zugriffsrecht-Ausdruck ist, wird als Verletzung des Schutzes angesehen und verhindert. Zugriffsrecht-Ausdrücke sind kein Ersatz für nichtprozedurale System-

Spezifikationssprachen, die von regulären Ausdrücken abgeleitet werden; sie benutzen eine ähnliche Notation für einen unterschiedlichen Zweck.

Shaw (1980) gibt einen Überblick über einige Systemspezifikationssprachen, die auf regulären Ausdrücken basieren und beschreibt ihre Beziehung untereinander.

4.5 Zähler-Variablen

<u>Konzept:</u>

Zähler-Variablen (counter variables) wurden von Gerber (1977) eingeführt, um die Vorteile von Monitoren, Pfad-Ausdrücken und bedingten kritischen Regionen zu vereinen. In diesem Sinne wird versucht

(a) ein gemeinsam benutztes Betriebsmittel durch eine Anzahl operationaler Zugriffsprozeduren zu beschreiben und die Synchronisation als Funktion dieser anzusehen (wie bei Monitoren)

(b) die Bedingungen der Synchronisation nicht in den Zugriffsprozeduren zu verstreuen, sondern getrennt aufzuführen (wie bei Pfad-Ausdrücken)

(c) eine Aktion dann zu veranlassen, wenn eine bestimmte Bedingung erfüllt ist (wie bei bedingten kritischen Regionen).

Ein Modul, der ein Betriebsmittel verwaltet, hat also eine monitor-ähnliche Struktur:

```
< module > ::= module < identifier >;
               < Deklarationen >;
               < Initialisierung >;
               end < identifier >;
```

Innerhalb der Deklarationen unterscheidet man jedoch zwei verschiedene Arten: Zähler und Prozedur-Deklarationen. Zähler sind definiert durch

```
<counter declaration>::=counter<counter definition> /
      <counter declaration>;<counter definition>

<counter definition> ::=<identifier>=
                        <counting function>
```

```
<counting function>  ::=<sum>/<sum>+<integer constant>
                        /<sum>-<integer constant>

<sum>                 ::=<term>/<sum>+<term> /
                        <sum>-<term>

<term>                ::=<factor><procedure count>

<factor>              ::=<empty>/<integer constant> *

<procedure count>     ::=#<procedure identifier>

<empty>               ::=
```

Hierbei repräsentiert <procedure count> die Anzahl der Aufrufe von procedure <procedure identifier>.

In einer späteren Publikation (Gerber 1978) wurden von dem Autor verschiedene Typen von Zählern eingeführt. Hierbei gibt es einen Zähler, der den Beginn einer Prozedurausführung (dargestellt durch die Notation #p) registriert, sowie einen Zähler, der das Ende einer Prozedurausführung (dargestellt durch die Notation p#) symbolisiert. Ein dritter Zählertyp registriert Anforderungen für die Ausführung einer Prozedur und wird durch die Notation ?p repräsentiert.

Zusätzlich zu den üblichen Prozedurdeklarationen existiert jetzt noch eine Bedingung (auch "guard" genannt):

```
<procedure declaration>::=procedure<identifier>
                          (/parameter list/)
                          <declarations>;
                          <when condition>
                          begin<statement sequence>
                          end<identifier>;

<when condition>      ::=when<guard> / whenever

<guard>               ::=<simple.guard>
                        (/<logical.op><guard>/)

<simple.guard>        ::=<counter identifier><rel.op>
                          <integer.constant> not
                          <simple.guard>
```

```
<logical.op>            ::=OR / AND

<rel.op>                ::== / <> / < / > / <= / >=
```

<u>Beispiele:</u>

Der gegenseitige Ausschluß von n Prozeduren P1,...,Pn wird erreicht durch

```
counter mutex=#P1-P1#+...+#Pn-Pn#;
proc P1; when mutex=0 ...

        .
        .

proc Pn; when mutex=0 ...
```

Eine Prozedur Pi kann nur ausgeführt werden, wenn keine andere Prozedur Pj ausgeführt wird, also die Summe aller (#Pk-Pk#)=0 ist.

Das Leser/Schreiber-Problem mit Schreiberpriorität kann folgendermaßen gelöst werden:

```
counter readers=#read-read#;
        wouldbewriters=#wantowrite-write#;
        writers=#write-write#;

proc read; when wouldbewriters=0 ...

proc wantowrite; whenever ...

proc write; when writers=0 AND readers=0 ...
```

Die Bedingung **whenever** bedeutet, daß die Aktivierung der Prozedur niemals verboten werden kann, d.h. die Bedingung ist immer erfüllt. In der obigen Lösung dürfen Leser nur dann lesen, wenn es keine Prozesse gibt, die eine Schreibanforderung begonnen und das Schreiben noch nicht beendet haben (**#wantowrite-write#=0**). Schreiber dürfen schreiben, wenn keine Leser und keine Schreiber aktiv sind (**writers=0 AND readers=0**).

Eine einfachere Lösung kann mit dem dritten Zählertyp erreicht werden. Dieser Zähler registriert Anforderungen für die Ausführung einer Prozedur und wird inkrementiert, bevor die **when**-Bedingung abgetestet wird. Die neue Lösung ersetzt

```
counter wouldbewriters=#wantowrite-write#,
```

durch

```
counter ?write-write#;
```

und benötigt die Prozedur **wantowrite** nicht mehr.

<u>Implementierung:</u>

Einen Implementierungsvorschlag, der auf Hoares Monitorkonzept basiert, findet man in (Gerber 1978). Eine durch Zähler kontrollierte Prozedur wird durch einen der Prozedur vorangestellten "Prolog" und einen der Prozedur folgenden "Epilog" implementiert, durch die die notwendige Synchronisation gewährleistet wird. Zusammen mit allen Zählern ($c\_1,\ldots,c\_m$) und einer Menge von Bedingungen $G=(g\_1,\ldots,g\_n)$ werden die Pro- und Epiloge eines Moduls in einem Monitor zusammengefaßt. Zwei Teilmengen von **G** werden zusätzlich benötigt: $B\_i=(1,\ldots,n)$ ist eine Menge von Indizes, so daß für alle j in B_i g_j ein "guard" ist, der wahr sein kann, nachdem die Zähler, die die #p_i einer Prozedur p_i enthalten, verändert wurden. Die Menge A_i wird analog definiert für alle p_i#-Zähler. A_i und B_i müssen alle guards spezifizieren, die wahr sein können und auf die Prozesse warten könnten. Hierbei können guards eingeschlossen sein, deren boolscher Wert von p_i# und #p_i unabhängig ist. Der Monitor sieht dann folgendermaßen aus:

```
module: monitor
begin c_1,...,c_m: counter;
      g_1,...,g_n: condition;
      A_1,...,A_n,B_1,...,B_n: set of 1..n;


procedure prologue_i;
   begin
   test:    if not guard_i then g_i.wait;
   update: for all j in (1,...,m) do
              if #p_i in c_j then update(c_j);
   signal: for some j in B_i such that
              guard_j AND g_j.queue do g_j.signal;
   end prologue_i;
```

```
procedure epilogue_i;
   begin
   update: for all j in (1,...,m) do
                if p_i# in c_j then update(c_j);
   signal: for some j in A_i such that
                guard_j AND g_j.queue do g_j.signal;
   end epilogue_i;


   c_1:=init_1;...;c_m:=init_m;
end module;
```

Der obige Code wird von Gerber (1978) mehr als eine Implementierungsgrundlage
angesehen. Anweisungen wie "for some" könnten nämlich implizieren, daß einige
Prozesse für immer in einem Wartezustand verharren, da die Auswahlentschei-
dung nicht deterministisch ist. Gerber setzt voraus, daß die Realisation dieses
Implementierungsvorschlags auf einer tieferen Ebene, z.B. mit P/V-Operationen,
ermöglicht werden kann.

Bemerkungen:

Es sollte erwähnt werden, daß Gerbers Originalpublikation (Gerber 1977) an einigen Stellen fehlerhaft ist. Crowley (1978) demonstriert die Unkorrektheit von
Gerbers Implementierungsvorschlag, was auch in (Andler, Feiler, Habermann und
Tichy 1978) besprochen wird. (Im obigen Abschnitt "Implementierung" ist bereits
Gerbers korrigierter Vorschlag angegeben). In der letzteren Publikation werden
zusätzlich einige von Gerbers Beispielen als unnotwendig kompliziert oder sogar
falsch (Verhungerungsproblem) beschrieben. Gerber sah sich daraufhin veranlaßt,
verschiedene Veränderungen an seinem Originalvorschlag vorzunehmen (Gerber
1978). Die daraus resultierende Einführung mehrerer Zählertypen in (Gerber
1978) nähert sich grundsätzlich den Ideen von Robert und Verjus (1977), die ihren Ansatz allerdings als einen ersten theoretischen Vorschlag zur Trennung der
Prozeßbeschreibung und den Synchronisationsregeln verstehen und deshalb keine
reale Implementierungsmöglichkeit vorstellen. Gerbers korrigierter Implementierungsvorschlag ist, wie er auch selbst bekennt, wegen des häufigen Testens der
guards unakzeptabel ineffizient. Das Erstellen von einfachen Lösungen für Synchronisationsprobleme durch Zähler-Variablen ist zweifelhaft.

4.6 Ausschließende Regionen

<u>Konzept:</u>

Ausschließende Regionen (excluding regions) wurden von Kammerer (1977) als programmiersprachliches Konzept zur strukturierten Lösung von Ausschlußproblemen eingeführt. Dieser Mechanismus, der die in vielen Synchronisationsproblemlösungen implizit verwendeten Zähl-Variablen vor dem Benutzer verbirgt und in die Implementierungsebene verlagert, lehnt sich an die Notation der bedingten kritischen Regionen (Brinch Hansen 1973) an:

Ein kritischer Abschnitt beginnt mit

```
region < Name > exclude < Ausschlußliste > do
```

und endet mit

```
endregion < Name >
```

Ein Programm kann eine Sequenz von ausschließenden Regionen enthalten, die auch geschachtelt sein dürfen. Sprünge in eine Region hinein oder aus ihr heraus sind nicht erlaubt.

<u>Beispiel:</u>

Als Beispiel für die Verwendung von ausschließenden Regionen soll eine Lösung zum Problem 1.4.4 angegeben werden:

1 sei die höchste, k die niedrigste Priorität.

```
    Process i;    1<=i<=k

(1) region A_i exclude R_(i+1),R_(i+2),...,R_k do
(2) region R_i exclude R_1,...,R_i do
(3) --Benutzung des Betriebsmittels--
(4) endregion R_i;
(5) endregion A_i;
```

Mit dem Eintritt in die Region A_i wird die Betriebsmittelbenutzung durch Prozesse niedrigerer Priorität ausgeschlossen. Mit dem Eintritt in die Region R_i schließt der aktive Prozeß aus, daß Prozesse höherer Priorität auf das Betriebsmittel zugreifen, solange er aktiv ist.

Ein weiteres Beispiel ist das Leser/Schreiberproblem mit Leserpriorität (Problem 1.4.10.2):

```
Leser                          Schreiber

region A exclude S do          region S exclude L,S do
region L do
-Lesen-                        -Schreiben-
endregion L;                   endregion S;
endregion A;
```

Die Leser können am Betreten der Region A nicht gehindert werden. Sobald sie sich jedoch in A befinden, kann kein Schreiber mehr beginnen, bis der letzte Leser A verlassen hat.

<u>Implementierung:</u>

Eine Implementierung, die auf Hoares Monitorkonzept (Hoare 1974) basiert, wird in (Kammerer 1977) angegeben. Jeder ausschließenden Region wird eine Variable S (initially S=0) und eine Bedingungswarteschlange C (initially C=leer) zugeordnet. Das Konstrukt

```
region v exclude r,...,w do
```

wird implementiert durch

```
// if S_v>0 then C_v.wait;
   S_r:=S_r+1;
     ...
     ...
   S_w:=S_w+1;
   <C_v.signal;> //
```

Die letzte **signal**-Operation wird weggelassen, wenn der Bezeichner **v** in der Ausschlußliste enthalten ist. Dies wird durch die Notation < > angezeigt.

Das Konstrukt

```
endregion v
```

wird implementiert durch

```
// S_r:=S_r-1; if S_r=0 then C_r.signal;
   ...
   ...
   S_w:=S_w-1; if S_w=0 then C_w.signal; //
```

Die Operationen auf die Variablen S_i und die Bedingungsvariablen werden in der gleichen Reihenfolge durchgeführt, in der die zugehörigen Regionsbezeichner in der Ausschlußliste aufgeführt sind. Dies läßt die Scheduling-Regeln dem Programmierer zwar teilweise bekannt werden, erhöht aber den Grad der Fairness in dem Sinne, daß wartenden Prozessen eine Möglichkeit gegeben werden kann, in einer endlichen Zeit ihre Region abzuschließen.

<u>Bemerkungen:</u>

Der Anwendungsbereich der ausschließenden Regionen ist zwar auf die Lösung von Ausschlußproblemen beschränkt, sie bieten aber eine Möglichkeit zur strukturierten Lösung dieser Probleme an. Zusammen mit bedingten kritischen Regionen (Brinch Hansen 1973) können die ausschließenden Regionen durchaus attraktiv zur benutzerfreundlichen Lösung allgemeiner Synchronisationsprobleme eingesetzt werden. Ein weiterer nützlicher Aspekt, der in (Kammerer 1977) diskutiert wird, beinhaltet die Möglichkeit, das Konzept der ausschließenden Regionen als Basis zur Verifikation der Verklemmungsfreiheit eines parallelen Systems zu verwerten. Die syntaktische Notation der ausschließenden Regionen kann hierbei automatisch während der Kompilationszeit benutzt werden, um Zustandstransitionsregeln für die einzelnen Bestandteile eines parallelen Systems zu formulieren. Ein wesentliches Kriterium dieses Ansatzes, der von Lister (1974) und Gilbert und Chandler (1972) vorgeschlagen wurde, ist die Rate, mit der sich die Anzahl der Zustände mit der Anzahl der Regionen und Prozesse vergrößert. Kammerer (1977) demonstriert, daß diese Anzahl und der damit verbundene Aufwand für Rechenzeit und Speicherplatz durch die Verwendung von ausschließenden Regionen in Grenzen gehalten werden kann.

4.7 Atomare Aktionen

<u>Konzept:</u>

Der Begriff *atomare Aktion* überträgt die von Maschinenbefehlen her wohlbekannte Eigenschaft der Unteilbarkeit des Zugriffs auf bestimmte Daten auf "höhere" Operationen. Der Begriff entstand zuerst im Kontext von Datenbanksystemen (Eswaran, Gray, Lorie und Traiger 1976) und wurde später von Lomet (1977) für den Betriebssystembereich übernommen. Um die Unteilbarkeit auf Prozedurebene direkt vom Programmierer angeben zu können, wurde folgende Notation eingeführt:

```
<identifier> : action (<parameter-list>);
                <statement-list>
                end;
```

Wartezustände von Prozessen werden mit der **await**-Anweisung, die folgende Notation hat, ausgedrückt:

```
await (<boolean expression>) then <procedure>
```

Ein Prozeß, der eine **await**-Anweisung ausführt, muß solange warten, bis der boolsche Ausdruck wahr ist, dann wird der **then**-Zweig ausgeführt.

<u>Beispiel:</u>

Zur Illustration der Verwendung von atomaren Aktionen und der **await**-Anweisung soll als Beispiel eine Lösung des Produzenten/Konsumenten-Problems (Problem 1.4.11.2), wobei ein Produzent und ein Konsument parallel im Puffer arbeiten können, angegeben werden (Lomet 1977):

```
type buffer;
   array(0..n-1) of T  frame;
   array(0..n-1) of boolean  empty (initially=true);
   integer head, tail (initially=0);

produce: action(x:T);
   await (empty(tail)) then
      begin
         frame(tail):=x;
```

```
          empty(tail):=false;
          tail:=(tail+1) mod n;
        end;
    end produce;

  consume: action(y:T);
      await (not empty(head)) then
        begin
          y:=frame(head);
          empty(head):=true;
          head:=(head+1) mod n;
        end;
    end consume;
  end buffer;
```

Zur Zugriffskontrolle existieren für jeden Puffereintrag zwei Zeiger (head und
tail), von denen jeweils einer von dem Konsumenten und Produzenten benutzt
wird, um den Zustand des Puffers in der im zu lösenden Problem geforderten Weise
zu kontrollieren.

Implementierung:

In (Lomet 1977) werden einige Vorschläge zur Implementierung von atomaren
Aktionen beschrieben, die unter anderem auf dem Unterbrechungsverbot und
einem in (Eswaran, Gray, Lorie und Traiger 1976) beschriebenen 2-Phasen-
Sperr-Protokoll basieren, das eine praktikable Realisierungsmöglichkeit für die
überlappte Ausführung atomarer Aktionen ist. Es besagt im wesentlichen, daß
der Ablauf einer jeden Aktion streng zerfällt in eine anfängliche Phase, in der die
geforderten Teilvariablen eines zu sperrenden strukturierten Datentyps gesperrt
werden und eine zweite Phase des Lösens der Sperren. Die Implementierung der
await-Anweisung lehnt sich an die Implementierung derselben Anweisung bei bedingten kritischen Regionen an (siehe 4.2). In (Reed 1983) wird eine Implementierung atomarer Aktionen in verteilten Systemen untersucht. Das Konzept wurde
in das Betriebssystem iMAX 432 für den Intel-Rechner iAPX 432 übernommen
(Pollack, Kahn und Wilkinson 1981).

Bemerkungen:

Lomets Konzept der atomaren Aktionen weist eine gewisse Ähnlichkeit mit Brinch
Hansens bedingten kritischen Regionen (Brinch Hansen 1973) auf, wobei die Vor-
teile der ersteren gegenüber den letzteren von den in (Lomet 1977) angegebenen
Beispielen nicht unmittelbar deutlich werden. Jammel (1984) sieht die Vorteile der

atomaren Aktionen in ihren Überlappungsmöglichkeiten für die komponentenweise Verarbeitung zusammengesetzter Daten, bei denen aus Durchsatzgründen nur die tatsächlich zu sperrenden Variablen gesperrt werden müssen. Bedingte kritische Regionen könnten vergleichsweise nur den ganzen zusammengesetzten Datentyp unter gegenseitigen Ausschluß stellen.

4.8 Pipelines, Mailboxes und Ports

<u>Konzept:</u>

Alle bis zu diesem Zeitpunkt vorgestellten Synchronisationsmechanismen basieren auf der Benutzung gemeinsamer Datenstrukturen. Eine andere Möglichkeit zur Prozeßsynchronisation ist das *Senden* und *Empfangen* von *Nachrichten (message passing)*, um notwendige Informationen zwischen Prozessen auszutauschen (Morenoff und Mc Lean 1967, Brinch Hansen 1970). Die einfachste Form von Operationen zur Nachrichtenübermittlung sind die Anweisungen:

```
SEND <Nachricht> TO <Empfänger>
            und
RECEIVE <Nachricht> FROM <Absender>
```

Da eine Nachricht nicht eher empfangen werden kann, als sie gesendet wurde, legen diese beiden Operationen bereits eine bestimmte Ausführungsreihenfolge fest und erfordern daher implizit Vorkehrungen zur Synchronisation.

Bei einer SEND-Operation muß immer ein Empfänger, eine Empfängergruppe oder "an alle" (Broadcast) angegeben werden. Dagegen kann bei einer RECEIVE-Operation die Angabe des Absenders fehlen, wenn beispielsweise auf irgendeine (gleichgültig welche) Nachricht gewartet wird.

Die Angabe einer Empfangsadresse zusammen mit dem Absender bildet einen *logischen Kommunikationskanal (communications channel)* zwischen Sender und Empfänger. Für die Adressierung eines Kommunikationskanals zwischen Sender und Empfänger existieren zahlreiche Vorschläge, die im folgenden beschrieben werden sollen:

Die einfachste Form der Adressierung, die sogenannte *direkte Namensgebung (direct naming)*, ist die Angabe eines Prozeßnamens für den Empfänger bzw. Sender. Die Operation

```
SEND M1 TO P1
```

sendet eine Nachricht M1, die nur von dem Prozeß P1 empfangen werden kann. Ähnlicherweise erlaubt die Operation

```
RECEIVE M2 FROM P2
```

das Empfangen einer Nachricht M2, die von dem Prozeß P2 abgesendet wurde.

Eine interessante Form der Prozeßinteraktion durch direkte Namensgebung ist die Möglichkeit, eine Kollektion von parallelen Prozessen so zu gestalten, daß die Ausgabe eines Prozesses als Eingabe eines anderen benutzt wird. Diese Kette von Prozessen wird *Pipeline* genannt.

Es ist klar, daß die direkte Namensgebung eine Kommunikation nur zwischen einem Sender und einem Empfänger ermöglicht. Diese Restriktion wird durch ein weiteres Namensschema, der *globalen Namensgebung (global naming)*, aufgehoben. Diese globalen Adressen werden in der englischsprachigen Literatur *Mailboxes* genannt. Eine Mailbox kann als Empfänger in jeder SEND- und als Absender in jeder RECEIVE-Operation auftreten. Mailboxes sind besonders geeignet für die Etablierung einer sogenannten *Client/Server-Beziehung*. In diesem Modell bieten Server-Prozesse eine Dienstleistung an irgendeinen Client-Prozeß an, während ein Client-Prozeß diese Dienstleistung bei einem Server anfordern kann. Die Anforderungen werden einfach zu einer Mailbox geschickt, aus der sie dann von den Servern entnommen werden können. Mailboxes ermöglichen die Kommunikation zwischen mehreren Sendern und mehreren Empfängern.

Ein Spezialfall der Mailboxes, bei dem der Name einer Mailbox in den RECEIVE-Anweisungen von nur einem Prozeß auftreten darf, wird *Port* (Balzer 1971) genannt. Ports erlauben damit die Kommunikation mehrerer Clients und einem Server.

Ein für die Synchronisation wichtiges Kriterium des Sendens und Empfangens von Nachrichten betrifft die Tatsache, ob die Ausführung einer Anweisung zum Nachrichtenaustausch verzögert werden kann bzw. ein Prozeß in einen Wartezustand versetzt wird. Hier unterscheidet man zwischen drei Fällen:

(a)   Einem Absender ist es erlaubt, beliebig viele Nachrichten mit beliebiger Häufigkeit an einen Empfänger zu senden. Dieser Fall wird *asynchroner Nachrichtenaustausch (asynchronous message passing)* oder *send no-wait* genannt.

(b) Nach dem Senden einer Nachricht muß ein Absender solange mit dem Senden weiterer Nachrichten warten, bis der korrespondierende Empfänger den Erhalt der Nachricht bestätigt hat. Dieser Fall wird *synchroner Nachrichtenaustausch (synchronous message passing)* genannt.

(c) Ein Absender darf soviele Nachrichten an einen Empfänger schicken, wie ein zwischen Absender und Empfänger installierter Puffer limitierter Größe aufnehmen kann. Ähnlicherweise muß ein Empfänger solange warten, bis mindestens eine Nachricht im Puffer abgelegt worden ist. Dieser auf dem Produzenten/Konsumenten-Modell basierende Fall wird *gepufferter Nachrichtenaustausch (buffered message passing)* genannt.

Es gibt in der Literatur verschiedene Vorschläge, eine geeignete Menge von grundsätzlich notwendigen Operationen zum Nachrichtenaustausch zusammenzustellen. Einer dieser Vorschläge, der im folgenden präsentiert werden soll, stammt von Brinch Hansen (1970) und kann für den Fall des synchronen, gepufferten Nachrichtenaustausch verwendet werden. Die Kommunikation zwischen Prozessen wird mit vier unteilbaren Anweisungen durchgeführt:

(a) Ein Prozeß SENDER sendet eine Nachricht MESSAGE in einem Pufferelement BUFFER an einen Prozeß RECEIVER mit der Ausführung der Operation

```
SEND-MESSAGE (RECEIVER, MESSAGE, BUFFER)
```

(b) Der Prozeß RECEIVER erhält die Nachricht mit der Ausführung der Operation

```
WAIT-MESSAGE (SENDER, MESSAGE, BUFFER)
```

(c) Der Prozeß RECEIVER sendet als Empfangsbestätigung eine Antwort ANSWER in demselben Pufferelement BUFFER an den Prozeß SENDER mit der Ausführung der Operation

```
SEND-ANSWER (ANSWER, BUFFER)
```

(d) Der Prozeß SENDER erhält die Antwort mit der Ausführung der Operation

```
WAIT-ANSWER (ANSWER, BUFFER)
```

<u>Beispiele:</u>

Das Problem des gegenseitigen Ausschlusses kann mit den vorgestellten Nachrichtenoperationen durch die Simulation eines binären Semaphors gelöst werden. Hierbei ist zu bemerken, daß die beteiligten Prozesse ihre Nachrichten an einen zwischengeschalteten Prozeß senden, der den gegenseitigen Ausschluß verwaltet:

```
Prozeß VERWALTER

WAIT-MESSAGE (P_i,M,B);
SEND-ANSWER (A,B);
WAIT-MESSAGE (P_i,N,C);
SEND-ANSWER (D,C);


Prozeß P_i

SEND-MESSAGE (VERWALTER,M,B);
WAIT-ANSWER (A,B);
--Kritischer Abschnitt--
SEND-MESSAGE (VERWALTER,N,C);
WAIT-ANSWER (D,C);
```

Wenn ein Prozeß P_i in den kritischen Abschnitt eintreten will, sendet er eine Nachricht an den Verwalterprozeß. Dieser empfängt die Nachricht und bestätigt den Erhalt, so daß P_i nun in den kritischen Abschnitt gelangt. Wenn ein anderer Prozeß ebenfalls eine Nachricht an den Verwalterprozeß sendet, um in den kritischen Abschnitt gelangen zu können, dann muß er solange warten, bis der Verwalter den Erhalt bestätigt. Dies erfolgt aber erst, wenn der sich im kritischen Abschnitt befindliche Prozeß diesen verläßt, da der Verwalter auf eine Nachricht dieses Prozesses wartet. Wenn diese dann gesendet wird, hat der erste Prozeß den kritischen Abschnitt verlassen, und der wartende Prozeß hat nun die Gelegenheit, in den kritischen Abschnitt zu gelangen. Es ist anzumerken, daß der Inhalt der Nachrichten in diesem Fall unbedeutend ist; Semaphore können also als Null-Nachrichten angesehen werden.

Eine sehr einfache, selbsterklärende Lösung hat das Produzenten/Konsumentenproblem (Problem 1.4.11.1):

```
Process Produzent              Process Konsument
var: item : T;                 var: item : T;

generate item                  WAIT-MESSAGE(Produzent,
SEND-MESSAGE(Konsument,                      item,Puffer);
            item,Puffer);      use item
```

Ein Konsument muß solange warten, bis ein Produzent einen Eintrag generiert
und in den Puffer ablegt, während ein Produzent nur soviele Nachrichten senden
kann, wie der Puffer aufnehmen kann, was allerdings implizit durch die Realisation
der SEND-MESSAGE-Operation gewährleistet wird.

Implementierung:

Während die direkte Namensgebung relativ einfach zu implementieren ist, können
Mailboxes ohne ein spezielles Kommunikationsnetzwerk nur relativ aufwendig implementiert werden. Wenn nämlich eine Nachricht gesendet wird, muß sie allen
Prozessen bekannt gemacht werden, die eine Empfangsoperation auf die Emp-
fangsmailbox ausführen könnten. Wurde die Nachricht dann von einem Prozeß
empfangen, dann muß allen übrigen potentiellen Empfängern mitgeteilt werden,
daß die Nachricht nicht länger zum Empfang zur Verfügung steht. Aus diesem
Grund sind Ports einfacher zu implementieren, da alle Empfangsanweisungen, die
für einen Port bestimmt sind, im selben Prozeß vorkommen.

Zur Implementierung seiner Nachrichtenoperationen gibt Brinch Hansen (1970)
Monitorprozeduren an. Nachrichten werden von einem Prozeß auf den anderen
mittels Nachrichtenpuffer übertragen, die aus einem gemeinsamen Bereich innerhalb des Monitors ausgewählt werden. Der Monitor verwaltet eine Nachrichten-
schlange für jeden Prozeß, in die Nachrichten, die von anderen Prozessen kommen,
eingefügt werden. Die Auswahlstrategie ist FIFO. Die Aktionen der einzelnen
Operationen lassen sich dann wie folgt beschreiben:

SEND-MESSAGE kopiert eine Nachricht in einen verfügbaren Puffer, der vom gemeinsamen Feld ausgewählt wird und bringt ihn in die Warteschlange eines gegebenen
Empfängers. Der Empfänger wird aktiviert, wenn er auf eine Nachricht wartet.
Der Sender setzt fort, nachdem er über die Adresse des Nachrichtenpuffers informiert ist.

SEND-ANSWER kopiert eine Antwort in einen Puffer, von dem die Nachricht emp-
fangen worden ist und bringt sie in die Warteschlange des originalen Senders. Der
Sender der Nachricht wird aktiviert, wenn er auf diese bestimmte Antwort wartet.
Der antwortende Prozeß macht sofort weiter.

`WAIT-ANSWER` verzögert den aufrufenden Prozeß, bis eine Antwort in einem gegebenen Puffer ankommt. Nach der Ankunft wird die Antwort in den Prozeß kopiert und der Puffer dem gemeinsamen Feld zurückgegeben. Das Ergebnis spezifiziert, ob die Antwort eine Antwort von einem anderen Prozeß ist, oder eine Scheinantwort, die vom Monitor als eine Reaktion auf eine Nachricht, die an einen nichtexistierenden Prozeß adressiert war, erzeugt wird.

Eine algorithmische Definition einer vereinfachten Version der Monitorprozeduren für die Prozeßkommunikation wird in Brinch Hansen (1973) beschrieben.

<u>Bemerkungen:</u>

Das Schema der direkten Namensgebung ist einfach zu benutzen, weil die Zeitpunkte, wann Nachrichten empfangen werden können, steuerbar sind. Der asynchrone Nachrichtenaustausch dagegen erlaubt einem Sender, beliebig weiter als der Empfänger zu sein. Daraus folgt, daß eine Nachricht beim Empfang nicht notwendigerweise den aktuellen Zustand des Senders repräsentiert. Im Gegensatz hierzu wird dies im Falle des synchronen Nachrichtenaustausches garantiert.

Obwohl Brinch Hansens Grundoperationen einige Vorteile bei der Erstellung von einfach verständlichen Lösungen zu Synchronisationsproblemen haben können, ist die Implementierung recht aufwendig und einschränkend. Dies zeigt sich beispielsweise in der Beschränkung der Betriebsmittel (eine endliche Anzahl von Nachrichtenpuffern, die von allen Prozessen gemeinsam benutzt werden), in der Beschränkung der Datenstruktur (eine feste Nachrichtenlänge für alle Prozesse) und dem ineffizienten, physikalischen Kopieren von Nachrichten, wie Brinch Hansen (1973) es rückblickend selbst beschreibt. Die Anwendung des Nachrichtenaustausches ist daher von größerer Bedeutung in verteilten Systemen, weil der Nachrichtenaustausch hier die einzige Möglichkeit der Kommunikation zwischen Prozessoren bzw. Prozessen auf verschiedenen Rechnerknoten darstellt.

4.9 Rendezvous

<u>Konzept:</u>

Um eine Client/Server-Beziehung zu programmieren, müssen die im vorhergehenden Abschnitt beschriebenen Nachrichtenanweisungen in der folgenden Weise benutzt werden: der Client führt eine `SEND`-, gefolgt von einer `RECEIVE`-Operation aus, während beim Server die Reihenfolge umgekehrt ist. Da diese Form der Interaktion von Prozessen relativ häufig auftritt, wurde ein Sprachkonstrukt vorgeschlagen, das eine direkte Unterstützung anbietet. Es handelt sich hierbei um den sogenannten *entfernten Prozeduraufruf (Remote Procedure Call)* (Nelson 1981, Andrews und Schneider 1983). Der Name beabsichtigt die Anwendung dieses Konzepts auf Mehrprozessorsystemen, da ein Client eine Prozedur aufruft, die auf einer entfernten Maschine durch einen Server ausgeführt wird. Der Aufruf einer Prozedur erfolgt mit

```
call service (value_args; result_args)
```

Hierbei ist der **service** eigentlich der Name eines Kommunikationskanals: bei direkter Namensgebung ist dies der Server-Prozeß, bei Ports oder Mailboxes wird die Art des Services bestimmt. Die Ausführung der obigen Anweisung hat den folgenden Effekt: Die Werteparameter **value_args** werden zu dem Server gesandt und der aufrufende Prozeß muß solange warten, bis der angeforderte Service durchgeführt, die Ergebnisse zurückgeliefert und den Ergebnisparametern **result_args** zugewiesen sind.

Es gibt verschiedene Möglichkeiten, den Server zu spezifizieren. Eine erste Deklaration lautet:

```
remote procedure service (in:value_params;
                          out:result_params);
    -body-
end
```

Eine solche Prozedurdeklaration wird hierbei als Prozeß betrachtet. Dieser Server-Prozeß wartet auf den Erhalt einer Nachricht, die die Werteparameter enthält, weist diese den Eingabeparametern zu, führt den Prozedurrumpf aus und liefert eine Antwort zurück, die die Werte der Ergebnisparameter enthält. In einem zweiten Ansatz ist die entfernte Prozedur eine Anweisung der folgenden Form:

```
accept service(in:value_params;out:result_params)
    -- body  --
```

Die Ausführung dieser Anweisung läßt den Server solange warten, bis eine Nachricht von einem angeforderten Service angekommen ist. Dann wird der Abschnitt --body-- unter Benutzung der Werteparameter ausgeführt. Wenn dieser beendet ist, wird eine Antwortnachricht, die die Werte der Ergebnisparameter enthält, an den aufrufenden Prozeß gesandt. Dann kann der Server seine Ausführung fortsetzen. Diese Form des entfernten Prozeduraufrufs entstammt der Programmiersprache ADA und wird *Rendezvous* (U.S. Department of Defense 1981) genannt, weil sich Client und Server für die Dauer des **accept**-Rumpfes "treffen" und dann asynchron weiterlaufen. **Accept**-Anweisungen können ineinander geschachtelt werden, um dem Server die Servicezeitpunkte freizustellen; außerdem können verschiedene **accept**-Anweisungen mit unterschiedlichen Rümpfen für den gleichen Service verwendet werden, so daß beispielsweise im ersten **accept** eine Initialisierung durchgeführt wird. Weiterhin kann einem Server die Möglichkeit gegeben werden, auf mehrere Serviceanforderungen zu warten und eine auszuwählen. Diese sogenannte *selektive Kommunikation* basiert auf Dijkstras *Guarded Commands* (Dijkstra 1975, U.S. Department of Defense 1981, Andrews 1981).

Die selektive Kommunikation wird mit der folgenden Anweisung realisiert:

```
select
when condition1 => accept entry1 do statements end;
        other statements

or

when condition2 => accept entry2 do statements end;
        other statements


    . . .


else statements
end select;
```

Anmerkung: Der **else**-Fall ist optional.

Bei der Ausführung der Anweisung geschieht folgendes:

(a) Zuerst werden die boolschen Ausdrücke in den **when**-Anweisungen (die sogenannten "Guards") ausgewertet. Alle Guards, die wahr sind, werden als "offen" bezeichnet.

(b) Wenn es offene Guards gibt, wird festgestellt, auf welche **accept**-Anweisungen dieser offenen Alternativen Prozesse warten, um ein Rendezvous herzustellen.

(c) Wenn es solche Prozesse gibt, wird eine dieser Alternativen ausgeführt, wobei die Auswahl nicht deterministisch getroffen wird.

(d) Wenn es keine offenen Alternativen und keine wartenden Prozesse gibt, wird der **else**-Fall ausgeführt, falls ein solcher existiert.

(e) Wenn es keine wartenden Prozesse und keinen **else**-Fall gibt, wird solange gewartet, bis ein Prozeß ein Rendezvous mit einer **accept**-Anweisung in einer der offenen Alternativen verlangt.

(f) Wenn es keine offenen Alternativen und keinen **else**-Fall gibt, wird ein Fehler gemeldet.

<u>Beispiele:</u>

Das Problem des gegeseitigen Ausschlusses kann mit dem Rendezvousmechanismus durch die Simulation eines binären Semaphors gelöst werden (Ben-Ari 1982):

```
procedure mutualexclusion is
task semaphore is
  entry P;
  entry V;
end semaphore;

task body semaphore is
begin
  loop
    accept P;
    accept V;
  end loop;
end semaphore;

task P1;
task body P1 is
begin
  loop
    P;
    --Kritischer Abschnitt--
    V;
  end loop;
end P1;

task P2;
task body P2 is
begin
  loop
```

```
      P;
      --Kritischer Abschnitt--
      V;
    end loop;
  end P2;

end mutualexclusion;
```

Wenn ein Prozeß P1 die Prozedur P aufruft, muß er warten, bis der Semaphorprozeß die accept-Anweisung ausführt und damit das Rendezvous initiiert. Zu beachten ist, daß der Rumpf der accept-Anweisung entfällt; P1 kann nach Beendigung des Rendezvous in den kritischen Abschnitt gelangen. Wenn P2 die Prozedur P aufruft, wird er angehalten, da der Semaphorprozeß auf ein Rendezvous mit einem V-Aufruf wartet. Dies wird erst dann erreicht, wenn der Prozeß P1 den kritischen Abschnitt verläßt und den V-Aufruf durchführt.

Ein zweites Beispiel, das die Benutzung der selektiven Kommunikation demonstriert, ist das Produzenten/Konsumentenproblem (Problem 1.4.11.2) mit mehreren Produzenten und mehreren Konsumenten (Ben-Ari 1982):

```
task boundedbuffer is
  entry append(v:in integer);
  entry take(v: out integer);
end boundedbuffer;

task body boundedbuffer is
  size:constant:=...;
  b:array(0..size) of integer;
  inptr,outptr:integer;
  n:integer;
begin
  n:=0; inptr:=0; outptr:=0;
  loop
  select
    when n<=size=>
      accept append(v:in integer) do
        b(inptr):=v;
        end append;
      n:=n+1;
      inptr:=(inptr+1) mod size;
  or
    when n>0 =>
```

```
      accept take(v:out integer) do
        v:=b(outptr);
        end take;
      n:=n-1;
      outptr:=(outptr+1) mod size;
  end select;
  end loop;
end boundedbuffer;


Produzent          Konsument
loop               loop
append(item);      take(item);
end                end
```

Es ist anzumerken, daß die accept-Anweisung nur für den eigentlichen Daten-
austausch den gegenseitigen Ausschluß garantiert, weil die Veränderung interner
Zeiger weder einen Konsumenten, noch einen Produzenten zum Warten veranlassen muß. Wenn einer der Guards falsch ist, dann ist auf jeden Fall der andere wahr
(n<=0 impliziert n<=size und n>size impliziert n>0), d.h. wenn der Puffer leer
ist, kann nur die erste Alternative ausgewählt werden, und wenn der Puffer voll
ist, kann nur die zweite Alternative ausgeführt werden.

Implementierung:

Eine entfernte Prozedurdeklaration kann auf verschiedene Weisen implementiert
werden: ein erster Vorschlag besteht aus einer Implementierung als einzelner
Prozeß, der wiederholt eine Schleife durchläuft, bis andere Prozesse Services anfordern (Andrews 1982), die dann sequentiell erfüllt werden. Andere Ansätze
bestehen darin, neue Prozesse für jeden Serviceaufruf zu kreieren, welche dann
parallel ablaufen können (Brinch Hansen 1978, Cook 1980, Liskov und Scheifler 1982) und nur synchronisiert werden müssen, wenn sie gemeinsame Variablen
benutzen. Ausführliche Beschreibungen möglicher realer Implementierungen findet man in (Birell und Nelson 1984) und (Carpenter und Cailliau 1984). Eine
Implementierung des Rendezvous-Mechanismus, die semaphorartige Operationen
benutzt, wird in (Habermann und Nassi 1980) beschrieben, eine alternative Implementierungsmöglichkeit wird in (Haridi, Bauner und Svensson 1984) angegeben.

Bemerkungen:

Obwohl das Rendezvouskonzept ein nützlicher Mechanismus zur Programmierung
von Client/Server-Interaktionen ist, können nicht alle Prozeßkoordinationsprobleme zufriedenstellend gelöst werden. Ein Beispiel für ein solches Problem ist die Zuteilung eines Betriebsmittels an Prozesse mit verschiedenen Prioritäten (Andrews

und Schneider 1983). In diesem Problem muß ein Server fähig sein, einen Aufruf zu akzeptieren, der eine bestimmte Funktion der Parameter der aufgerufenen Operation (in diesem Fall sind dies die verschiedenen Prioritäten) auswertet und entsprechende Aktionen veranlaßt. Einen Mechanismus, der diese Problemstellung unterstützt, findet man in der Programmiersprache SR (Andrews 1981).

Das steigende Interesse am Rendezvousmechanismus (Silberschatz 1979, Gehani und Cargill 1984) erklärt sich mit der Eignung des Konzepts speziell in verteilten Systemen. Auf eine ausführliche Diskussion der Implikation dieser Möglichkeit soll an dieser Stelle verzichtet werden, da die vorliegende Arbeit sich erklärtermaßen in diesem Zusammenhang lediglich auf Ein- und Mehrprozessorsysteme mit gemeinsamen Speicher konzentriert.

4.10 Petri-Netze

Konzept:

Petri-Netze wurden von Petri (1962) als abstraktes Modell zur Darstellung der Verhaltensweise eines parallele Aktivitäten beinhaltenden Systems eingeführt und haben in der Literatur steigende Beachtung gefunden, die sich in einer Vielzahl einführender Veröffentlichungen widerspiegeln (Reisig 1982a, Rosenstengel und Winand 1983, Zuse 1980 und 1982, Peterson 1977, Agerwala 1979, Pless und Plünneke 1979). Obwohl Petri-Netze nicht als Synchronisationsmechanismus im Sinne der bisher diskutierten Mechanismen zu verstehen sind, können sie verwendet werden, um Lösungen zu Problemen der Prozeßsynchronisation und Betriebsmittelverwaltung zu erstellen (Münster 1984). Petri-Netze werden meist als Graphen dargestellt und bestehen aus folgenden Komponenten:

- Knoten
- Kanten
- Markierungen.

Bei den Knoten unterscheidet man *Stellen* und *Transitionen*. Stellen können im Petri-Netz als Zustände aufgefaßt und durch *Token* markiert werden. Eine markierte Stelle bedeutet, daß der Zustand erfüllt ist. Transitionen tragen dagegen keine Markierung. Zustandswechsel werden mit Hilfe der Transitionen vorgenommen, die nach einer bestimmten Disziplin (*Zündregel*) die Markierung im Netz verändern können. Die Erlaubnis für eine gegebene Transition, zu zünden, ist nur abhängig von den Stellen, die eine Kante zu dieser Transition haben. Die Kanten im Graphen dürfen nur von Stellen zu Transitionen und von Transitionen zu Stellen verlaufen.

In der Literatur werden Petri-Netze üblicherweise formal definiert:

Ein PETRI-NETZ (genauer Place/Transition-Netz) ist ein 4-Tupel PTN=(P, T, W, m0) mit den folgenden Eigenschaften:

    (1) P ist eine endliche Menge von STELLEN.
    (2) T ist eine endliche Menge von TRANSITIONEN.
    (3) P und T haben einen leeren Durchschnitt.
    (4) W: PxT --> Z ist die INZIDENZFUNKTION.
    (5) m0: P --> N ist die ANFANGSMARKIERUNG.
        (Z=ganze Zahlen, N=natürliche Zahlen)

Die *Inzidenzfunktion* gibt an, ob und mit welchem Gewicht eine Verbindung zwischen einer Stelle und einer Transition besteht.

Im folgenden werden die Mengen P und T immer als endlich angenommen, so daß die Funktion W als *Inzidenzmatrix* darstellbar ist. Die Inzidenzmatrix enthält für jede Stelle eine Zeile und für jede Transition eine Spalte. Der Funktionswert für $(p,t) \in P \times T$ von W wird an der entsprechenden Stelle in der Matrix eingetragen. Der Wert ist positiv, wenn die Stelle eine *Ausgabestelle* $(W(p,t)>0)$ der Transition ist und negativ, wenn die Stelle *Eingabestelle* $(W(p,t)<0)$ der Transition ist. Eine Stelle $p \in P$ heißt *Eingabestelle (Ausgabestelle)* für eine Transition $t \in T$ falls $W(p,t)<0$ $(W(p,t)>0)$.

Die *Zündregel* für ein Petri-Netz legt fest, unter welchen Bedingungen und wie eine Markierung verändert werden kann:

Eine Transition $t \in T$ ist *aktiviert* (ist *zündbar*) in einer Markierung m:P->N, wenn für alle Eingabestellen $p \in P$ von t gilt:

$$m(p) >= \mid W(p,t) \mid$$

Zündet eine aktivierte Transition $t \in T$, dann wird die Markierung wie folgt verändert:

$$m'(p)=m(p)+W(p,t) \text{ für alle } p \in P$$

d.h. allen Eingabestellen werden soviele Markierungen entnommen, wie W(p,t) angibt, und allen Ausgabestellen werden soviele Markierungen hinzugefügt, wie W(p,t) angibt.

Anmerkung:

Das Zünden einer Transition im Petri-Netz ist atomar, d.h. der Zündvorgang beansprucht keine Zeit und ist unteilbar.

Ein Petri-Netz kann durch einen gerichteten Graphen dargestellt werden. Dabei werden die Stellen als Kreise, die Transitionen als Balken oder Rechtecke gezeichnet. Die Kanten im Graphen ergeben sich aus der Inzidenzfunktion W. Eine Kante ohne Beschriftung hat das Gewicht 1. Die Markierung des Petri-Netzes wird im Graphen durch sogenannte Token als fette Punkte dargestellt.

<u>Beispiele:</u>

Das Problem des gegenseitigen Ausschlusses zweier Prozesse kann mit Petri-Netzen wie in Abb. 4.3. dargestellt werden:

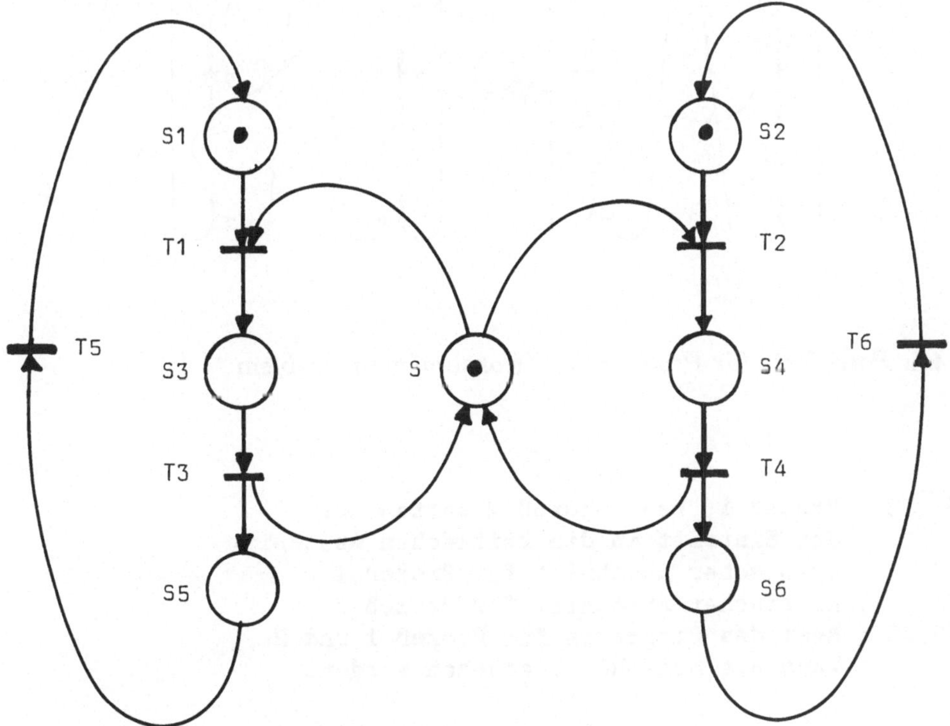

Abb. 4.3: *Petri-Netz für gegenseitigen Ausschluß*

Markiert man die Stellen S1, S2 und S mit je einem Token, dann kann man folgende Interpretation angeben:

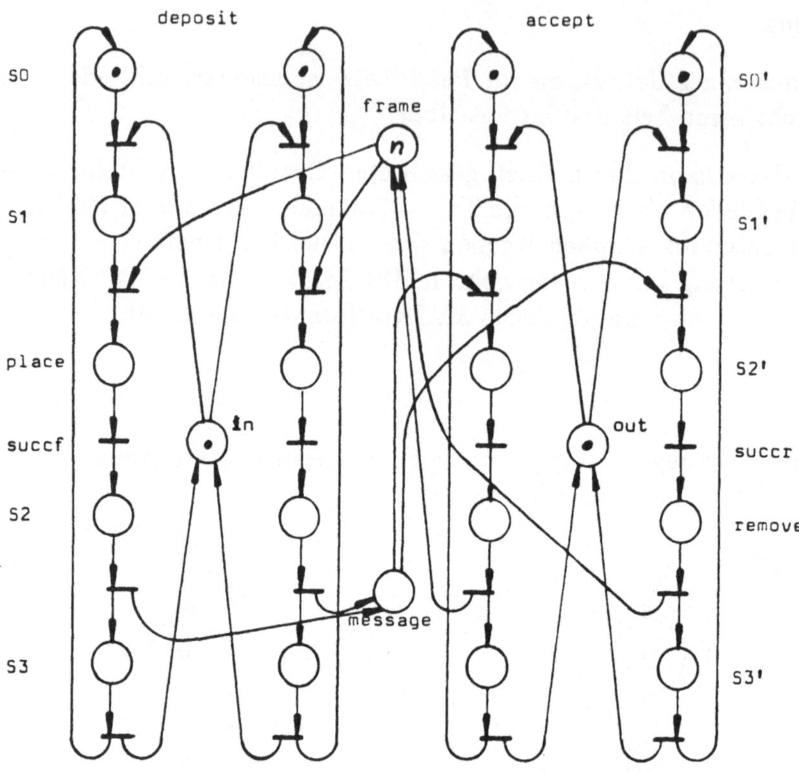

Abb. 4.4: *Petri-Netz für Produzenten/Konsumenten-Problem*

```
S1,S2 : Prozeß 1, bzw. Prozeß 2 warten auf
        den Eintritt in den kritischen Abschnitt.
S3    : Kritischer Abschnitt für Prozeß 1
S4    : Kritischer Abschnitt für Prozeß 2
S5,S6 : Rest des Programms für Prozeß 1 und 2
S     : kann als Semaphor angesehen werden.
```

Zündet Transition T1, dann betritt Prozeß 1 seinen kritischen Abschnitt und nimmt das Token in S mit. Dadurch wird T2 gesperrt, bis Prozeß 1 den kritischen Abschnitt verläßt. T1 bzw. T2 haben die Bedeutung einer P-Operation auf einem Semaphor S, T3 bzw. T4 entsprechen einer V-Operation auf S.

Als zweites Beispiel soll das Produzenten/Konsumentenproblem (Problem 1.4.11.2) mit Petri-Netzen gelöst werden (Abb. 4.4).

Will man die Produzenten (Konsumenten) unterscheiden, so muß man für jeden Produzenten (Konsumenten) einen Zyklus deposit (accept) angeben. In der obigen Abbildung können 2 deposit- und 2 accept-Prozesse unterschieden werden.

Die Synchronisation erfolgt über die Stellen in bzw. out. Diese Stellen wirken als mutex-Semaphore. Die Stelle frame wird mit der Zahl n initialisiert, wenn der Puffer die Plätze 0..n hat. Bevor ein Datum im Puffer abgelegt werden kann, muß zuerst die Sperre in, sowie ein Token aus frame erworben werden. Ein Konsument kann nur dann ein Datum erhalten, wenn er das Token in out erworben hat und in message ein Token bereitliegt.

Um den Zugriff auf den Puffer gemäß einer Reihenfolge festzulegen, führt man zwei Zeigervariablen (front und rear) ein. Die Veränderung der Zeigerwerte wird durch die Transitionen succf und succr angedeutet; succfi bedeutet, daß der Produzent i die Zeigervariable front um 1 erhöht. Die Zeigerwerte werden mit succ(rear)=front initialisiert. Die Zeiger und deren Werte werden im Netz nicht dargestellt.

<u>Implementierung:</u>

Es gibt einige Vorschläge zur Implementierung von Petri-Netzen (Schmidt 1974, Courvoisier 1983, Nelson, Haibt und Sheridan 1983 und Münster 1984). Hier soll Münsters Vorschlag vorgestellt werden. Grundlage dieses Vorschlags ist es, die statische Struktur eines Petri-Netzes durch die Inzidenzmatrix zu repräsentieren. Das dynamische Verhalten des Petri-Netzes wird in Form eines Monitors (siehe Abschnitt 4.3 dieser Arbeit) modelliert. Diese Monitorprozeduren sehen folgendermaßen aus:

```
type PETRI-NETZ=monitor;
const NP=Anzahl der Stellen-1;
      NT=Anzahl der Transitionen-1;

var IPLUS,IMINUS : array(0..NP,0..NT) of integer;
                   (Inzidenzmatrizen aufgespalten
                    in einen positiven und einen
                    negativen Anteil)
    TRANSQ :       array (0..NT) of queue;
                   (Vektor der queue-Variablen.
                    TRANSQ(i) wird Transition i
                    zugeordnet)
    MARK :         array(0..NP) of integer;
                   (Markierungsvektor)
```

```
procedure entry FIRE(trans:integer);
  begin
     if isenabled(trans)
        then begin updatemark(trans);
                   wakeup;
             end
        else begin delay(TRANSQ(trans));
                   updatemark(trans);
                   wakeup;
             end;
  end;



function isenabled(trans:integer):boolean;
  var i:integer;
  begin
     isenabled:=true;
     for i:=0 to NP do
        if abs(IMINUS(i,trans))>MARK(i)
           then isenabled:=false;
  end;



procedure updatemark(trans);
  var i:integer;
  begin
     for i:=0 to NP do
       MARK(i):=MARK(i)+IPLUS(i,trans)
                +IMINUS(i,trans);
  end;



procedure wakeup;
  var i:integer;
      b:boolean;
  begin
     i:=NT+1;
     repeat
        i:=i-1;
        if queue(TRANSQ(i))
           then begin
                b:=isenabled(i);
```

```
            if b then continue(TRANSQ(i));
            end;
        until (b or i<=0);
    end;
    begin
    (Initialisierung der Monitorvariablen
     und der Inzidenzmatritzen)
    end.
```

Die Prozedur **FIRE** stellt die Schnittstelle des Monitors zur Umgebung dar. **FIRE** hat als Parameter die Nummer einer Transition. Der Aufruf von **FIRE(transition)** bewirkt die Zündung der angegebenen Transition, falls dies möglich ist. Anderenfalls muß der aufrufende Prozeß an **TRANSQ(transition)** warten. Die Funktion **isenabled** testet, ob die angegebene Transition aktiviert ist. Die Prozedur **updatemark** führt die Veränderungen in der Markierung durch das Zünden von **trans** durch. **Wakeup** wählt einen wartenden Prozeß aus, dessen Transition nun **enabled** ist. Gibt es keinen solchen Prozeß, dann wird der Monitor freigegeben.

Anmerkungen:

(a) Die Aufspaltung der Inzidenzmatrix in einen positiven und einen negativen Anteil vereinfacht die Funktion **isenabled**. Ein Test, ob der Wert der Inzidenzmatrix negativ ist und somit eine Eingabestelle für die Transition vorliegt, entfällt.

(b) In der Prozedur **wakeup** haben Prozesse, die im Monitor warten, Vorrang vor Prozessen, die den Monitor erst betreten wollen. **Wakeup** realisiert ein *Kettenaufwecken*, d.h. es wird, falls vorhanden, ein Prozeß geweckt, dessen Transition aktiviert ist. Dieser Prozeß zündet die Transition und ruft seinerseits **wakeup** auf.

(c) Die Formulierung der Prozedur **wakeup** impliziert eine Priorität der Transitionen. Prozesse, die an Transitionen mit höherer Nummer warten, werden bevorzugt, da die **repeat**-Schleife die Transitionen in absteigender Reihenfolge prüft.

<u>Bemerkungen:</u>

Die Verwendung von Petri-Netzen als Synchronisationsmechanismus ist ein interessanter Ansatz. Obwohl sich einige Probleme übersichtlich darstellen lassen, gibt es andere Probleme, die nur mit Erweiterungen der Petri-Netze zufriedenstellend gelöst werden können, wie etwa mit *Verbotskanten* (Peterson 1977) oder

Prioritätsrelationen (Keramidis und Mackert 1980). Die Vorteile der vorgestellten Umsetzung sind neben ihrer Einfachheit die Deutlichkeit der resultierenden Programme.

4.11 Zusammenfassung

Um die Lösungen zu Synchronisationsproblemen benutzerfreundlich erstellen zu können, wurde in der Literatur eine Reihe von Synchronisationsmechanismen eingeführt, die in höhere Programmiersprachen aufgenommen werden können, um somit den Programmierer von der Ausprogrammierung zeitraubender Details zu entlasten. Leider erfordern die meisten dieser Mechanismen der Ebene 3 oft eine aufwendige, ineffiziente Implementierung. In einigen Fällen sind selbst die Lösungen nur recht umständlich zu erstellen bzw. schwierig nachzuvollziehen.

Während Mechanismen wie kritische Regionen/bedingte kritische Regionen, Monitore, Zähler-Variablen, Pfad-Ausdrücke, ausschließende Regionen und atomare Aktionen auf der Benutzung gemeinsamer Variablen basieren, bauen Pipelines, Mailboxes, Ports und Rendezvous auf dem Austausch von Nachrichten auf. Eine Ausnahme sind die Petri-Netze, die zwar eher als abstraktes Modell eines parallelen Systems aufzufassen sind, aber interessanterweise dennoch zur direkten Lösung von Synchronisationsproblemen herangezogen werden können.

Kritische Regionen/bedingte kritische Regionen, ausschließende Regionen und atomare Aktionen sind im Prinzip Mechanismen, die gegenseitige Ausschlüsse auf der Programmiersprachenebene realisieren. Monitore, Pfad-Ausdrücke und Zähler-Variablen können eher als Sprachkonstruktionen aufgefaßt werden, die das Ziel haben, die Verwaltung, Zuteilung und Zugriffsoperationen für ein Betriebsmittel in einer strukturierten Weise zusammenzufassen. Die Nachrichtenmechanismen wie Pipelines, Mailboxes, Ports und Rendezvous (wobei der Rendezvous-Mechanismus eine Kombination aus Prozeduraufrufen und Nachrichtenübermittlung darstellt) sind von besonderer Bedeutung in verteilten Systemen, da dort kein gemeinsamer Speicher zur Verfügung steht; für Einprozessorsysteme sind sie dagegen wegen ihrer oft aufwendigen Implementierung nachteilig.

Aufgrund der existierenden Nachteile der in den Kapiteln 2-4 vorgestellten Mechanismen, bei denen gemeinsame Nachteile oft für alle Mechanismen einer ganzen Ebene identifiziert werden können, ist es fraglich, ob es wünschenswert ist, einen neuen Mechanismus so zu entwerfen, daß er sich in die vorgestellte Hierarchie einordnen läßt. Eine genaue Analyse dieser Fragestellung, die in der Motivation für einen anderen, zu bevorzugenden Ansatz resultiert, wird im nächsten Kapitel durchgeführt.

KAPITEL 5

Ein alternativer Ansatz: Motivation

5.1 Einleitung

Wie aus den Kapiteln 2-4 ersichtlich wurde, lassen sich die dort beschriebenen Synchronisationsmechanismen aufgrund ihrer funktionalen Entwurfseigenschaften in die verschiedenen Ebenen einer bereits in Kapitel 1 eingeführten Hierarchie von Synchronisationsmechanismen einordnen, die die übliche Technik widerspiegelt, einen "höheren" Mechanismus durch eine eventuell mehrstufige Umsetzung in "niedrigere" Mechanismen zu implementieren.

Die Methode einer mehrstufigen Umsetzung kann man mit der Einführung von "höheren" arithmetischen Operationen in höhere Programmiersprachen vergleichen, die das Rechnen aus Benutzersicht wesentlich erleichtern, obwohl die gleiche Berechnung auch mit "niedrigeren" Operationen durchgeführt werden könnte. Angelehnt an die aus drei Ebenen aufgebaute Hierarchie von Synchronisationsmechanismen wäre also eine Operation zur Potenzierung zweier Integervariablen in die Ebene 3, Operationen zur Multiplikation/Division in die Ebene 2 und Operationen zur Addition/Negation in die Ebene 1 einzuordnen, wie es in Abb. 5.1 gezeigt ist.

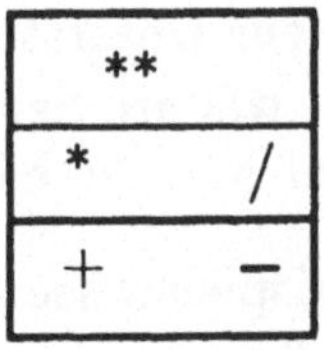

Abb. 5.1: *Hierarchie arithmetischer Operationen*

Die Potenzierung zweier Integervariablen kann üblicherweise durch eine fortgesetzte Multiplikation (bei negativem Exponent mit anschließender Division) ersetzt werden, während die Multiplikation bzw. Division in eine fortgesetzte Addition bzw. Addition mit Negation umgesetzt werden kann.

Aus diesem einfachen Beispiel lassen sich jedoch einige Beobachtungen ableiten, die die Existenz einer solchen Hierarchie in Frage stellen:

(a) Die Tatsache, daß Operationen wie <add integer> und <negate integer> die einzig notwendigen Grundoperationen zur Implementierung aller Real- und Integeroperationen sind, könnte zu der Annahme führen, daß dies die einzigen Operationen sind, die auf der Instruktionsebene einer Maschine unterstützt werden müßten. Ein solcher Standpunkt ist zumindest aus Effizienzgründen natürlich unakzeptabel, und in der Praxis bieten alle modernen Rechner ein viel größeres Spektrum an Integer- und Gleitkommaoperationen als Maschineninstruktionen an.

Ein ähnlicher Sachverhalt läßt sich im Gebiet der Synchronisationsmechanismen beobachten: bei der Einführung eines neuen Synchronisationsmechanismus ist es üblich geworden, zu demonstrieren, daß der neue Mechanismus mit Dijkstras Semaphoroperationen implementiert werden kann. Weil Semaphore für eine mögliche Implementierung benutzt werden können, wird hierbei implizit angenommen, daß sie wahrscheinlich auch tatsächlich benutzt werden. Als Konsequenz findet man immer mehr Betriebssysteme, die im Kern P/V-Operationen als einzigen Synchronisationsmechanismus anbieten.

Es ist eine weit verbreitete Ansicht, daß Semaphore nur durch P/V-Operationen manipuliert werden dürfen. In einigen Fällen erscheint diese Forderung jedoch als zu restriktiv, da die Lösungen zu bestimmten Problemtypen durch die Zulassung von zusätzlichen, auf Semaphore anwendbaren Operationen wesentlich vereinfacht und effizienter gestaltet werden könnten. Äquivalente Lösungen, in denen nur die P/V-Operationen verwendet werden, würden dagegen oft recht umständlich und ineffizient sein. Aus diesem Grund erscheint es analog zur Existenz eines breiten Spektrums an Integer- und Gleitkommaoperationen zur Unterstützung der verschiedenen arithmetischen Operationen sinnvoll, weitere Semaphoroperationen als Ergänzung von P und V möglichst auf der Maschinenebene anzubieten.

Eine solche Operation ist beispielsweise das Lesen eines Semaphorwertes, was üblicherweise als "falsch" angesehen und deshalb nicht erlaubt wird. Eine andere Operation, die in diesem Zusammenhang nützlich erscheint, ist eine Operation, die eine P-Operation nur dann ausführt, wenn diese nicht in einem Wartezustand resultieren würde und ansonsten ohne Effekt ist. Einige solche nützliche Operationen zur Manipulation von Semaphorvariablen als Ergänzung zu P/V, zu denen im übrigen auch die bereits in Kapitel 1 beschriebenen DECT/TINC-Operationen und die **Rep/Add**-Instruktion zählen, werden in Kapitel 6 vorgestellt.

(b) Zur Potenzierung mit einem negativen Exponent ist auf der Ebene 3 eine Operation der Ebene 1 (<negate integer>) notwendig, so daß die strikte Aufrechterhaltung der beschriebenen Hierarchie zumindest fragwürdig erscheint. In der Tat ist es unsinnig, einem Benutzer lediglich eine Potenzierungsoperation auf der Ebene 3 anzubieten, vielmehr wird er eventuell von allen arithmetischen Operationen in seinem Programm Gebrauch machen wollen. Die Operationen der niedrigeren Ebenen sind daher nicht als Ersatz, sondern als Ergänzung zu betrachten.

In ähnlicher Weise verhält es sich auch mit den in den Kapiteln 2-4 beschriebenen Synchronisationsmechanismen auf den verschiedenen Ebenen. Wie an den dort angegebenen Beispielen zu sehen war, sind Lösungen zu bestimmten Synchronisationsproblemen mit Mechanismen der Ebene 3 aufgrund ihrer Undurchsichtigkeit nicht immer befriedigend. In einigen Fällen könnte es deshalb sinnvoll sein, auf der Ebene 3 die Möglichkeit zu haben, z. B. von Semaphoroperationen Gebrauch machen zu können, falls mit diesen eine leichter verständliche, einfachere Lösung für die zur Diskussion stehende Problemstellung möglich wäre. Die Operationen der niedrigeren Ebene brauchen deshalb nicht vor einem Benutzer "versteckt" werden, vielmehr sollten sie ergänzend zu den Mechanismen der Ebene 3 zur Verfügung stehen.

Die Arbeit von Parnas und Siewiorek (1975) beschäftigt sich explizit mit den Implikationen dieser Idee. Anhand von vielen Beispielen, auch aus dem Bereich der Prozeßsynchronisation (P/V-Operationen und Brinch Hansens Nachrichtenübermittlungsoperationen), demonstrieren die Autoren, daß die jeweiligen Ebenen eines hierarchischen Systems keinen entscheidenden Verlust bzw. Mangel an Transparenz gegenüber der unmittelbar darunterliegenden Ebene aufweisen dürfen. Dies bedeutet insbesondere, daß die Mechanismen der niedrigsten Ebene im Prinzip alle endgültig von dem Gesamtsystem erwarteten Funktionen ausführen können müssen und daß beim Entwurf der Ebene i überprüft werden muß, daß nicht wichtige Eigenschaften der Ebene i-1 (für i>=2) verloren gehen.

In diesem Sinne erscheint es aus Effizienzgründen durchaus berechtigt, P/V-Operationen und "primitivere" Semaphoroperationen wie die DECT/TINC-Operationen aus Kapitel 1, das Lesen eines Semaphors etc. einem Benutzer zur Verfügung stellen. In Kapitel 6 soll dieser Ansatz detailliert erläutert werden.

(c) Wenn man die angegebenen arithmetischen Operationen anstatt auf Integervariablen auf Realvariablen anwenden wollte, so könnte man dies entweder erreichen, indem man die Realvariablen durch Integervariablen implementiert und die Integeroperationen ausführt, oder indem man die Realvariablen auf der Maschinenebene unterstützt und entsprechende Realoperationen benutzt. Beide Datentypen werden allerdings normalerweise in Benutzerprogrammen benötigt.

Die Idee der Einführung eines neuen Datentyps läßt sich unmittelbar in das Gebiet der Synchronisationsmechanismen übertragen: anstatt sich lediglich auf den Integerdatentyp der normalen Semaphore zu beschränken, könnte es aus verschiedenen Gründen von Vorteil sein, andere, erweiterte Datentypen einzuführen, die in Benutzerprogrammen verwendet und durch entsprechende Operationen manipuliert werden können.

Die Motivation eines solchen Ansatzes resultiert aus den Arbeiten von Keedy, Ramamohanarao und Rosenberg (1979) und Keedy, Rosenberg und Ramamohanarao (1982). In diesen Arbeiten werden zwei auf verschiedenen, erweiterten Datentypen anzuwendende semaphorartige Synchronisationsmechanismen als Ergänzung zu den P/V-Operationen vorgeschlagen, mit denen bestimmte Problemtypen sowohl sehr einfach auf der Ebene 3 gelöst werden, als auch sehr effizient im Mikrocode auf der Ebene 1 implementiert werden können.

Da diese beiden, speziell auf bestimmte Problemtypen zugeschnittenen Mechanismen bedeutsam für den in dieser Arbeit verfolgten Ansatz zum Entwurf von weiteren, ähnlich motivierten Synchronisationsmechanismen sind, sollen sie in den nun folgenden Abschnitten 5.2 und 5.3 näher erläutert werden. In Kapitel 7 wird dann das Prinzip dieser Mechanismen auf geeignete Mechanismen für eine andere Problemklasse übertragen.

5.2 Set-Semaphore

Konzept:

Keedy, Ramamohanarao und Rosenberg (1979) haben vorgeschlagen, zusätzlich zu dem üblichen Integer-Wert eines Semaphors ein "Set" (d.h. ein Bit-String im Pascal-Sinne) zu assoziieren, in dem jedes Bit das Vorhandensein (1) oder Nichtvorhandensein (0) eines Elements des Sets anzeigt. Dieses Set kann zu zwei unabhängigen Zwecken benutzt werden, die unabhängig voneinander nach Bedarf implementiert werden können. Der erste Zweck ergibt sich aus der Benutzung eines bestimmten Bits für ein bestimmtes Betriebsmittel: eine "1" zeigt an, daß das Betriebsmittel zur Verfügung steht, eine "0" bedeutet, daß es gerade belegt ist. Wenn keine Betriebsmittel mehr frei sind, kann das Set als zweite Verwendungsmöglichkeit anzeigen, welche Prozesse auf ein Betriebsmittel (d.h. den Semaphor) warten. Die so verwendeten Sets werden *resource set* bzw. *waiting process set* genannt. Es gibt zwei Operationen zur Manipulation eines Set-Semaphors:

RP(sem, var X) und RV(sem,X)

RP(sem, var X) fordert ein Betriebsmittel über den Set-Semaphor **sem** an und erhält als Ergebnis die Nummer (Identität) eines zugeteilten freien Betriebsmittels in der Variable X. RV(sem,X) gibt das Betriebsmittel X zurück. Die Operationen RP und RV können durch eine geeignete Umbenennung direkt in eine höhere Programmiersprache, also in die Ebene 3 aufgenommen werden. Man beachte, daß alle Betriebsmittel, die durch das Set dargestellt werden, gleichartig sein müssen.

Beispiele:

Die Belegung eines Betriebsmittels aus einer Menge von identischen Betriebsmitteln (Problem 1.4.6) läßt sich mit den Set-Semaphoren folgendermaßen lösen:

```
setsemaphore resources (initially=Anzahl der verfügbaren
                                  Betriebsmittel);

integer     z;

RP(resources,z);
-Betriebsmittel z benutzen-
RV(resources,z);
```

RP(resources,z) liefert die Identität eines Betriebsmittels in Form der Variablen z, RV(resources,z) gibt Betriebsmittel z wieder frei.

Um die Überlegenheit der Set-Semaphor-Operationen bei dieser Problemstellung gegenüber den normalen Semaphoren zu demonstrieren, soll nun eine P/V-Lösung für das gleiche Problem angegeben werden:

```
semaphore resources (initially=Anzahl der verfügbaren
                               Betriebsmittel);
         mutex       (initially=1);

P(resources);
P(mutex);
-Suchen und Finden eines verfügbaren Betriebsmittels-
V(mutex);
-Betriebsmittel benutzen-
P(mutex);
-Vermerken, welches Betriebsmittel zurückgegeben wird-
```

```
V(mutex);
V(resources);
```

In dieser Lösung ist ein Verzeichnis aller Betriebsmittel, sowie eine Angabe, ob das jeweilige Betriebsmittel gerade benutzt wird oder nicht, notwendig. Das Suchen eines neuen Betriebsmittels und das Ändern des Verzeichnisses bei der Rückgabe müssen natürlich unter gegenseitigem Ausschluß, der durch den Semaphor **mutex** garantiert wird, durchgeführt werden. Wenn alle verfügbaren Betriebsmittel belegt sind, müssen neu hinzu kommende Prozesse bei **P(resources)** warten.

Ein zweites Beispiel ist das Produzenten/Konsumenten-Problem (Problem 1.4.11):

```
const        n=Anzahl der Pufferplätze;
setsemaphore empty (initially=n);
             full  (initially=0);
integer      x,y   (initially=0);


Produzent                    Konsument


RP(empty,x);                 RP(full,y);
-schreibe Information        -nehme Information aus
 in das Pufferelement x-      dem Pufferelement y-
RV(full,x);                  RV(empty,y);
```

Diese Lösung hat den Vorteil, daß sowohl mehrere Erzeuger als auch mehrere Verbraucher gleichzeitig im Puffer aktiv sein können, da jeder Puffereintrag durch ein Bit im Set kontrolliert wird.

Implementierung:

Die Darstellung eines Set-Semaphors besteht aus dem üblichen Integerwert und dem dazugehörigen Set (Bitmuster):

sem.int	sem.sett

Abb. 5.2: *Datenstruktur für Set-Semaphor*

Obwohl im Prinzip der normale Integerwert des Semaphors (`sem.int`) überflüssig ist, da die Anzahl der Bits mit Wert "1" anzeigt, wieviele Betriebsmittel noch verfügbar sind, ist er, wie man später sehen wird, trotzdem nützlich und wird beibehalten.

Die `RP/RV`-Operationen können ähnlich wie `P/V` in mehreren Möglichkeiten implementiert werden; eine naheliegende Implementierung ist die Kernroutinenimplementierung in Kombination mit Verbot von Unterbrechungen, `Test-and-Set` etc. Eine effizientere Implementierung basiert auf einer Kombination aus unteilbaren Hardwarebefehlen und Kernroutinen. Die Hardwarebefehle, die nun zusätzlich zu `sem.int` auch `sem.sett` manipulieren, sehen folgendermaßen aus:

```
const maxres=Anzahl der Betriebsmittel;

type setsemaphore=record
                    int: integer (initially=maxres);
                    sett: set of (0..maxres)
                          (initially=1);
                    end;

instruction RP-Befehl(sem:setsemaphore;
                        var x:integer;
                          conditioncode:boolean);
begin sem.int:=sem.int-1;
      if sem.int>=0 then begin
                          conditioncode:=false;
                          -Ein Bit R aus sem.sett
                           auswählen-
                          sem.sett:=sem.sett-R;
                          x:=R;
                          end
                      else conditioncode:=true;
      end;

instruction RV-Befehl(sem:setsemaphore;
                        x:integer;
                        var conditioncode:boolean);

begin sem.int:=sem.int+1;
      if sem.int>0 then begin
                          conditioncode:=false;
                          sem.sett:=sem.sett+x;
                          end
```

```
                else conditioncode:=true;
   end;
```

Diese beiden Hardwarebefehle werden durch die schon bei der Implementierung
der normalen Semaphore beschriebenen Prozeßschedulerroutinen

```
        SUSPEND(semqueue)
```

und

```
        ACTIVATE(semqueue)
```

ergänzt. Die vollständigen Macros RP und RV sehen dann folgendermaßen aus:

```
   Macro RP(sema:setsemaphore, var x:integer);
       var cc: boolean;
       begin RP-Befehl(sema,x,cc);
             if cc then SUSPEND (semaqueue, x);
       end;

   Macro RV(sema:setsemaphore,x:integer);
       var cc: boolean;
       begin RV-Befehl(sema,x,cc);
             if cc then ACTIVATE(semaqueue, x);
       end;
```

Mit dem Makro RP wird ein Betriebsmittel angefordert, wobei der RP-Befehl mit
Hilfe des Set-Semaphors sema überprüft, ob noch ein Betriebsmittel vorhanden
ist. Wenn dies der Fall ist (cc=false), erhält man in x die Nummer des zuge-
teilten Betriebsmittels zurück. Andernfalls (cc=true) ruft das Benutzermakro die
SUSPEND-Routine auf, womit der Prozeß in die zum Semaphor sema gehörende
Warteschlange semaqueue eingereiht wird.

Um ein Betriebsmittel zurückzugeben, wird das Benutzermakro RV aufgerufen.
Dabei erfolgt die Übergabe der Betriebsmittelnummer durch den Parameter x.
Im RV-Befehl wird dann geprüft, ob Prozesse auf ein Betriebsmittel warten. Ist
dies der Fall (cc=true), so wird das freigegebene Betriebsmittel an den Prozeß weitergegeben, der durch die ACTIVATE-Routine aufgeweckt wird. Sonst (cc=false)
fügt der RV-Befehl das Betriebsmittel wieder zu sema.sett hinzu.

Bei dieser Implementierung sind wegen der Kommutativität von SUSPEND und ACTIVATE Unterbrechungen in der if-Abfrage möglich. Beide Routinen müssen gegenüber denen, die bei Dijkstras Semaphoren benutzt werden, um jeweils einen Parameter erweitert werden. An die SUSPEND-Routine wird durch den Parameter x vom aufrufenden Programm eine Adresse übergeben, an die später von der ACTIVATE-Routine die zugeteilte Betriebsmittelnummer geschrieben wird. Der Parameter kann ein spezielles Register, ein allgemeines (general purpose) Register oder eine Speicheradresse sein. Man beachte, daß das Set im Semaphor nicht geändert werden muß, wenn ein Prozeß aus dem Wartezustand aufgeweckt wird.

Diese Implementierung basiert im Prinzip auf der gleichen Methode wie die in Kapitel 3 beschriebene Implementierung von Dijkstras Semaphoroperationen. Die Hardware/Mikrocodebefehle müssen natürlich entsprechend beschaffen sein, um Veränderungen im Set vorzunehmen. Die Prozeßschedulerroutinen sind gleich.

Eine potentielle Limitierung des Sets ist die Anzahl der im **sem.sett** verfügbaren Bits. Obwohl üblicherweise ein Wort ausreichen wird, gibt es Fälle, wo die Anzahl der Betriebsmittel größer als eine Wortlänge ist (z.B. bei der Verteilung von Zylindern einer Platte, wo mehrere Zylinder nebeneinander gleichzeitig verteilt werden). In diesen Fällen wird jedoch ein komplizierter Software-Zuteilungsalgorithmus nötig werden, weil die Primitivität der Set-Semaphor-Operationen für diesen Fall unzureichend ist.

Der Suchvorgang nach einem freien Bit im Set kann auf zwei verschiedene Arten implementiert werden:

(a) Das Suchen beginnt immer bei Bit 0 oder Bit n-1, wenn n die Wortlänge ist. Dies ist vorteilhaft, wenn die Betriebsmittel eine Benutzungspriorität haben. Allerdings werden Probleme wie das Erzeuger-Verbraucher-Problem, welches eine zyklische Zuteilungsreihenfolge voraussetzt, nicht befriedigend gelöst.

(b) Man verwendet einen Zeiger, damit eine Reihenfolge implementiert werden kann. Das Suchen beginnt dann immer am Bit, auf das der Zeiger zeigt. Der Zeiger muß dann auch als Teil des Semaphors gespeichert werden und wird innerhalb der RP/RV-Befehle entsprechend verändert.

Wie schon angedeutet, besteht die Möglichkeit, bei negativem **sem.int**-Wert das Set dazu zu benutzen, wartende Prozesse anzuzeigen. Jedem Prozeß wird dabei ein Bit zugeordnet, welches zeigt, ob ein Prozeß auf den Semaphor wartet ("1") oder nicht ("0"). Man kann das "resource set" hierfür benutzen, wobei der (negative) Integerwert oder eine boolsche Variable die jeweilige Bedeutung des Sets anzeigt. Es gibt wieder zwei (mikrocodierbare) unteilbare Hardware-Befehle:

```
WP-Befehl(sem:setsemaphore; process#:integer;
          var conditioncode: boolean);

begin sem.int:=sem.int-1;
      if sem.int>0 then begin
                        conditioncode:=true;
                        sem.sett:=sem.sett+process#;
                        end
                   else conditioncode:=false;
end;



WV-Befehl(sem:setsemaphore;
          var process#:integer;
              conditioncode:boolean);

begin sem.int:=sem.int+1;
      if sem.int<=0 then begin
                        conditioncode:=true;
                        -Ein Bit W aus sem.sett
                         auswählen-
                        sem.sett:=sem.sett-W;
                        process#:=W;
                        end
                   else conditioncode:=false;
end;
```

Beim **WP**-Befehl braucht man die Identität des aufrufenden Prozesses, was durch einen expliziten Parameter oder ein Systemregister gehandhabt werden könnte, das zeigt, welcher Prozeß aktiv ist.

Der **WV**-Befehl gibt die Identität eines aufzuweckenden Prozesses zurück (ebenfalls über Systemregister).

Diese beiden unteilbaren Hardware Befehle werden dann mit den unteilbaren Prozeßschedulerroutinen

```
        SUSPEND(process#)

             und

        ACTIVATE(process#)
```

zu den folgenden Macros kombiniert:

```
Macro WP(sema:setsemaphore, var x:integer);
      var cc:boolean;
      begin WP-Befehl(sema,x,cc);
            if cc then SUSPEND(x);
      end

Macro WV(sema:setsemaphore, x:integer);
      var cc:boolean;
      begin WV-Befehl(sema,x,cc);
            if cc then ACTIVATE(x);
      end
```

Die SUSPEND-Routine hat jetzt nur noch die Aufgabe, den Prozeßwechsel vorzubereiten, da eine Warteschlange für diesen Semaphor nicht mehr existiert (die
Prozesse werden ja in **sem.sett** notiert). Im Gegensatz dazu reiht ein ACTIVATE-
Aufruf den Prozeß mit der Nummer x in die **Ready-Queue** ein; x selbst wird durch
ein Allzweckregister oder eine Hautspeicheradresse realisiert, kann aber nicht das
current process-Register sein, da der aktivierte Prozeß erst einmal in den **Ready**-
Zustand versetzt wird.

Es gibt einige Beschränkungen bei den "waiting process sets":

(a) Man kann keine FIFO-Disziplin implementieren, sondern das Suchen von
     Bit 0 nach Bit n-1 (oder umgekehrt) bedeutet, daß Prozesse mit der niedrigsten bzw. höchsten Prozeßnummer die höchste Priorität haben. Dieses
     Prioritätenscheduling ist aber nur einfach zu erfüllen, wo eine feste Anzahl
     von Prozessen immer existiert (z.B. in Prozeßsteuerungssystemen oder im
     MONADS-Hardwarekernel (Rosenberg 1979)).

(b) Zyklisches Suchen mit Hilfe eines Zeigers gewährleistet lediglich, daß kein
     Prozeß unendlich lange blockiert wird. Dies ist jedoch die einzige Forderung, die Dijkstra bei allen Semaphorimplementierungen verlangt.

Wenn eine dieser beiden Auswahlmöglichkeiten akzeptabel ist, kann das ganze
Prozeßscheduling leicht im Mikrocode implementiert werden. Dazu benötigt man
eine globale Menge, die Menge der lauffähigen Prozesse und den laufenden Prozeß.
Es wird angenommen, daß dieses Set in einem Systemregister RP (für Ready Processes) und daß die Identität des laufenden Prozesses in einem weiteren Register
CP (Current Process) enthalten ist.

Das gesamte "automatische Scheduling" kann dann durch zwei unteilbare Hardwarebefehle durchgeführt werden:

```
AWP-Befehl(sem:setsemaphore, var CP);
begin sem.int:=sem.int-1;
      if sem.int<0 then begin
                              sem.sett:=sem.sett+CP;
                              RP:=RP-CP;
                              -Ein Bit P aus RP auswählen-
                              CP:=P;
                              end;
end;


AWV-Befehl(sem:setsemaphore, CP);
begin sem.int:=sem.int+1;
      if sem.int<=0 then begin
                              -Ein Bit Q aus sem.sett
                               auswählen-
                              sem.sett:=sem.sett-Q;
                              RP:=RP+Q;
                              -Ein Bit P aus RP auswählen-
                              CP:=P;
                              end;
end
```

Der **AWP**-Befehl setzt das Bit von CP im Falle des Wartens (**sem.int**$<$0) und entfernt CP aus dem Set der lauffähigen Prozesse. Dann wird ein neuer Prozeß P aus RP herausgesucht und ein Prozeßwechsel vorgenommen.

Im **AWV**-Befehl wird, falls ein Prozeß aufgeweckt werden muß (**sem.int**$<=$0), ein Bit Q aus **sem.sett** herausgesucht, der Menge der RP zugeführt und ein Prozeßwechsel vorgenommen. Für den Prozeßwechsel benötigt man die Adresse der Tabelle, in der die Prozeßzustände aller Prozesse gespeichert werden.

<u>Bemerkungen:</u>

Außer den bereits erwähnten Einschränkungen in der Implementierung können Set-Semaphore mit "resource set" und/oder "waiting process set" die Effizienz eines Systems in folgenden Punkten spürbar erhöhen:

(a) Wie aus den Beispielen ersichtlich wird, kann man die **mutex**-Semaphore gänzlich eliminieren. Dies hat den Effekt, daß der Aufwand für Systemaufrufe geringer wird und eine Warteschlange für wartende Prozesse verschwindet.

(b) Die Verwaltung äquivalenter Betriebsmittel wird wesentlich vereinfacht, während gleichzeitig eine effiziente Implementierung möglich ist.

(d) Die waiting-process-sets ermöglichen die Ersetzung eines komplexen Prozeßschedulingsystems durch ein einfaches Prozeßschedulingsystem, was den Code für den Betriebssystemkern verringert und ihn weniger nicht-unterbrechbar laufen läßt.

Zusammenfassend kann gesagt werden, daß die Set-Semaphore mit ihrer effizienten Implementierung ein interessanter Mechanismus zur Verwaltung gleichartiger Betriebsmittel darstellen. Wie bereits erwähnt, sollten sie als Zusatz zu den normalen Semaphoren verstanden werden, da ihre Verwendung auf einen speziellen Problemtyp beschränkt ist.

5.3 Reader/Writer-Semaphore

<u>Konzept:</u>

Das Leser/Schreiber-Problem (Problem 1.4.10) ist eines der am häufigsten auftretenden Synchronisationsprobleme, eine effiziente Lösung ist daher von besonderer Wichtigkeit. Da Lösungen durch Semaphore eine sehr hohe Komplexität besitzen, suchte man einfachere Lösungsmöglichkeiten, die überdies auch effizient implementiert werden konnten. Eine solche Lösungsmöglichkeit wurde von Keedy, Rosenberg und Ramamohanarao (1982) vorgeschlagen. Sie setzen eine besondere Struktur eines sogenannten Reader/Writer-Semaphors voraus, auf dem vier Operationen angewandt werden können:

```
READ-CLAIM(x):      wird von einem Leserprozeß
                    ausgeführt, um den Beginn
                    eines Lesevorgangs anzuzeigen

READ-RELEASE(x):    wird von einem Leserprozeß
                    ausgeführt, um das Ende
                    eines Lesevorgangs anzuzeigen

WRITE-CLAIM(x):     wird von einem Schreiberprozeß
                    ausgeführt, um den Beginn
                    eines Schreibvorgangs anzuzeigen

WRITE-RELEASE(x):   wird von einem Schreiberprozeß
```

**ausgeführt, um das Ende
eines Schreibvorgangs anzuzeigen**

<u>Beispiel:</u>

Das Leser/Schreiber-Problem wird also folgendermaßen gelöst:

```
readerwritersemaphore x;

Leser              Schreiber

READ-CLAIM(x);     WRITE-CLAIM(x);
-Lesen-            -Schreiben-
READ-RELEASE(x);   WRITE-RELEASE(x);
```

Man beachte, daß vom Gesichtspunkt des Benutzers nichts über Prioritäten bekannt ist, sondern, daß dies im Gegensatz zu anderen Lösungen, intern gehandhabt wird.

<u>Implementierung:</u>

Ein Reader/Writer-Semaphor kann z.B. in einem Rechner mit 32-Bit Worten, der bis zu 255 Prozesse unterstützen kann, folgendermaßen implementiert werden:

current readers	waiting readers	waiting writers	current writer

Abb. 5.3: *Datenstruktur für Reader/Writer-Semaphor*

Jedes Feld hat 8 Bits, das letzte boolsche Feld ein Bit. Auf dieser Datenstruktur arbeiten vier unteilbare (mikrokodierbare) Befehle:

```
READ-P , READ-V , WRITE-P , WRITE-V
```

Diese unteilbaren Operationen sehen für Schreiberpriorität folgendermaßen aus:

```
type
readerwritersemaphore=record
                        currentreaders: 0..#processes;
                        waitingreaders: 0..#processes;
                        waitingwriters: 0..#processes;
                        currentwriter: boolean;
                        end;


instruction READ-P(rwsem:readerwritersemaphore;
                   var conditioncode:boolean);
begin
with rwsem do
     if not currentwriter and waitingwriters=0
        then begin
              currentreaders:=currentreaders+1;
              conditioncode:=false;
              end
        else begin
              waitingreaders:=waitingreaders+1;
              conditioncode:=true;
              end;
end;


instruction READ-V(rwsem:readerwritersemaphore;
                   var conditioncode:boolean);
begin
with rwsem do
     begin
     currentreaders:=currentreaders-1;
     if currentreaders=0 and waitingwriters>0
        then begin
              currentwriter:=true;
              waitingwriters:=waitingwriters-1;
              conditioncode:=true;
              end
        else conditioncode:=false;
     end;
end;
```

```
instruction WRITE-P(rwsem:readerwritersemaphore;
                    var conditioncode:boolean);
begin
with rwsem do
      if currentreaders=0 and not currentwriter
          then begin
                currentwriter:=true;
                conditioncode:=false;
                end
          else begin
                waitingwriters:=waitingwriters+1;
                conditioncode:=true;
                end;
end;


instruction WRITE-V(rwsem:readerwritersemaphore;
                    var conditioncode:boolean;
                        readcount:0...#processes);
begin
with rwsem do
        if waitingwriters=0
          then begin
                currentwriter:=false;
                if waitingreaders=0
                    then conditioncode:=false
                    else begin
                        currentreaders:=waitingreaders;
                        waitingreaders:=0;
                        readcount:=currentreaders;
                        conditioncode:=true;
                        end;
                end;
          else begin
                waitingwriters:=waitingwriters-1;
                readcount:=0;
                conditioncode:=true;
                end;
end;
```

In jeder Prozedur wird ein lokaler Condition Code gesetzt, der anzeigt, ob die
beiden zusätzlichen kommutativen Schedulingroutinen

```
SUSPEND(semqueue)

ACTIVATE(semqueue,processanzahl)
```

aufgerufen werden müssen. ACTIVATE hat als zusätzlichen Parameter die Anzahl
der aufzuweckenden Prozesse, d.h. ein Schreiber kann gleichzeitig mehrere Leser
aktivieren. Mit diesen Schedulingroutinen können nun die oben beschriebenen,
dem Benutzer zur Verfügung stehenden Macros aufgebaut werden:

```
READ-CLAIM(x:readerwritersemaphore);
var cc:boolean;
begin READ-P(x,cc);
        if cc then SUSPEND(readerqueue);
end;


READ-RELEASE(x:readerwritersemaphore);
var cc:boolean;
begin READ-V(x,cc);
        if cc then ACTIVATE(writerqueue,1);
end;


WRITE-CLAIM(x:readerwritersemaphore);
var cc:boolean;
begin WRITE-P(x,cc);
        if cc then SUSPEND(writerqueue);
end;


WRITE-RELEASE(x:readerwritersemaphore);
var cc:boolean;
    rcount:0...#processes;
begin WRITE-V(x,cc);
        if cc then if rcount=0
                        then ACTIVATE(writerqueue,1)
                        else ACTIVATE(readerqueue,rcount);
end;
```

Die beschriebenen Algorithmen drücken Schreiberpriorität aus; für Leserpriorität
muß man die Prozeduren READ-P und WRITE-V wie folgt ändern:

<u>In READ-P</u>:

```
    if not current-writer and waiting writers=0
```

wird zu

```
    if not current writer
```

<u>WRITE-V wird zu</u>:

```
    instruction WRITE-V(rwsem:readerwritersemaphore;
                        var conditioncode:boolean;
                            readcount:0...#processes);
    begin
    with rwsem do
        if waitingreaders>0
            then begin
                    currentwriter:=false;
                    currentreaders:=waitingreaders;
                    waitingreaders:=0;
                    conditioncode:=true;
                    end
            else if waitingwriters>0
                    then begin
                            waitingwriters:=waitingwriters-1;
                            readcount:=0;
                            conditioncode:=true;
                            end
                    else begin
                            currentwriter:=false;
                            conditioncode:=false;
                            end;
    end;
```

Da die Macros unterbrechbar sind, ist es wichtig, daß die Routinen SUSPEND und ACTIVATE kommutativ sind und in ACTIVATE die exakte Anzahl von aufzuweckenden Prozessen als Parameter angegeben wird. Bei einer nicht genau spezifizierten Anzahl könnte es passieren, daß Leser unendlich warten müssen: Angenommen, daß das Macro `WRITE-RELEASE` vor `ACTIVATE(readerqueue,rcount)` unterbrochen wird und ein neu hinzukommender Leser `READ-P` ausführt, aber noch nicht in die `readerqueue` gelangt ist. Wenn der Schreiber jetzt "alle Prozesse in der Schlange" aktiviert, wird dieser Leser nicht berücksichtigt, d.h. er wartet unendlich.

Die Unteilbarkeit der Operationen kann durch Speicherausschluß im Mikrocode garantiert werden, da nur auf ein Wort zugegriffen werden muß. Die Algorithmen werden dann durch vier interne Register einfach und leistungsfähig im Mikrocode implementiert.

Zusätzlich könnte man ein Bit benutzen, das dann in `READ-P` und `WRITE-V` getestet wird, um anzuzeigen, ob Leser oder Schreiber Priorität haben. Dies hätte den Vorteil, daß derselbe Code benutzt werden kann, um verschiedene Prioritätsstrategien zu erhalten. Im Falle einer Lösung mit Dijkstras Semaphoren müßte man das Programm ändern.

<u>Bemerkungen:</u>

Obwohl die Reader/Writer-Semaphoroperationen die Komplexität von Lösungen zum Leser/Schreiber-Problem wesentlich verringern und darüberhinaus Unklarheiten beseitigen (z.B. die Frage, wann im Falle von Schreiberpriorität ein Schreiber "bereit zum Schreiben" ist (siehe (Courtois, Heymans und Parnas 1971),(Agerwala 1977a)), ist es fraglich, ob es gerechtfertigt werden kann, einen Synchronisationsmechanismus für ein spezielles Problem zu entwickeln. Aber allein das sehr häufige Auftreten dieses Problems im Entwurf von Betriebssystemen (z.B. beim Zugriff zu Tabellen und Dateiverzeichnissen), verbunden mit der Möglichkeit, die Reader/Writer-Semaphore effizient implementieren und einfach benutzen zu können, ist ein Kriterium zur Akzeptanz dieses Mechanismus. Allerdings könnte man argumentieren, daß ein allgemeiner Synchronisationsmechanismus für Probleme der Prioritäten von Klassen von Prozessen berechtigter ist. Auf dieses Argument wird in einem späteren Kapitel näher eingegangen.

5.4 Zusammenfassung

In den Kapiteln 2-4 wurde eine Reihe von verschiedenen Synchronisationsmechanismen vorgestellt, die aufgrund ihrer unterschiedlichen Entwurfsphilosophie eine Vielzahl problematischer Eigenschaften aufweisen. Dennoch lassen sich einige grundsätzliche Problemkreise identifizieren:

(a) Obwohl der Versuch, einen einzigen Mechanismus zur Lösung aller möglichen Probleme zu entwickeln, vom Standpunkt einer einheitlichen Programmierung sinnvoll erscheint, ist die tatsächliche Verwendung eines solchen universellen Synchronisationsmechanismus oft mit unbefriedigenden Resultaten verbunden. Dies äußert sich in unüberschaubaren Lösungen mit erhöhtem Programmieraufwand und hoher Fehleranfälligkeit.

(b) Die Verwendung von Mechanismen, die aus Benutzersicht auf einem höheren Niveau angesiedelt sind, ist motiviert von dem Wunsch nach eleganten, einfach nachvollziehbaren Lösungen. Aber oft sind Lösungen mit solchen Mechanismen weder leicht zu erstellen, noch sind sie einfach nachvollziehbar. Zusätzlich muß bei der Implementierung auf niedrigere Mechanismen zurückgegriffen werden, so daß der Aufwand wesentlich erhöht und der Gebrauch der Mechanismen noch unbefriedigender wird.

(c) Die auf niedrigerem Niveau stehenden Mechanismen sind prinzipiell einfach zu implementieren (obwohl es auch hier Ausnahmen gibt), erhöhen aber die Komplexität einer Lösung durch die Notwendigkeit der Ausprogrammierung auch von in nicht direktem Zusammenhang mit der eigentlichen Synchronisation stehenden Details.

Um diese grundsätzlichen Probleme zu beheben, sollte ein Ansatz gewählt werden, der folgende Charakteristika aufweist:

(a) Die Beobachtung, daß ein "universeller" Mechanismus wie Dijkstras Semaphoroperationen einige Probleme nur in einer oft unüberschaubaren Weise zu lösen vermag, rechtfertigt den Wunsch nach der Einführung weiterer Operationen zur Manipulation von Semaphoren. Solche Operationen sollten idealerweise auf der Maschinenebene implementiert und als Ergänzung zu den P/V-Operationen benutzbar sein.

(b) Obwohl die Mechanismen der Ebene 3 oft einfach nachvollziehbare Lösungen zu Synchronisationsproblemen liefern, existieren einige Problemkreise, deren Lösungen dennoch nicht unmittelbar verständlich sind. Es erscheint daher durchaus sinnvoll, auch auf der Benutzerebene "niedrige" Mechanismen, wie sie in Punkt (a) angeregt worden sind, zur Verfügung zu stellen.

(c) Es sollte eine beschränkte Anzahl von Mechanismen entwickelt werden, von denen jeder für eine spezielle Problemklasse bestimmt ist.

(d) Die Aufnahme dieser Mechanismen in eine höhere Programmiersprache sollte leicht möglich sein.

(e) Eine leistungsfähige, möglichst direkte Implementierung auf der Maschinenebene wäre wünschenswert. Dies könnte in Form einer Mikrocodeimplementierung sowie der Ausnutzung von Hardwareeigenschaften verwirklicht werden.

Die Motivation der Punkte (c)-(e) basiert auf den Arbeiten von Keedy, Ramamohanarao und Rosenberg (1979) und Keedy, Rosenberg und Ramamohanarao (1982). Die in diesen Arbeiten vorgestellten Set-Semaphore und Reader/Writer-Semaphore wurden speziell zur Lösung des Problems der Anforderung eines Betriebsmittels aus einer Menge von identischen Betriebsmitteln bzw. der Leser/Schreiberproblematik entworfen und haben die oben genannten wünschenswerten Eigenschaften. In dieser Arbeit sollen deshalb im folgenden spezielle Mechanismen für andere Problemkreise entwickelt werden. Dabei ist es natürlich klar, daß es unsinnig wäre, einen speziellen Mechanismus für jedes Problem zu entwickeln. Vielmehr sollen die Grundproblemtypen repräsentativ für eine Klasse von Problemen unterstützt werden.

In dem nun folgenden Kapitel 6 wird auf die Punkte (a) und (b) des oben beschriebenen Ansatzes näher eingegangen, und mögliche, weitere Operationen zur Manipulation von Semaphoren werden präsentiert. Die Nützlichkeit solcher Operationen soll an einer Reihe von Beispielen demonstriert werden, die insbesondere eine effiziente Lösungsmöglichkeit zum Problem der gleichzeitigen Anforderung mehrerer Betriebsmittel beinhalten. Auf die Punkte (c)-(e) wird dann in Kapitel 7 näher eingegangen.

KAPITEL 6
Nützliche primitive
Semaphoroperationen

6.1 Einleitung

In dem nun folgenden Kapitel werden die bereits in der Einleitung von Kapitel
5 angeregten Fragestellungen der Punkte (a) und (b) aufgegriffen und detailliert
erläutert. Es geht hierbei prinzipiell um die Feststellung, daß die allgemein akzeptierte Auffassung, P und V als einzige Operationen zur Manipulation von Semaphoren zuzulassen, zu restriktiv ist. Um die Lösungen zu bestimmten Problemstellungen zu vereinfachen und effizienter gestalten zu können, kann es nämlich durchaus sinnvoll sein, zusätzlich zu P und V weitere (möglicherweise primitivere) Operationen auf Semaphoren einzusetzen. Solche Operationen sollten sinnvollerweise auch auf der Benutzerebene zur Verfügung stehen, um sie in Fällen, wo ein Mechanismus der Ebene 3 unbefriedigende Lösungsresultate liefert, als Ergänzung zu diesen verwenden zu können. Welche Operationen könnten in diesem Zusammenhang von Bedeutung sein?

In Kapitel 3 wurde demonstriert, wie die im Abschnitt 2.7 eingeführten, unteilbaren Hardwareoperationen TEST-AND-INCREMENT (TINC) und DECREMENT-AND-TEST (DECT) sehr effizient eingesetzt werden können, um Dijkstras Semaphoroperationen P und V zu implementieren (siehe Abschnitt 3.4). Der Hauptvorteil einer solchen Implementierung, von der in einigen modernen Rechenanlagen Gebrauch gemacht wird, ist eine Steigerung der Leistungsfähigkeit, da zeitraubende Aufrufe an den Betriebssystemkern nur notwendig werden, wenn eine Warteschlangenoperation tatsächlich durchgeführt werden muß, wogegen traditionelle Kernimplementierungen von P und V einen Betriebssystemkernaufruf für jede P/V-Operation, unabhängig davon, ob Warteschlangenoperationen notwendig sind oder nicht, erforderlich machen.

Eine interessante Fragestellung, die in der früheren Literatur noch keine Behandlung gefunden zu haben scheint, betrifft die Tatsache, ob die DECT/TINC-Operationen nur für die Implementierung der P/V-Operationen nützlich sind, oder ob sie auch in dem hier zur Diskussion stehenden Zusammenhang benutzt werden können, um effizientere Lösungen für andere Synchronisationsmechanismen und -probleme anbieten zu können. Mit dieser Fragestellung, die aus ähnlichen Gründen auf die in Abschnitt 2.5 eingeführte Rep/Add-Instruktion übertragbar ist, soll sich das nun folgende Kapitel beschäftigen. Einen Auszug der in diesem

Kapitel präsentierten Ergebnisse über die Benutzung der DECT/TINC-Operationen findet man in (Keedy und Freisleben 1985).

Zwei weitere Operationen, deren Nützlichkeit im Zusammenhang mit der oben beschriebenen Motivation zur Untersuchung ansteht, sind das Lesen eines Semaphors und das unteilbare Dekrementieren einer Semaphorvariable, welches nur dann durchgeführt wird, wenn der Wert des Semaphors positiv ist.

Die Operation zum Lesen eines Semaphors liefert den "augenblicklichen" Wert des Semaphors zurück. Um es präziser zu formulieren, der zurückgelieferte Wert ist der Wert, der durch die Veränderungen aller vorhergehenden Semaphoroperationen erreicht wurde und eventuell die Änderung einer gleichzeitig stattfindenden Operation berücksichtigt.

Die bedingte Dekrementierungsoperation soll TRYDEC genannt werden. Ihre Funktionsweise kann folgendermaßen dargestellt werden:

```
TRYDEC(sem, var x):   // if sem>0 then begin
                                  sem:=sem-1;
                                  x:=true;
                                  end
                            else x:=false;  //
```

(Die Notation //   // zeigt die Unteilbarkeit an).

Die Operation TRYDEC ist äquivalent zu einer versuchsweisen Ausführung einer P-Operation, die nur dann tatsächlich durchgeführt wird, wenn sie nicht in einem Wartezustand resultiert (d.h. wenn sem>0 ist). Sie kann sehr einfach effizient im Mikrocode implementiert werden. Eine solche Operation ist speziell attraktiv im Zeitscheibenbetrieb, weil sie einem Benutzer am Terminal die Ausführung anderer Arbeiten gestattet, falls ein angefordertes Betriebsmittel gerade nicht zur Verfügung steht. Die Nützlichkeit der TRYDEC-Operation bei der Lösung von Synchronisationsproblemen soll in dem nun folgenden Kapitel untersucht werden.

Im folgenden wird in den angegebenen Beispielen die Notation P(sem) und V(sem) in dem üblichen Sinn benutzt, um zu zeigen, wie bestimmte Probleme üblicherweise mit normalen Semaphoroperationen gelöst werden. Die Angabe von alternativen Lösungen für diese Probleme beinhaltet die Annahme, daß die Operationen P(sem) und V(sem) in der in Abschnitt 3.4 beschriebenen Weise mit den DECT/TINC-Operationen gebildet sind.

6.2 Der Bau komplexer Semaphoroperationen

In diesem Abschnitt werden zwei Beispiele angegeben, die zeigen, wie die DECT/TINC-Operationen benutzt werden können, um verschiedene Semaphoroperationen aufzubauen und effizient zu implementieren.

6.2.1 Semaphore mit Benutzer-Scheduling

Die SUSPEND- und ACTIVATE-Routinen implizieren eine bestimmte, feste, im Betriebssystemkern implementierte Organisation der Warteschlange (z.B. FIFO oder aufgrund von Prioritäten). Bei einigen Anwendungen könnte aber eine vom Benutzer definierte Warteschlangenorganisation passender sein. In (Habermann 1972) wird demonstriert, wie dies mit normalen Semaphoroperationen verwirklicht werden kann, indem die P- und V-Operationen an entsprechenden Stellen in einer Problemlösung durch die folgenden ENTER- und EXIT-Makros ersetzt werden:

```
ENTER:  P(mutex);
        sem:=sem-1;
        if sem>=0 then V(p_i) else delay(i);
        V(mutex);
        P(p_i);

EXIT:   P(mutex);
        if sem<0 then begin select(j); V(p_j); end;
        sem:=sem+1;
        V(mutex);
```

Die Prozeduren <delay(x)> und <select(x)> fügen einen Prozeß x in eine Warteschlange oder -liste ein bzw. wählen einen Prozeß aus dieser aus. In der nun folgenden, alternativen Version der ENTER/EXIT-Makros erfüllen <delay(x)> und <select(x)> dieselbe Funktion und <SUSPEND(p_x)> bzw. <ACTIVATE(p_x)> werden, äquivalent zu Habermanns P(p_x)- und V(p_x)-Operationen, wie Operationen auf einem privaten (mit Null initialisierten) Semaphor (Dijkstra 1968) für Prozeß x benutzt. Die ENTER/EXIT-Makros sehen dann folgendermaßen aus:

```
ENTER: if DECT(sem)<0 then begin
                        P(mutex);
                        if TINC(delaycount)>=0
                            then begin
                                delay(i);
                                V(mutex);
                                SUSPEND(p_i);
                                end
                            else V(mutex);
                        end;


EXIT:  if TINC(sem)<0 then begin
                        P(mutex);
                        if DECT(delaycount)>=0
                            then begin
                                select(j);
                                V(mutex);
                                ACTIVATE(p_j);
                                end
                            else V(mutex);
                        end;
```

Obwohl der Semaphor **mutex** nicht eliminiert wurde, ist seine Verwendung nur noch für die Gewährleistung der Integrität der durch die Operationen <delay> und <select> manipulierten Warteliste notwendig. Die mit Null initialisierte Variable **delaycount** wurde eingeführt, um zu garantieren, daß kein Prozeß ausgewählt wird, der sich zwar kurz vor dem Einfügen in die Warteliste befindet, aber diese noch nicht erreicht hat.

Die vorgeschlagene Lösung ist sowohl symmetrischer als auch effizienter als Habermanns Lösung. Der Semaphor **mutex** wird nur benutzt, wenn ein <SUSPEND> oder <ACTIVATE> notwendig erscheint, und selbst dann wird ein Betriebssystemkernaufruf nur in Ausnahmefällen erfolgen, z.B. dann, wenn tatsächlich ein Konflikt beim Zugriff auf die Liste auftritt. In günstigsten Fällen müssen in Habermanns Lösung zwei Semaphoroperationen ausgeführt werden, wogegen die vorgeschlagene Lösung lediglich eine DECT- oder TINC-Operation erforderlich macht.

6.2.2 Die P*-Operation

Conradi (1977) hat vorgeschlagen, die normalen Semaphoroperationen durch eine
sogenannte P*-Operation zu erweitern, um Lösungen zu dem Leser/Schreiberpro-
blemkreis zu vereinfachen. Die P*-Operation verringert den Wert eines Semaphors
unteilbar um 1. Als Beispiel für die Benutzung der P*-Operation soll Conradis
Lösung für das Leser/Schreiber-Problem mit Schreiberpriorität angegeben werden:

```
semaphore  r,w,m,mutex (initially=1);
integer    writecount  (initially=0);


           Leser

(1)tryagain:P(m);
(2)         P(r);
(3)         P*(r);
(4)         V(r);
(5)         V(m);
(6)         if writecount>0 then begin
(7)                             V(w);
(8)                             goto tryagain;
(9)                             end;
           -Lesen-
(10)        V(w);


           Schreiber

(1)         P*(m);
(2)         P(mutex2);
(3)         writecount:=writecount+1;
(4)         V(mutex2);
(5)         P(r);
(6)         P(w);
           -Schreiben-
(7)         V(w);
(8)         V(r);
(9)         P(mutex2);
(10)        writecount:=writecount-1;
(11)        V(mutex2);
(12)        V(m);
```

Mit der Einführung der P*-Operation verfolgte Conradi die Absicht, die bei der Semaphorlösung von Courtois, Heymans und Parnas (1971) existierenden Unklarheiten im Bezug auf die Garantie der Schreiberpriorität zu beseitigen. Bei der Semaphorlösung kann es nämlich passieren, daß ein Leser noch vor einem Schreiber, der bereits mit der Ausführung des Schreibercodes begonnen hat, in den kritischen Abschnitt gelangen kann. Obwohl die P*(m)-Operation im Schreibercode von Conradis Lösung diesen Sachverhalt verhindert, in dem ein ankommender Leser durch die P(m)-Operation warten muß, ist Conradis Lösung nicht korrekt, da in dieser Lösung ein Leser und ein Schreiber gleichzeitig im kritischen Abschnitt sein können. Silberschatz und Johnson (1978) geben eine Sequenz von Operationen an, die zu dieser Situation führen:

(a) Leser 1 führt die Anweisungen (1)-(9) aus und beginnt mit dem Lesen.

(b) Leser 2 führt die Anweisungen (1)-(9) aus und beginnt ebenfalls mit dem Lesen.

(c) Schreiber 1 führt die Anweisungen (1)-(6) aus und muß bei P(w) in (6) warten.

(d) Leser 1 beendet seinen Lesevorgang und führt die Anweisung (10) aus.

(e) Schreiber 1 wird durch die V(w)-Operation des Lesers "aufgeweckt" und tritt in den kritischen Abschnitt ein. Jetzt befinden sich sowohl Leser 2, als auch Schreiber 1 gleichzeitig im kritischen Abschnitt.

Zumindest für dieses Problem ist die P*-Operation von zweifelhaftem Wert. Nichtsdestotrotz kann es Problemkreise geben, bei denen die P*-Operation nutzbringend eingesetzt werden könnte, was allerdings von Conradi nicht weiter verfolgt wurde. In diesen Fällen kann die P*-Operation natürlich direkt durch die DECT-Operation implementiert werden, wenn der Testwert ignoriert wird.

6.3 Das Zählen von Prozessen

Die folgenden Beispiele illustrieren, wie die in der Einleitung vorgeschlagenen Semaphoroperationen benutzt werden können, um effiziente Lösungen für Probleme, die das Zählen von Prozessen beinhalten, erstellen zu können.

6.3.1 PP/VV-Operationen

Bei der Implementierung von Pfad-Ausdrücken (siehe Abschnitt 4.4) wurden von Campbell und Habermann (1974) die folgenden PP/VV-Operationen eingeführt, um mehreren Prozessen die gleichzeitige Ausführung einer Prozedur zu erlauben:

```
semaphore mutex,sem (initially=1);
integer   count       (initially=0);


procedure PP(count: integer, mutex,sem: semaphore);
begin P(mutex);
      count:=count+1;
      if count=1 then P(sem);
      V(mutex);
end;


procedure VV(count: integer, mutex,sem: semaphore);
begin P(mutex);
      count:=count-1;
      if count=0 then V(sem);
      V(mutex);
end;
```

Die PP/VV-Operationen tauchen nicht nur bei der Implementierung der Pfad-Ausdrücke auf, sondern finden auch in den Semaphorlösungen zum Leser/Schreiberproblem in (Courtois, Heymans und Parnas 1971) Verwendung.

Ein bemerkenswerter Aspekt der PP/VV-Operationen ist die Tatsache, daß der Semaphor **mutex** für zwei unterschiedliche Zwecke benutzt wird. In beiden Operationen wird durch **mutex** die Variable **count** geschützt, aber in der PP-Operation wird dieser Semaphor zusätzlich verwendet, um nur dem ersten Prozeß in der Klasse die Ausführung der P(**sem**)-Operation zu erlauben. (Wenn der erste Prozeß durch die Ausführung von P(**sem**) suspendiert wird, werden alle weiteren Prozesse der Klasse in P(**mutex**) suspendiert.) Der erste dieser beiden Zwecke wird überflüssig, wenn die DECT/TINC-Operationen das Zählen durchführen, so daß die Prozedur VV vereinfacht werden kann. Da der zweite Zweck jedoch weiterhin erfüllt werden muß, kann die PP-Prozedur im wesentlichen nur direkt übersetzt werden:

```
semaphore preliminary,sem (initially=1);
          count            (initially=0);
```

```
procedure PP(preliminary,count,sem: semaphore);
begin P(preliminary);
        if TINC(count)=0 then P(sem);
      V(preliminary);
end;


procedure VV(count,sem: semaphore);
begin if DECT(count)=0 then V(sem); end;
```

6.3.2 Kritischer Blockausgang

Eine Semaphorlösung zum Problem des kritischen Blockausganges (Problem
1.4.16) sieht folgendermaßen aus:

```
integer   count   (initially=0);
semaphore proceed (initially=1);
          mutex   (initially=1);

    Vater                              Söhne

for each process creation
 do begin P(mutex);
          count:=count+1;
          if count=1
             then P(proceed);
          V(mutex);
          -Prozeß kreieren-
      end;
                                   on termination:
                                   P(mutex);
                                   count:=count-1;
                                   if count=0
                                      then V(proceed);
                                   V(mutex);
                                   -Prozeß löschen-
on exit from critical block:

 P(proceed);
```

Da es nur einen Vaterprozeß gibt, der das PP-Makro ausführt (für jedes Auftreten des Problems), existiert keine Gefahr, daß mehrere Prozesse gleichzeitig die P(proceed)-Operation auszuführen versuchen. Ähnlicherweise kann kein Sohn-Prozeß die V(proceed)-Operation ausführen, bevor der Vater-Prozeß die erste P(proceed)-Operation ausgeführt hat. Der Semaphor mutex wird daher überflüssig, wenn die Zähloperationen durch die DECT/TINC-Operationen durchgeführt werden. Daraus ergibt sich die folgende, sehr vereinfachte Lösung:

```
semaphore proceed (initially=1);
          count    (initially=0);


    Vater                              Söhne


for each process creation
 do begin if TINC(count)=0
           then DECT(proceed);
           -Prozeß kreieren-
    end;

                                   on termination:
                                   if DECT(count)=0
                                      then V(proceed);
                                   -Prozeß löschen-


on exit from critical block:

  P(proceed);
```

Zusätzlich zur Elimination des Semaphors mutex aus den PP/VV-Makros ist es auffällig, daß im PP-Makro die Operation P(proceed) durch ein einfaches DECT ersetzt wurde. Dies wird dadurch möglich, weil der Vater-Prozeß an dieser Stelle niemals suspendiert werden kann. Das Resultat ist eine sehr effiziente Implementierung, die im Gegensatz zur Semaphorlösung Kernaufrufe nur verlangt, wenn ein Warten beim kritischen Blockausgang unbedingt notwendig ist.

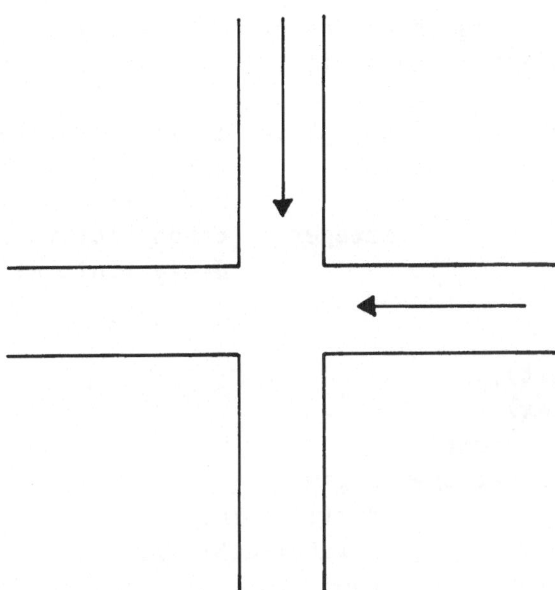

Abb. 6.1: *Straßenkreuzungsproblem*

6.3.3 Straßenkreuzung

Ein illustratives Problem, daß das Zählen von Prozessen einer Klasse beinhaltet, ist die Verkehrsregelung an einer Straßenkreuzung. Das Problem besteht darin, den Autofluß an zwei sich kreuzenden, einspurigen Straßen zu steuern, wie es in Abb. 6.1 gezeigt ist.

Wenn es nur Fahrzeuge aus einer Richtung gibt, können diese ungehindert über die Kreuzung fahren. Sobald allerdings Autos aus beiden Richtungen existieren, dürfen nicht mehr als eine begrenzte Anzahl, die für jede Richtung verschieden sein kann, die Kreuzung passieren. Ist diese Maximalzahl erreicht, oder alle Fahrzeuge haben die Kreuzung überquert, dann werden die Autos der anderen Richtung zur Überquerung der Kreuzung freigegeben. Dieses applikative Problem ist im Prinzip eine verallgemeinerte Version des Leser/Schreiberproblems mit wechselnder Priorität und begrenzter Leseranzahl (falls die Maximalzahl von Fahrzeugen einer Richtung 1 und die in der anderen Richtung ein festes n ist, siehe Problem 1.4.10.4). Eine mögliche Semaphorlösung für das Straßenkreuzungsproblem sieht folgendermaßen aus:

```
global:   semaphore intersection (initially=1);
          boolean array dir(1..2) (initially=false);

für jede Richtung:     semaphore  limit (initially=n);
                                  mutex (initially=1);
                                  x     (initially=1);
                       integer    count (initially=0);
                                  delay (initially=0);



ENTER: P(limit);
       P(mutex);
       count:=count+1;
       if count=1 then begin
                       dir(i):=true;
                       P(intersection);
                       end;
       V(mutex);
       -Kreuzung überqueren-
EXIT:  if dir((i+1) mod 2) then begin
                                P(x);
                                delay:=delay+1;
                                V(x);
                                end
                           else V(limit);
       P(mutex);
       count:=count-1;
       if count=0 then begin
                       dir(i):=false;
                       V(intersection);
                       V(mutex);
                       P(x);
                       while delay>0 do
                         V(limit);
                         delay:=delay-1;
                       end;
                       V(x);
                  else V(mutex);
```

Im Eintrittsprotokoll ENTER wird durch die P(limit)-Operation gewährleistet,
daß nicht mehr als die vorab zu spezifizierende Maximalzahl limit Fahrzeuge aus
einer Richtung die Kreuzung passieren, wenn Fahrzeuge aus beiden Richtungen

existieren. Darauf folgt eine PP-Operation, die dem ersten Fahrzeug einer Richtung die Ausführung der P(intersection)-Operation ermöglicht. Der globale Array dir wird benutzt, um anzuzeigen, daß es mindestens ein Fahrzeug aus der Richtung i gibt.

Im Austrittsprotokoll EXIT wird zunächst festgestellt, ob es wartende Fahrzeuge aus der anderen Richtung gibt (dir((i+1) mod 2)=true). Ist dies der Fall, wird ein durch den Semaphor x geschützter Zähler delay um 1 erhöht, anderenfalls können mit der V(limit)-Operation weitere Fahrzeuge aus der eigenen Richtung zugelassen werden. (Es wird angenommen, daß das Setzen von dir(i) durch Fahrzeuge der Richtung i im Eintrittsprotokoll ENTER und das eventuelle gleichzeitige Testen (Lesen) von dir(i) durch Fahrzeuge der Richtung (i+1 mod 2), die das Austrittsprotokoll EXIT ausführen, wegen des Speicherausschlusses störungsfrei durchgeführt wird und deshalb nicht geschützt werden muß). Das letzte Fahrzeug einer Richtung (count=0) setzt dir(i) zurück und gibt die Kreuzung durch V(intersection) wieder frei; um den Ausgangswert von limit zu erhalten, muß so oft ein V(limit) ausgeführt werden, wie es Fahrzeuge aus einer Richtung gab, die nach dem Überqueren der Kreuzung die Existenz von Fahrzeugen aus der anderen Richtung bemerkt hatten. Da diese Anzahl in dem Zähler delay festgehalten wurde, wird die V(limit)-Operation genau so oft ausgeführt.

Eine weitaus effizientere Lösung, die neben den TINC/DECT-Operationen auch das Lesen eines Semaphors und die TRYDEC-Operation benutzt, kann folgendermaßen zusammengestellt werden:

```
global:           semaphore intersection (initially=1);

für jede Richtung:  semaphore limit  (initially=n);
                           delay  (initially=0);
                           prelim (initially=1);
                           count  (initially=0);


ENTER:    P(limit);
          P(prelim);
          if TINC(count)=0 then P(intersection);
          V(prelim);
          --Kreuzung überqueren--
EXIT:     if intersection < 0
              then TINC(delay)
              else V(limit);
          if DECT(count)=0
              then begin V(intersection);
                         while TRYDEC(delay)=true do
                             V(limit);
```

end;

end;

Im Eintrittsprotokoll ENTER wird durch die P(limit)-Operation garantiert, daß nicht mehr als die vorab zu spezifizierende Maximahlzahl limit Fahrzeuge aus einer Richtung die Kreuzung passieren. Der Rest des Eintrittprotokolls ist eine PP-Operation, die dazu verwendet wird, um nur dem ersten Fahrzeug einer Richtung das "Öffnen" der Kreuzung zu ermöglichen.

Das Austrittsprotokoll EXIT beginnt mit dem Lesen des Semaphors intersection. Wenn dieser nämlich kleiner als Null ist, dann gibt es Fahrzeuge aus beiden Richtungen, da der erste Prozeß jeder Richtung eine P(intersection)-Operation ausgeführt haben muß. In diesem Fall wird ein Semaphor delay mit der TINC-Operation inkrementiert, wobei der Test einfach ignoriert wird. Anderenfalls, also wenn nur Fahrzeuge aus einer Richtung existieren, können mit einer V(limit)-Operation weitere Fahrzeuge aus dieser Richtung zugelassen werden. Das letzte Fahrzeug einer Richtung (DECT(count)=0) gibt die Kreuzung mit der V(intersection)-Operation frei; um den Ausgangswert von limit zu erhalten, muß so oft ein V(limit) ausgeführt werden, wie es Fahrzeuge aus einer Richtung gab, die festgestellt hatten, daß Fahrzeuge aus der anderen Richtung existent waren und die deshalb den als Zähler fungierenden Semaphor delay erhöht hatten. Diese Anzahl wird in der TRYDEC-Operation festgestellt. Die Notation TRYDEC(delay)=true bedeutet, daß die while-Schleife erst dann abgebrochen wird, wenn die TRYDEC-Operation nicht erfolgreich, also wenn delay kleinergleich 0 ist.

Ein Vergleich beider Lösungen macht deutlich, daß neben der Ersetzung der PP/VV-Operationen durch die entsprechenden DECT/TINC-Versionen sowohl das Lesen eines Semaphors, als auch die TRYDEC-Operation nutzbringend eingesetzt werden können. In der Semaphorlösung wird für den Test, ob es Fahrzeuge aus beiden Richtungen gibt, eine zusätzliche boolsche Variable für jede Richtung verwendet. Nützlicher ist dagegen das Lesen des Semaphors intersection selbst, da ja gerade mit diesem Semaphor die Existenz von Fahrzeugen aus beiden Richtungen eindeutig angezeigt wird. Die Verwendung einer boolschen Variable würde außerdem die Anzahl der Richtungen auf zwei limitieren; wenn man das Problem auf mehr als zwei Richtungen erweitern wollte, müßte man einen mit einem zusätzlichen binären Semaphor zu schützenden Zähler benutzen. Genau diese Zähleigenschaft des Semaphors intersection wird in der zweiten Lösung durch die Leseoperation direkt ausgenutzt und erspart sowohl eventuelle Prozeßscheduleraufrufe als auch die zusätzliche Verwendung einer weiteren Zählvariable.

Eine weitere Vereinfachung ergibt sich aus der Benutzung der TINC-Operation zur Erhöhung des als Zähler fungierenden Semaphors delay, sowie der Verwendung der **TRYDEC**-Operation zur Bestimmung der Anzahl der auszuführenden V(limit)-Operationen. In der Semaphorlösung ist hierfür ein zusätzliches P/V-Paar, angewandt auf den Semaphor x, nötig, welches lediglich den Zähler **delay** vor gleichzeitigem Zugriff schützt. Die TRYDEC-Operation eliminiert sowohl dieses P/V-Paar, als auch das Herabzählen der Variable **delay** zur Feststellung des Schleifenterminierungszeitpunkts.

6.3.4 Hoares wait- und signal-Operationen

Zum Zweck der Suspendierung und Aktivierung von Prozessen hat Hoare (1974) in seinem Monitorkonzept sogenannte cond.wait und cond.signal Operationen eingeführt (siehe Abschnitt 4.3), für die eine Implementierung durch Semaphore angegeben wird. In dieser Implementierung werden mehrere Zähler verwendet, die die Anzahl von auf bestimmte Semaphore wartenden Prozesse registrieren, wie es im folgenden beschrieben ist:

```
cond.wait:

condcount:=condcount+1;
if urgentcount>0 then V(urgent) else V(mutex);
P(condsem);
condcount:=condcount-1;


cond.signal:

urgentcount:=urgentcount+1;
if condcount>0 then begin
                    V(condsem);
                    P(urgent);
                    end;
urgentcount:=urgentcount-1;
```

Die beiden Variablen condcount und urgentcount werden lediglich dazu benutzt, die bei P(condsem) (initially condsem=0) bzw. P(urgent) (initially urgent=0) wartenden Prozesse zu zählen. Hierfür kann allerdings der jeweilige Semaphor selbst benutzt werden, wenn man von der Leseoperation Gebrauch macht, so daß condcount und urgentcount völlig eliminiert werden können:

```
cond.wait:

if urgent<0 then V(urgent) else V(mutex);
P(condsem);

cond.signal:

if condsem<0 then begin
                  V(condsem);
                  P(urgent);
                  end;
```

Die Ausführung von V(mutex) in cond.wait bezieht sich auf die Aufhebung des gegenseitigen Ausschlusses des Monitors, da ein cond.wait ausführender Prozeß bereits eine P(mutex)-Operation beim Eintritt in den Monitor ausgeführt hat (siehe Abschnitt 4.3). Es ist anzumerken, daß ein Konstrukt der Form

```
if sem<0 then V(sem)
```

gewissermaßen eine Umkehrung der TRYDEC-Operation darstellt, die ein bedingtes Aktivieren miteinschließt. Man kann diese Umkehrung, die TRYINC genannt werden soll, folgendermaßen darstellen:

```
TRYINC(sem,var x): // if sem<0 then begin
                               sem:=sem+1;
                               x:=true;
                               end
                        else x:=false; //
```

(Die Notation // // zeigt die Unteilbarkeit an).

Das Konstrukt

```
if sem<0 then V(sem)
```

läßt sich dann mit der TRYINC-Operation wie folgt codieren:

```
if TRYINC(sem) then ACTIVATE(semqueue)
```

Die TRYINC-Operation kann, ähnlich wie die TRYDEC-Operation, leicht im Mikrocode implementiert werden. Ihre Nützlichkeit bei anderen Problemstellungen soll später erläutert werden.

6.3.5 Ausschließende Regionen

Zur Implementierung seiner ausschließenden Regionen verwendet Kammerer (1977) (siehe Abschnitt 4.6) Hoares **wait-** und **signal**-Operationen sowie zusätzlich Zählvariablen. Das Konstrukt

```
region v exclude r,...,w do
```

wird demnach implementiert durch

```
// if S_v>0 then C_v.wait;
   S_r:=S_r+1;
     ...
     ...
   S_w:=S_w+1;
   < C_v.signal >  //
```

Jeder Region **i** wird dabei ein mit Null initialisierter Zähler S_i zugeordnet. Die Notation $<$`C_v.signal`$>$ bedeutet, daß die **signal**-Operation nur ausgeführt wird, wenn der Bezeichner **v** nicht in der Ausschlußliste enthalten ist. Das Konstrukt

```
endregion v
```

wird implementiert durch

```
// S_r:=S_r-1; if S_r=0 then C_r.signal;
          ...
          ...
   S_w:=S_w-1; if S_w=0 then C_w.signal;  //
```

Wenn man sich vorstellt, daß die **wait-** und **signal**-Operationen durch Hoares Semaphorlösung ersetzt werden, kann man leicht feststellen, daß der Code zur Implementierung der ausschließenden Regionen schnell unübersichtlich wird. Der Gebrauch von der in 6.3.4 beschriebenen vereinfachten Version der **wait-** und **signal**-Operationen zusammen mit den **TINC** und **DECT**-Operationen und der Semaphorleseoperation verhindert diese Unübersichtlichkeit:

```
region v exclude r,...,w do:

P(mutex);
if S_v>0 then begin
                if urgent<0 then V(urgent) else V(mutex);
                P(C_v_sem);
                end;
TINC(S_r);
  ...

  ...
TINC(S_w);
< if C_v_sem<0 then begin
                   V(C_v_sem);
                   P(urgent);
                   end; >
if urgent<0 then V(urgent) else V(mutex);



endregion V:

P(mutex);
if DECT(S_r)=0 then if C_r_sem<0 then begin
                                    V(C_r_sem);
                                    P(urgent);
                                    end;

              ...
              ...
if DECT(S_w)=0 then if C_w_sem<0 then begin
                                    V(C_w_sem);
                                    P(urgent);
                                    end;
if urgent<0 then V(urgent) else V(mutex);
```

Jeder Region i ist hierbei ein Semaphor S_i (initially $S\_i=0$) und ein Semaphor C_i_sem (initially $C\_i\_sem=0$) zugeordnet. Weiterhin gibt es die globalen Semaphore mutex (initially mutex=1) und urgent (initially urgent=0). Die Notation <> bedeutet, daß die Anweisungsfolge innerhalb dieser beiden Zeichen nur ausgeführt wird, wenn der Bezeichner v nicht in der Ausschlußliste enthalten ist.

Die oben beschriebene Implementierung der ausschließenden Regionen ist eine direkte Anwendung der Zähleigenschaft der TINC- und DECT-Operationen, sowie der Leseoperation zum Test des Wertes der entsprechenden Semaphore. Die Benutzung dieser Operationen reduziert die Länge des Codes und ermöglicht somit ein effizienteres Laufzeitverhalten.

6.4 Faires Scheduling

Wenn in einer P-Operation das Dekrementieren des Semaphors von dem Einfügen in eine Warteschlange getrennt wird, so daß ein Prozeß zwischen diesen beiden Aktionen unterbrochen werden kann, gibt es keine Gewißheit, ob ein durch den Semaphor kontrolliertes Betriebsmittel in einer FIFO-Manier an Prozesse zugeteilt wird, selbst wenn die Warteschlangen auf der FIFO-Strategie aufgebaut sind. Dies ist deshalb möglich, weil nicht garantiert werden kann, daß Prozesse die SUSPEND-Routine in der selben Reihenfolge aufrufen, wie sie die DECT-Operation ausgeführt haben. Obwohl dies für viele Anwendungen unbedeutend ist, kann dies, wenn es notwendig wird, durch eine Erweiterung der DECT-Instruktion und der Warteschlangenroutinen vermieden werden.

Zur Garantie der FIFO-Reihenfolge wird in dieser Erweiterung die Semaphorvariable durch ein zweites Feld (count) ergänzt, welches einen Integerwert enthält, der jedesmal um 1 erhöht wird, wenn die DECT-Operation zu einer Suspendierung des Prozesses führen würde (d.h. wenn der Condition-Code kleiner als Null anzeigt). Der veränderte Wert dieses Integerfeldes wird nach der DECT-Operation zurückgeliefert und als Parameter an die SUSPEND-Routine weitergegeben. Das P-Makro erhält dann die folgende Form:

```
if DECT(sem,count)<0 then SUSPEND(semqueue,count)
```

(Für den Fall, daß kein SUSPEND notwendig ist, wird die Variable weder verändert, noch an den Aufrufenden zurückgeliefert). Auf diese Weise wird der Betriebssystemkern über die gewünschte Reihenfolge von Prozessen in der Semaphorwarteschlange informiert, so daß er, wenn es notwendig ist, die Aktivierung wartender Prozesse solange verzögern kann, bis der oder die entsprechenden Prozesse in die Warteschlange eingereiht werden. Es soll nun ein Beispiel angegeben werden, in dem diese Form der DECT-Operation für eine korrekte Funktionsweise unbedingt notwendig ist. Es handelt sich hierbei um eine Operation für die gleichzeitige Anforderung mehrerer (möglicherweise verschiedener) Betriebsmittel.

6.4.1 Mehrfache P-Operationen

Wie man in Kapitel 3 sehen konnte, wurde von einigen Autoren eine P-Operation vorgeschlagen, die gleichzeitig mehrere Semaphoren manipulieren kann (siehe die

Abschnitte 3.6, 3.8, 3.9 und 3.10). Dies hat den Vorteil, daß Verklemmungen vermieden werden können, wenn Prozesse mehrere Betriebsmittel gleichzeitig anfordern. In Abschnitt 3.12 wurde demonstriert, wie Reed und Kanodias *Eventcounts* und *Sequencers* (Reed und Kanodia 1979) benutzt werden können, um eine solche mehrfache P-Operation zu realisieren. In diesem Vorschlag wird die P-Operation in zwei Teile aufgespalten, wobei der erste Teil eine Reihenfolge von Prozessen für die Benutzung eines Betriebsmittels festlegt und der zweite Teil das eigentliche Warten durchführt. Diese Technik kann natürlich sehr einfach mit der oben beschriebenen Erweiterung der DECT-Operation nachgebildet werden. Eine P-Operation, die gleichzeitig zwei Semaphorvariablen manipulieren kann, sieht folgendermaßen aus:

```
procedure P-both(S,T);
var local1,local2: boolean;
    count1,count2: integer;
begin local1:=local2:=false;
      P(mutex);
      if DECT(S,count1)<0 then local1:=true;
      if DECT(T,count2)<0 then local2:=true;
      V(mutex);
      if local1 then SUSPEND(S_queue,count1);
      if local2 then SUSPEND(T_queue,count2);
end.
```

Die obige Lösung, die verklemmungs- und verhungerungsfrei ist, kann natürlich in der angegebenen Weise sehr leicht für mehr als zwei Semaphore verallgemeinert werden. Da sie auf der FIFO-Organisation der Semaphorwarteschlangen basiert, würde die gleiche Lösung mit der einfachen DECT-Operation nicht verklemmungsfrei sein. Um dies zu verdeutlichen, soll ein Beispiel mit zwei Prozessen P1 und P2 angegeben werden, die das gleiche Paar R1 und R2 von Betriebsmitteln (in umgekehrter Reihenfolge) anfordern, also

```
P1 führt aus:   P-both(R1,R2)
P2 führt aus:   P-both(R2,R1)
```

Angenommen, beide Betriebsmittel werden momentan von anderen Prozessen benutzt, dann könnte es passieren, daß P1 nach dem Warten und der Freigabe beider Betriebsmittel R1 und P2 R2 zugeteilt bekommt, so daß in der zweiten Wartephase die Prozesse aufeinander warten und somit eine Verklemmung entstanden ist. Mit der erweiterten Version der DECT-Operation kann diese Situation vermieden werden, weil durch den Semaphor mutex versichert wird, daß jeder Prozeß die beiden

Betriebsmittel zusammen anfordert und die die Aktivierungsreihenfolge bestimmenden Zähler der DECT-Operation ebenfalls zusammen zugeteilt werden. Damit wird der Prozeß, der beide Betriebsmittel zuerst anfordert, unabhängig von dem Zeitpunkt der Einreihung in die Warteschlangen als erster Prozeß die Gelegenheit haben, beide Betriebsmittel zu benutzen.

6.4.2 Verhältnis zu Eventcounts und Sequencers

Wie das obige Beispiel zeigt, hat eine erweiterte DECT-Operation eine gewisse Verwandtschaft mit der von Reed und Kanodia vorgeschlagenen TICKET-Operation (siehe Abschnitt 3.12). Tatsächlich können alle Operationen auf Eventcounts und Sequencers mit den DECT/TINC-Operationen implementiert werden. Die TICKET-Operation wird simuliert, indem eine erweiterte DECT-Operation auf eine mit Null initialisierte Semaphorvariable, die als Sequencer fungiert, ausgeführt wird. (Eine möglicherweise elegantere Alternative würde eine Erweiterung der TINC-Operation sein, die den Wert der Integervariable zurückliefert, bevor die Inkrementierung stattfindet). Die Funktionsweise der TICKET-Operation kann auch dadurch simuliert werden, in dem die Anweisung x:=RepAdd(S,1) ausgeführt wird. Allerdings entspricht dies nicht genau der TICKET-Semantik, da x den Wert nach der Inkrementierung erhält, während bei einer Operation x:=TICKET(S) der Wert von S vor der Inkrementierung an x zugewiesen wird. Die ADVANCE-Operation kann direkt durch eine TINC-Operation auf eine als Eventcount dienende Integervariable implementiert werden, und die Operation READ wird einfach durch das Lesen eines Eventcounts implementiert. Wie in Reed und Kanodias Vorschlag kann die AWAIT-Operation einfach in Form einer Schleife unter Benutzung von READ implementiert werden.

Aufgrund der oben beschriebenen Implementierungsmöglichkeit ist es klar, daß alle Synchronisationsprobleme, die mit Eventcounts und Sequencers gelöst werden können, auch durch die DECT/TINC-Operationen lösbar sind. Allerdings haben Lösungen mit Eventcounts und Sequencers die Nachteile, daß die AWAIT-Operation entweder in dem aktiven Warten von Prozessen resultiert, oder daß jede ADVANCE-Operation den Prozeßscheduler über den neuen Wert eines Eventcounts informieren muß, so daß ein zeitraubender Aufruf an den Betriebssystemkern notwendig ist. Aus diesem Grund werden äquivalente Lösungen mit den DECT/TINC-Operationen oft effizienter sein, wie es im vorhergehenden Abschnitt an der P-both-Operation demonstriert werden konnte. In diesem Fall existiert weder das aktive Warten, noch ist ein Kernaufruf notwendig, wenn die Betriebsmittel sofort verfügbar sind.

6.5 Zusammenfassung

Anhand einer Reihe von Problemstellungen konnte festgestellt werden, daß die allgemein akzeptierte Auffassung, P und V als einzige Operationen zur Manipulation von Semaphoren zuzulassen, zu restriktiv ist. Aus diesem Grund wurden weitere, primitivere Semaphoroperationen angegeben, die zusätzlich zu den P/V-Operationen benutzt werden können, um Lösungen zu einigen Synchronisationsproblemen zu vereinfachen und effizienter zu gestalten. Diese Operationen sind ausreichend flexibel, um sowohl auf der Maschinenebene (Ebene 1), als auch auf der Benutzerebene (Ebene 3) verwendet werden zu können, um insbesondere in Fällen, wo ein Mechanismus der Ebene 3 unbefriedigende Lösungsresultate liefert, als Zusatz zu diesem zur Verfügung zu stehen.

Zwei solche nützliche Semaphor-Operationen sind die bereits in Abschnitt 2.7 beschriebenen, unteilbaren Hardwareinstruktionen TEST-AND-INCREMENT(TINC) und DECREMENT-AND-TEST(DECT). Diese beiden Operationen können nicht nur zur Implementierung der P/V-Operationen (siehe Abschnitt 3.4) nutzbringend eingesetzt werden, sondern können auch Verwendung finden, um effiziente Lösungen für eine Reihe von Synchronisationsproblemen zu produzieren: Semaphoroperationen mit Benutzerscheduling, Probleme mit Klassen von Prozessen, das Problem des kritischen Blockausgangs und ein Mechanismus zur gleichzeitigen Anforderung mehrerer (möglicherweise verschiedener) Betriebsmittel.

Eine gemeinsames Charakteristikum aller dieser Lösungen ist die Tatsache, daß Betriebssystemkernaufrufe nur stattfinden müssen, wenn eine Warteschlangenoperation unbedingt notwendig ist. In einigen Fällen sind die vorgeschlagenen Lösungen außerdem einfacher als äquivalente Semaphorlösungen. Überdies wurde demonstriert, daß eine Implementierung von Eventcounts und Sequencers mit den DECT/TINC-Operationen und der Rep/Add-Instruktion möglich ist.

Einige weitere Problemstellungen konnten durch die Verwendung zusätzlicher Semaphoroperationen verbessert werden. Solche Operationen wie das Lesen eines Semaphorwertes und die Ausführung einer P-Operation nur dann, wenn diese nicht in einem Wartezustand resultieren würde, konnten nutzbringend eingesetzt werden, um die in vielen Problemen verwendeten Zählvariablen gänzlich zu eliminieren und dadurch den Code zu vereinfachen. Demonstriert wurde dies an der Implementierung von Hoares wait- und signal-Operationen und Kammerers ausschließenden Regionen, sowie einer Verallgemeinerung eines Leser/Schreiberproblemtyps.

In dem nun folgenden Kapitel 7 sollen, der bereits aufgezeigten Motivation aus Kapitel 5 folgend, Mechanismen vorgestellt werden, die für eine bestimmte Problemklasse besonders geeignet sind. Nachdem in Kapitel 5 ein Mechanismus für die Belegung eines Betriebsmittels aus einer Klasse von identischen Betriebsmitteln vorgestellt und in Kapitel 6 ein Mechanismus zur gleichzeitigen Anforderung mehrerer (möglicherweise verschiedener) Betriebsmittel präsentiert wurde, soll nun eine weitere wichtige Problemklasse behandelt werden, nämlich das Problem des Zugriffs von Prozessen auf ein Betriebsmittel aufgrund verschiedener Prioritäten.

KAPITEL 7
Mechanismen zur Lösung
von Prioritätsproblemen

7.1 Einleitung

Um die Erstellung von Lösungen zu bestimmten Problemklassen zu vereinfachen und übersichtlich gestalten zu können, wurde in Kapitel 5 angeregt, eine beschränkte Anzahl von Mechanismen zur Verfügung zu stellen, die speziell auf jeweils eine bestimmte Problemklasse zugeschnitten sind. Diese Mechanismen sollten zwecks der Benutzerfreundlichkeit leicht in eine höhere Programmiersprache eingebracht werden können, aber gleichzeitig leistungsfähig, möglichst direkt auf der Maschinenebene, implementierbar sein. Es handelt sich also um Mechanismen, mit denen bestimmte Problemklassen sowohl sehr einfach auf der Ebene 3 gelöst werden, als auch sehr effizient (im Mikrocode) auf der Ebene 1 implementiert werden können, um die Unzulänglichkeiten vieler in den Kapiteln 2-4 vorgestellter Mechanismen wegen ihrer Intention, universell bei der Lösung verschiedenartiger Problemtypen einsetzbar zu sein, zu vermeiden. Natürlich wäre es dabei unsinnig, einen speziellen Mechanismus für jedes mögliche Problem zu entwickeln. Vielmehr sollen die bei der Auflistung der häufigsten Synchronisationsprobleme in Kapitel 1 identifizierten Problemklassen unterstützt werden. Diese Problemklassen sollen nun in Erinnerung gerufen werden. Es sind dies:

(a)   der gegenseitige Ausschluß

(b)   die gleichzeitige Anforderung mehrerer, möglicherweise verschiedener Betriebsmittel

(c)   die Reihenfolgesteuerung von Prozessen aufgrund verschiedener Prioritäten

(d)   der gleichzeitige Zugriff mehrerer Prozesse in einer Klasse von Prozessen auf ein Betriebsmittel

(e)   die Anforderung eines Betriebsmittels aus einer Betriebsmittelklasse mit identischen Betriebsmitteln

(f)   die Kommunikation von Prozessen im Falle eines notwendigen Informationsaustausches

Wie man bereits in Kapitel 3 sehen konnte, ist Dijkstras Semaphormechanismus mit der zusätzlichen Möglichkeit einer effizienten Implementierung ein ideales Mittel zur Erstellung von einfachen Lösungen für bestimmte Problemklassen, nämlich der Klassen (a) und (f) (siehe die Lösung zum Produzenten/Konsumentenproblem in Abschnitt 3.4), während die Klassen (b)-(e) nur unbefriedigend unterstützt werden können. Aus diesem Grund erscheint die Entwicklung spezieller semaphorartiger Mechanismen für diese vier Problemklassen als Ergänzung zu den P/V-Operationen berechtigt, und die in Kapitel 5 vorgestellten Set-Semaphore und Reader/Writer-Semaphore versuchen, hier Abhilfe zu schaffen. Während der Mechanismus der Set-Semaphore speziell für die Problemklasse (e) geeignet ist, sind die Reader/Writer-Semaphore allerdings zu sehr auf ein einzelnes Problem spezialisiert, das nur mit dem sehr häufigen Auftreten dieses Problems im Entwurf von Betriebssystemen gerechtfertigt werden kann. Da die Leser/Schreiber-Problematik eine Zusammensetzung der Problemklassen (c) und (d) darstellt, wäre es deshalb sinnvoller, speziell diese beiden Klassen durch geeignete Mechanismen zu unterstützen, so daß das Leser/Schreiberproblem lediglich als ein Spezialfall enthalten wäre. Während die in Kapitel 6 beschriebenen PP/VV-Operationen für die Problemklasse (d) geeignet sind, steht die Entwicklung eines Mechanismus für die Klasse (c) noch aus. Wenn man die ebenfalls in Kapitel 6 vorgestellte Pboth-Operation für die Problemklasse (b) in Betracht zieht, dann würde der Entwurf eines Mechanismus für die Reihenfolgesteuerung von Prozessen aufgrund verschiedener Prioritäten das Bereitstellen einer Menge von geeigneten Mechanismen zur effizienten Unterstützung aller Problemklassen (a)-(f) vervollständigen. Ein solcher Mechanismus, die sogenannten *Scheduling-Semaphore*, soll in dem nun folgenden Abschnitt 7.2 vorgestellt werden. Ein alternativer Mechanismus für die Problemklasse (c), die sogenannten *Prioritäten-Semaphore*, die zusätzlich auch die Klasse (d) miteinbeziehen, wird dann im Abschnitt 7.3 präsentiert.

7.2 Scheduling-Semaphore

7.2.1 Frühere Lösungen für Prioritätsprobleme

In Bezug auf Probleme, die die Steuerung der Ausführungsreihenfolge von Prozessen betreffen, sind Dijkstras P/V-Operationen lediglich befriedigend dazu geeignet, zu gewährleisten, daß zu jedem Zeitpunkt nur ein Prozeß den kritischen Abschnitt ausführt. Wenn man einen Initialisierungswert von 1 für einen Semaphor annimmt, dann "verbietet" die P-Operation allen Prozessen, außer dem ersten, fortzufahren, während die V-Operation einen einzelnen Prozeß (falls einer wartet) von der Bedingung, die zum Fortsetzungsverbot führte, "befreit". In ähnlicher Weise sind die in Kapitel 6 vorgestellten PP/VV-Operationen dazu geeignet, zu garantieren, daß eine Klasse von Prozessen einen kritischen Abschnitt gleichzeitig ausführen kann, während Prozesse anderer Klassen ausgeschlossen werden. Diese beiden Arten von Semaphoroperationen kann man deutlich in der von Courtois, Heymans und Parnas (1971) vorgestellten Lösung für das Leser/Schreiberproblem mit Leserpriorität (Problem 1.4.10.2) erkennen, die im folgenden wiedergegeben werden soll:

```
integer   readcount (initially=0);
semaphore mutex, w  (initially=1);


Leser                          Schreiber


P(mutex);
readcount:=readcount+1;
if readcount=1 then P(w);
V(mutex);                      P(w);
--Lesen--                      --Schreiben--
P(mutex);                      V(w);
readcount:=readcount-1;
if readcount=0 then V(w);
V(mutex);
```

Der Code für die Leser besteht aus den PP/VV-Operationen, und der Schreibercode ist einfach ein P/V-Paar. Die auf den Semaphor w angewandten P-Operationen gewährleisten, daß ein Schreiber während seines Schreibvorgangs allen anderen Schreibern sowie allen Lesern verbietet, auf die Datenbank zuzugreifen und daß ein Leser oder eine Klasse von Lesern alle Schreiber während des Lesen am Ändern der Datenbank hindert. Wenn jedoch bei der Ausführung einer V(w)-Operation durch einen Schreiber sowohl Leser als auch Schreiber warten, dann ist es ungewiß, welcher Prozeß als nächster fortfährt (wenn man, wie es üblich ist, annimmt, daß keine Prioritäten in die V-Operation eingebaut sind).

Um die Leserpriorität in der obigen Lösung tatsächlich zu erhalten, ist es notwendig, einen weiteren Semaphor einzuführen:

```
integer    readcount       (initially=0);
semaphore mutex, w, extra (initially=1);


Leser                          Schreiber


P(mutex);
readcount:=readcount+1;
if readcount=1 then P(w);      P(extra);
V(mutex);                      P(w);
```

```
--Lesen--                    --Schreiben--
P(mutex);                    V(w);
readcount:=readcount-1;      V(extra);
if readcount=0 then V(w);
V(mutex);
```

In dieser Lösung wird durch eine P-Operation auf den zusätzlichen Semaphor extra gewährleistet, daß Schreiber nur bei der P(w)-Operation warten, wenn keine anderen Schreiber existieren. Schreiber verbieten also anderen Schreibern die Fortsetzung, bevor sie mit Lesern um die Benutzung der Datenbank konkurrieren.

Während diese Lösung noch relativ verständlich ist, stellt sich eine Lösung für den Fall der Schreiberpriorität (Problem 1.4.10.3) als komplexer heraus. Die von Courtois, Heymans und Parnas (1971) vorgeschlagene Lösung ist im folgenden dargestellt:

```
integer    readcount, writecount        (initially=0);
semaphore mutex1, mutex2, mutex3, w, r (initially=1);
```

```
Leser                        Schreiber

P(mutex3);                   P(mutex2);
P(r);                        writecount:=writecount+1;
P(mutex1);                   if writecount=1 then P(r);
readcount:=readcount+1;      V(mutex2);
if readcount=1 then P(w);    P(w);
V(mutex1);
V(r);
V(mutex3);


--Lesen--                    --Schreiben--

P(mutex1);                   V(w);
readcount:=readcount-1;      P(mutex2);
if readcount=0 then V(w);    writecount:=writecount-1;
V(mutex1);                   V(mutex2);
```

Der Grund für diese erhöhte Komplexität ist darin zu finden, daß Semaphore zwar geeignet sind, andere Prozesse an deren Fortsetzung zu hindern, aber nicht direkt von einer Klasse von Prozessen benutzt werden können, um anderen Klassen von Prozessen die Ausführung zu verbieten. (Dies ist auch die Begründung, warum die

PP/VV-Operationen sowohl im Leser-, als auch im Schreibercode benutzt werden, obwohl in der Formulierung des Problems nur die Leser eine Klasse bilden, die die Datenbank gemeinsam benutzen). Es scheint, als ob gerade solche Lösungen zu der Ansicht geführt haben, daß Dijkstras Semaphoroperationen zu "primitiv" für eine befriedigende Benutzung sind und deshalb durch höhere Synchronisationskonstrukte ersetzt werden sollten. Wenn man sich allerdings die Lösung des Leser/Schreiberproblems durch Pfad-Ausdrücke (Campbell und Habermann 1974) in Erinnerung ruft (siehe Abschnitt 4.4), dann kann man leicht feststellen, daß auch die Mechanismen der Ebene 3 nicht unbedingt benutzerfreundlicher sind.

Obwohl das Leser/Schreiberproblem als Beispiel eines Problems zur Steuerung der Ausführungsreihenfolge (von Klassen) von Prozessen aufgrund verschiedener Prioritäten durch die bereits in Kapitel 5 vorgestellten Reader/Writer-Semaphore effizient gelöst werden kann, ist dieser Mechanismus, wie bereits in der Einleitung angedeutet, zu sehr ausschließlich spezialisiert auf ein einziges Problem. Es sollen daher nun Operationen beschrieben werden, die ein größeres Spektrum an Problemen lösen, nämlich die Klasse der Probleme, die in Punkt (c) der Einleitung zusammengefaßt sind.

7.2.2 Die neuen Benutzermakros

Das Ziel des Vorschlages ist es, sicherzustellen, daß ein Prozeß oder eine Klasse von Prozessen Prozesse aus anderen Klassen, die einen kritischen Abschnitt später als sie erreichen, solange an der Ausführung dieses kritischen Abschnitts hindern, bis der verbietende Prozeß oder die verbietende Prozeßklasse es wieder gestattet. Falls eine solche Freigabe erst dann erfolgt, wenn alle Prozesse der verbietenden Klasse den kritischen Abschnitt beendet haben, wird dadurch eine Reihenfolgesteuerung von Prozessen nach Prioritäten erreicht. Dazu werden die drei folgenden Makros vorgeschlagen:

INHIBIT(x):   Hiermit sperrt ein Prozeß höherer Priorität die Prozesse einer niedrigeren Prioritätsklasse x

RELEASE(x):   Hiermit gibt ein Prozeß höherer Priorität die Prozesse einer niedrigeren Prioritätsklasse frei

INHIBITCHECK(x):   Hiermit prüft ein Prozeß niedrigerer Priorität, ob er weiterlaufen kann oder ob er warten muß, da ein Prozeß höherer Priorität die Klasse x bereits gesperrt hat.

7.2.3 Beispiele

Mit den oben angegebenen Makros kann sehr leicht eine Lösung für das Le-
ser/Schreiberproblem mit Schreiberpriorität formuliert werden:

```
schedulingsemaphore readers;
semaphore           database   (initially=1);
                    preliminary (initially=1);
                    readcount   (initially=0);


Leser                        Schreiber


P(preliminary);              INHIBIT(readers);
INHIBITCHECK(readers);
if TINC(readcount)=0
   then P(database);         P(database);
V(preliminary);


-Lesen-                      -Schreiben-


if DECT(readcount)=0
   then V(database);         V(database);
                             RELEASE(readers);
```

Im Lesercode sind die üblichen PP/VV-Operationen noch enthalten (in der in Kapitel 6 beschriebenen effizienten Version), da die Leser zu mehreren den kritischen
Abschnitt betreten können und somit nur der erste Leser die P(database)-Opera-
tion ausführen muß. Die Schreiber sperren durch die INHIBIT-Operation die Leser
an der frühest möglichen Stelle, um zu gewährleisten, daß so viele Leser wie möglich
angehalten werden. Entsprechend führen die Leser so spät wie möglich (d.h. im
PP-Makro) mit INHIBITCHECK die Prüfung durch, ob ein Schreiber im kritischen
Abschnitt ist. Es ist bemerkenswert, daß jeder Schreiber ein INHIBIT/RELEASE-
Paar ausführt. Dies impliziert, daß ein Zähler existieren muß, der die Anzahl
von INHIBIT-Operationen minus RELEASE-Operationen zählt. Nur wenn dieser
Zähler Null ist, können die Leser die INHIBITCHECK-Operation passieren. Prinzipiell würde es möglich sein, die Lösung so zu gestalten, daß nur der erste/letzte
Schreiber ein INHIBIT/RELEASE ausführt, aber man wird in weiteren Beispielen
sehen, daß diese Möglichkeit andere Lösungen unnotwendigerweise komplizieren
würde.

Obwohl diese Lösung garantiert, daß sobald ein Schreiber existiert, keine neu hinzukommenden Leser mit dem Lesen beginnen können, kann sie nicht gewährleisten,

daß ein Leser, der die INHIBITCHECK-Operation bereits passiert hat, angehalten wird. Dasselbe gilt allerdings auch für die Semaphorlösung, und nur ein Mechanismus mit explizitem Scheduling kann dies vermeiden.

Es gibt allerdings in dieser Lösung eine problematische Situation, die bei der Semaphorlösung nicht auftritt: wenn nämlich der als erster ankommende Leser die INHIBITCHECK-Operation passiert, aber noch nicht P(database) ausgeführt hat, können mehrere Schreiber eintreffen, die die INHIBIT(readers)-Operation ausführen. Der erste dieser Schreiber könnte nun P(database) passieren und in den kritischen Abschnitt gelangen. Angenommen, jetzt würde der Leser P(database) ausführen und daraufhin die restlichen Schreiber, so warten sowohl ein Leser als auch mehrere Schreiber in der database zugeordneten Warteschlange. Bei der Ausführung von V(database) durch den ersten Schreiber ist jetzt nicht mehr gewährleistet, daß ein weiterer wartender Schreiber vor dem wartenden Leser aktiviert wird (wenn man die FIFO-Organisation der Warteschlange voraussetzt, würde jetzt nämlich der Leser "aufgeweckt" werden). Dies bedeutet, daß die Prioritätsbedingungen nicht eingehalten werden.

Die beschriebene Problematik kann nur behoben werden, wenn der Leser und die Schreiber in verschiedenen Warteschlangen suspendiert werden und dies bei der Aktivierung entsprechend berücksichtigt wird. Folglich wäre also eine Modifikation der P/V-Operationen notwendig, die folgendermaßen skizziert werden kann:

Die Operation P(database) würde sein

<u>für die Leser:</u>

```
if DECT(database)<0 then SUSPEND(readerqueue)
```

<u>für die Schreiber:</u>

```
if DECT(database)<0 then begin
                    DECT(writer);
                    SUSPEND(writerqueue);
                    end;
```

Die Operation V(database) würde lauten

<u>für beide:</u>

```
if TINC(database)<0 then begin
                         if TRYINC(writer)
                            then ACTIVATE(writerqueue)
                            else ACTIVATE(readerqueue);
                         end;
```

Die Operation V(database) macht von der in Abschnitt 6.3.4 beschriebenen Technik eines bedingten Aktivierens Gebrauch, da nämlich ein ACTIVATE(writerqueue) nur dann stattfindet, wenn ein als Zähler fungierender Semaphor writer in der P-Operation der Schreiber durch die DECT(writer)-Operation dekrementiert wurde und somit die Existenz von mindestens einem wartendem Schreiber anzeigt. Deshalb wird in der V-Operation durch eine TRYINC-Operation getestet, ob writer kleiner als 0 ist (initially writer=0). Wenn dies der Fall ist, wird nach der Erhöhung von writer (in TRYINC(writer)) ein ACTIVATE(writerqueue) ausgeführt. Dies erfolgt so oft, wie es wartende Schreiber gibt. Erst wenn die Warteschlange writerqueue leer ist, werden wartende Leser aktiviert. In der P-Operation für die Leser ist kein Zähler notwendig, da die Existenz von wartenden Lesern bereits dadurch angezeigt wird, daß TINC(database)<0 (und TRYINC(writer)=false). Obwohl die Korrektheit der Lösung gewährleistet ist, wenn diese modifizierten P/V-Operationen vorausgesetzt werden, ist es fraglich, ob dieser Ansatz die eleganteste Lösungsmethode ist. Auf diese Fragestellung wird daher im Abschnitt 7.3 näher eingegangen.

Anstatt sich auf die zwei Prioritätsklassen des Leser/Schreiberproblems zu beschränken, soll nun versucht werden, das Problem auf drei Prioritätsklassen zu erweitern (dies ist ein Spezialfall des Problems 1.4.5 mit k=3). Die Lösung sieht dann folgendermaßen aus:

```
schedulingsemaphore low, med;
semaphore            resource (initially=1);
```

LOW	MEDIUM	HIGH
INHIBITCHECK(low);	INHIBIT(low);	INHIBIT(low);
	INHIBITCHECK(med);	INHIBIT(med);
P(resource);	P(resource);	P(resource);
-Krit.Absch.-	-Krit.Absch.-	-Krit.Absch.-
V(resource);	V(resource);	V(resource);
		RELEASE(med);

RELEASE(low);   RELEASE(low);

In dieser Lösung wird angenommen, daß der Zugriff auf das Betriebsmittel nur exklusiv für alle Prozesse erfolgen kann, aber wenn die P/V-Paare durch PP/VV-Operationen ersetzt werden, können alle Prozesse einer Prioritätsklasse das Betriebsmittel gemeinsam benutzen. Man sieht hier, daß die vorgeschlagenen Makros einfach zu benutzen sind, um andere Prozeßklassen an einem bestimmten Punkt zu sperren.

Dieses Beispiel verdeutlicht, warum es einfacher ist, INHIBITS und RELEASES zu zählen, anstatt jeweils nur ein INHIBIT/RELEASE-Paar vom ersten/letzten Prozeß einer Prioritätsklasse ausführen zu lassen. Dies würde nämlich zur Folge haben, daß entweder die Klassen MEDIUM und HIGH sich beim Sperren der LOW-Prozesse koordinieren müssten, oder LOW-Prozesse zwei INHIBITCHECKS zu passieren hätten.

Analog zum Leser/Schreiberproblem muß auch in diesem Beispiel die Existenz spezieller P/V-Operationen mit verschiedenen Warteschlangen vorausgesetzt werden, da sonst nicht gewährleistet werden kann, daß im Fall von mehreren wartenden Prozessen aus verschiedenen Prioritätsklassen (bei P(resource)) immer der Prozeß mit der höchsten Priorität aktiviert wird. Weiterhin fällt bei der Lösung auf, daß mit zunehmender Priorität die Anfangsprotokolle immer länger werden und somit wegen der Unterbrechbarkeit auch die Wahrscheinlichkeit steigt, daß sich Prozesse niedrigerer Prioritätsklassen "dazwischenschieben". Allerdings könnte dies durch eine INHIBIT-Operation, unteilbar angewendet auf mehrere Scheduling-Semaphore, vermieden werden. Natürlich wird die Einfachheit der Lösung durch die Notwendigkeit spezieller P/V-Operationen etwas herabgemindert. Wie bereits beim Leser/Schreiberproblem angedeutet, soll eine elegante Lösungsmethode, die nicht unter der zur Diskussion stehenden Problematik leidet, in Abschnitt 7.3 vorgestellt werden.

Die vorgeschlagenen Benutzermakros können nicht nur bei der Lösung von Prioritätsproblemen eingesetzt werden, sondern sind auch geeignet, um andere Problemtypen einfach zu lösen. Ein Beispiel ist das Problem des kritischen Blockausganges (Problem 1.4.16), welches dem Problemtyp des Informationsaustausches zwischen Prozessen zuzuordnen ist. Der Zweck der Steuerung ist hierbei, zu gewährleisten, daß ein Prozeß ("Vater"), der andere Prozesse in einem bestimmten Block oder einer bestimmten Prozedur kreiert ("Söhne"), nicht aus diesem Block austritt, bis alle Söhne terminiert sind (weil sie möglicherweise Zugriff zu in diesem Block deklarierten Variablen haben). Die Lösung ist sehr einfach:

```
schedulingsemaphore exit;

   Vater                                  Söhne


for each process creation
do begin INHIBIT(exit);
        -Prozeß kreieren-
   end
                                   on termination:
                                       RELEASE(exit);
                                       -Prozeß löschen-
on block exit:
   INHIBITCHECK(exit);
```

Der Vaterprozeß führt bei jeder Prozeßkreierung eine INHIBIT(exit)-Operation
aus. Beim Blockausgang prüft er mit INHIBITCHECK, ob alle Sohnprozesse den
Block verlassen haben. Diese Prüfung fällt aber nur dann positiv aus, wenn alle
erzeugten Söhne den Block verlassen und genau so oft eine RELEASE-Operation
ausgeführt wurde, wie der Vaterprozeß INHIBITS ausgeführt hat.

Eine weitere Anwendung der neuen Benutzermakros basiert auf der Eigenschaft
der INHIBITCHECK-Operation, rein der Beobachtung von Ereignissen zu dienen.
Folglich ist es relativ leicht, das von Reed und Kanodia (1979) eingeführte, "sichere" Leser/Schreiberproblem (Problem 1.4.10.5) zu lösen:

```
integer             counter1,counter2 (initially=0);
semaphore           database          (initially=1);
schedulingsemaphore readers;


Leser                              Schreiber


integer check;
repeat INHIBITCHECK(readers);      INHIBIT(readers);
       check:=counter2;            TINC(counter1);
                                   P(database);

       -Lesen-                     -Schreiben-
                                   V(database);
                                   TINC(counter2);
until check=counter1;              RELEASE(readers);
```

Ähnlich wie bei der Lösung dieses Problems durch die READ- und AWAIT-Operationen der Eventcounts und Sequencers (siehe Abschnitt 3.12) wird die INHIBITCHECK-Operation hier verwendet, um zu beobachten, ob ein Schreiber während eines Lesevorganges Änderungen in der Datenbank vorgenommen hat. Zu diesem Zweck wird außerdem die in Kapitel 6 vorgestellte TINC-Operation äquivalent zu Reed und Kanodias ADVANCE-Operation benutzt, um eine Variable counter1 vor dem Eintritt in den kritischen Abschnitt und eine Variable counter2 nach Beendigung des Schreibvorganges zu inkrementieren. Ein Leser prüft nach dem Verlassen des kritischen Abschnitts diese beiden Variablen auf Gleichheit ab, bei Ungleichheit muß er seinen Lesevorgang wiederholen. (Wenn wie in diesem Problem nur die TINC-Operation zum Hochzählen benutzt wird (d.h. kein DECT vorhanden ist), muß man eventuell auftretende Überläufe beachten). Das INHIBITCHECK ist die einzige Synchronisationsoperation, die die Leser benutzen können, deshalb kann ein Schreiber in seinem Ablauf niemals durch einen Leser beeinflußt werden. Leser können nicht mit dem Lesen beginnen oder nicht wiederholen, während ein Schreiber aktiv ist.

Nach Ansicht des Autors ist die obige Lösung einfacher zu verstehen als die Lösung von Reed und Kanodia. Es ist nun noch zu demonstrieren, ob die vorgeschlagenen Makros effizient implementiert werden können. Darauf soll im folgenden Abschnitt eingegangen werden.

7.2.4 Implementierung

Die folgende Implementierung basiert auf dem Prinzip, daß die Prozeßschedulerroutinen im Betriebssystemkern nur aufgerufen werden, wenn eine Warteschlangenoperation tatsächlich erforderlich ist, um den Aufrufaufwand auf ein Minimum zu reduzieren.

Um dieses Ziel zu erreichen, wird eine in ein Benutzerprogramm eingebettete Datenstruktur für ein Scheduling-Semaphor vorgeschlagen, die aus zwei Feldern besteht:

<table>
<tr><td>I</td><td>P</td></tr>
</table>

Abb. 7.1: *Datenstruktur für Scheduling-Semaphor*

Das erste Feld (I) ist ein Zähler, der die Differenz von INHIBIT- minus RELEASE-Operationen anzeigt. Wenn I=0 ist, dann ist der Semaphor nicht gesperrt. Das

zweite Feld (P) enthält einen Zähler, der die Anzahl von wartenden Prozessen
zählt (wenn I>0). Drei unteilbare Maschineninstruktionen manipulieren die Datenstruktur:

```
type schedulingsemaphore=record
                          I:integer (initially=0);
                          P:integer (initially=0);
                   end;


instruction LOCK(s:schedulingsemaphore);

begin s.I:=s.I+1; end;


instruction UNLOCK(s:schedulingsemaphore;
                   var conditioncode:boolean;
                       pc:integer);

begin s.I:=s.I-1;
      if s.I=0 and s.P>0
         then begin
              conditioncode:=true;
              pc:=s.P;
              s.P:=0;
              end
         else conditioncode:=false;
end;


instruction LOCKED(s:schedulingsemaphore;
                   var conditioncode:boolean);

begin if s.I>0
         then begin
              conditioncode:=true;
              s.P:=s.P+1;
              end
         else conditioncode:=false;
end;
```

Diese drei Instruktionen werden kombiniert mit den üblichen SUSPEND- und ACTIVATE-Routinen des Prozeßschedulers, um die vorgeschlagenen Makros zusammenzubauen. In diesem Sinne ist die Implementierung analog zur Implementierung der P/V-Operationen durch die TINC/DECT-Operationen. Allerdings könnte die ACTIVATE-Routine erweitert werden, um dem Aufrufenden zu gestatten, eine genaue Anzahl von zu aktivierenden Prozessen zu spezifizieren, wie man es bereits in analoger Weise bei den in Kapitel 5 beschriebenen Reader/Writer-Semaphoren kennengelernt hat. Dies reduziert den Aufrufaufwand, wenn mehrere gesperrte Prozesse aktiviert werden müssen. Die Makros INHIBIT, INHIBITCHECK und RELEASE können dann folgendermaßen programmiert werden:

```
macro INHIBIT(x:schedulingsemaphore);
     begin LOCK(x); end;


macro RELEASE(x:schedulingsemaphore);
     var cc:boolean;
         n :integer;
     begin UNLOCK(x,cc,n);
          if cc then ACTIVATE(x_queue,n);
     end;


macro INHIBITCHECK(x:schedulingsemaphore);
     var cc:boolean;
     begin LOCKED(x,cc);
          if cc then SUSPEND(x_queue);
     end;
```

Im Makro INHIBIT wird die Instruktion LOCK ausgeführt, die lediglich das Feld I des Scheduling-Semaphors inkrementiert. Die INHIBITCHECK-Operation besteht aus einem Aufruf der Instruktion LOCKED; wenn bereits ein INHIBIT ausgeführt wurde (x.I>0), dann wird ein Condition-Code gesetzt, um anzuzeigen, daß die SUSPEND-Routine aufgerufen werden muß. Das Feld P wird dann inkrementiert, um die Anzahl von wartenden Prozessen zu notieren. Falls vor der Ausführung von INHIBITCHECK noch kein INHIBIT erfolgt ist, wird lediglich der Condition-Code auf false gesetzt, da der aufrufende Prozeß weiterlaufen kann. Im RELEASE-Makro wird die Instruktion UNLOCK aufgerufen. Falls die Anzahl der RELEASE-Aufrufe der Anzahl der INHIBIT-Aufrufe entspricht (x.I=0) und wartende Prozesse existieren (x.P>0), wird der Condition-Code gesetzt, um anzuzeigen, daß die ACTIVATE-Routine aufgerufen werden muß. Die Anzahl der zu aktivierenden Prozesse wird durch den Parameter pc (pc:=x.P) an die ACTIVATE-Routine übergeben und anschließend auf Null gesetzt. Falls die Anzahl der RELEASES ungleich der INHIBITS ist oder es keine wartenden Prozesse gibt, wird der Condition-Code auf false gesetzt. Es müssen keine Prozesse aktiviert werden.

Vom Gesichtspunkt des Prozeßschedulers ist es nicht notwendig, zwischen normalen Semaphorwarteschlangen und Scheduling-Semaphor-Warteschlangen zu unterscheiden (außer wenn in ACTIVATE eine genaue Anzahl von aufzuweckenden Prozessen angegeben wird). Es wird angenommen, daß die Routinen kommutativ sind, um Unterbrechungen in INHIBITCHECK zwischen LOCKED und SUSPEND durch eine dazwischen ausgeführte RELEASE-Operation zuzulassen.

Die beschriebene Implementierung ist klar effizient. Ein Scheduling-Semaphor kann leicht in einem einzelnen Wort eines 16 oder 32 Bit-Rechners implementiert werden, und die Maschineninstruktionen sind einfach mikrocodierbar. Wie schon bei den allgemeinen Semaphoren besteht auch hier der Vorteil der Implementierung darin, daß die Kernroutinen nur dann aufgerufen werden, wenn ein Prozeß in eine Warteschlange eingereiht oder aus einer Warteschlange herausgenommen werden muß. Natürlich ist es auch möglich, die Operationen ganz im Betriebssystemkern zu implementieren, wenn es keine Möglichkeit zur Mikrocodierung gibt. Eine Mikrocode-Implementierung der Scheduling-Semaphore für den ICL-Rechner PERQ ist ausführlich beschrieben in (Glumpler 1984).

Der nächste Abschnitt beschreibt, wie bereits angedeutet, einen alternativen Mechanismus für Prioritätsprobleme, die sogenannten *Prioritäten-Semaphore.*

7.3 Prioritäten-Semaphore

7.3.1 Die neuen Benutzermakros

Die im vorhergehenden Abschnitt beschriebenen Scheduling-Semaphore lösen Prioritätsprobleme nur korrekt, wenn die Existenz von speziellen P/V-Operationen, die die verschiedenen Prioritätsklassen in verschiedenen Warteschlangen suspendieren, vorausgesetzt wird. Aus Benutzer- und Prozeßschedulersicht ist ein solcher Ansatz nicht unbedingt befriedigend, weil die Eleganz der Lösungen und die Einfachheit der Implementierung dadurch beeinträchtigt werden. Es ist deshalb wünschenswert, einen Mechanismus zur Verfügung zu stellen, der nicht unter der in den Beispielen des Abschnitts 7.2.3 beschriebenen Problematik leidet. Diese Problematik basierte auf der Tatsache, daß nicht garantiert werden kann, daß im Falle von mehreren wartenden Prozessen aus verschiedenen Prioritätsklassen immer der Prozeß mit der höchsten Priorität aktiviert wird. Der Grund für diese Situation findet sich darin, daß die Operationen zur Gewährleistung der Prioritätsbedingungen (INHIBIT/INHIBITCHECK bzw. RELEASE) von den Operationen zur Belegung eines Betriebsmittels (P bzw. V) getrennt sind. Eine Zusammenführung dieser beiden Operationstypen würde die zur Diskussion stehende Problematik verhindern und die Lösungen überdies beträchtlich vereinfachen. Zu diesem Zweck werden die folgenden, neuen Benutzermakros vorgeschlagen:

REQUEST(x,p): Hiermit fordert ein ausführender Prozeß mit der Priorität p ein Betriebsmittel x an.

LIBERATE(x):   Hiermit gibt ein ausführender Prozeß ein Betriebsmittel x frei.

7.3.2 Beispiele

In diesem Abschnitt soll nur ein Beispiel aufgeführt werden, das ausschließlich das Problem der Prioritätensteuerung von Prozessen beinhaltet. Es ist dies das Problem 1.4.4. Weitere Beispiele, die z.B. auch die gleichzeitige Benutzung eines Betriebsmittels betreffen, wie das Leser/Schreiberproblem, werden in Kapitel 8 präsentiert. Zum Vergleich soll nun das Problem 1.4.4 mit Dijkstras Semaphoroperationen gelöst werden:

1 sei die höchste, k die niedrigste Priorität. Die boolsche Variable busy gibt an, ob das Betriebsmittel benutzt wird (busy=true) oder nicht (busy=false).

```
boolean         busy                (initially=false);
boolean array   request(1..k)       (initially=false);
semaphore       mutex               (initially=1);
                sem_1,...,sem_k (initially=0);



Process i,   1<=i<=k
integer l (initially=1);

P(mutex);
if busy then begin
              request(i):=true;
              V(mutex);
```

```
                P(sem_i);
                end
        else begin
                busy:=true;
                V(mutex);
                end;
    -Benutzung des Betriebsmittels-
    P(mutex);
    while (l<=k) and not request(l) do l:=l+1;
    if l<=k then begin
                request(l):=false;
                V(sem_l);
                end
        else busy:=false;
    V(mutex);
```

Ein Prozeß, der das Betriebsmittel anfordert und es frei vorfindet (busy=false),
belegt es sofort (busy:=true). Ein zweiter ankommender Prozeß muß warten und
trägt seine Anforderung in das Feld **request** ein. Danach gibt er **mutex** frei, damit
weitere Prozesse ihre Anforderung eintragen können und hält sich mit P(sem_i)
selbst an. Beendet ein Prozeß seine Arbeit mit dem Betriebsmittel, so prüft er beginnend mit der höchsten Priorität, ob Anforderungen anderer Prozesse vorliegen.
Ist dies der Fall (l<=k), dann löscht er die eingetragene Anforderung und weckt
den entsprechenden Prozeß auf. Andernfalls signalisiert er mit **busy:=false**, daß
das Betriebsmittel frei ist.

Mit den neuen Benutzermakros läßt sich dieses Problem wesentlich einfacher lösen:

```
    prioritysemaphore resource;

    Process i, 1<=i<=k

    REQUEST(resource,i);
    -Betriebsmittelbenutzung-
    LIBERATE(resource);
```

Die Lösung ist trivial: mit **REQUEST** fordert ein Prozeß mit Priorität i das Betriebsmittel an, mit **LIBERATE** gibt er es nach der Benutzung wieder frei.

Das aufgezeigte Lösungsbeispiel besteht nur noch aus einem **REQUEST/LIBERATE**
Paar, so daß die Lösung aus Benutzersicht einen maximalen Grad an Einfachheit
aufweist. Die Semaphorlösung hingegen ist wesentlich komplexer. Es bleibt nun
noch zu zeigen, ob die vorgeschlagenen Makros effizient implementiert werden
können. Im nächsten Abschnitt soll darauf eingegangen werden.

7.3.3 Implementierung

Prinzipielle Beschreibung

Wie auch schon bei den Scheduling-Semaphoren sollen in der folgenden Implementierung die Prozeßschedulerroutinen nur aufgerufen werden, wenn eine Warteschlangenoperation tatsächlich erforderlich ist, damit der Aufrufaufwand minimiert wird.

Es wird deshalb eine in ein Benutzerprogramm eingebettete Datenstruktur für ein Prioritätensemaphor vorgeschlagen, die aus mehreren Feldern besteht:

OWNER	PROCESSES(1)	...	PROCESSES(maxclass)

Abb. 7.2: *Datenstruktur für Prioritäten-Semaphor*

Das erste Feld (OWNER) enthält die Identität der Prioritätsklasse des aufrufenden Prozesses. Wenn OWNER=0 ist, dann ist der Semaphor nicht gesperrt, da sich kein Prozeß im kritischen Abschnitt befindet. Die Felder PROCESSES(1)-PROCESSES(maxclass) sind Zähler, die die Anzahl von Prozessen jeder Prioritätsklasse zählen. Jeder Prioritätsklasse ist weiterhin eine Warteschlange zugeordnet. Zwei unteilbare Maschineninstruktionen manipulieren diese Datenstruktur:

```
const maxclass=maximum number of process classes
      maxproc=maximum number of processes in a class

type
prioritysemaphore=record
              OWNER: 0..maxclass (initially=0);
              PROCESSES: array(1..maxclass) of
                          0..maxproc (initially=0);
              end;
```

```
instruction PRIORITY-P(prsem:prioritysemaphore;
                       claimant:1..maxclass;
                       var conditioncode:boolean);
begin with prsem do
      begin
      if OWNER=0
         then begin
              OWNER:=claimant;
              conditioncode:=false;
              end
         else conditioncode:=true;
      PROCESSES(claimant):=PROCESSES(claimant)+1;
      end;
end;

instruction PRIORITY-V(prsem:prioritysemaphore;
                       var restart:1..maxclass;
                           conditioncode:boolean);

var i:integer;
begin with prsem do
      begin
      PROCESSES(OWNER):=PROCESSES(OWNER)-1;
      conditioncode:=false;
      OWNER:=0;
      i:=0;
      repeat i:=i+1;
             if PROCESSES(i)>0
                then begin
                     OWNER:=i;
                     restart:=i;
                     conditioncode:=true;
                     end;
      until i=maxclass or conditioncode;
      end;
  end;
```

Um die vorgeschlagenen Makros zu erhalten, werden diese beiden Instruktionen mit den üblichen SUSPEND und ACTIVATE-Routinen kombiniert. Die Makros RE-QUEST und LIBERATE werden dann folgendermaßen programmiert:

```
macro REQUEST(x:prioritysemaphore;p:1..maxclass);
var cc: boolean;
begin PRIORITY-P(x,p,cc);
      if cc then SUSPEND(p_queue);
end;

macro LIBERATE(x:prioritysemaphore);
var cc:boolean;
    p:integer;
begin PRIORITY-V(x,p,cc);
      if cc then ACTIVATE(p_queue);
end;
```

Im Makro REQUEST wird die Instruktion PRIORITY-P ausgeführt, in der zunächst
getestet wird, ob es bereits einen Prozeß im kritischen Abschnitt gibt. Ist dies
nicht der Fall (OWNER=0), dann wird im OWNER-Feld des Prioritätensemaphors die
Prioritätsklasse des aufrufenden Prozesses eingetragen (OWNER:=claimant) und
der Condition-Code auf false gesetzt, da der Prozeß in den kritischen Abschnitt
gelangen kann, ohne suspendiert zu werden. Falls der obige Test ergibt, daß
sich bereits ein Prozeß im kritischen Abschnitt befindet, wird der Condition-
Code auf true gesetzt. Unabhängig vom Ergebnis dieses Tests wird die Anzahl
der Prozesse der Prioritätsklasse des aufrufenden Prozesses um 1 erhöht. Wenn
der zurückgelieferte Condition-Code auf true gesetzt wurde, wird der Prozeß
durch den Aufruf der SUSPEND-Routine in die Warteschlange der aufrufenden Prioritätsklasse eingereiht.

Das Makro LIBERATE beginnt mit der Ausführung der Instruktion PRIORITY-V.
Dort wird die Anzahl der Prozesse der aufrufenden Prioritäsklasse um 1 verringert und der Condition-Code auf false gesetzt. In der darauf folgenden repeat-
Schleife werden die PROCESSES-Felder des Prioritäten-Semaphors in aufsteigender Reihenfolge beginnend bei PROCESSES(1) solange durchsucht, bis das erste
PROCESSES-Feld mit einem Wert größer als Null gefunden ist, oder alle Felder
durchsucht worden sind. Wenn man die Vereinbarung trifft, daß die Klasse i
höhere Priorität als die Klasse i+1 (für i>0) hat, dann gibt das erste PROCESSES-
Feld mit einem Wert größer als Null den wartenden Prozeß mit der höchsten
Priorität an. Falls ein Prozeß mit höherer Priorität wartet, wird das OWNER-Feld
des Prioritäten-Semaphors auf die Identität dieser Klasse gesetzt, diese in der Variablen restart festgehalten und der Condition-Code auf true gesetzt. Dies hat
dann zur Folge, daß die ACTIVATE-Routine für die Warteschlange der wartenden
Prozesse mit der höchsten Priorität aufgerufen wird und ein Prozeß dieser Prioritätsklasse in den kritischen Abschnitt gelangen kann.

Vom Gesichtspunkt des Prozeßschedulers ist es nicht notwendig, zwischen normalen Semaphorwarteschlangen und Prioritäten-Semaphorwarteschlangen zu unterscheiden. Es wird angenommen, daß die Routinen kommutativ sind, um Unterbrechungen im REQUEST-Makro zwischen PRIORITY-P und SUSPEND durch eine dazwischen ausgeführte LIBERATE-Operation zuzulassen.

Für bis zu drei Prioritätsklassen kann ein Prioritätensemaphor leicht in einem einzelnen Wort eines 32-Bit-Rechners implementiert werden, wenn das OWNER-Feld und die PROCESSES-Felder jeweils 8 Bit lang sind, wobei im OWNER-Feld für die Darstellung von drei Klassen nur zwei Bits benötigt werden. In den PROCESSES-Feldern können dann bis zu 255 wartende Prozesse eingetragen werden. Eine Ausweitung der Datenstruktur auf mehr als drei Prioritätsklassen würde eine Implementierung in mehreren Rechnerworten erforderlich machen. Dabei könnten allerdings Schwierigkeiten in der Speicherverwaltung beim Ein- und Auslagern von Seiten entstehen, wenn die Worte nicht innerhalb einer Seite abgelegt sind. Auf diese Problematik wird später ausführlich eingegangen.

Die Maschineninstruktionen sind leicht mikrocodierbar, obwohl es auch möglich ist, sie ganz im Betriebssystemkern zu implementieren, wenn es an einer Möglichkeit zur Mikrocodierung mangelt. Wie schon bei den allgemeinen Semaphoren besteht auch hier der Vorteil der Implementierung darin, daß die Kernroutinen SUSPEND und ACTIVATE nur aufgerufen werden müssen, wenn eine Warteschlangenoperation tatsächlich durchgeführt werden muß.

Die vorgeschlagenen Operationen sind ideal geeignet, um Prioritätsprobleme einfach zu lösen. Allerdings kann man die Implementierung sehr leicht erweitern, um zusätzlich auch Probleme aus der Klasse der gleichzeitigen, gemeinsamen Benutzung eines Betriebsmittels durch mehrere Prozesse lösen zu können. Eine solche Erweiterung soll nun beschrieben werden.

Die Datenstruktur eines Prioritätensemaphors wird gemäß Abb. 7.3 erweitert:

OWNER	SHARED	PROCESSES(1)	...	PROCESSES(maxclass)

Abb. 7.3: *Prioritäten-Semaphor für gleichzeitige Aktivität*

Das Feld SHARED besteht aus maxclass Bits (maxclass ist die Anzahl der möglichen Prioritätsklassen), wobei Bit i der Prioritätsklasse i (für $1<=i<=$maxclass) zugeordnet ist. Je nachdem, ob die Prozesse einer Klasse ein Betriebsmittel gleichzeitig benutzen dürfen, ist das jeweilige Bit vor der Benutzung entsprechend zu initialisieren (SHARED(i)=true bedeutet: Klasse i ist "sharable", SHARED(i)=false bedeutet: Klasse i ist nicht "sharable"). Das OWNER-Feld enthält, wie in der Grundversion, die Identität der Prioritätsklasse des aufrufenden Prozesses. Die PROCESSES-Felder bleiben unverändert.

Die diese Datenstruktur manipulierenden unteilbaren Maschineninstruktionen PRIORITY-P und PRIORITY-V werden folgendermaßen modifiziert:

```
type
prioritysemaphore=record
                OWNER:0..maxclass (initially=0);
                SHARED:array(1..maxclass) of boolean;
                PROCESSES:array(1..maxclass) of
                        0..maxproc (initially=0);
                end;

instruction PRIORITY-P(prsem:prioritysemaphore;
                        claimant:1..maxclass;
                        var conditioncode:boolean);
begin with prsem do
    begin
    if OWNER=0 or (OWNER=claimant and
                    SHARED(claimant))
        then begin
            OWNER=claimant;
            conditioncode:=false;
            end
        else conditioncode:=true;
    PROCESSES(claimant):=PROCESSES(claimant)-1;
    end;
end;


instruction PRIORITY-V(prsem:prioritysemaphore;
                    var restart:1..maxclass;
                        pc:integer;
                        conditioncode:boolean);
```

```
    var i:integer;
    begin with prsem do
            begin
            PROCESSES(OWNER):=PROCESSES(OWNER)-1;
            conditioncode:=false;
            if PROCESSES(OWNER)=0 or not SHARED(OWNER)
                then begin
                    OWNER:=0;
                    i:=0;
                    repeat i:=i+1;
                            if PROCESSES(i)>0
                                then begin
                                        OWNER:=i;
                                        restart:=i;
                                        if SHARED(i)
                                            then pc:=PROCESSES(i);
                                            else pc:=1;
                                        conditioncode:=true;
                                        end;
                    until i=maxclass or conditioncode;
                    end;
            end;
    end;
```

Während das **REQUEST**-Makro unverändert bleibt, muß die **ACTIVATE**-Routine im **LIBERATE**-Makro erlauben, mehrere Prozesse gleichzeitig zu aktivieren, damit diese gleichzeitig in den kritischen Abschnitt gelangen können (wenn die Klasse "shared" ist). Eine solche **ACTIVATE**-Routine wurde bereits bei den Scheduling-Semaphoren im Abschnitt 7.1 erwähnt. Das **LIBERATE**-Makro sieht dann folgendermaßen aus:

```
macro LIBERATE(x:prioritysemaphore)
var cc:boolean;
    p:integer;
    n:integer;

begin PRIORITY-V(x,p,n,cc);
      if cc then ACTIVATE(p-queue,n);
end;
```

Der Eingangstest in der vom REQUEST-Makro aufgerufenen Instruktion PRIORITY-P hat sich gegenüber der Grundversion verändert. Ein Prozeß kann nun in den kritischen Abschnitt gelangen, wenn er entweder der erste ist (OWNER=0), oder wenn das OWNER-Feld des Prioritätensemaphors anzeigt, daß sich bereits ein Prozeß seiner eigenen Klasse im kritischen Abschnitt befindet und die Klasse "shared" ist (OWNER=claimant and SHARED(claimant)).

Ein Prozeß, der die Instruktion PRIORITY-V ausführt, darf nur andere Prozesse aktivieren, wenn er der letzte von eventuell mehreren im kritischen Abschnitt (PROCESSES(OWNER)=0) oder die Klasse nicht "shared" ist (not SHARED(OWNER)). In der repeat-Schleife wird nun zusätzlich getestet, ob die zu aktivierende Prozeßklasse "shared" ist. Bei einer positiven Antwort wird die Anzahl der wartenden Prozesse durch die Variable pc an das LIBERATE-Makro übergeben, und genau diese Anzahl von Prozessen wird aktiviert. Hat die Klasse nicht das Attribut "shared", wird pc auf 1 gesetzt, so daß lediglich ein Prozeß im LIBERATE-Makro daraufhin aktiviert wird.

In der oben beschriebenen Implementierung ist es möglich, daß die Prozesse einer Klasse, die die gleichzeitige Benutzung eines Betriebsmittels erlaubt, also "shared" ist, alle anderen Prozesse an der Benutzung des Betriebsmittels hindern können. Der Grund hierfür liegt darin, daß immer neue Prozesse dieser Klasse die PRIORITY-P-Operation ausführen können, ohne daß PROCESSES(OWNER) jemals Null und eine Aktivierung anderer Prozesse vollzogen wird. Dies kann durch die folgende Änderung der Datenstruktur eines Prioritäten-Semaphors vermieden werden:

PR	PTD	ACT	O	S	PROC(1)	. . .	PROC(maxclass)

Abb. 7.4: *Prioritäten-Semaphor mit Verdrängung*

Das PR-Feld (PREEMPT) ist ein Bit, das die möglicherweise wünschenswerte Strategie der Verdrängung (Preemption) anzeigt. Verdrängung bedeutet in diesem Zusammenhang, daß alle sich momentan im kritischen Abschnitt befindlichen Prozesse zunächst bis zu ihrem Ende laufen dürfen, dann aber sofort der wartende Prozeß mit der höchsten Priorität weiterlaufen muß. Neu hinzukommende Prozesse der sich im kritischen Abschnitt befindlichen Prioritätsklasse werden gesperrt. Das PREEMPT-Bit ist vor der Benutzung entsprechend zu initialisieren und wird nicht mehr geändert (PREEMPT=true bedeutet Verdrängung, PREEMPT=false keine Verdrängung). Das Feld PTD (PREEMPTED) ist ebenfalls ein Bit, das benutzt wird, um anzuzeigen, ob eine Verdrängungssituation tatsächlich eingetreten ist. Es wird dynamisch gesetzt, wenn ein Prozeß einer höheren Prioritätsklasse als die aktive Klasse zum Warten veranlaßt wird. Neu ist ebenfalls das Feld ACT (ACTIVE). Dieses Feld enthält die Anzahl der sich gerade im kritischen Abschnitt befindlichen Prozesse, also die Prozesse der Klasse, deren Identität im OWNER-Feld (O) abgespeichert ist. In den PROCESSES-Feldern dagegen sind in dieser Version nur die Anzahlen der wartenden Prozesse der jeweiligen Prioritätsklasse enthalten. Die Felder OWNER und SHARED (S) bleiben unverändert.

Die neue Datenstruktur und die Instruktionen PRIORITY-P und PRIORITY-V sehen dann folgendermaßen aus:

```
type
prioritysemaphore=record
                  PREEMPT:boolean;
                  PREEMPTED:boolean (initially=false);
                  ACTIVE:0..maxproc (initially=0);
                  OWNER:0..maxclass (initially=0);
                  SHARED:array(1..maxclass)of boolean;
                  PROCESSES:array(1..maxclass) of
                            0..maxproc (initially=0);
                  end;


instruction PRIORITY-P(prsem:prioritysemaphore;
                       claimant:1..maxclass;
                       var conditioncode:boolean);

begin
with prsem do
if OWNER=0 or
   (OWNER=claimant and SHARED(claimant) and
    not PREEMPTED)
   then begin
        OWNER:=claimant;
        ACTIVE:=ACTIVE+1;
        conditioncode:=false;
        end
   else begin
        conditioncode:=true;
        PROCESSES(claimant):=PROCESSES(claimant)+1;
        if PREEMPT and claimant<OWNER;
           then PREEMPTED:=true;
        end;
```

```
end;


instruction PRIORITY-V(prsem:prioritysemaphore;
                       var restart:1..maxclass;
                           pc:integer;
                           conditioncode:boolean);

var i:integer;
begin
with prsem do
begin
ACTIVE:=ACTIVE-1;
conditioncode:=false;
if ACTIVE=0
   then begin
           OWNER:=0;
           PREEMPTED:=false;
           i:=0;
           repeat i:=i+1;
                   if PROCESSES(i)>0
                       then begin
                               OWNER:=i;
                               restart:=i;
                               if SHARED(i)
                                  then pc:=PROCESSES(i)
                                  else pc:=1;
                               PROCESSES(i):=PROCESSES(i)-pc;
                               ACTIVE:=pc;
                               conditioncode:=true;
                               end;
           until i=maxclass or conditioncode;
           end;
end;
end;
```

In der Instruktion PRIORITY-P darf ein Prozeß nur in den kritischen Abschnitt gelangen, wenn er entweder der erste ist (OWNER=0) oder wenn er zur gleichen Klasse
wie die der augenblicklich aktiven Prozesse gehört, die Klase "shared" ist und das
PREEMPTED-Bit nicht gesetzt ist, also keine Prozesse höherer Priorität warten. In
diesem Fall wird die Anzahl der aktiven Prozesse um 1 erhöht und der Condition-
Code auf false gesetzt. Wenn eine der beiden obigen Bedingungen nicht erfüllt

ist, wird nach dem Setzen des Condition-Codes die Anzahl der wartenden Prozesse der aufrufenden Klasse um 1 erhöht. Falls die Verdrängung zugelassen ist und der aufrufende Prozeß höhere Priorität als die gerade aktive Prozeßklasse hat, wird anschließend das PREEMPTED-Bit auf **true** gesetzt. Der aufrufende Prozeß wird durch den Aufruf der SUSPEND-Routine im Makro REQUEST, das unverändert bleibt, in die entsprechende Warteschlange eingereiht.

Die Instruktion PRIORITY-V beginnt mit einer Dekrementierung von ACTIVE um 1. Eine weitere Aktion wird nur veranlaßt, wenn der Wert von ACTIVE gleich 0 ist, also wenn dies der letzte aktive Prozeß ist. In diesem Fall wird nach dem Zurücksetzen der Werte von OWNER und PREEMPTED auf ihre Initialisierungswerte in der **repeat**-Schleife getestet, ob wartende Prozesse mit höherer Priorität existieren. Wenn ja, dann wird abhängig davon, ob diese Klasse die gemeinsame Abarbeitung des kritischen Abschnitts zuläßt oder nicht, die Anzahl der wartenden Prozesse um 1 verringert oder auf 0 gesetzt (PROCESSES(i):=PROCESSES(i)-pc). ACTIVE bekommt den Wert der Anzahl der zu aktivierenden Prozesse und der Condition-Code wird zwecks der zu folgenden Aktivierung im Makro LIBERATE auf **true** gesetzt. Das LIBERATE-Makro bleibt unverändert.

In einigen Fällen könnte es wünschenswert sein, die Anzahl von Prozessen einer Klasse, die sich gleichzeitig im kritischen Abschnitt befinden, vor der Benutzung zu limitieren (siehe Problem 1.4.9). Prioritäten-Semaphore können auch für diesen Problemfall eine Lösung anbieten, wenn man die Datenstruktur um die für jede Prioritätsklasse anzugebende Maximalzahl erweitert. Wenn eine Klasse nicht begrenzt werden soll, dann wird der entsprechende Zähler mit der Maximalzahl der Prozesse im System initialisiert. Eine mögliche Alternative wäre auch ein einziger Zähler für alle Klassen, so daß für alle Klassen nur die gleiche Maximalzahl von Prozessen gleichzeitig im kritischen Abschnitt sein können. Dies würde die Datenstruktur und die Operationen vereinfachen. Es soll hier die Version mit verschiedenen Maximalzahlen angegeben werden. Die Datenstruktur ändert sich wie folgt:

PR	PTD	ACT	O	S	PROC(1)	. . .	PROC(maxclass)	MAX(1)	. . .	MAX(maxclass)

Abb. 7.5: *Prioritäten-Semaphor zur Limitierung von Prozessen*

Die Operationen PRIORITY-P und PRIORITY-V müssen für diese Version eines Prioritäten-Semaphors modifiziert werden. Die Deklaration der Datenstruktur sieht folgendermaßen aus:

```
type
prioritysemaphore=record
                PREEMPT:boolean;
                PREEMPTED:boolean;
                ACTIVE:0..maxproc;
                OWNER:0..maxclass;
                SHARED:array(1..maxclass) of boolean;
                PROCESSES:array(1..maxclass) of
                              0..maxproc;
                MAX:array(1..maxclass) of 1..maxproc;
                end;
```

In **PRIORITY-P** wird die Anweisung

```
if OWNER=0 or
   (OWNER=claimant and SHARED(claimant) and
    not PREEMPTED)
```

ersetzt durch

```
if OWNER=0 or
   (OWNER=claimant and SHARED(claimant) and
    not PREEMPTED and ACTIVE<=MAX(claimant))
```

In der Instruktion **PRIORITY-V** wird die Anweisung

```
if SHARED(i)
   then pc:=PROCESSES(i)
   else pc:=1;
```

ersetzt durch

```
if SHARED(i)
   then begin
        if PROCESSES(i)<=MAX(i)
           then pc:=PROCESSES(i)
```

```
        else pc:=MAX(i);
    end
else pc:=1;
```

In **PRIORITY-P** muß in der **if**-Anweisung jetzt noch zusätzlich abgefragt werden, ob die Anzahl der sich gerade im kritischen Abschnitt befindlichen Prozesse kleiner gleich der vorher spezifizierten Maximalzahl von gleichzeitigen Prozessen ist (**ACTIVE<=MAX(claimant)**). Die Instruktion **PRIORITY-V** muß beim Aktivieren nun noch berücksichtigen, daß im Falle einer Klasse mit der Eigenschaft "shared" höchstens die angegebene Maximalzahl von Prozessen aufgeweckt wird, falls mehr Prozesse als diese Maximalzahl warten. Dies wird durch die oben beschriebene Anweisungsfolge gewährleistet. Die beiden Makros **REQUEST** und **LIBERATE** bleiben unverändert.

Eine Implementierung der Version des Prioritäten-Semaphors mit Verdrängung und der gleichzeitigen Abarbeitung des kritischen Abschnitts durch die Prozesse einer Klasse für beispielsweise bis zu acht Prioritäsklassen und einer maximalen Anzahl von 255 gleichzeitig aktiven Prozessen setzt voraus, daß die Felder des Semaphors in mehreren Rechnerworten untergebracht werden müssen. In diesem speziellen Fall müßten für das Feld **SHARED** 8 Bits, für **PREEMPT** und **PREEMPTED** jeweils ein Bit, für **OWNER** 3 Bits, für **ACTIVE** 8 Bits und für jedes **PROCESSES**-Feld ebenfalls 8 Bits zur Verfügung stehen, so daß in einem 32-Bit-Rechner drei Worte benötigt würden. Da ein Prioritäten-Semaphor eine in ein Benutzerprogramm eingebettete Datenstruktur ist, könnten Probleme auftreten, wenn die drei Worte nicht in einer Speicherseite untergebracht sind, sondern über die Seitengrenze zweier Seiten hinausgehen (wenn die Speicherverwaltung des Rechners auf der Seitenaustauschstrategie basiert, was in den meisten Rechner vorausgesetzt werden kann). Es könnte dann nämlich passieren, daß der Seitenaustausch-Algorithmus eventuell eine Seite mit einem Teil des Prioritäten-Semaphors einlagert und dafür eine Seite mit einem anderen Teil, dessen Werte bedeutsam für die Modifikation der Werte des eingelagerten Teils sind, auslagert. Die korrekte Funktionsweise der Operationen wäre dann also abhängig vom Seitenaustausch-Algorithmus des Betriebssystems. Es ist natürlich andererseits möglich, einen modernen Compiler (siehe z.B. den Compiler für die Programmiersprache LEIBNIZ, (Evered 1985)) dafür Sorge tragen zu lassen, daß die Worte eines Prioritäten-Semaphors niemals über zwei Seitengrenzen hinausgehen. Dies hätte allerdings zur Folge, daß alle Compiler des Rechnersystems die Vermeidung dieser Situation gewährleisten müßten. Im nächsten Abschnitt soll deshalb diese Problematik aufgegriffen, und einige praktische Überlegungen zur Implementierung der Datenstruktur/Operationen sollen angestellt werden.

Praktische Überlegungen

Für eine praktikable Implementierung ist die Anordnung der verschiedenen Felder in den Datenstrukturen der beschriebenen Versionen eines Prioritäten-Semaphors nicht unbedingt vorteilhaft, da die unterschiedlichen Längen der Felder den Programmieraufwand auf der Mikrocodeebene erhöhen. Es wäre deshalb wünschenswert, die Datenstruktur eines Prioritäten-Semaphors etwas homogener zu gestalten, um durch eine dadurch zu erlangende Regelmäßigkeit die Eigenschaften des Mikrocodes (z.B. 8-Bit-Grenzen) besser berücksichtigen zu können. Aus diesem Grund wird folgende Datenstruktur für die Implementierung eines Prioritäten-Semaphors in einem 32-Bit-Rechner vorgeschlagen:

1	1	6	1	1	6	1	1	6	1	1	6
PR	PTD	ACT	O(1)	S(1)	PROC(1)	O(2)	S(2)	PROC(2)	O(3)	S(3)	PROC(3)

Abb. 7.6: *Prioritäten-Semaphor für 32-Bit-Wort*

Diese Datenstruktur bezieht sich auf die Version mit Verdrängung und der gleichzeitigen Aktivität der Prozesse einer Klasse. Die Zahlenangaben repräsentieren die Anzahl der Bits pro Feld.

In den ersten 8 Bits sind die Felder PREEMPT (PR), PREEMPTED (PTD) und ACTIVE (ACT) enthalten, wobei die für ACTIVE zur Verfügung stehenden 6 Bits maximal 63 gleichzeitig aktive Prozesse unterstützen. Gegenüber der Version im Abschnitt "Prinzipielle Beschreibung" wurden das OWNER-Feld und das SHARED-Feld in einzelne Bits aufgeteilt, so daß für jede Prioritätsklasse die Felder OWNED(i) (O(i)), SHARED(i) (S(i)) und PROCESSES(i) in jeweils insgesamt 8 Bits enthalten sind, wobei die beiden ersten Felder je ein Bit und PROCESSES(i) 6 Bits lang sind. (Es kann also maximal 63 wartende Prozesse einer Klasse geben). Die Operationen PRIORITY-P und PRIORITY-V müssen dann natürlich geringfügig geändert werden, da das OWNER-Feld durch einen boolschen Array OWNED ersetzt wurde. Die Operationen sehen dann folgendermaßen aus:

```
type
prioritysemaphore=record
                PREEMPT:boolean;
                PREEMPTED:boolean;
```

```
                ACTIVE:0..maxproc;
                OWNED:array(1..maxclass) of boolean;
                SHARED:array(1..maxclass) of boolean;
                PROCESSES:array(1..maxclass) of
                          0..maxproc;
                end;


instruction PRIORITY-P(prsem:prioritysemaphore;
                       claimant:1..maxclass;
                       var conditioncode:boolean);


begin
with prsem do
begin
if ACTIVE=0 or
   (OWNED(claimant) and SHARED(claimant) and
                            not PREEMPTED)
   then begin
        OWNED(claimant):=true;
        ACTIVE:=ACTIVE+1;
        conditioncode:=false;
        end
   else begin
        conditioncode:=true;
        PROCESSES(claimant):=PROCESSES(claimant)+1;
        if PREEMPT and not PREEMPTED
            then begin
                i:=maxclass;
                while i>claimant and not PREEMPTED do
                    begin
                    if OWNED(i) then PREEMPTED:=true;
                    i:=i-1;
                    end;
                end;
        end;
end;
end.


instruction PRIORITY-V(prsem:prioritysemaphere;
                       var restart:1..maxclass;
                           pc:integer;
                           conditioncode:boolean);
```

```
var i:integer;
begin
with prsem do
begin
ACTIVE:=ACTIVE-1;
conditioncode:=false;
if ACTIVE=0
   then begin
           for i:=1 to maxclass do OWNED(i):=false;
           PREEMPTED:=false;
           i:=0;
           repeat i:=i+1;
                   if PROCESSES(i)>0
                       then begin
                               OWNED(i):=true;
                               restart:=i;
                               if SHARED(i)
                                   then pc:=PROCESSES(i)
                                   else pc:=1;
                               PROCESSES(i):=PROCESSES(i)-pc;
                               ACTIVE:=pc;
                               conditioncode:=true;
                               end;
           until i=maxclass or conditioncode;
           end;
   end;
   end.
```

Der Unterschied zu der vorhergehenden Version besteht lediglich darin, daß die
Anweisungen, in denen das Feld OWNER benutzt wurde, der entsprechenden Manipulation des Arrays OWNED angepaßt worden sind. Die Funktionsweise der Operationen hat sich nicht geändert und bedarf daher keiner weiteren Erläuterung.

Die Benutzermakros REQUEST und LIBERATE sind ebenfalls unverändert geblieben.
Zur Vervollständigung sollen sie an dieser Stelle noch einmal angegeben werden:

```
macro REQUEST(x:prioritysemaphore; p:1..maxclass);
var cc:boolean;
begin PRIORITY-P(x,p,cc);
      if cc then SUSPEND(p-queue);
end.
```

```
macro LIBERATE(x:prioritysemaphore);
var cc:boolean;
    p:integer;
    n:integer;
begin PRIORITY-V(x,p,n,cc);
      if cc then ACTIVATE(p-queue,n);
end.
```

In der oben angegebenen Implementierung ist die maximale Anzahl von Prioritätsklassen anscheinend auf 3 begrenzt. Obwohl dies für die meisten Anwendungen sicherlich ausreichend ist, könnten in speziellen Fällen mehr als 3 Prioritätsklassen gefragt sein. Wie kann nun dieses Problem gelöst werden, ohne die Datenstruktur eines Prioritäten-Semaphors auf mehr als ein Speicherwort auszudehnen und unter der im Abschnitt "Prinzipielle Beschreibung" erwähnten Problematik des Speicherseitenaustausches zu leiden?

Das Prinzip einer möglichen Lösung soll im folgenden für 5 Prioritätsklassen beschrieben werden. Die Lösung basiert darauf, daß zwei verschiedene Prioritäten-Semaphore x1 und x2 benutzt werden, deren Felder die Bedeutung von Abb. 7.7 haben.

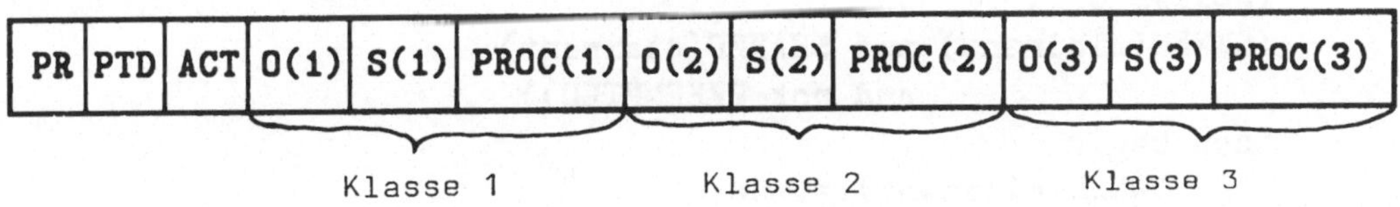

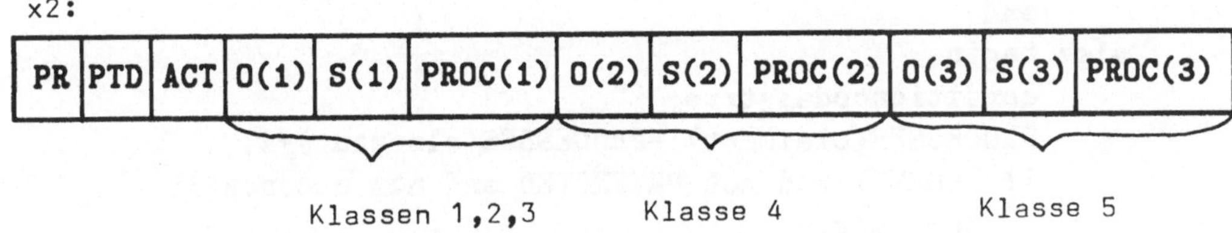

Abb. 7.7: *Prioritäten-Semaphor für 5 Klassen*

In x1 sind die Felder der höchsten drei Prioritätsklassen in der üblichen Weise
angeordnet. In x2 repräsentieren die Felder mit der höchsten Priorität die Gesamtheit aller Prozesse der Klassen 1,2 und 3, während die anderen Felder die
Klassen 4 und 5 in der oben angegebenen Weise darstellen. Die Idee der Lösung
ist nun, die Benutzermakros **REQUEST** und **LIBERATE** so zu gestalten, daß die beiden
Prioritäten-Semaphore x1 und x2 durch eine geeignete Anordnung von Aufrufen
der Mikrocodeinstruktionen **PRIORITY-P** und **PRIORITY-V** so manipuliert werden,
als ob alle fünf Klassen in einem Prioritäten-Semaphor untergebracht wären.

Um dieses Ziel zu erreichen, werden zwei weitere Parameter eingeführt, die beim
Aufruf von **PRIORITY-P** bzw. **PRIORITY-V** angegeben werden. Für **PRIORITY-P**
handelt es sich hierbei um den boolschen Parameter **uncondwait**, während es bei
PRIORITY-V ein boolscher Parameter **uncondcheck** ist. Die beiden Operationen
werden dann folgendermaßen modifiziert:

```
    instruction PRIORITY-P(prsem:prioritysemaphore;
                           claimant:1..maxclass;
                           uncondwait:boolean;
                           var conditioncode:boolean);

begin
with prsem do
if not uncondwait and
   (ACTIVE=0 or
   (OWNED(claimant) and SHARED(claimant)
                   and not PREEMPTED))
   then begin
        OWNED(claimant):=true;
        ACTIVE:=ACTIVE+1;
        conditioncode:=false;
        end
   else begin
        conditioncode:=true;
        PROCESSES(claimant):=PROCESSES(claimant)+1;
        if PREEMPT and not PREEMPTED and not uncondwait
           then begin
                i:=maxclass;
                while i>claimant and not PREEMPTED do
                        begin
                        if OWNED(i) then PREEMPTED:=true;
                        i:=i-1;
                        end;
```

```
            end;
        end;
end.


    instruction PRIORITY-V(prsem:prioritysemaphore;
                          uncondcheck:boolean;
                          var restart:1..maxclass;
                              pc:integer;
                              conditioncode:boolean);

var i:integer;
begin
with prsem do
begin
conditioncode:=false;
if not uncondcheck
    then ACTIVE:=ACTIVE-1;
if ACTIVE=0
    then begin
        for i:=1 to maxclass do OWNED(i):=false;
        PREEMPTED:=false;
        i:=0;
        repeat i:=i+1;
                if PROCESSES(i)>0
                    then begin
                        OWNED(i):=true;
                        restart:=i;
                        if SHARED(i)
                            then pc:=PROCESSES(i)
                            else pc:=1;
                        PROCESSES(i):=PROCESSES(i)-pc;
                        ACTIVE:=pc;
                        conditioncode:=true;
                        end;
        until i=maxclass or conditioncode
        end;
end;
end.
```

Die beiden Parameter haben folgenden Effekt: wenn in PRIORITY-P uncondwait
mit **false** angegeben wird, dann ist dies die übliche PRIORITY-P-Operation. Falls

uncondwait=true ist, dann wird in jedem Fall der else-Zweig von PRIORITY-P ausgeführt, der zur Suspendierung führt (deshalb "unconditional wait"). Es ist zu bemerken, daß in diesem Fall nur der Wert des PROCESSES-Feld des aufrufenden Prozesses geändert wird. Das PREEMPTED-Bit bleibt unverändert.

Falls uncondcheck beim Aufruf von PRIORITY-V mit false angegeben wird, bleibt die Instruktion unverändert. Wenn uncondcheck=true ist, wird der Wert von AC-TIVE nicht geändert, da er, wie man später sehen wird, ohnehin Null ist und deshalb in jedem Fall der then-Zweig ausgeführt wird, um festzustellen, ob wartende Prozesse existieren (deshalb "unconditional check").

Die beiden Makros REQUEST und LIBERATE werden dann folgendermaßen programmiert:

```
macro REQUEST(x:prioritysemaphore, p:1..maxclass);

var cc1,cc2:boolean;
begin P(mutex);
      if p>3
          then PRIORITY-P(x2,p,false,cc2)
          else begin
                  PRIORITY-P(x2,1,false,cc1);
                  PRIORITY-P(x1,p,cc1,cc2);
                  end;
      V(mutex);
      if cc2 then SUSPEND(p_queue);
end.


macro LIBERATE(x:prioritysemaphore, p:1..maxclass);

var cc1,cc2:boolean;
    p1,p2:integer;
    n1,n2:integer;
begin P(mutex);
      PRIORITY-V(x2,false,p2,n2,cc2);
      if p>3
          then if cc2 and p2=1
                  then begin
                      cc2:=false;
                      PRIORITY-V(x1,true,p1,n1,cc1);
                      end
                  else cc1:=false
```

```
        else PRIORITY-V(x1,false,p1,n1,cc1);
    V(mutex);
    if cc1 then ACTIVATE(p1_queue,n1);
    if cc2 then ACTIVATE(p2_queue,n2);
end.
```

Die Prozesse der Prioritäten 4 und 5 führen eine PRIORITY-P-Operation auf den
Prioritäten-Semaphor x2 aus und müssen warten, falls cc2=true ist. Die Prozesse der Klassen 1-3 führen zunächst ebenfalls ein PRIORITY-P auf x2 aus. Der
Condition-Code cc1 wird false, wenn der aufrufende Prozeß entweder der erste
ist, oder wenn mindestens ein Prozeß der Klassen 1, 2 oder 3 aktiv ist (dies impliziert, daß in x2 SHARED(1)=true ist). In diesem Fall wird anschließend eine ganz
normale PRIORITY-P-Operation auf x1 ausgeführt. Abhängig von cc2 wird dann
der Prozeß entweder in seine Warteschlange eingereiht, oder er kann in den kritischen Abschnitt gelangen. Falls cc1 beim ersten PRIORITY-P true wird, dann
muß der aufrufende Prozeß warten. In der PRIORITY-P-Operation auf x1 wird
deshalb cc2 auf jeden Fall true (wenn cc1=true, dann ist cc2 auch true). Dies
bedeutet die Suspendierung des aufrufenden Prozesses. P(mutex) und V(mutex)
sind notwendig, um zu gewährleisten, daß die beiden PRIORITY-P-Operationen
(für p<=3) unteilbar nacheinander ausgeführt werden.

Das LIBERATE-Makro beginnt mit einer "normalen" PRIORITY-V-Ausführung auf
x2. Für p<=3 folgt ein PRIORITY-V auf x1. Wenn cc2=true ist, dann ist cc1
auf jeden Fall false, da es keinen wartenden oder aktiven Prozeß der Klassen 1-3
gibt (dann wäre nämlich cc2=false). Das Setzen von cc2 bedeutet die Aktivierung mindestens eines wartenden Prozesses der Klassen 4 oder 5. Für Prozesse
mit p>3 wird, falls cc2=true ist, getestet, ob der zu aktivierende Prozeß den
Prioritätsklassen 1-3 zuzuordnen ist. Wenn ja, dann wird cc2 auf false gesetzt
und eine PRIORITY-V-Operation auf x1 (mit uncondcheck=true) ausgeführt, die
dann in jedem Fall zur Aktivierung eines wartenden Prozesses der Klassen 1-3
führt. Falls cc2 bei der ersten PRIORITY-V-Operation false war, wird cc1=false,
da kein Prozeß zu aktivieren ist. P(mutex) und V(mutex) garantieren die unteilbare Ausführung der jeweiligen Anweisungssequenzen. Es ist zu bemerken,
daß der Prioritätsparameter p bei LIBERATE zusätzlich eingeführt wurde. Allerdings könnte er natürlich auch weggelassen werden, wenn der Code für die Prioritätsklassen 1-3 und 4-5 getrennt angegeben wird.

Der jeweilige Code für die REQUEST- und LIBERATE-Makros kann dann leicht von
einem Compiler generiert werden, so daß die vorgeschlagene Methode eine effiziente
Lösung für bis zu fünf Prioritätsklassen darstellt. Eine Erweiterung auf mehr als
fünf Prioritätsklassen ist dann analog zu programmieren.

Es sollte erwähnt werden, daß bei dieser Implementierung die Anzahl von wartenden Prozessen der Klassen 1 bis (p-2) im letzten Prioritätensemaphor auf 63 beschränkt ist. Dasselbe gilt auch für das Feld `ACTIVE`, in dem die Summe aller wartenden und aktiven Prozesse der Klassen 1 bis (p-2) registriert wird. Für die meisten Anwendungen ist dies allerdings nicht unbedingt hinderlich, da bei steigender Anzahl von Prioritätsklassen oft die Anzahl von wartenden bzw. aktiven Prozessen abnimmt.

Die Maschineninstruktionen sind leicht mikrocodierbar, obwohl die Möglichkeit besteht, sie ganz im Betriebssystemkern zu implementieren, falls eine Mikrocodierungsmöglichkeit nicht zur Verfügung steht. Die Kernroutinen `SUSPEND` und `ACTIVATE` müssen, wie bei den allgemeinen Semaphoren, nur aufgerufen werden, wenn eine Warteschlangenoperation tatsächlich durchgeführt werden muß. Eine Mikrocode-Implementierung der Prioritätensemaphorversion, die die gleichzeitige Aktivität von Prozessen zuläßt, für den ICL-Rechner PERQ ist ausführlich beschrieben in (Glumpler 1984).

7.4 Zusammenfassung

Das Problem der Steuerung von (Klassen von) Prozessen aufgrund verschiedener Prioritäten ist nicht nur mit Dijkstras Semaphoroperationen nur relativ aufwendig zu lösen, sondern kann auch zu komplexen Lösungen durch Mechanismen der Ebene 3, wie Monitore oder Pfadausdrücke, führen. Aus diesem Grund wurden zwei neue Mechanismen, die sogenannten *Scheduling-Semaphore* und die *Prioritäten-Semaphore* vorgeschlagen, die sehr einfach auf diesen Problemkreis angewandt werden und überdies effizient implementiert werden können. Neben diesen Problemen können die Operationen der Scheduling-Semaphore auch einige Probleme aus dem Bereich der Kommunikation zwischen Prozessen, wie z.B. das sichere Leser/Schreiberproblem und das Problem des kritischen Blockausgangs effizient lösen. Da Prioritätsprobleme mit den Scheduling-Semaphoren nicht unbedingt sehr elegant zu lösen sind, da sie die zusätzliche Unterstützung spezieller Operationen voraussetzen, sind die Operationen der Prioritäten-Semaphore ideal für diesen Problemkreis einsetzbar. Zusätzlich können die Prioritätensemaphore verwendet werden, um die gleichzeitige Abarbeitung eines kritischen Abschnitts durch mehrere Prozesse einer Klasse zu ermöglichen, die Strategie der Verdrängung von Prozessen im kritischen Abschnitt durch Prozesse höherer Priorität zu gewährleisten und die Anzahl von gleichzeitig aktiven Prozessen zu limitieren.

Sowohl die Scheduling-Semaphore, als auch die Prioritäten-Semaphore haben die Eigenschaft, auf Benutzerebene sehr einfach zur Lösung von Synchronisationsproblemen verwendet und gleichzeitig effizient implementiert werden zu können.

Im nächsten Kapitel soll demonstriert werden, daß alle neu vorgeschlagenen Mechanismen die Erstellung sehr einfacher Lösungen für alle in Kapitel 1 beschriebenen Synchronisationsprobleme begünstigen und überdies ein effizientes Laufzeitverhalten aufweisen.

KAPITEL 8
Benutzung und Effizienz
der neuen Mechanismen

8.1 Einleitung

Im Prinzip gibt es zwei Hauptanforderungen an einen Synchronisationsmechanismus, nämlich

(a) ihn einfach benutzen zu können und

(b) durch ihn einfache Lösungsprotokolle erstellen zu können.

Punkt (a) bedeutet insbesondere, daß die Zeit zur Erstellung der Lösung eines Synchronisationsproblems wesentlich verkürzt, die Übersichtlichkeit einer gefundenen Lösung erhöht, sowie die Verifizierbarkeit erleichtert und damit die Erstellung zuverlässiger Software begünstigt werden kann (siehe hierzu (Agerwala 1977), (Baer 1973), (Brinch Hansen 1973) und (Presser 1975)). Bei vielen Mechanismen steht der Punkt (b) im Widerspruch hierzu, ist allerdings für zeitkritische Applikationen von wesentlicher Bedeutung.

In diesem Kapitel sollen die in dieser Arbeit neu vorgeschlagenen Mechanismen anhand der beiden obengenannten Anforderungen analysiert werden. In der Literatur gibt es eine Reihe von Arbeiten, die Synchronisationsmechanismen mittels verschiedener anderer Kriterien vergleichen (Lipton 1973,1974, Bathelt 1982, Agerwala und Lint 1977, Lipton und Zalcstein 1975, Henderson und Zalcstein 1980, Barz 1983a). Diese Vergleiche basieren auf der Mächtigkeit von Synchronisationsmechanismen, wobei ein bestimmter Mechanismus mächtiger als ein anderer ist, wenn er ein Synchronisationsproblem zu lösen vermag, das mit dem anderen nicht gelöst werden kann. In diesem Zusammenhang sollen allerdings nur die bereits erwähnten Kriterien der Benutzung und Effizienz von Synchronisationsmechanismen von Interesse sein.

Der nun folgende Abschnitt 8.2 wird sich mit Punkt (a) beschäftigen. Zu diesem Zweck soll für alle in Kapitel 1 aufgeführten Synchronisationsprobleme eine Lösung mit den neu vorgeschlagenen Mechanismen der Kapitel 5-7 angegeben werden. Da die vergleichsweise Angabe von Lösungen zu diesen Problemen mit anderen Mechanismen den Rahmen dieser Arbeit übersteigen würde, wird zum Vergleich auf die Beispiele in den Kapiteln 2-4 und die Arbeit von Kuhn (1984) verwiesen, in der solche Lösungen ausführlich dokumentiert sind. In Abschnitt 8.3 werden dann Effizienzvergleiche angestellt.

8.2 Benutzung der neuen Mechanismen

Im folgenden soll demonstriert werden, daß alle in Kapitel 1 vorgestellten Synchronisationsprobleme 1.4.1-1.4.16 sehr einfach mit den neuen Mechanismen (inklusive der P/V-Operationen, sowie der Set-Semaphore und Reader/Writer-Semaphore) gelöst werden können, da nach der Identifikation des Problemtyps lediglich der entsprechende Mechanismus verwendet werden muß. In einigen Fällen sind allerdings mehrere verschiedene Lösungen möglich, die jeweils kommentiert werden:

Problem 1.4.1 Einseitiger Ausschluß zweier Prozesse

Für dieses Problem können zwei alternative Lösungen angeboten werden, eine, die mit den P/V-Operationen und der DECT-Operation erstellt werden kann und eine andere, die auf den Scheduling-Semaphoren basiert. Die erste Lösung sieht folgendermaßen aus:

```
semaphore sem (initially=1);

Process 1                      Process 2

DECT(sem);                     P(sem);
-Kritischer Abschnitt-         -Kritischer Abschnitt-
```

Diese Lösung gewährleitet, daß Prozeß 1 nic warten muß, da er lediglich eine DECT-Operation ausführt, während Prozeß 2 durch die P(sem)-Operation nach einer bereits erfolgten DECT-Ausführung angehalten wird. Wenn 2 sich bereits im kritischen Abschnitt befindet, kann 1 ebenfalls ungehindert eintreten.

Die zweite Lösung ist ähnlich:

```
scheduling semaphore sem;

Process 1                      Process 2

INHIBIT(sem);                  INHIBITCHECK(sem);
-Kritischer Abschnitt-         -Kritischer Abschnitt-
```

Die Problemspezifikation wird hierbei durch die beiden Operationen INHIBIT und INHIBITCHECK eingehalten. Wenn INHIBIT vor INHIBITCHECK ausgeführt wurde, dann wird 2 angehalten.

Problem 1.4.2 n Prozesse, gleiche Priorität, ein Betriebsmittel

Die Lösung zum gegenseitigen Ausschlußproblem ist trivial, da sie von den P/V-Operationen in der üblichen Weise Gebrauch macht:

```
semaphore sem (initially=1);

Process i, 1<=i<=n

P(sem);
-Betriebsmittelbenutzung-
V(sem);
```

Problem 1.4.3 n Prozesse, gleiche Priorität, Teilmenge von m Betriebsmitteln

Dieses Problem wird mit der in Kapitel 6 beschriebenen **Pboth**-Operation gelöst, die speziell für diesen Problemtyp geeignet ist. Es wird angenommen, daß die auf mehr als zwei Betriebsmittel erweiterte Version verwendet wird. Diese Operation wird als PMULTIPLE bezeichnet. Analog dazu soll zur Vereinfachung der Notation eine Sequenz von mehreren V-Operationen als VMULTIPLE bezeichnet werden. Die Lösung sieht dann folgendermaßen aus:

Jedem Betriebsmittel j ist ein Semaphor **bm_j**, $1<=j<=m$, zugeordnet. Es wird angenommen, daß der Prozeß i eine Teilmenge (bm_i_1,...,bm_i_s), $1<=s<=m$, von Betriebsmitteln benötigt, wobei eine Betriebsmittelnummer i_r, $1<=r<=s$, mit einem j, $1<=j<=m$, korrespondiert.

```
semaphore bm_1,....,bm_m (initially=1);

Process i, 1<=i<=n

PMULTIPLE(bm_i_1,...,bm_i_s);
-Betriebsmittelbenutzung-
VMULTIPLE(bm_i_1,...,bm_i_s);
```

Die Lösung ist selbsterklärend: die gewünschten Betriebsmittel werden mit der PMULTIPLE-Operation angefordert und nach der Benutzung durch die jeweiligen V-Operationen freigegeben.

Problem 1.4.4 k Prozesse, k Prioritäten, ein Betriebsmittel

Für diesen Problemtyp stehen speziell die Prioritäten-Semaphore zur Verfügung:

Prozeß 1 habe die höchste Priorität, Prozeß k die niedrigste.

```
prioritysemaphore sem;

Process i, 1<=i<=k

REQUEST(sem,i);
-Betriebsmittelbenutzung-
LIBERATE(sem);
```

Ein Prozeß i fordert das Betriebsmittel mit der Priorität i durch die REQUEST-Operation an und gibt es nach der Benutzung mit LIBERATE wieder frei. Die Einhaltung der Prioritätsbedingungen wird implizit durch REQUEST und LIBERATE gewährleistet.

Problem 1.4.5 k Prioritätsklassen, ein Betriebsmittel

In ähnlicher Weise wird auch dieses Problem mit Hilfe der Prioritäten-Semaphore gelöst. Klasse 1 habe die höchste, Klasse k die niedrigste Priorität:

```
prioritysemaphore sem;

Process in class i, 1<=i<=k

REQUEST(sem,i);
-Betriebsmittelbenutzung-
LIBERATE(sem);
```

Da es sich bei diesem Problem um lediglich ein Betriebsmittel handelt, welches exklusiv benutzt wird, werden alle Felder des Prioritäten-Semaphors vor der Benutzung mit Null initialisiert (insbesondere das Feld SHARED).

Problem 1.4.6 n Prozesse, gleiche Priorität, eine Betriebsmittelklasse mit m identischen Betriebsmitteln

Für diesen Problemtyp bietet sich der spezielle Set-Semaphor-Mechanismus an:

```
setsemaphore sem;

Process i, 1<=i<=n

RP(sem,x);
-Betriebsmittel x benutzen-
RV(sem,x);
```

Mit RP wird ein Betiebsmittel angefordert, dessen Identität in x zurückgegeben wird. RV gibt das Betriebsmittel wieder frei.

Problem 1.4.7 k Prioritätsklassen, ein Betriebsmittel, gleichzeitiger Zugriff durch die Prozesse jeder Klasse

In Kapitel 7 wurde eine Version der Prioritäten-Semaphore angegeben, die auch die gleichzeitige Benutzung eines Betriebsmittels durch die Prozesse einer Klasse miteinbezieht. Diese Version wird hier verwendet:

```
prioritysemaphore sem;

Process in class i, 1<=i<=k

REQUEST(sem,i);
-Betriebsmittelbenutzung-
LIBERATE(sem);
```

Es wird hierbei angenommen, daß die Bits des Feldes SHARED des Prioritäten-Semaphors alle auf 1 gesetzt sind (das PREEMPT-Feld kann wahlweise auf 1 oder 0 gesetzt werden).

Problem 1.4.8 n Prozesse, n Prioritäten, Teilmenge von m Betriebsmitteln

Dieses Problem ist eine Zusammensetzung der Problemtypen der Prioritätensteuerung und der gleichzeitigen Anforderung mehrerer Betriebsmittel. Folglich werden zur Lösung die Prioritäten-Semaphore und die PMULTIPLE/VMULTIPLE-Operationen benutzt:

Jedem Betriebsmittel j ist ein Semaphor bm_j, $1<=j<=m$, zugeordnet. Ein Prozeß i benötige eine Teilmenge $(bm\_i\_1,....,bm\_i\_s)$, $1<=s<=m$, von Betriebsmitteln, wobei eine Betriebsmittelnummer i_r, $1<=r<=s$, mit einem j, $1<=j<=m$, korrespondiert.

```
prioritysemaphore sem;
semaphore bm_1,....,bm_m (initially=1);

Process i, 1<=i<=n

REQUEST(sem,i);
PMULTIPLE(bm_i_1,....,bm_i_s);
-Betriebsmittelbenutzung-
VMULTIPLE(bm_i_1,....,bm_i_s);
LIBERATE(sem);
```

Der Prioritäten-Semaphor **sem** wird benutzt, um die Prioritätensteuerung der Prozesse zu regeln, während die jeweiligen Betriebsmittel durch die PMULTIPLE-Operation angefordert werden. Anzumerken ist, daß die Parallelität dieser Lösung dadurch eingeschränkt ist, daß Prozesse, die disjunkte Teilmengen von Betriebsmitteln anfordern, nicht gleichzeitig laufen können, da die Zulassung zur Anforderung strikt nach den Prioritäten gehandhabt wird.

Problem 1.4.9 k Prioritätsklassen, Teilmenge von m Betriebsmitteln, gleichzeitiger beschränkter Zugriff durch die Prozesse jeder Klasse

Zur Lösung dieses Problems wird die PMULTIPLE-Operation und die Version der Prioritäten-Semaphore, die den beschränkten Zugriff durch die Prozesse jeder Klasse miteinbezieht, benutzt. Die Lösung sieht folgendermaßen aus:

Jedem Betriebsmittel j ist ein Semaphor **bm_j**, $1<=j<=m$, zugeordnet. Ein Prozeß i benötige eine Teilmenge $(bm\_i\_1,....,bm\_i\_s)$, $1<=s<=m$, von Betriebsmitteln, wobei eine Betriebsmittelnummer i_r, $1<=r<=s$, mit einem j, $1<=j<=m$, korrespondiert.

```
prioritysemaphore sem;
semaphore bm_1,....,bm_m (initially=1);

Process of class i, 1<=i<=k

REQUEST(sem,i);
PMULTIPLE(bm_i_1,....,bm_i_s);
-Betriebsmittelbenutzung-
VMULTIPLE(bm_i_1,....,bm_i_s);
LIBERATE(sem);
```

Die Steuerung der Prioritäten wird von dem Prioritäten-Semaphor **sem** übernommen. Die Felder **SHARED** sind mit 1 initialisiert, die Felder **MAX** sind mit den jeweiligen Begrenzungswerten initialisiert, und das **PREEMPT**-Bit wird zu Beginn auf 1 gesetzt. Mit **REQUEST** beantragen ankommende Prozesse die Anforderung der jeweiligen Betriebsmittel, wobei die Prozesse einer Klasse gleichzeitig diese Anforderung vornehmen können, jedoch nur soviele, wie die Maximalzahl angibt. Wenn Prozesse höherer Priorität warten, dürfen nur noch die gerade aktiven Prozesse zu Ende laufen, um den wartenden Prozessen mit der höchsten Priorität die Anforderung ihrer Betriebsmittel zu ermöglichen. Mit **VMULTIPLE** werden die Betriebsmittel wieder zur Verfügung gestellt. **LIBERATE** garantiert, daß der oder die wartenden Prozesse mit der höchsten Priorität aktiviert werden.

Problem 1.4.10 Leser/Schreiber-Problem

Problem 1.4.10.1 Ohne Prioritätsbedingungen

Dieses Problem wird einfach durch P/V- bzw. PP/VV-Operationen gelöst:

```
semaphore sem, preliminary (initially=1);
            count          (initially=0);


Leser                       Schreiber


PP(preliminary,count,sem); P(sem);
-Lesen-                    -Schreiben-
VV(count,sem);             V(sem);
```

Die PP-Operation dient dazu, dem ersten ankommenden Leser die Möglichkeit zu geben, in den mit **sem** geschützten kritischen Abschnitt zu gelangen und somit allen weiteren Lesern ebenfalls Eintritt zu gewähren. Der letzte Leser zeigt mit der VV-Operation das Ende des Lesevorganges an und aktiviert einen möglicherweise wartenden Schreiber. Der exklusive Zugriff der Schreiber wird durch die P/V-Operationen gewährleistet. Diese Version des Leser/Schreiber-Problems hat keine Prioritätsbedingungen, weil bei Beendigung des Schreibens nicht vorhersagbar ist, ob ein wartender Leser oder Schreiber aktiviert wird.

Problem 1.4.10.2 Leserpriorität

Dieses Problem kann mit den speziell entwickelten Reader/Writer-Semaphoren oder auch mit den Prioritäten-Semaphoren gelöst werden. Die erste Lösung ist selbsterklärend:

```
readerwritersemaphore sem;

Leser                          Schreiber

READ-CLAIM(sem);               WRITE-CLAIM(sem);
-Lesen-                        -Schreiben-
READ-RELEASE(sem);             WRITE-RELEASE(sem);
```

Eine einfach Lösung ist auch mit den Prioritäten-Semaphoren möglich:

```
prioritysemaphore sem;

Leser                          Schreiber

REQUEST(sem,1);                REQUEST(sem,2);
-Lesen-                        -Schreiben-
LIBERATE(sem);                 LIBERATE(sem);
```

Mit der REQUEST-Operation beantragen die Leser und Schreiber den Zutritt zum kritischen Abschnitt, wobei zu beachten ist, daß die Leser höhere Priorität als die Schreiber haben. Das Feld SHARED muß für die Leser im Prioritäten-Semaphor mit 1 initialisiert werden, während es für die Schreiber zu Beginn auf 0 gesetzt ist.

Problem 1.4.10.3 Schreiberpriorität

In ähnlicher Weise wie für das Problem der Leserpriorität können auch für dieses Problem zwei alternative Lösungen angegeben werden:

```
readerwritersemaphore sem;

Leser                          Schreiber

READ-CLAIM(sem);               WRITE-CLAIM(sem);
-Lesen-                        -Schreiben-
READ-RELEASE(sem);             WRITE-RELEASE(sem);
```

```
prioritysemaphore sem;

Leser                               Schreiber

REQUEST(sem,2);                     REQUEST(sem,1);
-Lesen-                             -Schreiben-
LIBERATE(sem);                      LIBERATE(sem);
```

Die beiden Lösungen unterscheiden sich zur Lösung von 1.4.10.2 lediglich in der Angabe der Prioritätsparameter. Während in dem Reader/Writer-Semaphor durch ein Bit angezeigt wird, daß die Schreiber Priorität über die Leser haben, sind bei der Lösung mit dem Prioritäten-Semaphor die Prioritätsparameter einfach vertauscht.

Problem 1.4.10.4 Wechselnde Priorität (mit begrenzter Leseranzahl)

Eine Lösung für dieses Problem macht Gebrauch von den Operationen TINC/DECT, TRYDEC und dem Lesen eines Semaphors. Die Lösung basiert auf der in 6.3.3 beschriebenen Lösung zum Straßenkreuzungsproblem. Sie sieht folgendermaßen aus:

```
semaphore sem (initially=1);

Leser

semaphore rlimit        (initially=n);
          rdelay,rcount (initially=0);
          rprelim       (initially=1);

P(rlimit);
PP(rprelim, rcount, sem);
-Lesen-
if sem<0 then TINC(rdelay)
         else V(rlimit);
if DECT(rcount)=0
   then begin
        V(sem);
        while TRYDEC(rdelay)=true do
              V(rlimit);
        end;
```

```
        end;


Schreiber

semaphore wlimit (initially=1);
          wdelay (initially=0);

P(wlimit);
P(sem);
-Schreiben-
if sem<0 then TINC(wdelay)
          else V(wlimit);
V(sem);
if TRYDEC(wdelay)=true then V(wlimit);
```

Im Leserprotokoll wird durch die P(rlimit)-Operation gewährleistet, daß nicht
mehr als die vorab zu spezifizierende Maximalzahl rlimit Leser in den kritischen
Abschnitt gelangen können, wenn mindestens ein Schreiber wartet. Darauf folgt
eine PP-Operation, die allen diesen Lesern das gleichzeitige Lesen gestattet. Wenn
der Lesevorgang abgeschlossen ist, wird zunächst geprüft, ob ein Schreiber wartet
(sem<0). Ist dies der Fall, wird ein Zähler rdelay um 1 erhöht, ansonsten wird
durch V(rlimit) ein weiterer Leser zugelassen. Der letzte Leser gibt mit V(sem)
den kritischen Abschnitt frei; um den Ausgangswert von rlimit zu erhalten, muß
so oft ein V(rlimit) ausgeführt werden, wie es Leser gab, die nach dem Lesen
festgestellt hatten, daß es einen wartenden Schreiber gab. Diese Anzahl wird
in der TRYDEC-Operation festgestellt. Der Schreibercode ist analog zu erklären,
allerdings wird er dadurch vereinfacht, daß immer nur ein Schreiber schreiben
darf, bevor wieder Leser zugelassen werden (falls Leser warten).

Problem 1.4.10.5 Sicheres Leser/Schreiber-Problem

Eine Lösung für dieses Problem wurde bereits in Kapitel 7 angegeben. Diese
Lösung basiert auf Scheduling-Semaphoren und normalen Semaphoren:

```
integer counter1,counter2    (initially=0);
semaphore sem                (initially=1);
schedulingsemaphore readers;
```

```
Leser                              Schreiber

integer check;                     INHIBIT(readers);
repeat INHIBITCHECK(readers);      TINC(counter1);
       check:=counter2;            P(sem);
-Lesen-                            -Schreiben-
until check=counter1;              V(sem);
                                   TINC(counter2);
                                   RELEASE(readers);
```

Die INHIBITCHECK-Operation wird hier verwendet, um zu beobachten, ob ein
Schreiber während eines Lesevorgangs Änderungen in der Datenbank vorgenommen hat. Zu diesem Zweck wird außerdem die TINC-Operation verwendet, um
eine Variable counter1 vor dem Eintritt in den kritischen Abschnitt und eine Variable counter2 nach Beendigung des Schreibvorganges zu inkrementieren. Ein
Leser prüft nach dem Verlassen des kritischen Abschnitts diese beiden Variablen
auf Gleichheit ab, bei Ungleichheit muß er seinen Lesevorgang wiederholen.

Problem 1.4.11 Produzenten/Konsumenten Problem

Problem 1.4.11.1 Ein Produzent/Ein Konsument

Dieses Problem kann sehr einfach mit P/V-Operationen gelöst werden:

```
semaphore full        (initially=0);
          empty       (initially=n);
integer nextem,nextfu (initially=0);


Produzent                     Konsument

P(empty);                     P(full);
BUFFER(nextem):=item;         item:=BUFFER(nextfu);
nextem:=(nextem+1)mod n;      nextfu:=(nextfu+1)mod n;
V(full);                      V(empty);
```

Die Lösung garantiert, daß ein Konsument nicht beginnen darf (full=0), bevor ein
Produzent einen Eintrag in den Puffer geschrieben hat und ein Produzent keinen
Eintrag in einen vollen Puffer ablegen kann (empty=n).

Problem 1.4.11.2 n Produzenten, n Konsumenten, maximal ein Produzent und ein Konsument gleichzeitig im Puffer

In dieser Lösung werden zwei zusätzliche Semaphore mutex1 und mutex2 verwendet:

```
semaphore full          (initially=0);
          empty         (initially=n);
          mutex1,mutex2 (initially=1);
integer nextem, nextfu  (initially=0);


Produzenten                     Konsumenten


P(empty);                       P(full);
P(mutex1);                      P(mutex2);
BUFFER(nextem):=item;           item:=BUFFER(nextfu);
nextem:=(nextem+1)mod n;        nextfu:=(nextfu+1)mod n;
V(mutex1);                      V(mutex2);
V(full);                        V(empty);
```

Durch die beiden Semaphore mutex1 und mutex2 wird gewährleistet, daß sowohl ein Produzent, als auch ein Konsument gleichzeitig im Puffer aktiv sein können (an verschiedenen Stellen im Puffer).

Problem 1.4.11.3 n Produzenten, n Konsumenten, maximal soviele Prozesse im Puffer wie Puffereinträge vorhanden

Dieses Problem wird mit den Set-Semaphoren gelöst:

```
setsemaphore empty (initially=n);
             full  (initially=0);
integer      x,y   (initially=0);


Produzenten             Konsumenten


RP(empty,x);            RP(full,y);
BUFFER(x):=item;        item:=BUFFER(y);
RV(full,x);             RV(empty,y);
```

Jeder Puffereintrag wird über ein Bit in dem Set kontrolliert. Die Zuteilung der entsprechenden Puffereinträge erfolgt durch die Semantik der RP/RV-Operationen.

Problem 1.4.12 Minimierung von Plattenkopfbewegungen

Diese Problem wurde von Hoare (1974) als Beispiel benutzt, um die Angabe eines Prioritätsparameters bei seiner wait-Operation (siehe 4.3) zu demonstrieren. Allerdings basiert Hoares Lösung auf der Existenz eines eingebauten, automatischen Ordnens der Warteschlange nach Prioritäten, so daß ein wesentlicher Teil der Einhaltung der Synchronisationsbedingungen von der Systemsoftware übernommen wird. Obwohl es fraglich ist, ob ein solch komplexes Steuerungsproblem nicht komplett durch einen komplexeren Softwarezuteilungsalgorithmus gelöst werden sollte, kann eine Lösung mit den Operationen auf Prioritäten-Semaphoren erstellt werden:

```
prioritysemaphore disc;

Process i

REQUEST(disc,dest_i);
-Plattenbenutzung-
LIBERATE(disc);
```

Die obige Lösung setzt allerdings voraus, daß die beiden Operationen REQUEST und RELEASE in die folgenden Anweisungssequenzen kompiliert werden:

```
const cylmax=maximum number of cylinders on disc
type  cylinder=0..cylmax;

headpos: cylinder (initially=0);
direction: (up, down) (initially=up);
busy: boolean (initially=false);
upsem, downsem: prioritysemaphore;
mutex: semaphore (initially=0);

REQUEST(disc,dest_i):

var cc1,cc2: boolean;
begin
P(mutex);
if busy
   then if headpos<dest_i or
```

```
                    (headpos=dest_i and direction=up)
                then PRIORITY-P(upsem,dest_i,true,cc1)
                else PRIORITY-P(downsem,cylmax-dest_i,true,cc2)
        else begin
            busy:=true;
            headpos:=dest_i;
            end;
V(mutex);
if cc1 then SUSPEND(dest_i_queue);
if cc2 then SUSPEND((cylmax-dest_i)_queue);
end.



LIBERATE(disc):

var cc1,cc2:boolean;
    p1,p2:integer;
    n1,n2:integer;
begin
P(mutex);
busy:=false;
if direction=up
    then begin
        PRIORITY-V(upsem,true,p1,n1,cc1);
        if cc1
            then begin
                busy:=true;
                headpos:=p1;
                ACTIVATE(p1_queue,n1);
                end
            else begin
                PRIORITY-V(downsem,true,p2,n2,cc2);
                if cc2
                    then begin
                        busy:=true;
                        headpos:=p2;
                        direction:=down;
                        ACTIVATE(p2_queue,n2);
                        end;
                end
    else begin
        PRIORITY-V(downsem,true,p2,n2,cc2);
        if cc2
            then begin
```

```
                    busy:=true;
                    headpos:=p2;
                    ACTIVATE(p2_queue,n2);
                    end
              else begin
                    PRIORITY-V(upsem,true,p1,n1,cc1);
                    if cc1
                       then begin
                             busy:=true;
                             headpos:=p1;
                             direction:=up;
                             ACTIVATE(p1_queue,n1);
                             end;
                    end;
           end;
     V(mutex);
     end.
```

Die Lösung ist weitgehend analog zu Hoares Lösung, außer daß die Ordnung der Prozesse nach Prioritäten durch die PRIORITY-P und PRIORITY-V-Operationen übernommen werden. Die P(mutex) und V(mutex)-Operationen sind nötig, um die Variablen headpos, direction und busy vor gleichzeitigem Zugriff zu schützen. Wenn ein Prozeß die Platte als belegt vorfindet (busy=true), prüft er, ob die augenblickliche Kopfposition kleiner als seine Zylindernummer ist, oder ob sie gleich ist und die Richtung nach oben geht. In diesem Fall wird die Anforderung in die Warteschlange dest_i von upsem eingetragen. Wenn die obigen Bedingungen nicht erfüllt sind, wird die Anforderung in die Warteschlange cylmax-dest_i von downsem eigetragen. Die Eintragung in die Warteschlange cylmax-dest_i garantiert, daß der Prozeß, dessen Anforderung den geringsten Abstand zu der Kopfposition im Augenblick der Richtungsänderung hat, zuerst aktiviert wird.

Nachdem im LIBERATE-Makro busy auf false gesetzt wurde, prüft der ausführende Prozeß, ob die Richtung nach oben geht. Ist dies der Fall, dann wird eine PRIORITY-V-Operation auf upsem ausgeführt. Gibt es weitere Anforderungen an die Platte in dieser Richtung, wird der Prozeß aktiviert, dessen Anforderung am nahesten zu der gerade bearbeiteten ist (dies ist wartende Prozeß mit der höchsten Priorität). Falls keine weiteren Prozesse in der Richtung up warteten, wird eine PRIORITY-V-Operation auf downsem ausgeführt, um die Richtung des Kopfes umzukehren. Wenn es Anforderungen in dieser Richtung gibt (cc2=true), dann wird der Prozeß aktiviert, dessen Anforderung den geringsten Abstand zur aktuellen Kopfposition hat (dies ist der Prozeß mit der höchsten Priorität). Der Rest des Codes betrifft den Fall, daß die Richtung beim Anfangstest down war. Er ist analog zu erklären.

Problem 1.4.13 Weckerproblem

Dieses Problem macht, wie 1.4.12, analog zu Hoare von den Operationen auf Prioritäten-Semaphoren Gebrauch. Die Lösung sieht folgendermaßen aus:

```
prioritysemaphore sem;
integer now      (initially=0);
semaphore mutex (initially=1);


Process WAKEME(n:integer);
var alarmsetting:integer;


P(mutex);
alarmsetting:=now+n;
PRIORITY-P(sem,alarmsetting,true,cc);
V(mutex);
if cc then SUSPEND(alarmsetting_queue);


Process TICK;

P(mutex);
now.-now+1;
PRIORITY-V(sem,true,p,n,cc);
V(mutex);
if cc and now=p then ACTIVATE(p_queue,n);
```

Prozesse, die sich suspendieren wollen, bestimmen in WAKEME mit einer für jeden Prozeß lokalen Variable alarmsetting den Zeitpunkt des "Aufweckens", indem alarmsetting sich aus der Summe des aktuellen Werts von now und der Anzahl n von zu wartenden Zeiteinheiten, die als Parameter angegeben wird, bestimmt. Anschließend wird die Suspendierung durch die PRIORITY-P-Operation vorgenommen. P(mutex) und V(mutex) sind notwendig, um gleichzeitige Änderungen an now zu verhindern.

In TICK, das üblicherweise in regelmäßigen Zeitabständen von der Hardware aufgerufen wird, wird now zunächst um 1 erhöht und anschließend ein PRIORITY-V ausgeführt. Falls wartende Prozesse aufgeweckt werden müssen (cc=true) und der aktuelle Wert von now mit dem von PRIORITY-V zurückgelieferten Wert von p übereinstimmt (now=p), d.h. ein oder mehrere wartende Prozesse möchten zum aktuellen Wert von now aufgeweckt werden, dann wird (werden) dieser (bzw. diese) Prozeß (bzw. Prozesse) aktiviert.

Problem 1.4.14 Philosophenproblem

Dieses Problem kann mit der Pboth-Operation einfach gelöst werden:

```
semaphore array fork(1..5) (initially=1);

Philosoph i, 1<=i<=5

Pboth(fork(i), fork((i+1) mod 5));
-Essen-
Vboth(fork(i), fork((i+1) mod 5));
```

Beide Gabeln werden einfach mit der Pboth-Operation angefordert und nach dem Essen mit Vboth wieder zur Verfügung gestellt. Die Semantik der Pboth-Operation garantiert die Verhungerungs- und Verklemmungsfreiheit.

Problem 1.4.15 Zigarettenraucherproblem

Auch dieses Problem kann mit der Pboth-Operation und P/V-Operationen einfach gelöst werden:

```
semaphore matches, paper, tobacco (initially=0);
          start                   (initially=1);

Process A1          Process A2          Process A3

P(start);           P(start);           P(start);
Vboth(paper,        Vboth(matches,      Vboth(tobacco,
      matches);           tobacco);           paper);


Process R1          Process R2          Process R3

Pboth(paper,        Pboth(tobacco,      Pboth(matches,
      tobacco);           matches);           paper);
-Rauchen-           -Rauchen-           -Rauchen-
V(start);           V(start);           V(start);
```

Der Agent besteht aus den drei Prozessen **A1**, **A2** und **A3**. Nur einer der drei Agenten-Prozesse kommt dazu, mit der **Vboth**-Operation zwei Rauchutensilien freizugeben, da die beiden anderen bei **P(start)** warten müssen. Von den Raucherprozessen **R1-R3** wird genau derjenige aktiviert, der die beiden freigegebenen Gegenstände benötigt. Nach dem Rauchen wird durch die **V(start)**-Operation erneut ein Agent-Prozess aktiviert, um weitere Rauchutensilien auf dem Tisch zu deponieren.

Problem 1.4.16 Kritischer Blockausgang

Eine Lösung für dieses Problem kann sehr leicht mit den Scheduling-Semaphoren erstellt werden:

```
schedulingsemaphore exit;

Vater                             Söhne

for each process creation
do begin INHIBIT(exit);
         -Prozeß kreieren-
     end;
                                  on termination:
                                  RELEASE(exit);
                                  -Prozeß löschen-
on block exit:
INHIBITCHECK(exit);
```

Der Vaterprozeß führt bei jeder Prozeßkreierung eine **INHIBIT(exit)**-Operation aus. Beim Blockausgang prüft er mit **INHIBITCHECK**, ob alle Sohnprozesse den Block verlassen haben. Diese Prüfung fällt nur dann positiv aus, wenn genau so oft eine **RELEASE**-Operation ausgeführt wurde, wie der Vaterprozeß **INHIBITS** ausgeführt hat.

Alle aufgeführten Beispiele verdeutlichen, daß mit den neu vorgeschlagenen Operationen in Verbindung mit den **P/V**-Operationen, Set-Semaphoren und Reader/Writer-Semaphoren sehr einfache und verständliche Lösungen angegeben werden können, die überdies sehr kurz und deshalb "benutzerfreundlich" sind. Obwohl auf die Angabe von alternativen Lösungen aller beschriebenen Synchronisationsprobleme mit allen anderen Mechanismen wegen des beträchtlichen Umfangs verzichtet wurde und deshalb kein direkter Vergleich möglich ist, so zeigen doch die zahlreichen Beispiele in den Kapiteln 2,3 und 4, daß die dort angegebenen

Lösungen wesentlich komplizierter sind und dem Benutzer ein erhöhtes Maß an Verständnis der Semantik der Mechanismen und Lösungen, sowie einen größeren Programmieraufwand abverlangen.

Um die Benutzerfreundlichkeit der in dieser Arbeit vorgeschlagenen Mechanismen noch zu erhöhen, könnte es eventuell sinnvoll sein, die Namen der Operationen zu ändern, um sie besser und konsistenter in eine höhere Programmiersprache integrieren zu können. Als Vorschlag sollen einige mögliche Namen für die Operationen auf der Programmiersprachenebene angegeben werden:

```
P/V: CLAIM/RELEASE
PP/VV: CLASSCLAIM/CLASSRELEASE
PMULTIPLE/VMULTIPLE: MULTIPLECLAIM/MULTIPLERELEASE
REQUEST/LIBERATE: PRIORITYCLAIM/PRIORITYRELEASE
DECT/TINC: DECREMENT/INCREMENT
TRYDEC/TRYINC:CONDITIONALDECREMENT/CONDITIONALINCREMENT
INHIBIT/RELEASE/INHIBITCHECK: INHIBIT/FREE/INHIBITCHECK
```

Es ist natürlich noch von Interesse, ob die oben angegebenen Lösungen auch effizient sind. Anhand eines Effizienzvergleiches verschiedener in der Literatur beschriebener Synchronisationsmechanismen mit den neuen Operationen soll dieser Frage im nächsten Abschnitt 8.3 nachgegangen werden.

8.3 Effizienzvergleich

Ein Hauptaspekt beim Entwurf von Synchronisationsmechanismen ist neben einer einfachen, benutzerfreundlichen Anwendbarkeit eine leistungsfähige Implementierungsmöglichkeit und die damit verbundene effiziente Ausführung der jeweiligen Lösungsprotokolle von Synchronisationsproblemen. In diesem Abschnitt soll dieser Aspekt näher betrachtet und eine Effizienzuntersuchung verschiedener Synchronisationsmechanismen durchgeführt werden, in der die in den Kapiteln 5-7 neu vorgeschlagenen Mechanismen unter diesem Gesichtspunkt mit früheren Mechanismen verglichen werden sollen. Für einen solchen Vergleich eignen sich allerdings nur Mechanismen der Ebene 2, da einerseits sich das Lösungsspektrum der Mechanismen der Ebene 1 im Prinzip nur auf ein einziges Problem (gegenseitiger Ausschluß) beschränkt und andererseits die Mechanismen der Ebene 3 meist durch eine mehrstufige Umsetzung, die von bestimmten Mechanismen der

Ebene 2 Gebrauch macht, implementiert werden können. Aus diesem Grund werden einige Mechanismen der Ebene 2, nämlich die aufgrund ihrer Nähe zu den in dieser Arbeit vorgeschlagenen Mechanismen in der früheren Literatur publizierten Operationen zur Manipulation von Semaphoren in Betracht gezogen. Ebenfalls ausgewählt wurde eine Reihe von Synchronisationsproblemen, die die verschiedenen identifizierten Grundproblemtypen repräsentieren. Es handelt sich hierbei um die Synchronisationsprobleme

```
1.4.2      n Prozesse, gleiche Priorität, ein Betriebs-
           mittel
1.4.3      n Prozesse, gleiche Priorität, Teilmenge von
           Betriebsmitteln
1.4.4      k Prozesse, k Prioritäten, ein Betriebsmittel
1.4.5      k Prioritätsklassen, ein Betriebsmittel
1.4.9      k Prioritätsklassen, Teilmenge von m
           Betriebsmitteln, gleichzeitiger, beschränkter
           Zugriff durch die Prozesse einer Klasse
1.4.10.2 Leser/Schreiber-Problem mit Leserpriorität
1.4.10.3 Leser/Schreiber-Problem mit Schreiberpriorität
1.4.14   Philosophenproblem
1.4.16   Kritischer Blockausgang
```

Diese Probleme wurden unter der Verwendung der Semaphoroperationen von

```
Dijkstra (3.4)
Vantilborgh und van Lamsweerde (3.7)
Patil (3.6)
Cerf (3.8)
Presser (3.9)
Agerwala (3.10)
```

sowie den in den Kapiteln 5-7 neu vorgestellten Mechanismen in einer der Programmiersprache PASCAL ähnlichen Notation gelöst. Anschließend wurden diese Lösungsprotokolle direkt in Mikrocode umgesetzt. Die Basis hierbei bildete der mikroprogrammierbare 16-bit-Rechner ICL-PERQ (ICL 1982). Eine detaillierte Anleitung zur Programmierung des Mikrocodes des ICL-PERQ-Rechners findet man in (Rosen und Strait 1982). Da die Ausführungszeit einer Mikrocodeoperation in dieser Maschine 170 ns beträgt, kann durch eine Addition aller Mikrocodebefehle die Ausführungszeit eines Lösungsprotokolls bestimmt werden. Die einheitliche Anwendung dieser Methode bei allen Mechanismen/Problemlösungen ermöglicht eine Aussage über die relative Effizienz der verschiedenen Synchronisationsoperationen bei der Lösung bestimmter Probleme.

Die oben beschriebene Methode einer vergleichenden Zeitabschätzung ist eine Abwandlung von den in (Bentley 1982) beschriebenen Prinzipien systemabhängiger Effizienz. Eine Einführung in die Methoden einer solchen vergleichenden Auswertung zur Leistungsmessung ist außerdem die Arbeit von Leverett (1977). Bentley (1982) gibt eine von Shaw (1979) erstellte Tabelle an, in der die Kosten (in Mikrosekunden) verschiedener Pascal-Instruktionen (auf derselben Maschine und demselben Compiler) aufgelistet sind.

Anstatt die Umsetzung einer Pascal-Instruktion in Maschinensprache von einem Compiler durchführen zu lassen und die Ausführungszeit einer Operation per Uhr zu messen, wird in dem hier vorgeschlagenen Ansatz die Umsetzung in den Mikrocode per Hand vorgenommen und anschließend die Anzahl der erzeugten Mikrocodebefehle gezählt. Es ist klar, daß sowohl Shaws Methode, als auch die beschriebene Abwandlung nur äußerst schwierig für eine hochgradig optimierte Code-Umsetzung eingesetzt werden können, da der Quell-Code häufig nur eine sehr geringe Widerspiegelung in dem Objekt-Code findet. Die Umsetzung verschiedenartiger Operationen in den Mikrocode und deren Anzahl der Mikrocodeinstruktionen analog zu (Bentley 1982) findet man im Anhang A.

Bevor die Resultate der Ausführungszeiten der eigentlichen Lösungsprotokolle präsentiert werden, soll die Methode noch etwas detaillierter erläutert werden. Es soll zunächst auf die verschiedenen Semaphoroperationen eingegangen werden.

Als interessant wird die Zeit betrachtet, in der die CPU der Maschine belastet wird. Das bedeutet insbesondere, daß Wartezeiten, die ein Prozeß in einer Warteschlange verbringt und Zeiten für den Aufruf und die Ausführung von Warteschlangen-Routinen nicht in die Berechnung mit aufgenommen werden, da diese von der Auslastung des Gesamtsystems abhängig sind und deshalb keine verwertbaren Aussagen über die Ausführungsdauer des eigentlichen Synchronisationsprotokolls zulassen. Es sollen allerdings die Anzahl notwendiger Warteschlangen und Prozeßscheduleraufrufe in der Effizienzbetrachtung berücksichtigt werden. Diese werden deshalb bei der Präsentation der Ergebnisse mitangegeben.

Die zur Debatte stehenden Semaphoroperationen können in zwei Klassen eingeteilt werden: Zur ersten Klasse gehören alle Operationen, deren P-Operation einen Prozeß bei einem erfolglosen Aufruf durch den Aufruf einer Suspendierungs-Routine in eine Warteschlange einreiht, aus der der Prozeß durch die V-Operation "geweckt" werden und seine Ausführung fortsetzen kann. Ein Ablaufdiagramm würde, wie in Abb. 8.1 dargestellt, aussehen.

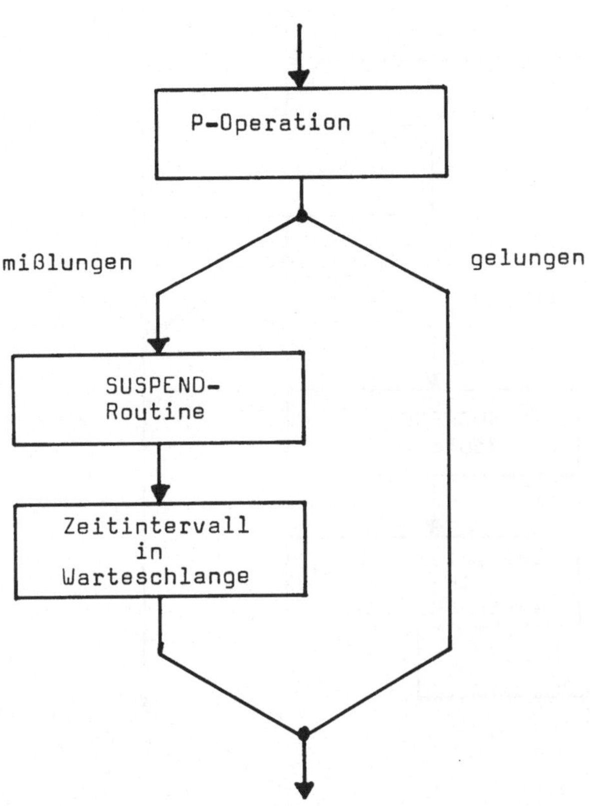

Abb. 8.1: *Ablauf einer P-Operation*

Zu dieser Klasse zählen die Semaphoroperationen von Dijkstra, Vantilborgh und van Lamsweerde und die in den Kapiteln 5-7 neu eingeführten Operationen.

Die zweite Klasse besteht aus Semaphoroperationen, die einen Prozeß bei einem nicht erfolgreichen Aufruf der P-Operation ebenfalls suspendieren, aber nach einer erfolgten Aktivierung durch eine V-Operation verpflichten, die P-Operation nochmals auszuführen. Diese wiederholte Ausführung wird solange durchgeführt, bis die P-Operation erfolgreich ist. Das Ablaufdiagramm für diese Operationen kann wie in Abb. 8.2 dargestellt werden.

Diese Klasse besteht aus den Semaphoroperationen von Patil, Cerf, Presser und Agerwala.

Da die Ausführungszeiten der Warteschlangen-Routinen und die Zeit in Warteschlangen in die Effizienzbetrachtung, wie oben beschrieben, nicht miteinbezogen wurden, können die Operationen der ersten Klasse wegen ihres linearen Ablaufes

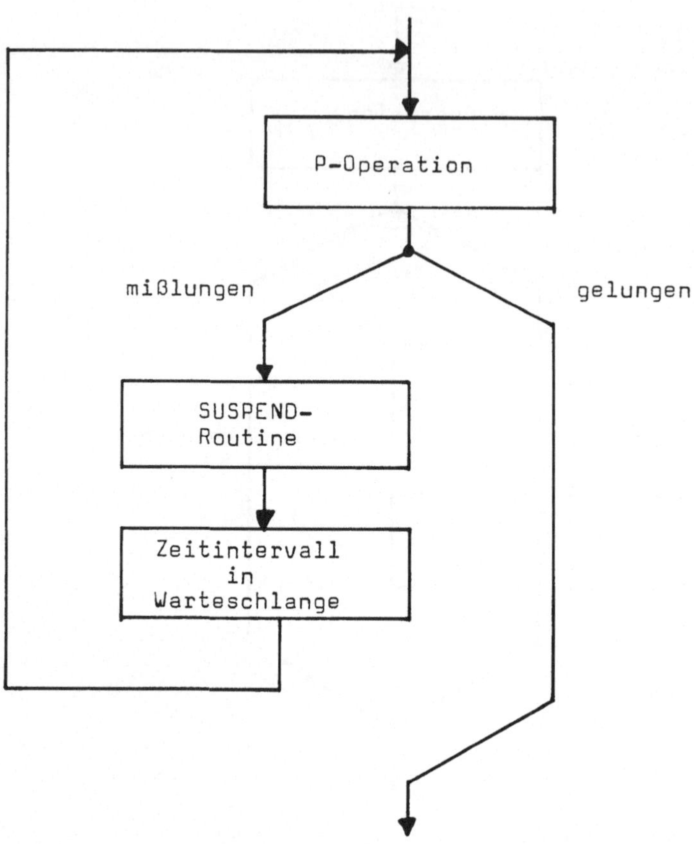

Abb. 8.2: *Ablauf einer P-Operation*

ohne Probleme abgeschätzt werden. Die Werte der Zeitabschätzung ergeben sich jeweils aus der Addition der Mikrocode-Instruktionen

(a)   im längsten Pfad innerhalb der Semaphoroperation (MAX)

(b)   im kürzesten Pfad innerhalb der Semaphoroperation (MIN)

(c)   dem Mittelwert von allen möglichen Pfaden, die durchlaufen werden können (AV).

Für die Wahrscheinlichkeit, daß ein bestimmter Pfad während eines Aufrufes durchlaufen wird, wird die Gleichverteilung angenommen.

Die wiederholte Ausführung der Operationen der zweiten Klasse muß jedoch genauer betrachtet werden. Hierzu soll Abb. 8.3 dienen, die die möglichen einzelnen Codeabschnitte einer P-Operation darstellt.

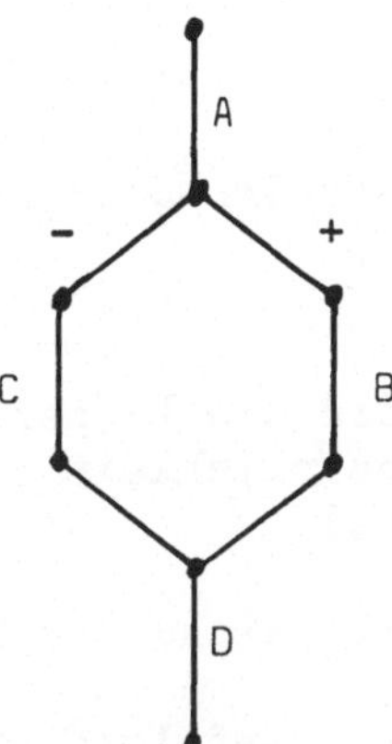

Abb. 8.3: *Codeabschnitte einer P-Operation*

Die Codeabschnitte A und D werden auf jeden Fall durchgeführt, während B nur durchlaufen wird, wenn die P-Operation erfolgreich verläuft (das Zeichen "+" soll dies anzeigen). C wird nach Beendigung der P-Operation zur Suspendierung führen. Der Gesamtablauf für einen Prozeß bei der Ausführung einer P-Operation könnte dann wie in Abb. 8.4 dargestellt werden.

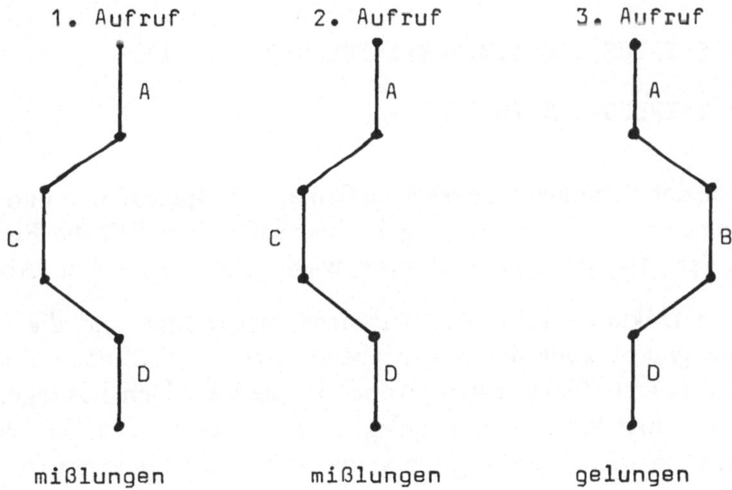

Abb. 8.4: *Beispiel für die Ausführung einer P-Operation*

Die benötigte Zeit T zur Ausführung einer solchen Operation errechnet sich dann folgendermaßen:

```
T=p*TPLUS+(1-p)*(TMINUS+p*TPLUS+(1-p)*(TMINUS+p*TPLUS+...))
```

wobei

```
p=Wahrscheinlichkeit, daß die P-Operation erfolgreich
   ist (d.h. mit Wahrscheinlichkeit p wird der Code-
   Abschnitt B ausgeführt)

TPLUS=Zeit für die erfolgreiche Durchführung

TMINUS=Zeit für die nicht erfolgreiche Durchführung
```

Für die nun folgenden Zeitabschätzungen werden folgende Vereinbarungen getroffen:

(a) Es gilt p=0.5, da eine Auswahl zwischen zwei Pfaden in der P-Operation getroffen und die Gleichverteilung angenommen wird.

(b) Es wird angenommen, daß der zweite Aufruf einer P-Operation erfolgreich ist, wenn der erste nicht erfolgreich war. Dies bedeutet, daß eine P-Operation maximal zweimal aufgerufen werden muß, welches eine sehr günstige Annahme im Vergleich zu realen Bedingungen ist. Die Zeit T läßt sich dann wie folgt vereinfacht berechnen:

```
T=0.5*TPLUS+0.5*(TMINUS+1*TPLUS+0*(....))

==> T=TPLUS+0.5*TMINUS
```

Den Mikrocode der einzelnen umgesetzten Semaphor-Operationen und deren Laufzeitberechnung findet man im Anhang B. Hier sollen lediglich die Resultate, also die Anzahlen der Mikrocodeinstruktionen, wiedergegeben werden (Abb. 8.5).

Eine komplette Dokumentation der Mikrocodeprogramme und die Laufzeitanalyse aller Lösungsprotokolle der beschriebenen Synchronisationsprobleme mit allen oben angegebenen Mechanismen, wobei die pascalartigen Lösungen von Kuhn (1984) und Abschnitt 8.2 zugrunde gelegt sind, findet man in (Freisleben 1985). Zur Demonstration wird allerdings die verwendete Methode exemplarisch anhand des Problems 1.4.3 und Dijkstras P/V-Operationen im Anhang C erläutert. Dazu wird die Lösung in einer pascalartigen Notation angegeben, diese in den Mikrocode umgesetzt und das Berechnungsschema erklärt. Die Ergebnisse der kompletten Effizienzanalyse, die durchschnittliche Anzahl der Mikrocodeinstruktionen pro Protokoll, ist in Abb. 8.6 wiedergegeben.

Operationen	Anzahl der Mikrocodeinstruktionen (MIN/MAX/AV)
Dijkstra $P(s)$ $V(s)$	$(8/10/9)$ $(8/10/9)$
Vantilborgh **van Lamsweerde** $P(n,s)$ $V(n,s)$	$(28/45/36.5)$ $(37/303/161)$
Patil $P(s\_1,...,s\_n)$ $V(\bar{s}\_1,...,\bar{s}\_n)$	$(17n+9/21.5n+23/19.25n+16)$ $(8n+4/8n+4/8n+4)$
Cerf $P(s\_1,a\_1,...,s\_n,a\_n)$ $V(\bar{s}\_1,\bar{a}\_1,...,\bar{s}\_n,\bar{a}\_n)$	$(17n+9/21.5n+23/19.25n+16)$ $(8n+4/8n+4/8n+4)$
Presser $P(s\_1,a\_1,b\_1,...,s\_n,a\_n,b\_n)$ $V(\bar{s}\_1,\bar{a}\_1,\bar{b}\_1,...,\bar{s}\_n,\bar{a}\_n,\bar{b}\_n)$	$(17n+9/21.5n+23/19.25n+16)$ $(8n+4/8n+4/8n+4)$
Agerwala $P(s\_1,...,s\_n,'s\_(n+1),...,'s\_(n+m))$ $V(\bar{s}\_1,...,\bar{s}\_n)$	$(15n+7m+11/22n+10.5m+29/18.5n+8.75m+20)$ $(8n+4/8n+4/8n+4)$
$RP(s,x)$ $RV(s,x)$	$(17/77/35.5)$ $(17/77/35.5)$
$READ-CLAIM(s)$ $READ-RELEASE(s)$ $WRITE-CLAIM(s)$ $WRITE-RELEASE(s)$	$(12/15/13.5)$ $(12/17/14)$ $(13/14/13.5)$ $(15/20/17)$
$TINC(s)$ $DECT(s)$	$(8/10/9)$ $(8/10/9)$
$PMULTIPLE(s\_1,...,s\_n)$ $VMULTIPLE(\bar{s}\_1,...,\bar{s}\_n)$	$(10n+16/13n+20/11.5n+18)$ $(8n/10n/9n)$
$INHIBIT(s)$ $INHIBITCHECK(s)$ $RELEASE(s)$	$(7/7/7)$ $(7/11/9)$ $(9/13/11)$
$REQUEST(s,p)$ $LIBERATE(s)$	$(16/71/47)$ $(13/62/26)$

Abb. 8.5 Anzahl der Mikrocodeinstruktionen pro Mechanismus

Problem	Dijkstra	Vantilborgh/ van Lamsweerde	Patil	Cerf	Presser	Agerwala	Freisleben
1.4.2	18	197.5	47.25	47.25	47.25	54	18
1.4.3	58.25n+75.5	208.25n+337.5	39.25n+20	39.25n+20	39.25n+20	38.5n+27.5	20.5n+18
1.4.4	10k+82	164k+202.5	29.25i+67.25	29.25(k-i)+97.5	29.25(k-i)+84.5	9i+101	73
1.4.5	10k+90	164k+202.5	29.25i+169.125	29.25(k-i)+99.5	29.25(k-i)+85.5	9i+101	73
1.4.9	4.25k+59.25n+186.875	9i+82k+131.5n+1922.125	34.25k+39.25n+289	60.5(k-i)+39.25n+71.25	50.5(k-i)+39.25n+66.25	9k+38.5n+133.5	20.5n+91
1.4.10.2 Leser	65	395	117.75	94.5	90.5	108	27.5
Schreiber	36	556	78.5	106.5	66.5	62	30
1.4.10.3 Leser	101	556	196.625	106.5	66.5	92	27.5
Schreiber	83	395	173.375	94.5	90.5	116	30
1.4.14	123.625	867.5	78.5	78.5	78.5	84.5	69
1.4.16 Vater	41.5	262.25	110.125	70.5	70.5	43.5	16
Söhne	32.5	288	63.25	12	12	42	11

Abb. 8.6   Anzahl der Mikrocodeinstruktionen pro Lösungsprotokoll

In der Tabelle sind die durchschnittlichen Anzahlen der Mikrocodeinstruktionen pro Protokoll nach dem oben beschriebenen Berechnungsschema angegeben, wobei die nach dieser Methode angenommenen Wahrscheinlichkeiten die Kommastellen der Zahlen erklären. Die Variablen bedeuten folgendes:

```
n=Anzahl der angeforderten Betriebsmittel
k=Anzahl der Prioritätsklassen/Prioritäten
i=Klasse des aufrufenden Prozesses
```

Es mag verwunderlich erscheinen, daß einige Angaben von der Variable i, der Klasse des aufrufenden Prozesses abhängig sind. Dies ist damit zu erklären, daß bei diesen Mechanismen die Protokolle für verschiedene Prioritätsklassen unterschiedlich sind und deswegen in die Berechnung miteingeflossen sind. In ähnlicher Weise sind die Protokollzeiten der jeweiligen Prozesse beim Leser/Schreiber- und kritischen Blockausgangproblem gesondert aufgeführt.

Ein Vergleich dieser Zahlen macht deutlich, daß in allen Fällen die in dieser Arbeit vorgeschlagenen Mechanismen (inklusive Set-Semaphoren und Reader/Writer-Semaphoren) allen anderen Mechanismen überlegen sind. Alle Ausführungszeiten sind geringer; dies hat ein umso größeres Gewicht, als daß für alle anderen Mechanismen sehr günstige Annahmen getroffen wurden (der zweite P-Aufruf ist immer erfolgreich). In Einzelfällen sind sogar Effizienzsteigerungen gegenüber dem besten der alternativen Mechanismen bis zu 70 Prozent zu verzeichnen. Dies demonstriert, daß die neuen Mechanismen neben einer benutzerfreundlichen Lösungserstellung auch eine effiziente Ausführung ermöglichen. Dies drückt sich ebenfalls in den Anzahlen der für jede Lösung benötigten Warteschlangen und maximal möglichen Prozeßscheduleraufrufen aus, die in Abb. 8.7 und 8.8 wiedergegeben sind.

Problem	Dijkstra	Vantilborgh/ van Lamsweerde	Patil	Cerf	Presser	Agerwala	Freisleben
1.4.2	1	1	1	1	1	1	1
1.4.3	$m+1$	$m+1$	m	m	m	m	m
1.4.4	$k+1$	1	$k+1$	$k+1$	$k+1$	$k+1$	k
1.4.5	$k+1$	1	$2k+1$	$k+1$	$k+1$	$k+1$	k
1.4.9	$k+m+2$	$2k+m+2$	$4k+m$	$2k+m$	$2k+m$	$2k+m+1$	$k+m$
1.4.10.2	3	2	3	2	2	2	2
1.4.10.3	5	2	5	2	2	3	2
1.4.14	6	6	5	5	5	5	5
1.4.16	2	2	2	1	1	1	1

Abb. 8.7 Anzahl der Warteschlangen pro Lösungsprotokoll

Problem	Dijkstra	Vantilborgh/ van Lamsweerde	Patil	Cerf	Presser	Agerwala	Freisleben
1.4.2	2	2	2	2	2	2	2
1.4.3	$n+7$	$n+7$	$n+1$	$n+1$	$n+1$	$n+1$	$2n$
1.4.4	6	$k+2$	$i+3$	$k-i+4$	$k-i+3$	4	2
1.4.5	6	$k+2$	$i+7$	$k-i+4$	$k-i+3$	4	2
1.4.9	$n+15$	$k+n+30$	$k+n+12$	$2k-2i+n+3$	$k+n-i+1$	$n+5$	$2n+2$
1.4.10.2 Leser	6	4	6	4	4	4	2
Schreiber	4	5	3	5	2	2	2
1.4.10.3 Leser	10	5	8	5	2	4	2
Schreiber	8	4	8	4	4	4	2
1.4.14	12	12	3	3	3	3	4
1.4.16 Vater	4	4	4	2	2	2	1
Söhne	3	3	3	1	1	1	1

Abb. 8.8   Anzahl der Prozeßscheduleraufrufe pro Lösungsprotokoll

Aus Abb. 8.7 wird ersichtlich, daß die neuen Mechanismen bei allen Problemlösungen die wenigsten Warteschlangen benötigen (obwohl einige andere Mechanismen die gleichen Anzahlen aufweisen). Die Werte für die Anzahlen der Prozeßscheduleraufrufe (Abb.8.8) basieren auf folgenden Annahmen:

Es wird angenommen, daß jeder Aufruf einer Operation in einem Prozeßscheduleraufruf resultiert. Bei den P-Operationen, die eine Wiederholung erforderlich machen, ist der zweite Aufruf einer P-Operation immer erfolgreich. Bei V-Operationen, die alle Prozesse von nicht leeren Warteschlangen aktivieren, wird angenommen, daß alle Warteschlangen aktiviert werden müssen und deshalb soviele Prozeßscheduleraufrufe notwendig sind, wie es Semaphore in der V-Operation gibt. Die angegebenen Werte beziehen sich also auf die maximal möglichen Prozeßscheduleraufrufe eines Prozesses in seinem Lösungsprotokoll. Die Variablen n, k und i haben die gleiche Bedeutung wie in Abb. 8.6, die Variable m repräsentiert die Anzahl der verfügbaren Betriebsmittel. Es sollte ausdrücklich erwähnt werden, daß die Werte der Anzahlen von Prozeßscheduleraufrufen bei den Mechanismen von Dijkstra, Vantilborgh und van Lamsweerde, Patil, Cerf, Presser und Agerwala auf optimalen Annahmen basieren, da ein Aufruf einer solchen Operation prinzipiell immer ein Prozeßscheduleraufruf ist, der in einigen Fällen komplexere Schedulingstrategien als die üblichen SUSPEND- und ACTIVATE-Routinen beinhaltet. In der Effizienzanalyse wurden diese Operationen analog zu den in der vorliegenden Arbeit eingeführten Mechanismen mikrocodiert und die Annahme getroffen, daß durch eine Kombination von Suspendierungs- und Aktivierungsroutinen des Prozeßschedulers Prozesse in Warteschlangen eingefügt bzw. aus ihnen entfernt werden. Dies wurde von den obengenannten Autoren nicht angeregt.

Ein Vergleich der Zahlen in Abb. 8.8 macht deutlich, daß bei den meisten Problemen die Prozeßscheduleraufrufanzahlen, die von den neuen Mechanismen benötigt werden, geringer sind. Ausnahmen sind die Probleme 1.4.3, 1.4.9 und 1.4.14, also alle Probleme, die die gleichzeitige Anforderung mehrerer Betriebsmittel beinhalten. Dies ist darauf zurückzuführen, daß bei den alternativen Mechanismen die optimale Annahme getroffen wurde, daß der zweite P-Aufruf erfolgreich ist. Tatsächlich wäre die Anzahl also größer. Beide Tabellen demonstrieren, daß die in dieser Arbeit neu eingeführten Mechanismen neben ihrer Benutzerfreundlichkeit effiziente Problemlösungen ermöglichen.

8.4 Zusammenfassung

Die beiden hauptsächlichen Ziele eines Synchronisationsmechanismus sind die einfache, benutzerfreundliche Erstellung von Lösungen, die überdies noch effizient ausgeführt werden können. Beide Aspekte wurden für die in dieser Arbeit neu vorgeschlagenen Mechanismen untersucht, in dem für alle in Kapitel 1 angegebenen Synchronisationsprobleme Lösungen erstellt wurden und die Zeitkomplexität einiger dieser Lösungsprotokolle angegeben wurde. Im Vergleich zu alternativen Lösungen mit anderen Mechanismen bestehen die Lösungen mit den neuen Mechanismen meist nur noch aus wenigen Anweisungen, die aufgrund der Natur dieser speziellen Mechanismen nahezu unmißverständlich von einem Benutzer angegeben werden können.

Die Zeitkomplexität einiger ausgewählter Lösungsprotokolle wurde anhand der Methode ermittelt, diese Protokolle zu mikrocodieren und die Anzahl der Mikrocodeinstruktionen zu zählen (die Basis bildete hierbei der Mikrocode des ICL-Rechners PERQ). Die einheitliche Anwendung dieser Methode für alle Mechanismen/Problemlösungen läßt dann Aussagen über die relative Effizienz eines Lösungsprotokolles zu. Als Ergebnis dieser Effizienzanalyse läßt sich feststellen, daß die Verwendung der als Zusatz zu den P/V-Operationen in dieser Arbeit neu vorgeschlagenen Mechanismen (inklusive der Set-Semaphoren und Reader/Writer-Semaphoren) bei allen Lösungsprotokollen in einer geringeren Ausführungszeit als bei allen alternativen Mechanismen resultiert. In einigen Fällen können Effizienzsteigerungen bis zu 70 Prozent gegenüber dem besten der anderen Mechanismen verzeichnet werden. Zusätzlich konnte demonstriert werden, daß die Anzahl benötigter Warteschlangen und die der maximalen Prozeßscheduleraufrufe eines Prozesses in den meisten Fällen geringer sind als bei den anderen zum Vergleich herangezogenen Mechanismen.

KAPITEL 9
Zusammenfassung und Ausblick

Die vorliegende Arbeit beschäftigte sich mit dem Entwurf und der Implementierung von Synchronisationsmechanismen zur Lösung von Problemen der Koordination paralleler Prozesse in Betriebssystemen.

Die Erforschung geeigneter Mechanismen zur Synchronisation paralleler Prozesse nahm nicht nur in den Anfängen der Betriebssystementwicklung eine zentrale Stellung ein, sondern ist auch heute noch Gegenstand unzähliger wissenschaftlicher Untersuchungen. In der vorliegenden Arbeit wurde der Versuch unternommen, die historische Entwicklung dieses Themenkreises aufzuzeigen und durch neue Vorschläge einen Beitrag zur Verbesserung des Forschungsstandes zu leisten. Ausgangspunkt der Untersuchung war ein Überblick über die relevanten Problemstellungen der Prozeßsynchronisation, sowie die Beschreibung, Analyse und Gegenüberstellung von den in der Literatur vorgeschlagenen Ansätzen zu deren Lösung. Als Konsequenz dieser Untersuchung wurde ein neuer Ansatz zur Entwicklung von Synchronisationsmechnanismen vorgestellt, der sich von der üblichen Entwurfsphilosophie existierender Ansätze abwendete. Anstatt nämlich den Versuch zu unternehmen, einen einzigen Synchronisationsmechanismus zur Lösung unterschiedlichster Prozeßkoordinationsprobleme entwickeln zu wollen, wurde in dem neuen Ansatz dafür plädiert, Problemklassen zu identifizieren und jeweils einen speziellen Mechanismus für eine bestimmte Problemklasse anzubieten. Eine Reihe solcher Mechanismen, die auf primitiven oder zusammengesetzten Semaphor-Operationen und ähnlichen Konstrukten basieren, wurde zur Verdeutlichung dieses Ansatzes in der Arbeit vorgeschlagen. Diese neuen Mechanismen wurden sowohl unter programmiermethodischer Hinsicht, als auch unter Effizienzaspekten mit existierenden Synchronisationsmechanismen verglichen. Dabei wurde nachgewiesen, daß die neuen Vorschläge hinsichtlich beider Kriterien existierenden weit überlegen sind.

Die Existenz geeigneter Synchronisationsmechanismen ist von wesentlicher Bedeutung für die Ausnutzung der die Effizienz steigernden Parallelität einer Rechenanlage, da nur durch solche Mechanismen eine fehlerfreie Funktionsweise des Rechnersystems bei Problemen der Koordination paralleler Prozesse gewährleistet werden kann. Grundsätzlich geht es bei solchen Problemen darum, den Zugriff einer Menge von Prozessen auf eine Menge von Betriebsmitteln unter spezifizierten Bedingungen zu koordinieren, wie es beispielsweise an einigen Grundproblemtypen, wie dem gegenseitigen Ausschluß, der gleichzeitigen Anforderung mehrerer Betriebsmittel, der Reihenfolgesteuerung von Prozessen nach bestimmten Prioritäten, der Anforderung eines Betriebsmittels aus einer Klasse mit identischen Betriebsmitteln, dem gleichzeitigen Zugriff mehrerer Prozesse auf ein Betriebsmittel und der Kommunikation von Prozessen im Falle eines notwendigen Informationsaustausches illustriert werden konnte.

Aufgrund der Mannigfaltigkeit der Problemstellungen ist es nicht verwunderlich, daß in der Literatur eine große Anzahl verschiedenartiger Synchronisationsmechanismen eingeführt wurde, deren Entwurfsphilosophie und Funktionsweise von den unterschiedlichsten Überlegungen geleitet wurden.

Ein Teil der vorliegenden Arbeit hatte zum Ziel, diese bereits publizierten Synchronisationsmechanismen vorzustellen und ihre Vor- und Nachteile zu analysieren, um daraus Erkenntnisse für die Anforderungen an einen "idealen" Synchronisationsmechanismus ableiten zu können. Da die Fülle dieser Mechanismen meist im Hinblick auf traditionelle Einprozessor-Architekturen (begrenzt auch für Mehrprozessorsysteme mit gemeinsamem Speicher) entwickelt wurde, ist der Aspekt "Verteilte Systeme" in dieser Arbeit bewußt außer acht gelassen worden, da eine befriedigende Abhandlung dieses Gebiets den Rahmen der vorliegenden Arbeit bei weitem übersteigen würde. Es gibt auch in diesem Gebiet bereits eine Vielzahl von Publikationen, so daß eine separate Bearbeitung angebracht erscheint.

Der in dieser Arbeit gewählte Ansatz, die in Betracht gezogenen Mechanismen strukturiert zu klassifizieren, basierte auf der Zielsetzung bzw. der Funktionalität des Entwurfes und war deshalb interessant, weil er die Beziehungen der verschiedenen Mechanismen untereinander miteinbezog. Vom Standpunkt der Implementierung aus ließen sich die verschiedenen Synchronisationsmechanismen in drei Ebenen unterteilen, die in einer hierarchischen Beziehung zueinander stehen.

Mechanismen der Ebene 1 sind alle Mechanismen, die direkt in der Hardware (einschließlich Mikrocode) implementiert sind und deren Anwendungsgebiet hauptsächlich in der Gewährleistung der notwendigen Unteilbarkeit von Mechanismen höherer Ebenen zu finden ist.

Mechanismen der Ebene 2 sind alle Mechanismen, bei denen eine direkte Hardwareimplementierung wegen der Komplexität der Operationen nicht sinnvoll ist, deren Funktionalität aus programmiermethodischer Sicht aber auf der Makro-Assembler-Ebene eingestuft werden kann.

Mechanismen der Ebene 3 sind alle Mechanismen, deren Entwurfskonzept auf eine direkte Aufnahme in eine höhere Programmiersprache abzielt.

Eine Hierarchie bilden diese drei Ebenen deshalb, weil zur Implementierung eines Mechanismus der Ebene 2 mindestens ein Mechanismus der Ebene 1 bzw. zur Implementierung eines Mechanismus der Ebene 3 mindestens ein Mechanismus der Ebene 1 und/oder ein Mechanismus der Ebene 2 notwendig ist.

Aufgrund der unterschiedlichen Zielsetzungen der verschiedenen Ebenen wurde es als nicht sinnvoll betrachtet, zur Entwicklung eines Synchronisationsmechanismus die gleichen Kriterien für alle Ebenen heranzuziehen. Für einen Mechanismus der Ebene 3 ist es wichtig, modulare Programmierung zu erlauben, um Programmteile unabhängig voneinander betrachten zu können, weil parallel ausgeführte Programmteile sich in undurchsichtiger Weise beeinflussen und zu verschiedenen Formen unkorrekten Programmierens führen können, die besonders kritisch sind, wenn Fehler nur in seltenen Fällen auftreten und so für eine lange Zeit unentdeckt bleiben. Ein Mechanismus der Ebene 2 muß eher in der Lage sein, verschiedene Formen paralleler Operationsmöglichkeiten, sowie verschiedene Typen der Kommunikation, Synchronisation und Nichtdeterminismus auszudrücken. Für einen Mechanismus der Ebene 1 dagegen sind Fragen, ob er auf einer existierenden Rechenanlage realisiert werden kann, ob eventuell leichte Veränderungen notwendig sind, oder ob eine komplett neue Architektur entworfen werden muß, von vornehmlicher Bedeutung. Der Wunsch, einen Synchronisationsmechanismus einfach, aber dennoch effizient implementieren zu können, scheint oft im Widerspruch zu den oben genannten Kriterien einer mächtigen Ausdruckskraft und einer klaren, modularen Verwendungsmöglichkeit zu stehen. Ein "idealer" Synchronisationsmechanismus würde die Vorteile aller dreier Kriterien vereinen; viele der bislang publizierten Mechanismen weisen allerdings eine Reihe von Nachteilen auf. Aus diesem Grund wurden diese Mechanismen in der vorliegenden Arbeit ausführlich beschrieben und analysiert.

Die vorgestellten Mechanismen der Ebene 1 waren der Speicherausschluß, das Verbot von Unterbrechungen, der **TEST-and-SET**-Befehl, die **EXCHANGE**-Operation, die **Rep/Add**-Instruktion und die **DECT/TINC**-Operationen. Es sollte erwähnt werden, daß ein Rechner mindestens einen Mechanismus der Ebene 1 anbieten muß, um überhaupt die Synchronisation paralleler Prozesse zu ermöglichen. Die Entscheidung, welcher oder welche dieser Mechanismen dann tatsächlich als Grundbaustein eingesetzt werden sollte (sollten), muß dann im Hinblick auf die Anwendungszielsetzung anhand der jeweiligen Vor- und Nachteile eines Mechanismus getroffen werden.

Die meisten Mechanismen der Ebene 2 machen von Warteschlangenroutinen des Prozeßschedulers Gebrauch. Sie können für eine Vielzahl von Synchronisationsproblemen eingesetzt werden, deren Lösungen durch die notwendige Ausprogrammierung meist nicht unmittelbar mit den Synchronisationsbedingungen im Zusammenhang stehender Details oft unüberschaubar, unverständlich oder länglich werden können. Aus diesem Grund ist es sinnvoll, die Mechanismen der Ebene 2 soweit wie möglich zur Implementierung von in höhere Programmiersprachen eingebetteten Mechanismen der Ebene 3 einzusetzen.

Während die früh in der Literatur eingeführten **LOCK/UNLOCK**- und **BLOCK/WAKEUP**-Operationen wegen ihres relativ limitierten Anwendungsspektrums noch als uninteressant zu betrachten sind, stellt die Einführung von Dijkstras Semaphoroperationen (1968) einen Meilenstein in der parallelen Programmierung dar. Die Attraktivität dieser Operationen liegt in der universellen Verwendbarkeit zur Lösung selbst komplexer Prozeßkoordinationsprobleme in Verbindung mit der Möglichkeit einer effizienten, einfachen Implementierung. Es ist deshalb nicht verwunderlich, daß viele Autoren bei der Einführung eines neuen Synchronisationsmechanismus die Äquivalenz mit den Semaphoroperationen zu demonstrieren versuchen, weil dies impliziert, daß der neue Mechanismus das gleiche Lösungsspektrum wie die Semaphoroperationen aufweist und auch, daß eine Implementierung mit diesen möglich ist.

Um die Lösungen zu speziellen Problemtypen, bei denen der Semaphormechanismus nur relativ umständlich einzusetzen ist, zu vereinfachen, wurden zahlreiche Erweiterungen des ursprünglichen Konzeptes in die Literatur eingeführt. Neben den Semaphor-Arrays sind dies die Semaphoroperationen von Patil (1971), Vantilborgh und van Lamsweerde (1972), Cerf (1972), Presser (1975) und Agerwala (1977a). Obwohl in einigen Fällen Problemlösungen einfacher zu gestalten sind, weisen alle diese Erweiterungen den Nachteil einer im Vergleich zu Dijkstras Semaphoroperationen erheblich ineffizienteren Implementierung auf.

Ein mit den Semaphoroperationen in Zusammenhang stehender Mechanismus sind die sogenannten Dependence-Operationen (Belpaire und Wilmotte 1972). Die eigentlichen Operationen sind noch etwas primitiver als die Semaphoroperationen, sie können allerdings zusammengesetzt werden, um komplexere Konstrukte zu bilden. Leider ist für diese Operationen noch kein Implementierungsvorschlag angegeben worden, der nicht das aktive Warten von Prozessen beinhaltet, was die Attraktivität der Dependence-Operationen herabmindert.

Ein anderer Mechanismus, dessen Implementierung ebenfalls auf dem aktiven Warten basiert, sind die Eventcounts und Sequencers (Reed und Kanodia 1979). Dieser Mechanismus betrachtet die Synchronisation im Gegensatz zu vielen anderen nicht als Gewährleistung von Ausschlußbedingungen, sondern als eine Einreihung von Ereignissen, wodurch er speziell für Mehrprozessorsysteme interessant ist.

Um die Lösungen zu Synchronisationsproblemen benutzerfreundlich erstellen zu können, wurde in der Literatur eine Reihe von Synchronisationsmechanismen eingeführt, die in höhere Programmiersprachen aufgenommen werden können, um somit den Programmierer von der Ausprogrammierung zeitraubender Details zu entlasten. Leider erfordern die meisten dieser Mechanismen der Ebene 3 oft eine aufwendige, ineffiziente Implementierung. In einigen Fällen sind selbst die Lösungen nur recht umständlich zu erstellen bzw. schwierig nachzuvollziehen.

Während Mechanismen wie kritische Regionen/bedingte kritische Regionen, Monitore, Zähler-Variablen, Pfad-Ausdrücke, ausschließende Regionen und atomare Aktionen auf der Benutzung gemeinsamer Variablen basieren, bauen Pipelines, Mailboxes, Ports und Rendezvous auf dem Austausch von Nachrichten auf. Eine

Ausnahme sind die Petri-Netze, die zwar eher als abstraktes Modell eines parallelen Systems aufzufassen sind, aber interessanterweise dennoch zur Lösung von Synchronisationsproblemen herangezogen werden können.

Kritische Regionen/bedingte kritische Regionen, ausschließende Regionen und atomare Aktionen sind im Prinzip Mechanismen, die gegenseitige Ausschlüsse auf der Programmiersprachenebene realisieren. Monitore, Pfad-Ausdrücke und Zähler-Variablen können eher als Sprachkonstruktionen aufgefaßt werden, die das Ziel haben, die Verwaltung, Zuteilung und Zugriffsoperationen für ein Betriebsmittel in einer strukturierten Weise zusammenzufassen. Die Nachrichtenmechanismen wie Pipelines, Mailboxes, Ports und Rendezvous (wobei der Rendezvous-Mechanismus eine Kombination aus Prozeduraufrufen und Nachrichtenübermittlung darstellt) sind von besonderer Bedeutung in verteilten Systemen, da dort kein gemeinsamer Speicher zur Verfügung steht; für Einprozessorsysteme sind sie dagegen wegen ihrer oft aufwendigen Implementierung nachteilig.

Alle vorgestellten Mechanismen wiesen aufgrund ihrer unterschiedlichen Entwurfsphilosophie eine Vielzahl problematischer Eigenschaften auf. Dennoch ließen sich einige grundsätzliche Problemkreise identifizieren:

(a) Obwohl der Versuch, einen einzigen Mechanismus zur Lösung aller möglichen Probleme zu entwickeln, vom Standpunkt einer einheitlichen Programmierung sinnvoll erscheint, war die tatsächliche Verwendung eines solchen universellen Synchronisationsmechanismus oft mit unbefriedigenden Resultaten verbunden. Dies äußerte sich in unüberschaubaren Lösungen mit erhöhtem Programmieraufwand und hoher Fehleranfälligkeit.

(b) Die Verwendung von Mechanismen, die aus Benutzersicht auf einem höheren Niveau angesiedelt sind, ist motiviert von dem Wunsch nach eleganten, einfach nachvollziehbaren Lösungen. Aber oft waren Lösungen mit solchen Mechanismen weder leicht zu erstellen, noch waren sie einfach nachvollziehbar. Zusätzlich mußte bei der Implementierung auf niedrigere Mechanismen zurückgegriffen werden, so daß der Aufwand wesentlich erhöht und der Gebrauch der Mechanismen noch unbefriedigender wurde.

(c) Die auf niedrigerem Niveau stehenden Mechanismen waren prinzipiell einfach zu implementieren (obwohl es auch hier Ausnahmen gab), erhöhten aber die Komplexität einer Lösung durch die Notwendigkeit der Ausprogrammierung auch von in nicht direktem Zusammenhang mit der eigentlichen Synchronisation stehenden Details.

Um diese grundsätzlichen Probleme zu beheben, wurde in dieser Arbeit ein Ansatz gewählt, der folgende Charakteristika aufweist:

(a) Die Beobachtung, daß ein "universeller" Mechanismus wie Dijkstras Semaphoroperationen einige Probleme nur in einer oft unüberschaubaren Weise zu lösen vermag, rechtfertigte den Wunsch nach der Einführung weiterer Operationen zur Manipulation von Semaphoren. Solche Operationen sollten idealerweise auf der Maschinenebene implementiert und als Ergänzung zu den P/V-Operationen benutzbar sein.

(b) Obwohl die Mechanismen der Ebene 3 oft einfach nachvollziehbare Lösungen zu Synchronisationsproblemen liefern, existierten einige Problemkreise, deren Lösungen dennoch nicht unmittelbar verständlich sind. Es erschien daher durchaus sinnvoll, auch auf der Benutzerebene "niedrige" Mechanismen, wie sie in Punkt (a) angeregt worden sind, zur Verfügung zu stellen.

(c) Es wurde angeregt, eine beschränkte Anzahl von Mechanismen zu entwickeln, von denen jeder für eine spezielle Problemklasse bestimmt ist. Dabei wurde gefordert, daß solche Mechanismen leicht in eine höhere Programmiersprache aufgenommen werden können und daß gleichzeitig eine leistungsfähige, möglichst direkte Implementierung auf der Maschinenebene möglich ist.

Die Motivation des Punktes (c) basierte auf den Arbeiten von Keedy, Ramamohanarao und Rosenberg (1979) und Keedy, Rosenberg und Ramamohanarao (1982). Die in diesen Arbeiten vorgestellten Set-Semaphore und Reader/Writer-Semaphore wurden speziell zur Lösung des Problems der Anforderung eines Betriebsmittels aus einer Menge von identischen Betriebsmitteln bzw. der Leser/Schreiberproblematik entworfen und haben die oben genannten wünschenswerten Eigenschaften. In dieser Arbeit wurden deshalb spezielle Mechanismen für andere Problemkreise entwickelt. Dabei war es natürlich klar, daß es unsinnig ist, einen speziellen Mechanismus für jedes Problem zu entwickeln. Vielmehr sollten die Grundproblemtypen repräsentativ für eine Klasse von Problemen unterstützt werden.

Anhand einer Reihe von Problemstellungen konnte festgestellt werden, daß die allgemein akzeptierte Auffassung, P und V als einzige Operationen zur Manipulation von Semaphoren zuzulassen, zu restriktiv ist. Aus diesem Grund wurden weitere, primitivere Semaphoroperationen vorgeschlagen, die zusätzlich zu den P/V-Operationen benutzt werden können, um Lösungen zu einigen Synchronisationsproblemen zu vereinfachen und effizienter gestalten zu können. Diese Operationen sind ausreichend flexibel, um sowohl auf der Maschinenebene (Ebene 1), als auch auf der Benutzerebene (Ebene 3) verwendet werden zu können, um insbesondere in Fällen, wo ein Mechanismus der Ebene 3 unbefriedigende Lösungsresultate liefert, als Zusatz zu diesen zur Verfügung zu stehen.

Zwei solche nützliche Operationen sind die unteilbaren Hardwareinstruktionen TEST-AND-INCREMENT(TINC) und DECREMENT-AND-TEST(DECT). Diese beiden Operationen können nicht nur zur Implementierung der P/V-Operationen nutzbringend eingesetzt werden, sondern können auch Verwendung finden, um effiziente Lösungen für eine Reihe anderer Synchronisationsprobleme zu produzieren: Semaphoroperationen mit Benutzerscheduling, Probleme mit Klassen von Prozessen, das Problem des kritischen Blockausganges und ein Mechanismus zur gleichzeitigen Anforderung mehrerer (möglicherweise verschiedener) Betriebsmittel.

Eine gemeinsames Charakteristikum aller dieser Lösungen ist die Tatsache, daß Betriebssystemkernaufrufe nur stattfinden müssen, wenn eine Warteschlangenoperation unbedingt notwendig ist. In einigen Fällen sind die vorgeschlagenen Lösungen außerdem einfacher als äquivalente Semaphorlösungen. Überdies wurde demonstriert, daß eine Implementierung von Eventcounts und Sequencers mit den DECT/TINC-Operationen und der Rep/Add-Instruktion möglich ist.

Einige weitere Lösungen konnten durch die Verwendung weiterer Semaphoroperationen vereinfacht werden. Solche Operationen wie das Lesen eines Semaphorwertes und die Ausführung einer P-Operation nur dann, wenn diese nicht in einem Wartezustand resultieren würde, konnten nutzbringend eingesetzt werden, um die in vielen Problemen verwendeten Zählvariablen gänzlich zu eliminieren und dadurch den Code zu vereinfachen. Demonstriert wurde dies an der Implementierung von Hoares wait- und signal-Operationen und Kammerers ausschließenden Regionen, sowie einer Verallgemeinerung eines Leser/Schreiberproblemtyps.

Das Problem der Steuerung von (Klassen von) Prozessen aufgrund verschiedener Prioritäten ist nicht nur mit Dijkstras Semaphoroperationen nur relativ aufwendig zu lösen, sondern kann auch zu komplexen Lösungen durch Mechanismen der Ebene 3, wie Monitore oder Pfadausdrücke, führen. Aus diesem Grund wurden zwei neue Mechanismen, die sogenannten *Scheduling-Semaphore* und die *Prioritäten-Semaphore* vorgeschlagen, die sehr einfach auf diesen Problemkreis angewandt werden und überdies effizient implementiert werden können. Neben diesen Problemen können die Operationen der Scheduling-Semaphore auch einige Probleme aus dem Bereich der Kommunikation zwischen Prozessen, wie z.B. das sichere Leser/Schreiberproblem und das Problem des kritischen Blockausgangs effizient lösen. Da Prioritätsprobleme mit den Scheduling-Semaphoren nicht unbedingt sehr elegant zu lösen sind, da sie die zusätzliche Unterstützung spezieller Operationen voraussetzen, sind die Operationen der Prioritäten-Semaphore ideal für diesen Problemkreis einsetzbar. Zusätzlich können die Prioritäten-Semaphore verwendet werden, um die gleichzeitige Abarbeitung eines kritischen Abschnitts durch mehrere Prozesse einer Klasse zu ermöglichen, die Strategie der Verdrängung von Prozessen im kritischen Abschnitt durch Prozesse höherer Priorität zu gewährleisten und die Anzahl von gleichzeitig aktiven Prozessen zu limitieren.

Sowohl die Scheduling-Semaphore, als auch die Prioritäten-Semaphore haben die Eigenschaft, auf Benutzerebene sehr einfach zur Lösung von Synchronisationsproblemen verwendet und gleichzeitig effizient implementiert werden zu können.

Die beiden hauptsächlichen Ziele eines Synchronisationsmechanismus sind die einfache, benutzerfreundliche Erstellung von Lösungen, die überdies noch effizient ausgeführt werden können. Beide Aspekte wurden für die in dieser Arbeit neu vorgeschlagenen Mechanismen untersucht, in dem für alle in Kapitel 1 angegebenen Synchronisationsprobleme Lösungen erstellt wurden und die Zeitkomplexität einiger dieser Lösungsprotokolle angegeben wurde. Im Vergleich zu alternativen Lösungen mit anderen Mechanismen bestehen die Lösungen mit den neuen Mechanismen meist nur noch aus wenigen Anweisungen, die aufgrund der Natur dieser speziellen Mechanismen nahezu unmißverständlich von einem Benutzer angegeben werden können.

Die Zeitkomplexität einiger ausgewählter Lösungsprotokolle wurde anhand der Methode ermittelt, diese Protokolle zu mikrocodieren und die Anzahl der Mikrocodeinstruktionen zu zählen (die Basis bildete hierbei der Mikrocode des ICL-Rechners PERQ). Die einheitliche Anwendung dieser Methode für alle Mechanismen/Problemlösungen läßt dann Aussagen über die relative Effizienz eines Lösungsprotokolles zu. Als Ergebnis dieser Effizienzanalyse läßt sich feststellen, daß die Verwendung der als Zusatz zu den P/V-Operationen in dieser Arbeit neu vorgeschlagenen Mechanismen (inklusive der Set-Semaphoren und Reader/Writer-Semaphoren) bei allen Lösungsprotokollen in einer geringeren Ausführungszeit als bei allen alternativen Mechanismen resultiert. In einigen Fällen konnten Effizienzsteigerungen bis zu 70 Prozent gegenüber dem besten der anderen Mechanismen verzeichnet werden. Außerdem wurden die Anzahlen von benötigten Warteschlangen und maximal möglichen Prozeßscheduleraufrufen verringert.

Zusammenfassend kann gesagt werden, daß die vorliegende Arbeit einen Beitrag zur Entwicklung von Synchronisationsmechanismen zu liefern versucht, in dem die Lösungen zu Synchronisationsproblemen durch die neu vorgeschlagenen Mechanismen wesentlich vereinfacht werden und überdies in sehr effizienten Ausführungszeiten resultieren. Für zukünftige Forschungsarbeiten könnte es von Interesse sein, die neuen Mechanismen unter realen Bedingungen in einem Rechnersystem einzusetzen und somit ihre Güte anhand empirischer Daten zu testen. Ein weiteres Forschungsgebiet würde die Anwendbarkeit der Mechanismen in verteilten Systemen (insbesondere verteilte Datenbanksysteme) umfassen, da diese Problemstellung in der vorliegenden Arbeit bewußt ausgeklammert wurde, aber für den immer stärker werdenden Einsatz von Rechnernetzen von großer Bedeutung ist.

Anhang A

In diesem Anhang ist die Umsetzung verschiedener pascalartiger Anweisungen in
den Mikrocode des ICL PERQ-Rechners beschrieben. Der Anhang A bezieht sich
auf Kapitel 8, Seite 260.

```
OPERATION        MIKROCODE                      ANZ. INSTRUKTIONEN

V1:=C            MA:=addr(V1),Store                     2
                 C

V1:=V1+C         MA:=addr(V1),Fetch                     5
                 nop
                 nop
                 MA:=addr(V1),Store,Hold
                 MDI+C

V1:=V2           MA:=addr(V2),Fetch                     5
                 nop
                 nop
                 MA:=addr(V1),Store,Hold
                 MDI

V1:=V2+C         MA:=addr(V2),Fetch                     5
                 nop
                 nop
                 MA:=addr(V1),Store,Hold
                 MDI+C

V1:=V1+V2        MA:=addr(V2),Fetch                     9
                 nop
                 nop
                 value:=MDI
                 MA:=addr(V1),Fetch
                 nop
                 nop
                 MA:=addr(V1),Store,Hold
                 MDI+value

V1(C):=...       a1:=addr(V1)+C-1                        1
                 (Einmal für alle Indizes
                   in einem Ausdruck)
```

```
V1(V2):=...     MA:=addr(V2),Fetch                    5
                a1:=addr(V1)
                nop
                value:=MDI-1
                a1:=a1+value

if (V1 =         MA:=addr(V1),Fetch                   5
    <>           nop
    >            nop
    <            MDI-C
   ... C) if eql
   then          neq
                 ... goto ...

if (V1=          MA:=addr(V2),Fetch                   9
    <>           nop
    >            nop
    <            value:=MDI
   ... V2) MA:=addr(V1),Fetch
   then          nop
                 nop
                 MDI-value
                 if eql
                     neq
                 ... goto ...
```

Für for- und while-Schleifen soll das Grundschema der Umsetzung angegeben werden:

```
while A1 do
   <code>
```

wird umgesetzt zu:

```
L: if not A1 goto S
   <code>, goto L
S: ...
```

und

```
for j:=<A1> to <A2> do
  <code>
```

wird umgesetzt zu:

```
    Reg1:=<A2>
    Reg2:=<A1>-1
L:  Reg2:=Reg2+1
    if (Reg2>Reg1) goto S
    <code>, goto L
S:  ...
```

Anmerkung: In der Tabelle ist V eine Variable und A ein Ausdruck. Die beschriebene Umsetzung der **for-** und **while**-Schleife ist, wie bereits erwähnt, nur ein Grundschema. Es gibt nämlich Schleifen, in denen ständig indexierte Ausdrücke verwendet werden, die von der Laufvariablen (**Reg2**) abhängen. Dort könnte es sinnvoll sein, diese Ausdrücke pro Schleife einmal zu berechnen, anstatt jedesmal beim Auftauchen in der Schleife den Index zu addieren. Dies bedeutet, daß bei speziellen Schleifen meist optimiert werden kann.

Bei allen Schleifen, bei denen eine variable Anzahl von Durchläufen möglich ist, wird bei der Angabe der Anzahl der Mikrocodeinstruktionen folgendermaßen vorgegangen:

(a) Wenn die Maximalzahl der Schleifendurchläufe bekannt ist, ergibt sich die Anzahl der Schleifendurchläufe aus der halben Maximalzahl (Mittelwert).

(b) Ist die Maximalzahl von Schleifendurchläufen nicht vorgegeben, dann wird angenommen, daß die Schleife genau einmal durchlaufen wird. Dies ist eine sehr günstige Annahme für die Abschätzung, die allerdings nur für die alternativen Mechanismen relevant ist, da dieser Fall bei den in dieser Arbeit neu eingeführten Mechanismen nicht auftritt.

Anhang B

In diesem Anhang befinden sich die Mikrocode-Programme der einzelnen umgesetzten Semaphor-Operationen, die in Kapitel 8 zu der vergleichenden Effizienzanalyse herangezogen wurden. Zusätzlich werden auch die nach dem im Abschnitt 8.2 beschriebenen Berechnungsschema resultierenden Werte der Anzahl der Mikrocodeinstruktionen angegeben (MIN/MAX/AV). Der Anhang B bezieht sich auf Kapitel 8, Seite 264.

<u>Dijkstra:</u>

<u>P(s):</u>

```
    Place(#7400,#7777);

        define (addr,103);
        define (SB,007);


    Loc(#7400),
(1)             addr:=Tos+SB, Pop;
(2)             MA:=addr, Fetch;
(3)             Pop;
(4)             Tos:=0, Push;
(5)             MA:=addr, Store, Hold;
(6)             MDI-1;
(7)             if geq goto(exit);
(8)             Pop;
(9)             Tos:=1, Push;
    exit:
(10)            NextInst(0);
    end;
```

Folgende Parameter werden vor dem Aufruf der Operation auf dem CPU-internen Expression-Stack erwartet:

```
    Tos    relative Adresse des Semaphors s
```

Nach Ausführung der Operation befindet sich der Stack in folgendem Zustand:

Tos=0   bedeutet, daß ein Betriebsmittel vorhanden ist und der aufrufende Prozeß nicht suspendiert werden muß.

Tos=1   bedeutet, daß zum Zeitpunkt des Aufrufes kein freies Betriebsmittel zur Verfügung steht. Der aufrufende Prozeß ist zu suspendieren.

Anzahl der Mikrocodeinstruktionen:

MIN: 8   (Zeilen (1)-(7),(10))

MAX: 10   (Zeilen (1)-(10))

AV: 9

V(s):

```
        Place(#7400,#7777);

            define (addr,103);
            define (SB,007);


        Loc(#7400),
(1)             addr:=Tos+SB, Pop;
(2)             MA:=addr, Fetch;
(3)             Pop;
(4)             Tos:=0, Push;
(5)             MA:=addr, Store, Hold;
(6)             MDI+1;
(7)             if gtr goto (exit);
(8)             Pop;
(9)             Tos:=1; Push;
        exit:
(10)            NextInst(0);
```

```
    end;
```

Folgende Parameter werden vor dem Aufruf auf dem CPU-internen Expression-Stack erwartet:

```
    Tos    relative Adresse des Semaphors s
```

Nach Ausführung der Operation befindet sich der Expression-Stack in folgendem Zustand:

```
    Tos    =0 bedeutet, daß kein Prozeß aktiviert
           werden muß.
           =1 bedeutet, daß ein Prozeß aktiviert
           werden muß.
```

Anzahl der Mikrocodeinstruktionen:

```
    MIN:  8 (Zeilen (1)-(7),(10))

    MAX:  10 (Zeilen (1)-(10))

    AV :  9
```

Vantilborgh und van Lamsweerde:

P(n,s):

```
    Place(#7400,#7777);

        define (n,102);
        define (addr,103);
        define (val,104);
        define (SB,007)
```

```
         Loc(#7400),
(1)               n:=Tos, Pop;
(2)               addr:=Tos+SB, Pop;
(3)               MA:=addr, Fetch;
(4)               Pop;
(5)               Tos:=1;
(6)               val:=MDI;
(7)               val:=val-n;
(8)               if lss goto (exit);
(9)               MA:=addr, Pop, Store;
(10)              val;
(11)              Tos:=0, Push;
      exit:
(12)              NextInst(0);
         end;
```

Folgende Parameter werden vor dem Aufruf auf dem CPU-internen Expression-Stack erwartet:

```
    Tos       Ordnungsnummer n
    Tos-1     relative Adresse des Semaphors s
```

Nach dem Aufruf befindet sich der Expression-Stack in folgendem Zustand:

```
    Tos       =1 bedeutet, daß der aufrufende Prozeß
              nicht suspendiert werden muß
              =0 bedeutet Suspendierung
```

Anzahl der Mikrocodeinstruktionen:

```
    MIN:   28
           (Zeilen (1)-(12), sowie 16 Instruktionen
            für Semaphoroperationen)

    MAX:   45
           (Zeilen (1)-(8), (13)-(18), sowie 20
            Instruktionen für P(mutex), V(mutex)
```

$$\text{und 11 für P(privsem(n)))}$$

AV :   36.5

<u>V(n,s):</u>


```
    Place(#7400,#7777);

            define (addr,103);
            define (SB,007);
            define (n,102);


        Loc(#7400);
(1)             n:=Tos, Pop;
(2)             addr:=Tos+SB, Pop;
(3)             MA:=addr, Fetch;
(4)             nop;
(5)             MA:=addr, Store;
(6)             MDI+n;
(7)             NextInst(0);
```


Folgende Parameter werden vor dem Aufruf auf dem CPU-internen Expression-Stack erwartet:

Tos   Ordnungsnummer n
Tos-1   relative Adresse des Semaphors s

Anzahl der Mikrocodeinstruktionen:

MIN: 7 (Zeilen (1)-(7))

MAX: 7 ("   )

AV :   7 ("   )

Es ist anzumerken, daß in dem oben angegebenen Programm das Herausnehmen einer "maximalen" Menge von Prozessen, deren Summe der Ordnungsnummern kleiner oder gleich dem aktuellen Wert von s ist, nicht miteinbezogen wurde, weil dies von der tatsächlichen Belegung der Warteschlange abhängig ist. Der Zeitaufwand würde sich dadurch erheblich erhöhen.

Patil:

P(s_1,...,s_n):

```
    Place(#7400,#7777);

        define (addr,103);
        define (sem,104);
        define (SB,007);
        define (n,102);
        define (n0,101);


        Loc(#7400);
(1)             sem:=0;
(2)             n:=Tos;
(3)             n0:=Tos, Pop;
        again:
(4)             n:=n-1;
(5)             if lss goto (free);
(6)             addr:=Tos+SB, Pop;
(7)             MA:=addr, Fetch;
(8)             sem:=sem+1;
(9)             nop;
(10)            MDI-1;
(11)            if lss goto (notfree);
(12)            goto (again);
        free:
(13)            n0:=n0-1;
(14)            if lss goto (exit);
(15)            addr:=Tos+SB, Pop;
(16)            MA:=addr, Fetch;
(17)            nop
(18)            MA:=addr, store;
(19)            MDI-1;
```

```
(20)              goto (free);
      exit:
(21)              Tos:=0, Push;
(22)              NextInst(0);
      notfree:
(23)              Clearstack;
(24)              Tos:=sem, Push;
(25)              NextInst(0);
      end;
```

Folgende Parameter werden vor dem Aufruf auf dem CPU-internen Expression-Stack erwartet:

```
Tos        Anzahl n der angeforderten Betriebsmittel
Tos-1      relative Adresse von Semaphor s_1
      .

      .

Tos-n      relative Adresse von Semaphor s_n
Tos-n-1    relative Adresse von Semaphor s_1
      .

      .

Tos-n-n    relative Adresse von Semaphor s_n
```

Nach dem Aufruf befindet sich der Expression-Stack in folgendem Zustand:

```
Tos        =0 bedeutet, daß der Prozeß nicht
           suspendiert werden muß
           =sem bedeutet, daß der Prozeß in
           die Warteschlange sem eingereiht wird
```

Anzahl der Mikrocodeinstruktionen:

```
      MIN: 17n+9
           (Zeilen (1)-(3), n*(4)-(12), (4)-(5),
           n*(13)-(20), (13)-(14), (21)-(22))

      MAX: 25.5n+23
           (Zeilen (1)-(3), 0.5n*(4)-(12), (4)-(11)
```

$$(23)-(25)=4.5n+14 \text{ (erster mißlungener}$$

Aufruf bei 0.5n Ausführungen der again-
Schleife (TMINUS)+(17n+9) für zweiten
gelungenen Aufruf (TPLUS))

AV : 19.25n+16
(TPLUS(=17n+9)+
0.5*TMINUS(=2.25n+7))

$\underline{V(s\_1,\ldots,s\_n)}:$


```
    Place(#7400,#7777);

        define (addr,103);
        define (SB,007);
        define (n,102);


        Loc(#7400);
(1)             n:=Tos, Pop;
        again:
(2)             n:=n-1;
(3)             if lss goto (exit);
(4)             addr:=Tos+SB, Pop;
(5)             MA:=addr, Fetch;
(6)             nop;
(7)             MA:=addr, Store;
(8)             MDI+1;
(9)             goto (again);
        exit:
(10)            NextInst(0);
        end;
```


Folgende Parameter werden vor dem Aufruf auf dem CPU-internen Expression-
Stack erwartet:

Tos   Anzahl n der angeforderten Betriebsmittel
Tos-1   relative Adresse des Semaphors s_1

Tos-n   relative Adresse des Semaphors s_n

Nach Ausführung der Operation ist der Stack leer. Die Operation gibt keine
Ausgabe-Parameter zurück.

Anzahl der Mikrocodeinstruktionen:

```
        MIN: 8n+4
             (Zeilen (1), n*(2)-(9), (2)-(3), (10))

        MAX: 8n+4
             (wie MIN, da Warteschlangenroutinen und
              der Test, ob nicht alle Warteschlangen
              leer sind, nicht in die Kalkulation
              einfließen)

        AV : 8n+4
```

<u>Cerf:</u>

<u>P(s_1,a_1,...,s_n,a_n):</u>

```
        Place(#7400,#7777);

             define (addr,103);
             define (sem,104);
             define (val,105);
             define (SB,007);
             define (n,102);
             define (n0,101);


        Loc(#7400);
(1)              sem:=0;
(2)              n:=Tos;
(3)              n0:=Tos, Pop;
```

```
        again:
(4)             n:=n-1;
(5)             if lss goto (free);
(6)             addr:=Tos+SB, Pop;
(7)             MA:=addr, Fetch;
(8)             sem:=sem+1;
(9)             val:=Tos, Pop;
(10)            MDI-val;
(11)            if lss goto (notfree);
(12)            goto (again);
        free:
(13)            n0:=n0-1;
(14)            if lss goto (exit);
(15)            addr:=Tos+SB, Pop;
(16)            Ma:=addr, Fetch;
(17)            val:=Tos, Pop;
(18)            MA:=addr, Store;
(19)            MDI-val;
(20)            goto (free);
        exit:
(21)            Tos:=0, Push;
(22)            NextInst(0);
        notfree:
(23)            Clearstack;
(24)            Tos:=sem;
(25)            NextInst(0);
        end;
```

Folgende Parameter werden vor dem Aufruf auf dem CPU-internen Expression-Stack erwartet:

Tos	Anzahl n der angeforderten Betriebs-mittel
Tos-1	relative Adresse des Semaphors s_1
Tos-2	a_1
Tos-3	relative Adresse des Semaphors s_2
Tos-4	a_2
.	
.	
Tos-n-(n-1)	relative Adresse des Semaphors s_n
Tos-n-n	a_n
Tos-2n-1	relative Adresse des Semaphors s_1

```
Tos-2n-2        a_1
                .
                .
                .
Tos-2n-(n-1)    relative Adresse des Semaphors s_n
Tos-2n-n        a_n
```

Nach dem Aufruf befindet sich der Expression-Stack in folgendem Zustand:

```
Tos         =0 bedeutet, daß der aufrufende Prozeß
            alle angeforderten Betriebsmittel
            erhalten hat.
            =sem bedeutet, daß der aufrufende
            Prozeß in die Warteschlange sem
            eingereiht wird.
```

Anzahl der Mikrocodeinstruktionen:

```
MIN:  17n+9
      (Zeilen (1)-(3), n*(4)-(12), (4)-(5),
      n*(13)-(20), (13)-(14), (21)-(22))

MAX:  21.5n+23
      (Zeilen (1)-(3), 0.5n*(4)-(12),
       (4)-(11), (23)-(25)=4.5n+14 (erster
      mißlungener Aufruf bei 0.5n Aus-
      führungen der again2-Schleife
      ((TMINUS)+(17n+9) für zweiten
      gelungenen Aufruf (TPLUS))

AV :  19.25n+16
      (TPLUS(=17n+9)+0.5*TMINUS(=22.25n+7))
```

Die Zeitabschätzung ist identisch zu der Abschätzung von Patils P-Operation, da
in den Zeilen (9) und (17) die Latenzzeit (2 Mikroinstruktionen) während der
Fetch-Operation ausgenutzt wird (siehe hierzu (Rosen und Strait 1982)).

<u>**V(s_1,a_1,...,s_n,a_n):**</u>

```
    Place(#7400,#7777);

        define (addr,103);
        define (val,104);
        define (SB,007);
        define (n,102);


    Loc(#7400);
(1)             n:=Tos, Pop;
    again:
(2)             n:=n-1;
(3)             if lss goto (exit);
(4)             addr:=Tos+SB, Pop;
(5)             MA:=addr, Fetch;
(6)             val:=Tos, Pop;
(7)             MA:=addr, Store;
(8)             MDI+val;
(9)             goto (again);
    exit:
(10)            NextInst(0);
    end;
```

Folgende Parameter werden vor dem Aufruf auf dem CPU-internen Expression-Stack erwartet:

Tos	Anzahl n der angeforderten Betriebsmittel
Tos-1	relative Adresse des Semaphors s_1
Tos-2	a_1
.	
.	
Tos-2n+1	relative Adresse des Semaphors s_n
Tos-2n	a_n

Nach Ausführung der Operation ist der Stack leer. Die Operation gibt keine Ausgabeparameter zurück.

Anzahl der Mikrocodeinstruktionen:

```
        MIN:  8n+4
              (Zeilen (1), n*(2)-(9), (2)-(3), (10))

        MAX:  8n+4
              (wie oben)

        AV :  8n+4
```

<u>Presser:</u>

<u>P(s_1,a_1,b_1,...,s_n,a_n,b_n):</u>

```
     Place(#7400,#7777);

          define (addr,103);
          define (sem,100);
          define (val,105);
          define (SB,007);
          define (n,101);
          define (n0,102);


          Loc(#7400),
(1)               sem:=0;
(2)               n:=Tos;
(3)               n0:=Tos,Pop;
          again:
(4)               n:=n-1;
(5)               if lss goto(free);
(6)               addr:=Tos+SB,Pop;
(7)               MA:=addr,Fetch;
(8)               sem:=sem+1;
(9)               val:=Tos,Pop;
(10)              MDI-val;
(11)              if lss goto(notfree);
(12)              goto again;
          free:
```

```
(13)              n0:=n0-1;
(14)              if lss goto(exit);
(15)              addr:=Tos+SB,Pop;
(16)              MA:=addr,Fetch;
(17)              val:=Tos,Pop;
(18)              MA:=addr,store;
(19)              MDI-val;
(20)              goto (free);
     exit:
(21)              Tos:=0,Push;
(22)              NextInst(0);
     notfree:
(23)              Clearstack;
(24)              Tos:=sem;
(25)              NextInst(0);
     end;
```

Folgende Parameter werden vor dem Aufruf auf dem Expression-Stack erwartet:

```
Tos           n
Tos-1         relative Adresse des Semaphors s_1
Tos-2         a_1
Tos-3         relative Adresse des Semaphors s_2
Tos-4         a_2

    .
    .

Tos-2n+1      relative Adresse des Semaphors s_n
Tos-2n        a_n
Tos-2n-1      relative Adresse des Semaphors s_1
Tos-2n-2      b_1

    .
    .

Tos-4n+1      relative Adresse des Semaphors s_n
Tos-4n        b_n
```

Nach Ausführung der Operation befindet sich der Expression-Stack in folgendem Zustand:

```
Tos           =0 bedeutet keine Suspendierung
```

```
=sem bedeutet Suspendierung in
Warteschlange sem
```

Anzahl der Mikrocodeinstruktionen:

```
MIN:  17n+9
      (Zeilen (1)-(3), n*(4)-(12), (4)-(5),
       n*(13)-(20), (13)-(14), (21)-(22))

MAX:  21n+23
      (Zeilen (1)-(3), 0.5n*(4)-(12), (4)-(11),
       (23)-(25)=4.5n+14 (erster mißlungener
       Aufruf bei 0.5n Ausführungen der again-
       Schleife (TMINUS)+(17n+9) für zweiten
       gelungenen Aufruf (TPLUS))

AV :  19.25n+16
      (TPLUS(17n+9)+0.5*TMINUS(=2.25n+7))
```

V(s_1,b_1,...,s_n,b_n):

```
Place(#7400,#7777);

    define (addr,103);
    define (val,104);
    define (SB,007);
    define (n,102);


Loc(#7400),
(1)         n:=Tos,Pop;
again:
(2)         n:=n-1;
(3)         if lss goto(exit);
(4)         addr:=Tos+SB,Pop;
(5)         MA:=addr,Fetch;
(6)         val:=Tos,Pop;
(7)         MA:=addr,store;
(8)         MDI+val;
```

```
(9)              goto(again);
      exit:
(10)             NextInst(0);
      end;
```

Folgende Parameter werden vor dem Aufruf auf dem Expression-Stack erwartet:

```
Tos         n
Tos-1       relative Adresse des Semaphors s_1
Tos-2       b_1
  .

  .

Tos-2n+1    relative Adresse des Semaphors s_n
Tos-2n      b_n
```

Nach Ausführung der Operation ist der Stack leer. Die Operation gibt keine Ausgabeparameter zurück.

Anzahl der Mikrocodeinstruktionen:

```
MIN: 8n+4
     (Zeilen (1), n*(2)-(9), (2)-(3), (10))

MAX: 8n+4
     (wie MIN, da Warteschlangenroutinen und
      der Test, ob nicht alle Warteschlangen
      leer sind, nicht in die Kalkulation
      einfließen

AV : 8n+4
```

<u>Agerwala:</u>

$P(s\_1,\ldots,s\_n,{}'s\_(n+1),\ldots,{}'s\_(n+m))$:

```
Place(#7400,#7777);
```

```
        define (addr,103);
        define (sem,100);
        define (SB,007);
        define (n,101);
        define (m,102);
        define (n0,104);


        Loc(#7400),
(1)             sem:=0;
(2)             n:=Tos,Pop;
(3)             m:=Tos,Pop;
(4)             n0:=n;
(5)             addr:=Tos+SB,Pop;
     again1:
(6)             n0:=n0-1;
(7)             if lss goto(again2);
(8)             MA:=addr,Fetch;
(9)             addr:=Tos+SB,Pop;
(10)            sem:=sem+1;
(11)            MDI;
(12)            if gtr goto(again1);
(13)            goto(exit);
     again2:
(14)            m:=m-1;
(15)            if lss goto(goon);
(16)            MA:=addr,Fetch;
(17)            addr:=Tos+SB,Pop;
(18)            sem:=sem+1;
(19)            MDI;
(20)            if eql goto(again2);
(21)            goto(exit);
     goon:
(22)            n:=n-1;
(23)            if lss goto(stop);
     again3:
(24)            MA:=addr,Fetch;
(25)            nop;
(26)            MA:=addr, Store;
(27)            MDI-1;
(28)            n:=n-1;
(29)            if lss goto(stop);
(30)            addr:=Tos+SB,Pop;
```

```
(31)              goto(again3);
     exit:
(32)              Clearstack
(33)              Tos:=sem,Push;
(34)              NextInst(0);
     stop:
(35)              Tos:=0,Push;
(36)              NextInst(0);
     end;
```

Folgende Parameter werden vor dem Aufruf auf dem Expression-Stack erwartet:

```
Tos              n
Tos-1            m
Tos-2            relative Adresse des Semaphors s_1

     .

     .

Tos-n-1          relative Adresse des Semaphors s_n
Tos-n-2          relative Adresse des Semaphors 's_(n+1)

     .

     .

Tos-n-m-1        relative Adresse des Semaphors 's_(n+m)
Tos-n-m-2        relative Adresse des Semaphors s_1

     .

     .

Tos-2n-m-1       relative Adresse des Semaphors s_n
```

Nach der Ausführung hat der Expression-Stack folgenden Zustand:

```
Tos        =0 bedeutet keine Suspendierung
           =sem bedeutet Suspendierung in
           Warteschlange sem
```

Anzahl der Mikrocodeinstruktionen:

```
MIN: 15n+7m+11
     (Zeilen (1)-(5), n*(6)-(12), (6)-(7),
      m*(14)-(20),(14)-(15),(22)-(23),
      (n-1)*(24)-(31),(24)-(29),(35)-(36))
```

```
MAX:  22n+10.5m+29
         (Zeilen (1)-(5), n*(6)-(12), (6)-(7),
          0.5m*(14)-(20),(14)-(21),(32)-(34),
          =7n+3.5m+18 (erster mißlungener
          Aufruf bei 0.5m Ausführungen der
          again2-Schleife (TMINUS)+(15n+7m+11)
          für zweiten gelungenen Aufruf
          (TPLUS))


AV :  18.5n+8.75m+20
         (TPLUS(=15n+7m+11)+
          0.5*TMINUS(=3.5n+1.75m+9))
```

$V(s\_1,\ldots,s\_n)$:

```
Place(#7400,#7777);

        define (addr,103);
        define (SB,007);
        define (n,102);


        Loc(#7400),
(1)           n:=Tos,Pop;
        again:
(2)           n:=n-1;
(3)           if lss goto(exit);
(4)           addr:=Tos+SB,Pop;
(5)           MA:=addr,Fetch;
(6)           nop;
(7)           MA:=addr,Store;
(8)           MDI+1;
(9)           goto(again);
        exit:
(10)          NextInst(0);
        end;
```

Folgende Parameter werden vor dem Aufruf auf dem Expression-Stack erwartet:

```
Tos      n
Tos-1    relative Adresse des Semaphors s_1
  .
  .
Tos-n    relative Adresse des Semaphors s_n
```

Nach Ausführung der Operation ist der Stack leer. Die Operation gibt keine Ausgabeparameter zurück.

Anzahl der Mikrocodeinstruktionen:

```
MIN: 8n+4
     (Zeilen (1), n*(2)-(9), (2)-(3), (10))

MAX: 8n+4
     (wie oben)

AV : 8n+4
```

<u>Set-Semaphor-Operationen:</u>

Ein Set-Semaphor besteht aus zwei 16-Bit Feldern INT und SET (PERQ-Integer-Wort). Er unterstützt bis 16 Betriebsmittel einer Art, die von 1 bis maximal 16 durchnummeriert sind und bis zu 16 Prozesse, die von 1 bis maximal 16 durchnummeriert sind. Die Felder haben folgende Form:

```
word1=bit15-bit0   SET
                   falls INT positiv:
                   bitx = 1   <=>  Betriebsmittel frei
                   bit15  ...    Betriebsmittel 1
                   bit14  ...    Betriebsmittel 2
                        . . .
                   bit0   ...    Betriebsmittel 16

                   falls INT negativ:
                   bitx = 1   <=>  Prozeß wartet
                   bit15  ...    Prozeß 1
```

```
                    bit14   ...   Prozeß 2

                             ...

                    bit 0   ...   Prozeß 16


word2=bit15-bit0   INT
                   INT >= 0 <=> Anzahl der freien
                                      Betriebsmittel
                   INT <= 0 <=> Anzahl der wartenden
                                      Prozesse
```

<u>RP(s,x):</u>


```
    Place(#7400,#7777);

            define (addr,100);
            define (count,102);
            define (set,103);
            define (int,104);
            define (pos,105);
            define (proc,106);
            define (SB,007);


        Loc(#7400).
(1)             addr:=Tos+SB,Pop;
(2)             proc:=Tos,Pop;
(3)             MA:=addr,Fetch2;
(4)             pos:=#100000
(5)             count:=#1,RightShift(1)
(6)             set:=MDI and #177777
(7)             int:=MDI and #177777
(8)             if leq goto(L3);
    L1:
(9)             set and pos;
(10)            pos,if neq goto(L2);
(11)            pos:=shift;
(12)            count:=count+#1,goto(L1);
    L2:
(13)            set:=set and not pos,Pop;
(14)            Tos:=count,Push;
(15)            Tos:=0,Push,goto(L5);
```

```
        L3:
(16)            count:=#20;
(17)            count:=count-proc;
(18)            proc-#1,LeftShift(4);
(19)            proc:=Shift;
(20)            count:=count+proc;
(21)            count,ShiftOnR;
(22)            pos;
(23)            pos:=Shift;
(24)            set:=set or pos;
(25)            Tos:=#1,Push;
        L5:
(26)            MA:=addr,Store2;
(27)            set
(28)            int-#1;
(29)            NextInst(0)
        end;
```

Folgende Parameter werden vor dem Aufruf auf dem Expression-Stack erwartet:

```
    Tos     relative Adresse des Set-Semaphors s
    Tos-1   Nummer des Prozesses, der RP aufruft
```

Nach der Ausführung befindet sich der Expression-Stack in folgendem Zustand:

```
    Tos     =1 bedeutet Suspendierung
            =0 bedeutet keine Suspendierung, der
            zweite Ausgabeparameter ist gültig
    Tos-1   Nummer des Betriebsmittels, das dem
            aufrufenden Prozeß zugeteilt wird (nur
            gültig, wenn keine Suspendierung stattfand).
```

Anzahl der Mikrocodeinstruktionen:

```
    MIN: 17
         (Zeilen (1)-(10), (13)-(15), (26)-(29))

    MAX: 77
```

```
                    (Zeilen (1)-(8), 15*(9)-(12), (9)-(10),
                     (13)-(15), (26)-(29))

            AV : 35.5
                 (Durchschnitt aller möglichen Pfade)
```

RV(s,x):

```
        Place(#7400,#7777);

                define(addr,100);
                define(count,102);
                define(set,103);
                define(int,104);
                define(pos,105);
                define(res,106);
                define(SB,007);


                Loc(#7400),
(1)                     addr:=Tos+SB, Pop;
(2)                     res:=Tos,Pop;
(3)                     MA:=addr,Fetch2;
(4)                     pos:=#100000;
(5)                     count:=#1,RightShift(1);
(6)                     set:=MDI and #177777;
(7)                     int:=MDI and #177777;
(8)                     if geq goto(L3);
                L1:
(9)                     set and pos;
(10)                    pos,if neq goto(L2);
(11)                    pos:=shift;
(12)                    count:=count+#1,goto(L1);
                L2:
(13)                    set:=set and not pos,Pop;
(14)                    Tos:=count,Pop;
(15)                    Tos:=#1,Push,goto(L5);
                L3:
(16)                    count:=#20;
(17)                    count:=count-res;
(18)                    res-#1;
```

```
(19)            res:=Shift;
(20)            count:=count+res;
(21)            count,ShiftOnR;
(22)            pos;
(23)            pos:=Shift;
(24)            set:=set or pos;
(25)            Tos:=0,Push;
        L5:
(26)            MA:=addr,Store2;
(27)            set;
(28)            int+#1;
(29)            Nextinst(0);
        end;
```

Folgende Parameter werden vor dem Aufruf der Operation auf dem Expression-Stack erwartet:

> Tos   relative Adresse des Set-Semaphors s
>
> Tos-1   Nummer des Betriebsmittels, das vom aufru-
>   fenden Prozeß freigegeben werden soll

Nach dem Aufruf der Operation befindet sich der Expressions- Stack in folgendem Zustand:

> Tos   =1 bedeutet, daß ein wartender Prozeß
>   zu aktivieren ist. Die Identität dieses
>   Prozesses wird durch den zweiten Ausgabe-
>   Parameter (Tos-1) bekanntgegeben.
>
> Tos-1   Nummer des Prozesses, der aktiviert werden
>   soll. Dieser Parameter ist nur gültig,
>   wenn Tos=1.

Anzahl der Mikrocodeinstruktionen:

> MIN: 17
>   (Zeilen (1)-(10),(13)-(15),(26)-(29))
>
> MAX: 77
>   (Zeilen (1)-(8),15*(9)-(12),(9)-(10),

                (13)-(15),(26)-(29))

    AV: 35.5
          (Durchschnitt über alle möglichen Pfade)

Reader/Writer-Semaphor-Operationen

Ein Reader/Writer-Semaphor besteht aus vier 16-Bit-Feldern:


```
word1=bit15-bit0   CR
                   ausgenutzter Wertebereich 0...2**15-1
word2=bit15-bit0   WR
                   ausgenutzter Wertebereich 0...2**15-1
word3=bit15-bit0   WW
                   ausgenutzter Wertebereich 0...2**15-1
word4=bit15-bit2   unbenutzt
         bit1      FL(1)
         bit0      FL(0)
```


wobei die einzelnen Komponenten folgende Bedeutung besitzen:


```
CR         Anzahl von Lesern (>=0), die im kriti-
           schen Abschnitt aktiv sind
WR         Anzahl der wartenden Leser (>=0)
WW         Anzahl der wartenden Schreiber (>=0)
FL(1)      Priority-Bit
           FL(1)=0  -->  Leser-Priorität
           FL(1)=1  -->  Schreiber-Priorität
FL(0)      Indikator, ob Schreiber im kritischen
           Abschnitt aktiv ist
           FL(0)=0  -->  kein Schreiber im KA aktiv
           FL(0)=1  -->  Schreiber im KA aktiv
```


Read-Claim(s):


```
    Place(#7400,#7777);
```

```
                define(addr,100);
                define(cr,101);
                define(wr,102);
                define(ww,103);
                define(fl,104);
                define(SB,007);


        Loc(#7400),
(1)                 addr:=Tos+SB,Pop;
(2)                 MA:=addr,Fetch4;
(3)                 Pop;
(4)                 Tos:=0,Push;
(5)                 cr:=MDI and #177777;
(6)                 wr:=MDI and #177777;
(7)                 ww:=MDI and #177777;
(8)                 fl:=MDI and #3;
(9)                 fl and #1,if eql goto(L1);
(10)                ww,if eql goto(L2);
        L3:
(11)                MA:=addr+1,Store;
(12)                wr+1,Pop;
(13)                Tos:=1,Push;
(14)                NextInst(0);
        L2:
(15)                if neq goto(L3);
        L1:
(16)                MA:=addr,Store;
(17)                cr+1;
(18)                NextInst(0);
        end;
```

Folgende Parameter werden vor dem Aufruf auf dem Expression- Stack erwartet:

Tos   relative Adresse des Reader/Writer-Semaphors s

Nach Ausführung der Operation befindet sich der Expression-Stack in folgendem Zustand:

Tos   =1 bedeutet Suspendierung
         =0 bedeutet keine Suspendierung

Anzahl der Mikrocodeinstruktionen:

    MIN: 12
        (Zeilen(1)-(9),(16)-(18))

    MAX: 15
        (Zeilen(1)-(10),(15),(11)-(14))

    AV: 13.5
        (Durchschnitt über alle möglichen Pfade)

READ-RELEASE(s):

```
Place(#7400,#7777);

        define(addr,100);
        define(cr,101);
        define(wr,102);
        define(ww,103);
        define(fl,104);
        define(SB,007);


        Loc(#7400),
(1)             addr:=Tos+SB,Pop;
(2)             MA:=addr,Fetch4;
(3)             Pop;
(4)             Tos:=0,Push;
(5)             cr:=MDI and #177777;
(6)             wr:=MDI and #177777;
(7)             ww:=MDI and #177777;
(8)             fl:=MDI and #3;
(9)             MA:=addr,Store;
(10)            cr-1;
(11)            ww,if neq goto(L1);
(12)            fl:=fl or #1, if eql goto(L1);
```

```
(13)              MA:=addr+2,Store2;
(14)              ww-1,Pop;
(15)              fl;
(16)              Tos:=1,Push;
      L1:
(17)              NextInst(0);
      end;
```

Folgende Parameter werden vor dem Aufruf auf dem Expression-Stack erwartet:

Tos   relative Adresse des Reader/Writer-Semaphors s

Nach Ausführung der Operation befindet sich der Expression- Stack in folgendem Zustand:

**Tos   =1 bedeutet Aktivierung eines wartenden Prozesses
             =0 bedeutet keine Aktivierung**

Anzahl der Mikrocodeinstruktionen:

```
     MIN: 12
          (Zeilen (1)-(11),(17))

     MAX: 17
          (Zeilen (1)-(17))

     AV:  13.5
          (Durchschnitt über alle möglichen Pfade)
```

WRITE-CLAIM(s):

```
   Place(#7400,#7777);

       define(addr,100);
```

```
        define(cr,101);
        define(wr,102);
        define(ww,103);
        define(fl,104);
        define(SB,007);


     Loc(#7400),
(1)          addr:=Tos+SB,Pop
(2)          MA:=addr,Fetch4;
(3)          Pop;
(4)          Tos:=0,Push;
(5)          cr:=MDI and #177777;
(6)          wr:=MDI and #177777;
(7)          ww:=MDI and #177777;
(8)          fl:=MDI and #3;
(9)          cr, if odd goto(L1);
(10)         fl:=fl or #1, if neq goto(L1);
(11)         MA:=addr+3,Store;
(12)         fl;
(13)         NextInst(0);
     L1:
(14)         MA:=addr+2,Store;
(15)         ww+1,Pop;
(16)         Tos:=1,Push;
(17)         NextInst(0);
     end;
```

Folgende Parameter werden vor dem Aufruf auf dem Expression-Stack erwartet:

Tos   relative Adresse des Reader/Writer-Semaphors s

Nach Ausführung der Operation befindet sich der Stack in folgendem Zustand:

Tos   =1 bedeutet Suspendierung des aufrufenden
            Prozesses
            =0 bedeutet keine Suspendierung

Anzahl der Mikrocodeinstruktionen:

```
          MIN:  13
                (Zeilen(1)-(13))

          MAX:  14
                (Zeilen(1)-(10),(14)-(17))

          AV:   13.5
                (Durchschnitt über alle möglichen Pfade)
```

WRITE-RELEASE(s):

```
      Place(#7400.#7777);

              define(addr,100);
              define(cr,101);
              define(wr,102);
              define(ww,103);
              define(fl,104);
              define(SB,007);


      Loc(#7400),
(1)           addr:=Tos+SB,Pop;
(2)           Pop;
(3)           MA:=addr,Fetch4;
(4)           Pop;
(5)           Tos:=0,Push;
(6)           cr:=MDI and #177777;
(7)           wr:=MDI and #177777;
(8)           ww:=MDI and #177777;
(9)           fl:=MDI and #2;
(10)          ww or wr, if eql goto(L3);
(11)          ww, if eql goto(L4);
(12)          if eql goto(L2);
      L1:
(13)          Tos:=1,Push;
(14)          MA:=addr+2,Store;
(15)          ww-1;
(16)          NextInst(0);
      L3:
```

```
(17)              wr, if eql goto(L4);
                  if eql goto(L1);
        L2:
(18)              MA:=addr,Store4;
(19)              wr,Pop;
(20)              0;
(21)              ww;
(22)              fl;
(23)              Tos:=wr,Push;
(24)              Tos:=1,Push;
(25)              NextInst(0);
        L4:
(26)              MA:=addr+3,Store;
(27)              fl;
(28)              Tos:=0,Push;
(29)              NextInst(0);
        end;
```

Folgende Parameter werden vor dem Aufruf der Operation auf dem Expression-Stack erwartet:

Tos   **relative Adresse des Reader/Writer-Semaphors s**

Nach Ausführung der Operation befindet sich der Stack in folgendem Zustand:

Tos   **=1 bedeutet, daß der zweite Ausgabe-Parameter**
             (Tos-1) gültig ist
Tos-1   **=0 bedeutet Aktivierung eines Schreibers**
             >0 bedeutet Aktivierung von (Tos-1) Lesern
                 (falls Tos=1)

Anzahl der Mikrocodeinstruktionen:


```
        MIN: 15
             (Zeilen (1)-(11),(26)-(29))


        MAX: 20
             (Zeilen (1)-(12),(18)-(25))
```

```
      AV:    17
             (Durchschnitt über alle möglichen Pfade)
```

DECT(s):

```
      Place(#7400,#7777);

             define(addr,103);
             define(SB,007);


             Loc(#7400),
      (1)            addr:=Tos+SB,Pop;
      (2)            MA:=addr,Fetch;
      (3)            Pop;
      (4)            Tos:=0,Push;
      (5)            MA:=addr,Store,Hold;
      (6)            MDI-1;
      (7)            if geq goto(exit);
      (8)            Pop;
      (9)            Tos:=1,Push;
         exit:
      (10)           NextInst(0);
         end;
```

Folgende Parameter werden vor dem Aufruf auf dem Expression- Stack erwartet:

```
      Tos      relative Adresse des Semaphors s
```

Nach Ausführung der Operation befindet sich der Stack in folgendem Zustand:

```
      Tos      =0 bedeutet keine Suspendierung
               =1 bedeutet Suspendierung
```

Anzahl der Mikrocodeinstruktionen:

```
    MIN: 8
         (Zeilen (1)-(7),(10))

    MAX: 10
         (Zeilen (1)-(10))

    AV:  9
```

TINC(s):

```
    Place(#7400,#7777);

         define(addr,103);
         define(SB,007);


         Loc(#7400),
(1)              addr:=TOS+SB,Pop;
(2)              MA:=addr,Fetch;
(3)              Pop;
(4)              Tos:=0,Push;
(5)              MA:=addr,Store,Hold;
(6)              MDI+1;
(7)              if gtr goto(exit);
(8)              Pop;
(9)              Tos:=1,Push;
    exit:
(10)             NextInst(0);
         end;
```

Folgende Parameter werden vor dem Aufruf auf dem Expression- Stack erwartet:

Tos   relative Adresse des Semaphors s

Nach Ausführung der Operation befindet sich der Stack in folgendem Zustand:

```
    Tos       =0 bedeutet keine Aktivierung
              =1 bedeutet Aktivierung
```

Anzahl der Mikrocodeinstruktionen:

```
    MIN: 8
         (Zeilen (1)-(7),(10))

    MAX: 10
         (Zeilen (1)-(10))

    AV:  9
```

PMULTIPLE(s_1,...,s_n):

Die Datenstruktur besteht aus zwei 16-Bit Worten (PERQ Integer-Zahl). Mithilfe eines Wortes können bis 2**15-1 freie Betriebsmittel und wartende Prozesse gezählt werden. Die Felder des Semaphors sind folgendermaßen belegt:

```
    word1      =bit15-bit0 (NUM)
    word2      =bit15-bit0 (COUNT)
```

```
    Place(#7400,#7777);

        define(addr,103);
        define(num,104);
        define(count,105);
        define(SB,007);


    Loc(#7400),
(1)             addr:=Tos+SB,Pop;
(2)             MA:=addr,Fetch2;
(3)             Pop;
(4)             Tos:=0,Push;
(5)             num:=MDI-1;
(6)             count:=MDI, if geq goto(exit);
```

```
(7)              count:=count and #11,Pop;
(8)              count:=count+#1;
(9)              Tos:=count,Push;
        exit:
(10)             MA:=addr,Store2;
(11)             num;
(12)             count;
(13)             NextInst(0);
        end;
```

Folgende Parameter werden vor dem Aufruf auf dem Expression- Stack erwartet:

        Tos   relative Adresse des Semaphors s

Nach Ausführung der Operation befindet sich der Stack in folgendem Zustand:

        Tos   =0 bedeutet keine Suspendierung
                 >0 bedeutet Suspendierung auf dem
                    Platz "Tos"

Anzahl der Mikrocodcinstruktionen:

        MIN: 10n+16
              (n*Zeilen (1)-(6),(10)-(13)
               +2*8 für P(mutex) bzw. V(mutex))

        MAX: 13n+20
              (n*Zeilen (1)-(13)
               +2*8 für P(mutex) bzw. V(mutex))

        AV: 11.5n+18

In dem oben angegebenen Programm ist der Mikrocode für P(mutex) und V(mutex) weggelassen, in der Kalkulation wird diese Anzahl von Instruktionen jedoch miteinbezogen.

<u>**VMULTIPLE(s_1,...,s_n):**</u>

```
    Place(#7400,#7777);

        define(addr,103);
        define(SB,007);


        Loc(#7400),
(1)             addr:=Tos+SB,Pop;
(2)             MA:=addr,Fetch;
(3)             Pop;
(4)             Tos:=0,Push;
(5)             MA:=addr,Store,Hold;
(6)             MDI+1
(7)             if gtr goto(exit);
(8)             Pop;
(9)             Tos:=1,Push;
    exit:
(10)            NextInst(0);
        end;
```

Folgende Parameter werden vor dem Aufruf auf dem Expression-Stack erwartet:

Tos   relative Adresse des Semaphors s

Nach Ausführung der Operation befindet sich der Stack in folgendem Zustand:

Tos   =0 bedeutet keine Aktivierung
=1 bedeutet Aktivierung

Anzahl der Mikrocodeinstruktionen:

```
MIN: 8n
     (n*Zeilen (1)-(7),(10))
```

```
MAX:  10n
      (n*Zeilen (1)-(10))

AV:   9n
```

Scheduling-Semaphor-Operationen:

Ein Scheduling-Semaphor besteht aus 16-Bit-Feldern. Die Anzahl der insgesamt beteiligten Prozesse darf $2^{**}15-1$ nicht überschreiten.

```
word1     bit15-bit0     I
                         Anzahl der erteilten Sperren
word2     bit15-bit0     N
                         Anzahl der wartenden Prozesse,
                         die zu der Klasse des Semaphors
                         gehören.
```

INHIBIT(s):

```
    Place(#7400,#7777);

        define(addr,103);
        define(SB,007);


        Loc(#7400),
(1)             addr:=Tos+SB,Pop;
(2)             MA:=addr,Fetch;
(3)             nop;
(4)             nop;
(5)             MA:=addr,Store,Hold;
(6)             MDI+1;
(7)             NextInst(0);
        end;
```

Folgende Parameter werden vor dem Aufruf des Expression- Stack erwartet:

Tos   relative Adresse des Scheduling-Semaphors s

Nach Ausführung der Operation ist der Stack leer. Die Operation gibt keine Ausgabeparameter zurück.

Anzahl der Mikrocodeinstruktionen:

```
    MIN:  7
          (Zeilen (1)-(7))

    MAX:  7
          (Zeilen (1)-(7))

    AV:   7
```


INHIBITCHECK(s):

```
    Place(#7400,#7777);

        define(addr,103);
        define(P,102);
        define(I,101);
        define (SB,007);


        Loc(#7400),
(1)             addr:=Tos+SB,Pop;
(2)             MA:=addr,Fetch2;
(3)             Pop;
(4)             Tos:=0,Push;
(5)             I:=MDI;
(6)             P:=MDI, if eql goto(exit);
(7)             P:=P+1,Pop;
(8)             Tos:=1,Push;
(9)             MA:=addr+1,Store;
(10)            P;
    exit:
(11)            NextInst(0);
```

```
end;
```

Folgende Parameter werden vor dem Aufruf der Operation auf dem Expression-Stack erwartet:

```
Tos        relative Adresse des Scheduling-Semaphors s
```

Nach Ausführung der Operation befindet sich der Stack in folgendem Zustand:

```
Tos        =1 bedeutet Suspendierung
           =0 bedeutet keine Suspendierung
```

Anzahl der Mikrocodeinsrtuktionen:

```
MIN: 7
     (Zeilen (1)-(6),(11))

MAX: 11
     (Zeilen (1)-(11))

AV:  9
```

<u>RELEASE(s):</u>

```
Place(#7400,#7777);

     define(addr,103);
     define(I,101);
     define(P,102);
     define(SB,007);


Loc(#7400),
(1)          addr:=Tos+SB,Pop;
(2)          MA:=addr,Fetch2;
```

```
(3)              Pop;
(4)              Tos:=0,Push;
(5)              I:=MDI-1;
(6)              P:=MDI, if neq goto(exit);
(7)              if eql goto(exit);
(8)              Pop;
(9)              Tos:=P,Push;
(10)             MA:=addr,Store2;
(11)             0;
(12)             0;
(13)             NextInst(0);
      exit:
(14)             MA:=addr,Store;
(15)             I;
(16)             NextInst(0);
      end;
```

Folgende Parameter werden vor dem Aufruf auf dem Expression- Stack erwartet:

Tos   relative Adresse des Scheduling-Semaphors s

Nach Ausführung der Operation befindet sich der Stack in folgendem Zustand:

Tos   Anzahl der zu aktivierenden Prozesse

Anzahl der Mikrocodeinstruktionen:

    MIN: 9
       (Zeilen (1)-(6),(16))

    MAX: 13
       (Zeilen (1)-(13))

    AV: 11

Prioritäten-Semaphor-Operationen

Der Prioritäten-Semaphor wurde in 10 16-Bit-Felder (PERQ Integer-Wort) unterteilt, wobei die letzten 8 Worte die verschiedenen Prioritätsklassen repräsentieren.
Pro Klasse sind damit bis zu 255 Prozesse zugelassen. Die Felder sind folgendermaßen belegt:

```
word1=bit15-bit 8 ZERO
                      bit15 repräsentiert Warteschlange 1
                      bit14 repräsentiert Warteschlange 2
                             ...
                      bit 8 repräsentiert Warteschlange 8

        bit 7-bit 0 SHARED
                      bit 7 repräsentiert Klasse 1
                      bit 6 repräsentiert Klasse 2
                             ...
                      bit 0 repräsentiert Klasse 8

word2=bit15-bit13 unbenutzt
      bit12-bit 9 OWNER
                      Wertebereich 0-8
            bit 8 PREEMPT-Bit
                      Wertebereich 0,1
      bit 7-bit 0 ACTIVE
                      Wertebereich 0-255

word(2+1)-word(2+8)=
        bit15-bit 0 PROCESSES(1)-PROCESSES(8)
                      (ausgenutzter Wertebereich
                       jeweils 0-255)
```

mit folgenden Bedeutungen:

```
ZERO(j) = 1    Warteschlange 16-j ist nicht leer.
ZERO(j) = 0    Warteschlange 16-j ist leer.

SHARED(j) = 1  Klasse 8-j ist sharable.
SHARED(j) = 0  Klasse 8-j ist nicht sharable.

OWNER          Klasse des Prozesses, der sich im
```

> kritischen Abschnitt befindet, bzw.
> Klasse der Prozesse, die sich im
> kritischen Abschnitt befinden,
> wenn diese Klasse sharable ist.

PREEMPT = 1   Preemption eingeschaltet.
PREEMPT = 0   Preemption ausgeschaltet.

ACTIVE   Anzahl der Prozesse, die sich im
kritischen Abschnitt befinden, diese
Prozesse gehören alle der gleichen
Klasse an.

PROCESSES(j)   Anzahl der Prozesse, die in der Warteschlange j gespeichert sind. Diese
Prozesse gehören alle zur Klasse j.

Das Set ZERO wurde zusätzlich zur Datenstruktur aufgenommen. Mithilfe dieses Sets wird die Laufzeit der Semaphor-Operationen verbessert. Eine der Abfragen, die immer wieder ausgeführt wird, ist die Abfrage, ob bestimmte oder alle Warteschlangen leer sind. Würde man die Werte PROCESSES(j) alle einzeln abfragen wollen, so müßten hierfür extra Speicherzugriffe ausgeführt werden. Das Set ZERO steht aber ohne Schwierigkeiten direkt zur Verfügung, da man hierfür nur einen Speicherzugriff benötigt, der aber sowieso notwendig ist, um z.B. auf das Set SHA-RED zuzugreifen. Die Worte, in denen die Anzahl der Prozesse pro Warteschlange gespeichert sind, werden so nur dann aus dem Speicher geholt, wenn die Werte wirklich zu ändern sind.

<u>**REQUEST(s,p):**</u>

```
    Place(#7400,#7777);

        define(SB,007);
        define(addr,100);
        define(class,101);
        define(c,102);
        define(word1,103);
        define(word2,104)
        define(OWNER,105);
        define(val,106);
        define(pos,107);
        define(SHARED,110);
        define(ZERO,111);
```

```
        Loc(#7400),
(1)             addr:=Tos+SB,Pop;
(2)             class:=Tos,Pop;
(3)             MA:=addr,Fetch2;
(4)             pos:=#200;
(5)             Tos:=0,Push;
(6)             word1:=MDI and #177777;
(7)             word2:=MDI,RightShift(11);
(8)             OWNER:=Shift;
(9)             val:=#1, if neq goto(check);
    free:
(10)            word2:=word2 and #777;
(11)            class,LeftShift(11);
(12)            class:=Shift;
(13)            word2:=word2 or class;
    free2:
(14)            MA:=addr+1,Store;
(15)            word2+#1;
(16)            NextInst(0);
    X:
(17)            val:=0,goto(Y);
    check:
(18)            SHARED:=word1,RightShift(10);
(19)            ZERO:=Shift;
(20)            SHARED:=SHARED and #377;
(21)            c:=class;
    again:
(22)            c:=c-#1,RightShift(1);
(23)            pos and ZERO, if eql goto(found);
(24)            val:=val+#1, if neq goto(X);
    Y:
(25)            pos;
(26)            pos:=Shift,goto(again);
    found:
(27)            OWNER-class,LeftShift(10);
(28)            pos, if neq goto(susp);
(29)            pos and SHARED;
(30)            pos, if eql goto(susp);
(31)            word2 and #400;
(32)            class-val, if eql goto(free2);
(33)            pos, if eql goto(free2);
    susp:
(34)            pos:=Shift;
(35)            MA:=addr,Store;
```

```
(36)            word1 or pos;
(37)            addr:=addr+1;
(38)            MA:=addr+class,Fetch;
(39)            Pop;
(40)            Tos:=1,Push;
(41)            MA:=addr+class,Store,Hold;
(42)            MDI+1;
(43)            NextInst(0);
        end;
```

Folgende Parameter werden vor dem Aufruf auf dem Expression- Stack erwartet:

Tos   relative Adresse des Prioritäten-Semaphors s

Nach Ausführung der Operation befindet sich der Expression- Stack in folgendem Zustand:

Tos   =1 bedeutet Suspendierung
         =0 bedeutet keine Suspendierung

Anzahl der Mikrocodeinstruktionen:

```
    MIN: 16
         (Zeilen (1)-(16))

    MAX: 71
         (Zeilen (1)-(9),(18)-(21),7*((22)-24),(17),
          (25)-(26)),(22)-(23),(27)-(30),(34)-(43))

    AV:  47
         (Durchschnitt über alle möglichen Pfade)
```

LIBERATE(s):

```
    Place(#7400,#7777);

            define(SB,007);
            define(addr,100);
            define(class,101);
            define(c,102);
            define(word1,103);
            define(word2,104);
            define(SHARED,105);
            define(ZERO,106);
            define(pc,107);
            define(pos,110);


            Loc(#7400),
    (1)             addr:=Tos+SB,Pop;
    (2)             MA:=addr,Fetch2;
    (3)             Pop;
    (4)             Pop;
    (5)             word1:=MDI and #177777;
    (6)             word2:=MDI-#1;
    (7)             word2 and #377;
    (8)             word1 and not #377, if neq goto(ok);
    (9)             class:=0, if neq goto(awake);
    (10)            word2:=word2 and #777;
        ok:
    (11)            Tos:=0,Push;
    (12)            Tos:=0,Push;
    (13)            MA:=addr+1,Store;
    (14)            word2;
    (15)            NextInst(0);
        awake:
    (16)            SHARED:=word1,RightShift(10);
    (17)            ZERO:=Shift;
    (18)            SHARED:=SHARED and #377,RightShift(1);
    (19)            pos:=200;
        again:
    (20)            ZERO and pos;
    (21)            class:=class+#1, if neq goto(goon);
    (22)            pos;
```

```
(23)              pos:=Shift,goto(again);
       goon:
(24)              SHARED and pos;
(25)              addr:=addr+#1, if eql goto(nosh):
(26)              MA:=addr+class,Fetch;
(27)              pos,LeftShift(10);
(28)              pos:=Shift;
(29)              pc:=MDI;
(30)              MA:=addr+class,Store;
(31)              0,goto(setZero);
       nosh:
(32)              MA:=addr+class,Fetch;
(33)              pos,LeftShift(10);
(34)              pos:=Shift;
(35)              MA:=addr+class,Store,Hold;
(36)              MDI-1;
(37)              pc:=1, if neq goto(exit);
       setZero:
(38)              MA:=addr-#1,Store;
(39)              word1 and not pos;
       exit:
(40)              class,LeftShift(11);
(41)              c:=Shift;
(42)              word2:=word2 and #400;
(43)              word2:=word2+pc;
(44)              MA:=addr,Store;
(45)              word2 or c;
(46)              Tos:=pc,Push;
(47)              Tos:=class,Push;
(48)              NextInst(0);
       end;
```

Folgende Parameter werden vor dem Aufruf auf dem Expression- Stack erwartet:

Tos   **relative Adresse des Prioritäten-Semaphors s**

Nach Ausführung der Operation befindet sich der Expression- Stack in folgendem Zustand:

Tos   >0 bedeutet Klasse des (der) zu aktivierenden
          Prozesses (Prozesse)

Tos-1   >0 bedeutet Anzahl der zu aktivierenden Pro-
          zesse

Anzahl der Mikrocodeinstruktionen:

    MIN: 13
        (Zeilen (1)-(8),(11)-(15))

    MAX: 62
        (Zeilen (1)-(9),(16)-(19),7*(20)-(23),
         (20)-(21),(24)-(25),(32)-(48))

    AV: 26
        (Durchschnitt über alle möglichen Pfade)

Anhang C

In diesem Anhang wird ein Beispiel angegeben, das die in Kapitel 8 beschriebene Umsetzungsmethode erläutert. Es handelt sich hierbei um das Problem
1.4.3, das mit Dijktras Semaphoroperationen in einer pascalartigen Notation gelöst
und in den Mikrocode umgesetzt wird. Zusätzlich wird die jeweilige Anzahl von
benötigten Mikrocodeinstruktionen angegeben. Der Anhang C bezieht sich auf
Kapitel 8, Seite 264.

```
S: P(mutex);                        <9>   S: (P-Operation)
     for each i_r, 1<=r<=s do        1     Reg1:=s;
                                      1     Reg2:=0;
                                      1     L1: Reg2:=Reg2+1;
                                      2     Reg2-Reg1,if gtr goto S1;
                                            a1:=i+Reg2-1;
                                      4     MA:=a1,Fetch;
                                            nop;
                                            nop;
                                            Reg3:=MDI;

     if busy(i_r)<1                   6     a2:=busy+Reg3-1;
        then begin                          MA:=a2,Fetch;
                                            nop;
                                            nop;
                                            MA:=a2,Store;
                                            MDI-1,if gtr goto L1;
        busy(i_r):=busy(i_r)-1;       5     MA:=a2,Fetch;
                                            nop;
                                            nop;
                                            MA:=a2,Store;
                                            MDI-1;
        V(mutex);                    <9>    (V-Operation)
        P(bm_i_r);                    1     a3:=bm+Reg3-1;
                                     <9>    (P-Operation)
        goto(S);                      0     innerhalb einer
                                            Instruktion zu-
                                            sätzlich aus-
                                            führbar

        end;
     for each i_r, 1<=r<=s do         1     S1: Reg1:=s;
                                      1     Reg2:=0;
                                      1     L2: Reg2:=Reg2+1;
```

```
                                        2    Reg2-Reg1,if gtr goto S2;
                                             a1:=i+Reg2-1;

                                        4    MA:=a1,Fetch;
                                             nop;
                                             nop;
                                             Reg3:=MDI;
    busy(i_r):=0;                       6    a2:=busy+Reg3-1;
                                             MA:=a2,Fetch;
                                             nop;
                                             nop;
                                             MA:=a2,Store;
                                             0,goto L2;
    V(mutex);                          <9>   S2: (V-Operation)
    -Betriebsmittelbenutzung-
    P(mutex);                          <9>   (P-Operation)
    for each i_r, 1<=r<=s do           1     Reg1:=s;
                                        1     Reg2:=0;
                                        1     L3: Reg2:=Reg2+1;
                                        1     Reg2-Reg1,if gtr goto S3;
                                        4     a1:=i+Reg2-1;
                                              MA:=a1,Fetch;
                                              nop;
                                              nop;
                                        1     Reg3:=MDI;
                                        1     Reg4:=0;
                                        5     a2:=busy+Reg3-1;
                                              MA:=a2,Fetch;
                                              nop;
    begin                                     nop;
    for l:=-1 down to                         Reg5:=MDI;
        busy(i_r) do                    1     L4: Reg4:=Reg4+1;
        V(bm_i_r);                      2     Reg4-Reg5,if gtr goto L3;
                                        1     a3:=bm+Reg3-1;
                                       <9>    (V-Operation)

    busy(i_r):=1;                       1     MA:=a2,Store;
    end;                                1     1, goto L3;

    V(mutex);                          <9>    S3: (V-Operation)
```

In der linken Spalte ist die pascalartige Notation, rechts die Umsetzung in den
Mikrocode angegeben. Die mittlere Spalte zeigt die Anzahl der der jeweiligen Mikrocodeinstruktionen. Das Symbol $<>$ bedeutet die Ausführung einer Semaphor-
Operation, wobei der Mikrocode für die Semaphoroperationen nicht mitangegeben ist. Auf dem Expression-Stack befinden sich die relativen Adressen der i_r,
von busy(1) und bm_1,...,bm_s. Das Pascal-Programm benutzt die Semaphore
mutex (initially=1) und bm_1,...,bm_s (initially=1), sowie den Integer-Array
busy(1..m) (initially=1). Der Prozeß i benötige eine Teilmenge i_1,...,i_s
von Betriebsmitteln, wobei $1<=s<=m$.

Literatur

Abramson D., Keedy J.L. (1984): "Implementing a Large Virtual Memory in a Distributed Computing System", Proc. Int. Hawaii Conference on Systems Sciences, Jan. 1984

Adams J.M., Black A.P. (1982): "On Proof Rules for Monitors", ACM Operating Systems Review, Vol. 16, No. 2, April 1982, pp. 18-27

Adams J.M., Black A.P. (1983): Letter to the Editor, ACM Operating Systems Review, Vol. 17, No. 1, Jan. 1983, pp. 6-8

Agerwala T. (1977): "Communication, Computation and Computer Architecture", Proc. Int. Conference on Communications, Chicago, Illinois, June 1977

Agerwala T. (1977a): "Some Extended Semaphore Primitives", Acta Informatica 8, 1977, pp. 201-220

Agerwala T. (1979): "Putting Petri Nets to Work", IEEE Transactions on Computers, Vol. 12, No. 12, 1979, pp. 85-94

Agerwala T., Lint B. (1977): "A Comparison of Semaphore Based Synchronization Mechanisms", Proc. 10th Annual Hawaii Int. Conference on Systems Sciences, Jan. 1977, pp. 244-247

Andler S. (1979): "Predicate Path Expressions - A High-Level Synchronisation Mechanism", Ph.D. Thesis, Dept. of Computer Science, Carnegie Mellon University, August 1979

Andler S. (1979a): "Synchronization Primitives and the Verification of Concurrent Programs", in: Operating Systems - Theory and Practice, Lanciaux (ed.), North-Holland, 1979, pp. 67-97

Andler S., Feiler P., Habermann A.N., Tichy W. (1978): Letter to the Editor, ACM Operating Systems Review, Vol. 12, No. 1, Jan. 1978, pp. 6-11

Andrews G.R. (1981): "Synchronizing Resources", ACM Transactions on Programming Languages and Systems, Vol. 3, No. 4, Oct. 1981, pp. 405-430

Andrews G.R. (1982): "The Distributed Programming Language SR - Mechanism, Design and Implementation", Software-Practice and Experience, Vol. 12, No. 8, Aug. 1982, pp. 719-754

Andrews G.R., Schneider F.B. (1983): "Concepts and Notations for Concurrent Programming", ACM Computing Surveys, Vol. 17, No. 1, March 1983, pp.3-43

Andrews G.R., McGraw J.R. (1977): "Language Features for Process Interaction",
ACM SIGPLAN Notices, Vol. 12, No. 3, March 1977, pp. 114-127

Apt K.R. (1981): "Recursive Assertions and Parallel Programs", Acta Informatica
15, 1981, pp. 219-232

Arvind K., Gostelow P., Plouffe W. (1977): "Indeterminacy, Monitors and Da-
taflow", ACM Operating Systems Review, Vol. 11, No. 5, Nov. 1977, pp.
159-169

Ashcroft E.A. (1975): "Proving Assertions About Parallel Programs", Journal of
Computing Systems 10, Jan. 1975, pp. 110-135

Babich A.F. (1979): "Proving Total Correctness of Parallel Programs", IEEE
Transactions on Software Engineering, Vol. SE-5, No. 6, Nov. 1979, pp.
558-574

Baer J.L. (1973): "A Survey of Some Theoretical Aspects of Multiprocessing",
ACM Computing Surveys, Vol. 5, 1973, pp. 31-80

Balzer R.M. (1971): "PORTS - A Method for Dynamic Interprogram Communication and Job Control", Proc. AFIPS Spring Joint Computer Conference,
Atlantic City, 1971, pp. 485-489

Barz H.W. (1983): "Implementing Semaphores by Binary Semaphores", ACM
SIGPLAN Notices, Vol. 18, No. 2, Feb. 1983, pp. 39-45

Barz H.W. (1983a): "The Power of Synchronization Mechanisms", submitted to
SIAM Journal of Computing, 1983

Bathelt P. (1982): "Vergleich von Synchronisationsmechanismen", Diplomarbeit,
Universität Erlangen-Nürnberg, Fachbereich Informatik, Mai 1982

Belpaire G., Wilmotte J.P. (1974): "A Semantic Approach to the Theory of Parallel Processes", International Computing Symposium 1973, North-Holland,
1974

Ben-Ari G. (1982): "Principles of Concurrent Programming", Prentice-Hall,
Englewood Cliffs, 1982

Bentley J.L. (1982): "Writing Efficient Programs", Prentice-Hall, Englewood
Cliffs, 1982

Berzins V., Kapur D. (1977): "Denotational and Axiomatic Definitions for Path
Expressions", Computational Structures Group Memo 153-1, Laboratory
for Computer Science, Massachusetts Institute of Technology, Nov. 1977

Best E. (1980): "Adequacy of Path Programs", Lecture Notes in Computer Science, Vol. 84, Springer-Verlag, 1980

Betourne C, Boulenger J., Ferrie J., Kaiser C., Krakowiak S., Massiere J. (1970): "Process Management and Resource Sharing in the Multiaccess System ESOPE", Communications of the ACM, Vol. 13, No. 12, Dec. 1970, pp. 727-733

Birell A.D., Nelson B.J. (1984): "Implementing Remote Procedure Calls", ACM Transactions on Computer Systems, Vol. 2, No. 1, Feb. 1984, pp. 39-59

Bittmann P., Unterauer K. (1979): "Models and Algorithms for Deadlock Detection", In: Operating Systems: Theory and Practice, D. Lanciaux (ed.), North-Holland, 1979, pp. 101-111

Bloom T. (1979): "Evaluating Synchronisation Mechanisms", Proc. 7th ACM Symposium on Operating Systems Principles, Pacific Grove, California, Dec. 1979, pp. 24-32

Boari M., Natali A. (1976): "Some Properties of Deadlock Detection and Recovery in Readers and Writers Problems", Information Processing Letters, Vol. 5, No. 5, Oct. 1976, pp. 118-123

Boari M., Natali A. (1978): "Multiple Access to a Tree in the Context of Readers and Writers Problems", Information Processing Letters, Vol. 7, No. 2, Feb. 1978, pp. 112-121

Bochmann G.V. (1976): "Comments on Monitor Definition and Implementation", Information Processing Letters, Vol. 5, No. 4, Oct. 1976, pp. 116-117

Boddy D.E. (1984): "On the Design of Monitors with Priority Conditions", ACM SIGPLAN Notices, Vol. 19, No. 2, Feb. 1984, pp. 38-41

Brinch Hansen P. (1970): "The Nucleus of a Multiprogramming System", Communications of the ACM, Vol. 13, No. 4, April 1970, pp. 238-250

Brinch Hansen P. (1972): "A Comparison of Two Synchronizing Concepts", Acta Informatica, Vol. 1, No. 3, 1972, pp. 190-199

Brinch Hansen P. (1972a): "Structured Multiprogramming", Communications of the ACM, Vol. 15, No. 7, July 1972, pp. 574-578

Brinch Hansen P. (1973): "Concurrent Programming Concepts", ACM Computing Surveys, Vol. 5, No. 4, Dec. 1973, pp. 223-245

Brinch Hansen P. (1973a): "Operating System Principles", Prentice-Hall, Englewood Cliffs, 1973

Brinch Hansen P. (1973b): "Testing a Multiprogramming System", Software-Practice and Experience, Vol. 3, 1973, pp. 145-150

Brinch Hansen P. (1975): "The Programming Language Concurrent Pascal", IEEE Transactions on Software Engineering, Vol. SE-1, No. 2, June 1975, pp. 199-206

Brinch Hansen P. (1976): "The Solo Operating System: Processes, Monitors and Classes", Software-Practice and Experience, Vol. 6, 1976, pp. 165-200

Brinch Hansen P. (1978): "Distributed Processes - A Concurrent Processing Concept", Communications of the ACM, Vol. 21, No. 11, Nov. 1978, pp. 934-941

Brinch Hansen P. (1979): "A Keynote Address on Concurrent Programming", IEEE Computer, May 1979, pp. 50-56

Brinch Hansen P. (1981): "Edison: A Multiprocessor Language, Software-Practice and Experience, Vol. 11, No. 4, April 1981, pp. 325-361

Bryant R.E., Dennis J.B. (1979): "Concurrent Programming", in: Research Directions in Software Technology, P. Wegner (ed.), MIT Press, 1979

Campbell R.H. (1983): "A Definition of Open Path Expressions", Report No. UIUCDCS-R-82-1102, Dept. Computer Science, University at Urbana-Champaign, Illinois, Sept. 1983

Campbell R.H., Habermann A.N. (1974): "The Specification of Process Synchronisation by Path Expressions", Lecture Notes in Computer Science, Vol. 16, Springer-Verlag, 1974

Campbell R.H., Kolstad R.B. (1980): "An Overview of Path PASCAL's Design and Path PASCAL User Manual", ACM SIGPLAN Notices, Vol. 15, No. 9, Sept. 1980, pp. 13-24

Carpenter B.E., Cailliau R. (1984): "Experience with Remote Procedure Calls in a Real-Time Control System", Software-Practice and Experience, Vol. 14, No. 9, Sept. 1984, pp. 901-907

Cerf V.G. (1972): "Multiprocessors, Semaphores and a Graph Model of Computation", Ph. D. Thesis, Computer Science Dept., University of California, Los Angeles, April 1972

Chambers J.M. (1973): "A User Controlled Synchronization Method", ACM Operating Systems Review, Vol. 7, No. 2, April 1973, pp. 16-25

Cheriton D. (1984): "An Experiment Using Registers for Fast Message-Based Interprocess Communication", ACM Operating Systems Review, Vol. 18, No. 4, Oct. 1984, pp. 12-20

Chesnais H., Gelenbe E., Mitrani I. (1983): "On the Modelling of Parallel Access to Shared Data", Communications of the ACM, Vol. 26, No. 3, March 1983, pp. 196-202

Coffman E.G., Elphick M.J., Shoshani A. (1971): "System Deadlocks", ACM Computing Surveys, Vol. 3, No. 2, June 1971, pp. 67-78

Coffmann E.G., Klimko L.A., Ryan B. (1972): "Analysis of Scanning Policies for Reducing Disk Seek Times", SIAM Journal of Computing, Vol. 1, No. 3, Sept. 1972, pp. 269-279

Collier W.W. (1973): "Asynchronous Interactions on Shared Data", ACM Operating Systems Review, Vol. 7, No. 2, April 1973, pp. 6-15

Conradi R. (1977): "Some Comments on Concurrent Readers and Writers", Acta Informatica, Vol.8, 1977, pp. 335-340

Conway M.E. (1963): "A Multiprocessor System Design", In: Proc. AFIPS Fall Joint Computer Conference, Las Vegas, Nov. 1963

Conway M.E. (1963a): "Design of a Separable Transition-Diagram Compiler", Communications of the ACM, Vol. 6, No. 7, July 1963, pp. 396-408

Cook R.P. (1980): "*MOD - A Language for Distributed Programming", IEEE Transactions on Software Engineering, Vol. SE-6, No. 6, Nov. 1980, pp. 563-571

Cooprider L.W., Heymans F., Courtois P.J., Parnas D.L. (1974): "Information Streams Sharing a Finite Buffer: Other Solutions", Information Processing Letters, Vol. 3, No. 1, July 1974, pp. 16-21

Courtois P.J., Heymans F., Parnas D.L. (1971): "Concurrent Control with Readers and Writers", Communications of the ACM, Vol. 14, No. 10, Oct. 1971, pp. 667-668

Courvoisier M. (1983): "A Matrix-Based Implementation of Generalized Petri Nets", Informatik-Fachberichte, Vol. 66, Springer-Verlag, 1983, pp. 60-73

Crowley C. (1978): Letter to the Editor, ACM Operating Systems Review, Vol. 12, No. 1, Jan. 1978, p. 3

Czaja L. (1978): "Parallel Implementation of Path Expressions", Information Processing Letters, Vol. 7, No. 6, Oct. 1978, pp. 291-295

Denning P.J. (1967): "Effects of Scheduling on File Memory Operations", Proc. AFIPS Spring Joint Computer Conference, Montvale, New Jersey, 1967, pp. 9-21

Denning P.J. (1971): "Third Generation Computer Systems", ACM Computing Surveys, Vol. 3, No. 4, Dec. 1971, pp. 175-216

Denning P.J., Dennis T.D. (1980): "On Minimizing Contention at Semaphores", ACM Operating Systems Review, Vol. 14, No. 2, 1980, pp. 9-16

Denning P.J., Dennis T.D., Brumfield J.A. (1981): "Low Contention Semaphores and Ready Lists", Communications of the ACM, Vol. 24, No. 10, Oct. 1981

Dennis J.B, van Horn E.C. (1966): "Programming Semantics for Multiprogrammed Computations", Communications of the ACM, Vol. 9, No. 3, March 1966, pp.143-155

Dennis J.B. (1974): "First Version of a Data Flow Procedure Language", Lecture Notes in Computer Science, Vol. 19, Springer-Verlag, 1974, pp. 362-376

Digital Equipment Corporation (1982): "VAX Hardware Handbook", Digital Equipment Corporation, 1982

Dijkstra E.W. (1965): "Solution of a Problem in Concurrent Programing Control", Communications of the ACM, Vol. 8, No. 9, Sept. 1965, p. 569

Dijkstra E.W. (1968): "Cooperating Sequential Processes", in: "Programming Languages", F. Genuys (ed.), Academic Press, London, 1968

Dijkstra E.W. (1968a): "The Structure of the T.H.E.-Multiprogramming System", Communications of the ACM, Vol. 11, No. 5, May 1968, pp. 341-346

Dijkstra E.W. (1971): "Hierachical Ordering of Sequential Processes", Acta Informatica 1, 1971, pp. 115-138

Dijkstra E.W. (1975): "Guarded Commands, Nondeterminacy and Formal Derivation of Programs", Communications of the ACM, Vol. 18, No. 8, Aug. 1975, pp. 453-457

Dijkstra E.W. (1976): "A Discipline of Programming", Prentice-Hall, Englewood Cliffs, 1976

Doran R.W., Thomas L.K. (1980): "Variants of the Software to Mutual Exclusion", Information Processing Letters, Vol. 10, No. 4/5, 1980, pp. 206-208

Draughon E., Grishman R., Schwarz J., Stein A. (1967): "Programming Considerations for Parallel Computers", Rep. IMM 362, Courant Institute of Mathematical Sciences, New York University, Nov. 1967

Eisenberg M.A., McGuire M.R. (1972): "Further Comments on Dijkstra's Concurrent Programming Control Problem", Communications of the ACM, Vol. 15, No. 11, Nov. 1972, p. 999

Enslow P.H. (1977): "Multiprocessor Organisation-A Survey", ACM Computing Surveys, Vol. 9, No. 1, March 1977

Eswaran K.P., Gray J.N., Lorie R.A., Traiger J.L. (1976): "The Notions of Consistency and Predicate Locks in a Database System", Communications of the ACM, Vol. 19, No. 11, 1976, pp. 624-633

Evered M. (1985): "LEIBNIZ - A Language to Support Software Engineering", Dissertation, Technische Hochschule Darmstadt, Fachbereich Informatik, March 1985

Feldman J.A. (1979): "High Level Programming for Distributed Computing, Communications of the ACM, Vol. 22, No. 6, June 1979, pp. 353-368

Flik Th., Hoffmann R., Liebig H. (1985): "Parallelgraphen - ein Darstellungsmittel für parallele Prozesse", Bericht Nr. 85-5, Fachbereich Informatik, Technische Universität Berlin, April 1985

Flon L., Habermann A.N. (1976): "Towards the Construction of Verifiable Software Systems", ACM SIGPLAN Notices, Vol. 11, March 1976, pp. 141-148

Floyd R.W. (1967): "Assigning Meanings to Programs", Proc. American Mathematical Society Symposium on Applied Mathematics, Vol. 19, 1967, pp. 19-31

Fontao R.O. (1971): "A Concurrent Algorithm for Avoiding Deadlocks in Multiprocess Multiple Resource Systems", 3rd ACM Symposium on Operating System Principles, Stanford, 1971, pp. 72-79

Ford W.S. (1978): "Implementation of a Generalized Critical Region Construct", IEEE Transactions on Software Engineering, Vol. SE-4, No. 6, Nov. 1978, pp. 449-455

Ford W.S., Hamacher V.C. (1977): "Low Level Architecture Features for Supporting Process Communication", The Computer Journal, Vol. 20, No. 2, 1977, pp. 156-162

Frank H. (1969): "Analysis and Optimization of Disk Storage Devices for Time-Sharing-Systems", Journal of the ACM, Vol. 16, No. 4, Oct. 1969, pp. 602-620

Freisleben B. (1985): "Mikrocodeprogramme und Laufzeitanalyse von Lösungsprotokollen verschiedener Synchronisationsprobleme", Interner Bericht, Technische Hochschule Darmstadt, Fachbereich Informatik, 1985

Frischmann T., Hämel M. (1985): "SEMSIM - Ein Simulationssystem zum Test von Semaphorlösungen für Synchronisationsprobleme, Diplomarbeit, TH Darmstadt, Fachbereich Informatik, April 1985

Fuller S.H. (1974): "Minimal-Total-Processing-Time Drum and Disk Scheduling Disciplines", Communications of the ACM, Vol. 17, No. 7, July 1974, pp. 376-381

Gait J. (1984): "Semaphores Outside the Kernel", ACM SIGPLAN Notices, Vol. 19, No. 10, Oct. 1984, pp. 12-21

Gehani N.H., Cargill T.A. (1984): "Concurrent Programming in the ADA Language: The Polling Bias", Software-Practice and Experience, Vol. 14, No. 5, May 1984, pp. 413-427

Gerber A.J. (1977): "Process Synchronization by Counter Variables", ACM Operating Systems Review, Vol. 11, No. 4, Oct. 1977, pp. 6-17

Gerber A.J. (1978): Letter to the Editor, ACM Operating Systems Review, Vol. 12, No. 3, July 1978, pp. 5-10

Gilbert D.C. (1978): "Modeling Spin Locks with Queuing Networks", ACM Operating Systems Review, Vol. 12, No. 1, Jan. 1978, pp. 29-42

Gilbert Ph., Chandler W.I. (1972): "Interference Between Communicating Parallel Processes", Communications of the ACM, Vol. 15, No. 6, June 1972, pp. 427-437

Gjessing S. (1980): "Monitors with Arrays of Condition Variables and Proof Rules Handling Local Quantities", BIT, Vol. 20, 1980, pp. 137-144

Gligor V.D., Shattuck S.H. (1980): "On Deadlock Detection in Distributed Systems", IEEE Transactions on Software Engineering, Vol. SE-6, No. 5, Sept. 1980

Glumpler H. (1984): "Mikrocode-Implementierung verschiedener Semaphor-Arten und Test der zugehörigen Operationen mit Hilfe eines Simulators", Diplomarbeit, TH Darmstadt, Fachbereich Informatik, März 1984

Gold M. (1978): "Deadlock Prediction: Easy and Difficult Cases", SIAM Journal of Computing, Vol. 7, No. 3, Aug. 1978, pp. 320-336

Good D.I., Cohen R.M., Keeton-Williams J. (1979): "Principles of Proving Concurrent Programms in GYPSY", Proc. 6th ACM Symposium on Principles of Programming Languages, San Antonio, Texas, Jan. 1979, pp. 42-52

Gottlieb A., Grishman R., Kruskal C.P., McAuliffe K.P., Rudolph L., Snir M. (1983): "The NYU-Ultracomputer - Designing an MIMD Shared Memory Parallel Machine", IEEE Transactions on Computers, Vol. C-32, No. 2, Feb. 1983

Gottlieb A., Lubachevsky B.D., Rudolph L. (1983): "Basic Techniques for the Efficient Coordination of Very Large Numbers of Cooperating Sequential Processors", ACM Transactions on Programming Languages and Systems, Vol. 5, No. 2, April 1983, pp. 164-189

Greif I. (1976): "Semantics of Communicating Parallel Processes", Technical Report TR-173, MIT Lab for Computer Science, Cambridge, Mass., Dec. 1976

Greif I. (1977): "A Language for Formal Problem Specification", Communications of the ACM, Vol. 20, No. 12, Dec. 1977, pp. 931-935

Greiter G. (1982): "Remarks on Language Concepts for Specifying Process Synchronization", ACM SIGPLAN Notices, Vol. 17, No. 9, Sept. 1982, pp. 58-61

Habermann A.N. (1969): "Prevention of System Deadlocks", Communications of the ACM, Vol. 12, No. 7, July 1969, pp. 373-377 and 385

Habermann A.N. (1972): "Communicating Sequential Processes", Communications of the ACM, Vol. 15, No. 3, March 1972, pp. 171-176

Habermann A.N. (1974): "A New Approach to Avoidance of System Deadlocks", Lecture Notes in Computer Science, Vol. 16, Springer-Verlag, 1974, pp. 163-170

Habermann A.N. (1975): "Operating System Structures", Mathematical Centre Tracts, Vol. 63, 1975, pp. 89-118

Habermann A.N. (1975a): "Path Expressions", Dept. of Computer Science, Carnegie-Mellon University, Pittsburgh, June 1975

Habermann A.N. (1976): "Review of an Article by Leon Presser on Multiprograming Coordination", ACM Computing Reviews, Vol. 29, No. 7, April 1976, pp. 150-151

Habermann A.N. (1977): "System Deadlocks", In: Current Trends in Programming Methodology, eds. K.M. Chandy, R.T. Yeh, Prentice-Hall, 1978

Habermann A.N., Nassi I.R. (1980): "Efficient Implementation of ADA Tasks", Tech. Rep. CMU-CS-80-103, Carnegie-Mellon, Jan. 1980

Haddon B.K. (1977): "Nested Monitor Calls", ACM Operating Systems Review, Vol. 11, No. 4, Oct. 1977, pp. 18-23

Hanson D.R., Griswold R.E. (1978): "The SL5 Procedure Mechanism", Communications of the ACM, Vol. 21, No. 5, May 1978, pp. 392-400

Haridi S., Bauner J., Svensson G. (1984): "An Implementation and Empirical Evaluation of the Tasking Facilities in ADA", ACM Operating Systems Review, Vol. 18, 1984

Harper M.E. (1982): "Mutual Exclusion within Both Software- and Hardware-Driven Kernel Primitives", ACM Operating Systems Review, Vol. 16, No. 4, Oct. 1982, pp. 60-68

Havender J.W. (1968): "Avoiding Deadlock in Multitasking Systems", IBM Systems Journal No.2, 1968

Hebalkar P.G. (1972): "A Graph Model for Analysis of Deadlock Prevention in Systems with Parallel Computations", Information Processing, Vol.71, North-Holland, 1972, pp. 498-503

Hehner E.C., Shyamasundar R.K. (1981): "An Implementation of P and V", Information Processing Letters, Vol. 12, No. 4, Aug. 1981, pp. 196-198

Henderson P., Zalcstein Y. (1980): "Synchronization Problems Solvable by Generalized PV Systems", Journal of the ACM, Vol. 27, No. 1, Jan. 1980, pp. 60-71

Hewitt C., Atkinson R. (1977): "Parallelism and Synchronisation in Actor Systems", Proc. of the ACM Symposium on Principles of Programming Languages, New York, Jan. 1977, pp. 267-280

Hewitt C., Baker H. (1977): "Laws for Communication Parallel Processes", Information Processing 77, North-Holland, 1977, pp. 987-992

Hewitt C.E., Atkinson R.R. (1979): "Specification and Proof Techniques for Serializers", IEEE Transactions on Software Engineering, Vol. SE-5, Jan. 1979, pp. 10-23

Hicks D.R. (1976): "A Generalized Queue Scheme for Process Synchronization and Communication", ACM Computer Architecture News, Vol. 5, No. 2, June 1976, pp. 12-14

Hill J.C. (1973): "Synchronizing Processors with Memory-Content-Generated Interrupts", Communications of the ACM, Vol. 16, No. 6, June 1973, pp. 350-351

Ho G.S., Ramamoorthy C.V. (1982): "Protocols for Deadlock Detection in Distributed Database Systems", IEEE Transactions on Software Engineering, Vol. SE-8, No. 6, Nov. 1982, pp. 554-557

Hoare C.A.R. (1972): "Towards a Theory of Parallel Programming", In: C.A.R. Hoare and R.H. Perrot (eds.): Operating Systems Techniques, Academic Press, New York, 1972, pp. 61-71

Hoare C.A.R (1974): "Monitors - An Operating System Structuring Concept", Communications of the ACM, Vol. 17, No. 10, Oct. 1974, pp. 549-557

Hoare C.A.R. (1978): "Communicating Sequential Processes", Communications of the ACM, Vol. 21, No. 8, Aug. 1978, pp. 666-677

Holober G. (1980): "A Survey of Synchronization Problems", Technical Report #181, Yale University, Feb. 1980

Holt R.C. (1972): "Some Deadlock Properties of Computer Systems", ACM Computing Surveys, Vol. 4, No. 3, Sept. 1972, pp. 179-196

Horning J.J., Randell B. (1973): "Process Structuring", ACM Computing Surveys, Vol. 5, No. 1, March 1973, pp.5-30

Howard J.H. (1976): "Proving Monitors", Communications of the ACM, Vol. 19, No. 5, May 1976, pp. 273-279

Howard J.H. (1976a): "Signalling in Monitors", Proc. 2nd Int. IEEE Conference on Software Engineering, San Francisco, Oct. 1976, pp. 47-52

Howard J.H. (1982): "Reply to "On Proof Rules for Monitors"", ACM Operating Systems Review, Vol. 16, No. 3, July 1982, pp. 8-9

Hug K., Kammerer P., Dittrich K., Lienert D., Mau H., Wachsmuth K. (1982): "Parallelität im Betriebssystem OSKAR", Interner Bericht 21/82, Universität Karlsruhe, Sept. 1982

Hyman H. (1966): "Comments on a Problem in Concurrent Programming Control", Communications of the ACM, Vol. 9, No. 1, Jan. 1966, p. 45

IBM (1981): "IBM System/370 Principles of Operation, 9th Edition, Oct. 1981

ICL (1982): "ICL PERQ: Installation Guide, System Software Reference and Modifying the Microcode", ICL, May 1982

Ibraki T., Kameda T. (1982): "Deadlock-Free Systems for a Bound Number of Processes", IEEE Transactions on Computers, Vol. C-31, No. 3, March 1982, pp. 188-193

Jammel A. (1978): Letter to the Editor, ACM Operating Systems Review, Vol. 12, No. 1, Jan. 1978, p. 16

Jammel A. (1984): "Atomare Aktionen, Atomarität", Informatik-Spektrum, Vol. 7, No. 4, Nov. 1984, pp. 247-249

Jammel A.J., Stiegler H.G. (1977): "Managers Versus Monitors", Information Processing 77, North-Holland, 1977, pp. 827-830

Jones A.K., Liskov B.H. (1976): "A Language Extension for Controlling Access to Shared Data", IEEE Transactions on Software Engineering, Vol. SE-2, No. 4, Dec. 1976, pp. 277-285

Jones A.K., Schwarz P. (1980): "Experience Using Multiprocessor Systems - A Status Report", ACM Computing Surveys, Vol. 12, No. 2, June 1980, pp.121-165

Joseph M., Prasad V.R. (1978): "More on Nested Monitor Calls", ACM Operating Systems Review, Vol. 12, No. 2, April 1978, pp. 21-25

Kahn G., MacQueen D. (1977): "Coroutines and Networks of Parallel Processes", Information Processing 77, North-Holland, 1977, pp. 993-998

Kameda T. (1980): "Testing Deadlock-Freedom of Computer Systems", Journal of the ACM, Vol. 27, No. 2, April 1980, pp. 270-280

Kammerer P. (1977): "Excluding Regions", The Computer Journal, Vol. 20, No. 2, May 1977, pp. 128-131

Kant K., Silberschatz A. (1982): "On the Generalized Critical Region Construct", ACM Operating Systems Review, Vol. 16, No. 3, July 1982

Karp R.A. (1984): "Proving Failure-Free Properties of Concurrent Systems Using Temporal Logic", ACM Transactions on Programming Languages and Systems, Vol. 6, No. 2, April 1984, pp. 239-253

Karp R.A., Luckham D.C. (1976): "Verification of Fairness in an Implementation of Monitors", Proc. of the Int. IEEE Conference on Reliable Software, 1976, pp. 40-46

Kaubisch W.H., Perrott R.H., Hoare C.A.R. (1976): "Quasiparallel Programming", Software-Practice and Experience, Vol. 6, 1976, pp. 341-356

Khayat M.G. (1984): "A Concurrency Measure", IEEE Transactions on Software Engineering, Vol. SE-10, No. 6, Nov. 1984, pp. 804-810

Keedy J.L. (1979): "On Structuring Operating Systems with Monitors", ACM Operating Systems Review, Vol. 13, No. 1, July 1979, pp. 5-9

Keedy J.L. (1979a): "A Comparison of Process Structuring Models", Technical Report, Monash University, Melbourne, 1979

Keedy J.L. (1982): "An Outline of the ICL 2900 Series System Architecture", in: "Principles of Computer Structures", ed. Siewiorek, Bell and Newell, McGraw-Hill, 1982

Keedy J.L., Freisleben B. (1985): "On the Efficient Use of Semaphore Primitives", Information Processing Letters, Vol. 21, Oct. 1985, pp. 199-205

Keedy J.L., Freisleben B. (1985a): "Scheduling Semaphores", submitted for publication, 1985

Keedy J.L., Kammerer P. (1984): "Skriptum zur Vorlesung Betriebssysteme I+II", TH Darmstadt, Fachbereich Informatik, 1984

Keedy J.L., Ramamohanarao K., Rosenberg J. (1979): "On Implementing Semaphores with Sets", The Computer Journal, Vol. 22, No. 2, May 1979, pp. 146-150

Keedy J.L., Rosenberg J., Ramamohanarao K. (1982): "On Synchronising Readers and Writers with Semaphores", The Computer Journal, Vol. 25, No. 1, 1982, pp. 121-125

Keller R.M. (1976): "Formal Verification of Parallel Programs", Communications of the ACM, Vol. 19, No. 7, July 1976, pp. 371-384

Keramidis S., Mackert L. (1980): "Ein Kalkül zur Konstruktion deadlockfreier Systeme", Interner Bericht, Institut für Mathematische Maschinen und Datenverarbeitung, Universität Erlangen-Nürnberg, 1980

Kessels J.L.W. (1977): "A Conceptual Framework for a Nonprocedural Programming Language", Communications of the ACM, Vol. 20, No. 12, Dec. 1977, pp. 906-913

Kessels J.L.W. (1977a): "An Alternative to Event Queues for Synchronization in Monitors", Communications of the ACM, Vol. 19, No. 7, July 1976, pp. 371-384

Kessels J.L.W., Martin A.J. (1978): "Two Implementations of the Conditional Critical Region Using a Split Binary Semaphore", Information Processing Letters, Vol. 8, No. 2, Feb. 1979, pp. 67-71

Kieburtz R.B., Silberschatz A. (1978): "Capability Managers", IEEE Transactions on Software Engineering, Vol. SE-4, No. 6, Nov. 1978, pp. 467-477

Kieburtz R.B., Silberschatz A. (1983): "Access-Right Expressions", ACM Transactions on Programming Languages and Systems, Vol. 5, No. 1, Jan. 1983, pp. 78-96

Knuth D.E. (1966): "Additional Comments on a Problem in Concurrent Programming Control", Communications of the ACM, Vol. 9, No. 5, May 1966, pp. 321-322

Kohavi Z. (1970): "Switching and Finite Automata Theory", McGraw-Hill, New York, 1970, pp. 12-14

Kosaraju S. (1973): "Limitations of Dijkstra's Semaphore Primitives and Petri Nets", ACM Operating Systems Review, Vol. 7, No. 4, Oct. 1973 pp. 122-126

Kowaltowski T., Palma A. (1984): "Another Solution to the Mutual Exclusion Problem", Information Processing Letters, Vol. 19, No. 3, Oct. 1984

Kuck D.J. (1977): "A Survey of Parallel Machine Organisation and Programming, ACM Computing Surveys, Vol. 9, No. 1, March 1977, p. 29-60

Kuhn K.-J. (1984): "Mechanismen und Lösungen zu Synchronisationsproblemen", Diplomarbeit, TH Darmstadt, Fachbereich Informatik, Mai 1984

Lamport L. (1974): "A New Solution of Dijkstra's Concurrent Programming Problem", Communications of the ACM, Vol. 17, No. 8, Aug. 1974, pp. 453-455

Lamport L. (1976): "Comments on a Synchronization Anomaly", Information Processing Letters, Vol. 4, No. 4, 1976, pp. 88-89

Lamport L. (1976a): "The Synchronization of Independent Processes", Acta Informatica, Vol. 7, 1976, pp. 15-34

Lamport L. (1977): "Concurrent Reading and Writing", Communications of the ACM, Vol. 20, No. 11, Nov. 1977, pp. 806-811

Lamport L. (1977a): "Proving the Correctness of Multiprocess Programs", IEEE Transactions on Software Engineering, Vol. SE-3, No. 2, March 1977, pp. 125-143

Lamport L. (1978): "Time, Clocks and the Ordering of Events in a Distributed System", Communications of the ACM, Vol. 21, No. 7, July 1978, pp. 558-565

Lamport L. (1979): "A New Approach to Proving the Correctness of Multiprocess Programs", ACM Transactions on Programming Languages and Systems, Vol. 1, No. 1, July 1979, pp. 84-97

Lamport L. (1980): "The "Hoare Logic" of Concurrent Programs", Acta Informatica, Vol. 14, No. 1, June 1980, pp. 21-37

Lamport L. (1980a): "The Mutual Exclusion Problem", Op. 56, SRI International, Menlo Park, California, Oct. 1980

Lamport L. (1983): "Specifying Concurrent Program Modules", ACM Transactions on Programming Languages and Systems, Vol. 5, No. 2, April 1983, pp. 190-222

Lamport L., Schneider F.B. (1982): "The "Hoare Logic" of CSP and All That", ACM Transactions on Programming Languages and Systems, Vol. 6, No. 2, April 1984, pp. 281-296

Lampson B.W. (1968): "A Scheduling Philosophy for Multiprocessing Systems", Communications of the ACM, Vol. 11, No. 5, May 1968, pp. 347-360

Lampson B.W., Redell D.D. (1980): "Experience with Processes and Monitors in Mesa", Communications of the ACM, Vol. 23, No. 2, Feb. 1980, pp. 105-117

Lauer H.C., Needham R.M. (1979): "On the Duality of Operating System Structures", ACM Operating Systems Review, Vol. 13, No. 2, April 1979, pp. 3-19

Lauer P.E. (1981): "Synchronization of Concurrent Processes without Globality Assumptions", ACM SIGPLAN Notices, Vol. 16, No. 9, Sept. 1981, pp. 66-80

Lauer P.E., Campbell R.H. (1976): "Formal Semantics of a Class of High-Level-Primitives for Coordinating Concurrent Processes", Acta Informatica, Vol.5, 1976, pp. 297-332

Lauer P.E., Shields M.W. (1978): "Abstract Specification of Resource Accessing Disciplines: Adequacy, Starvation, Priority and Interrupts", ACM SIGPLAN Notices, Vol. 13, No. 12, 1978, pp. 41-59

Lauer P.E., Shields M.W., Best E. (1979): "COSY - A System Specification Language Based on PATHS and PROCESSES", Acta Informatica, Vol. 12, 1979, pp. 109-158

Lauesen S. (1972): "Boss 2, User's Manual", RCSL No. 31-D211, 31-D230, 31-D91, Regnecentralen, Copenhagen, 1972

Lauesen S. (1975): "A Large Semaphore Based Operating System", Communications of the ACM, Vol. 18, No. 7, July 1975, pp. 377-389

Lawrie D.H. (1975): "Access and Alignment of Data in an Array Processor", IEEE Transactions on Computers, Vol. C-24, No. 12, Dec. 1975, pp. 1145-1155

Lehmann D., Pnueli A., Stavi J. (1981): "Impartiality, Justice and Fairness: The Ethics of Concurrent Termination", Lecture Notes in Computer Science, Vol. 115, Springer-Verlag, 1981, pp. 264-277

Leinbaugh P. W. (1984): "Selectors - High Level Resource Schedulers", IEEE Transactions on Software Engineering, Vol. SE-10, No. 6, Nov. 1984, pp. 810-825

Leverett B. (1977): "Performance Evaluation of High Level Language Systems", Technical Report, Carnegie Mellon University, Nov. 1977

Levin G.M., Gries D. (1981): "A Proof Technique for Communicating Sequential Processes, Acta Informatica 15, 1981, pp. 281-302

Lipton R. (1973): "On Synchronization Primitive Systems", Ph. D. Thesis, Carnegie-Mellon University, 1973

Lipton R. (1974): "Limitations of Synchronization Primitives with Conditional Branching and Global Variables", Proc. 6th ACM Symposium on the Theory of Computing, April 1974, pp. 230-241

Lipton R.J., Tuttle R.W. (1975): "A Synchronization Anomaly", Information Processing Letters, Vol. 3, No. 3, 1975, pp. 65-66

Lipton R.J., Zalcstein Y. (1975): "Evaluation Criteria for Process Synchronization", Proc. IEEE Sagamore Conference on Parallel Processing, 1975, pp. 245-250

Liskov B.L., Scheifler R. (1982): "Guardians and Actions: Linguistic Support for Robust, Distributed Programms", Proc. 9th ACM Symposium on Principles of Programming Languages, Albuquerque, New York, Jan. 1982

Lister A.M. (1974): "Validation of Systems of Parallel Processes", The Computer Journal, Vol. 17, No. 2, 1974, pp. 148-151

Lister A.M. (1977): "The Problem of Nested Monitor Calls", ACM Operating Systems Review, Vol. 11, No. 3, July 1977, pp. 5-7

Lister A.M. (1978): Letter to the Editor, ACM Operating Systems Review, Vol. 12, No. 1, Jan. 1978, p. 15

Lister A.M., Maynard K.J. (1976): "An Implementation of Monitors", Software-Practice and Experience, Vol. 6, 1976, pp. 377-385

Lister A.M., Sayer P.J. (1977): "Hierarchical Monitors", Software-Practice and Experience, Vol. 7, No. 5, Sept. 1977, pp. 613-623

Lomet D.B. (1977): "Process Structuring, Synchronization and Recovery Using Atomic Actions", ACM Operating Systems Review, Vol. 11, No. 2, April 1977, pp. 128-137

Manna Z., Pnueli A. (1981): "Temporal Verification of Concurrent Programs: The Temporal Framework for Concurrent Programs", in: The Correctness Problem in Computer Science, R.S. Boyer, I.S. Moore (eds.), Academic Press 1981

Martin A.J. (1981): "An Axiomatic Definition of Synchronization Primitives", Acta Informatica 16, 1981, pp. 219-235

Menasce D.A., Muntz R.R.(1979): "Locking and Deadlock Detection in Distributed Data Bases", IEEE Transactions on Software Engineering, Vol SE-5, No. 3, May 1979, pp. 195-202

Milne G., Milner R. (1979): "Concurrent Processes and Their Syntax", Journal of the ACM, Vol. 26, No. 2, April 1979, pp. 302-321

Minoura T. (1982): "Deadlock Avoidance Revisited", Journal of the ACM, Vol. 29, No. 4, Oct. 1982, pp. 1023-1048

Misra I., Chandy K. (1981): "Proofs of Networks of Processes", IEEE Transactions on Software Engineering, Vol. SE-7, No. 4, July 1981, pp. 417-426

Mitchell J.G., Maybury W., Sweet R. (1979): "MESA Language Manual, Version 5.0", Rep. CSL-79-3, Xerox Palo Alto Research Center, April 1979

Morenoff E., MacLean J.B. (1967): "Interprogram Communications, Program String Structures and Buffer Files", Proc. AFIPS Spring Joint Computer Conference, 1967, pp. 175-183

Morris D., Detlefsen G.D. (1969): "A Virtual Processor For Real Time Operation", Proc. COINS Symposium 1969

Morris J.M. (1979): "A Starvation-Free Solution to the Mutual Exclusion Problem", Information Processing Letters, Vol. 8, No. 2, Feb. 1979, pp. 76-80

Murphy J.E. (1968): "Resource Allocation with Interlock Detection in a Multitask System", Proc. AFIPS Fall Joint Computer Conference, 1968, pp. 1168-1176

Münster M. (1984): "Die Verwendung von Petri-Netzen in der Prozeßsynchronisation und Betriebsmittelverwaltung", Diplomarbeit, TH Darmstadt, Fachbereich Informatik, März 1984

Needham R.M., Herbert A.J. (1978): Letter to the Editor, ACM Operating Systems Review, Vol. 12, No. 2, April 1978, p. 8

Nehmer J. (1980): "Implementierungstechniken für Monitore", Interner Bericht, Fachbereich Informatik, Universität Kaiserslautern, 1980

Nelson B.J. (1981): "Remote Procedure Call", Ph. D. Thesis, Rep. CMU-CS-81-119, Dept. of Computer Science, Carnegie-Mellon University, May 1981

Nelson R.A., Haibt L.M., Sheridan P.B. (1983): "Casting Petri Nets into Programs", IEEE Transactions on Software Engineering, Vol. SE-9, No. 5, Sept. 1983

Nishimura T. (1977): "Formalization of Concurrent Processes", Information Processing 77, North-Holland, 1977, pp. 929-937

Nygaard K., Dahl O.J. (1978): "The Development of the SIMULA Languages", ACM SIGPLAN Notices, Vol. 13, No. 8, Aug. 1978, pp. 245-272

Opler A. (1965): "Procedure-Oriented Language Statements to Facilitate Parallel Processing", Communications of the ACM, Vol. 8, No. 5, May 1965, pp. 306-307

Organick E.I. (1972): "The Multics System: An Examination of its Structure", MIT Press, Cambridge, Mass., 1972

Organick E.I. (1973): "Computer Systems Organization, the B 5700/6700 Series", Academic Press, New York, 1973

Owicki S.S., Gries D. (1976): "An Axiomatic Proof Technique for Parallel Programs", Acta Informatica 6, 1976, pp. 319-340

Owicki S.S., Gries D. (1976a): "Verifying Properties of Parallel Programs: An Axiomatic Approach", Communications of the ACM, Vol. 19, No. 5, May 1976, pp. 279-285

Parnas D.L. (1975): "On a Solution to the Cigarette Smokers Problem", Communications of the ACM, Vol. 18, No. 3, March 1975, pp.181-183

Parnas D.L. (1978): "The Non-Problem of Nested Monitor Calls", ACM Operating Systems Review, Vol. 12, No. 1, Jan. 1978, pp. 12-14

Parnas D.L., Heymans F., Courtois P.J. (1972): "Comments on "A Comparison of Two Synchronizing Concepts by P.B. Hansen", Acta Informatica, Vol. 1, 1972, pp. 375-376

Parnas D.L., Siewiorek D. (1975): "Use of the Concept of Transparency in the Design of Hierarchically Structured Systems", Communicationsa of the ACM, Vol. 18, No. 7, 1975, pp. 401-409

Pashtan A. (1985): "Operating System Models in a Concurrent Pascal Environment: Complexity and Performance Considerations", IEEE Transactions on Software Engineering, Vol. SE-11, No. 1, Jan. 1985, pp. 136-141

Pashtan A., Unger E.A. (1984): "Resource Monitors: A Design Methodology for Operating Systems", Software-Practice and Experience, Vol. 14, No. 8, pp. 791-806

Patil S.S. (1971): "Limitations and Capabilities of Dijkstra's Semaphore Primitives for Coordination among Processes", Project MAC Computational Structures Group, Memo 57, 1971

Peinl P., Reuter A. (1983): "Synchronizing Multiple Database Processes in a Tightly Coupled Multiprocessor Environment", ACM Operating Systems Review, Vol. 17, No. 1, Jan 1983, pp. 30-37

Peterson G.L. (1981): "Myths About the Mutual Exclusion Problem", Information Processing Letters, Vol. 12, No. 3, June 1981, pp. 115-116

Peterson G.L. (1983): "A New Solution to Lamport's Concurrent Programming Problem Using Small Shared Variables", ACM Transactions on Programming Languages and Systems, Vol. 5, No. 1, Jan. 1983, pp. 56-65

Peterson G.L. (1983a): "Concurrent Reading While Writing", ACM Transactions on Programming Languages and Systems, Vol. 5, No. 1, Jan. 1983, pp. 46-55

Peterson J., Silberschatz A. (1983): "Operating Systems Concepts", Addison-Wesley, 1983

Peterson J.L. (1977): "Petri Nets", ACM Computing Surveys, Vol. 9, No. 3, 1977 pp. 223-252

Petri C.A. (1962): "Kommunikation mit Automaten", Dissertation, TH Darmstadt, 1962

Pieper F. (1977): "Einführung in die Programmierung paralleler Prozesse", Oldenbourg-Verlag, 1977

Pless E., Plünneke H. (1979): "A Bibliography of Net Theory", GMD-Bonn, ISF-Report 79-04, 1979

Pollack F.J., Kahn K.C., Wilkinson R.M. (1981): "The iMAX-432 Object Filing System", ACM Operating Systems Review, Vol. 15, No. 5, 1981, pp. 137 ff.

Presser L. (1975):"Multiprogramming Coordination", ACM Computing Surveys, Vol. 7, No. 1, March 1975, pp. 21-44

Radin G. (1981): "The Early History of PL/1", History of Programming Languages, ACM Monograph Series, Academic Press, 1981, pp. 551-575

Radue J.E., Mullins J.M. (1975): "Solving Synchronization Problems Using Semaphores", Software-Practice and Experience, Vol. 8, 1975, pp. 51-64

Ramamoorthy C.V., Li H.F. (1977): "Pipeline Architecture", ACM Computing Surveys, Vol. 9, No. 1, March 1977, pp. 61-102

Ramamritham K. (1981): "Specification and Synthesis of Synchronizers", Ph. D. Thesis, Univ. Utah, Salt Lake City, June 1981

Ramamritham K., Keller R.M. (1980): "Specification and Synthesis of Synchronizers", Proc. Int. Conference on Parallel Processing, Aug. 1980, pp. 311-321

Ramamritham K., Keller R.M. (1983): "Specification of Synchronizing Processes", IEEE Transactions on Software Engineering, Vol. SE-9, No. 6, Nov. 1983, pp. 722-733

Ramsperger N. (1977): "Concurrent Access to Data", Acta Informatica 8, 1977, pp. 325-334

Reed D.P. (1976): "Processor Multiplexing in a Layered Operating System", TR 164, Massachusetts Institute of Technology, Cambridge, Mass., June 1976

Reed D.P. (1983): "Implementing Atomic Actions on Decentralized Data", ACM Transactions on Computer Systems, Vol. 1, No. 1, 1983, pp. 3-23

Reed D.P., Kanodia R.K.(1979): "Synchronization with Eventcounts and Sequencers", Communications of the ACM, Vol. 22, No. 2, Feb. 1979, pp. 115-123

Reid L.G. (1980): "Control and Communication in Programmed Systems", Ph. D. Thesis, Rep. CMU-CS-80-142, Dept. of Computer Science, Carnegie Mellon, Sept. 1980

Reisig W. (1982): "Deterministic Buffer Synchronization of Sequential Processes", Acta Informatica 18, 1982, pp. 117-134

Reisig W. (1982a): "Petri Netze - Eine Einführung", Springer-Verlag, 1982

Richter L. (1977): "Betriebssysteme", Teubner-Verlag, Stuttgart 1977

Riddle W.E. (1973): "A Method for the Description and Analysis of Complex Software System", ACM SIGPLAN Notices, Vol. 3, Sept. 1973, pp. 133-136

Ritchie D.M., Thompson K. (1974): "The UNIX Timesharing System", Communications of the ACM, Vol. 17, No. 7, July 1974, pp. 365-375

Robert P., Verjus J.-P. (1977): "Toward Autonomous Descriptions of Synchronization Modules", Information Processing 77, North-Holland, 1977, pp. 981-986

Rosen B., Strait J.P. (1982): "ICL Micro-Programmer's Guide", Three Rivers Computer Corporation, 1982

Rosenberg J. (1979): "The Concept of a Hardware Kernel and its Implementation in a Minicomputer", Ph. D. Thesis, Dept. of Computer Science, Monash University, Melbourne, 1979

Rosenstengel B., Winand U. (1983): "Petri Netze", Vieweg-Verlag, 1983

Saito N. (1982): "Synchronization Mechanisms for Parallel Processing", Lecture Notes in Computer Science, Vol. 143, Springer-Verlag, 1982, pp. 2-22

Saltzer J.H. (1966): "Traffic Control in a Multiplexed Computer System", MAC-TR-30, Massachusetts Institute of Technology, Cambridge, Mass. July 1966

Saxena A.R.(1975): "An Efficient Implementation of Monitors and Condition Variables", Technical Note No. 72, Stanford University, Dept. of Computer Science, Aug. 1975

Saxena A.R., Bredt T.H. (1975): "A Structured Specification of a Hierarchical Operating System", ACM SIGPLAN Notices, Vol. 10, No. 6, 1975, p. 310

Saxena A.R., Bredt T.H. (1976): "Verification of a Monitor Specification", Proc. Int. IEEE Conference on Reliable Software, 1976, pp. 53-59

Schmid H. (1976): "On the Efficient Implementation of Conditional Critical Regions and the Construction of Monitors", Acta Informatica, Vol. 6, 1976, pp. 227-249

Schmidt H.A. (1974): "An Approach to the Communication and Synchronization of Processes", International Computing Symposium, North-Holland, 1974, pp. 165-171

Schneider F.B., Bernstein A.J. (1978): "Scheduling in Concurrent Pascal", ACM Operating Systems Review, Vol. 12, No. 2, April 1978, pp. 15-20

Schulze W. (1978): "Ein graphentheoretisches Verfahren zur kostenminimalen Beseitigung von Prozeßverklemmungen", Elektronische Rechenanlagen 21. Jahrgang, Heft 5, 1979, pp. 217-225

Scott M.L. (1983): "Messages vs. Remote Procedures is a False Dichotomy", ACM SIGPLAN Notices, Vol. 18, No. 5, May 1983, pp. 57-62

Shaw A.C. (1974): "The Logical Design of Operating Systems", Prentice-Hall, Englewood Cliffs, New Jersey, 1974

Shaw A.C. (1978): "Software Descriptions with Flow Expressions", IEEE Transactions on Software Engineering, Vol. SE-4, No. 3, May 1978, pp. 242-254

Shaw A.C. (1980): "Software Specification Languages Based on Regular Expressions", Software Development Tools, Riddle and Fairley (eds.), Springer-Verlag, 1980, pp. 148-175

Shaw M. (1979): "A Formal System for Specifying and Verifying Program Performance", Technical Report CMU-CS-79-129, Carnegie Mellon University, Pittsburgh, June 1979

Shields M.W. (1979): "Adequate Path Expressions", Lecture Notes in Computer Science, Vol.70, Springer-Verlag, 1979

Shrivastava S.K. (1974): "A View of Concurrent Process Synchronization", The Computer Journal, Vol. 18, No. 4, July 1974, pp. 375-379

Shrivastava S.K., Banatre J.P. (1978): "Reliable Resource Allocation Between Unreliable Processes", IEEE Transactions on Software Engineering, Vol. SE-4, No. 3, May 1978, pp. 230-241

Silberschatz A. (1979): "Communication and Synchronization in Distributed Programs", IEEE Transactions on Software Engineering, Vol. SE-5, No. 6, Nov. 1979, pp. 542-546

Silberschatz A., Johnson B. (1978): "Remarks on Some Comments on Concurrent Readers and Writers by Reidar Conradi", Acta Informatica, Vol.11, 1978, pp. 57-60

Silberschatz A., Kedem Z.M. (1982): "A Family of Locking Protocols for Database Systems that are Modeled by Directed Graphs", IEEE Transactions on Software Engineering, Vol. SE-8, No. 6, Nov. 1982, pp. 558-562

Silberschatz A., Kieburtz R.B., Bernstein A.J. (1977): Extending Concurrent Pascal to Allow Dynamic Resource Management", IEEE Transactions on Software Engineering, Vol. SE-3, No. 3, May 1977, pp. 210-217

Simpson A.R., Jackson K. (1979): "Process Synchronization in MASCOT", The Computer Journal, Vol. 22, No. 4, 1979, pp. 332-345

Sintzoff M., van Lamsweerde A. (1975): "Constructing Correct and Efficient Concurrent Programs", Proc. Int. IEEE Conference on Reliable Software, 1975, pp. 319-326

van de Snapsheut J. (1979): "Introducing the Notion of Processes to Hardware", ACM Computer Architecture News, Vol. 7, No. 7, April 1979, pp. 13-23

Spector A.Z. (1982): "Performing Remote Operations Efficiently on a Local Computer Network", Communications of the ACM, Vol. 25, No. 4, April 1982, pp. 246-260

Stark E.W. (1982): "Semaphore Primitives and Starvation-Free Mutual Exclusion", Journal of the ACM, Vol. 29, No. 4, Oct. 1982, pp. 1049-1072

Stotts Jr. P.D. (1982): "A Comparative Survey of Concurrent Programming Languages", ACM SIGPLAN Notices, Vol. 17, No. 10, Oct. 1982, pp. 50-61

Stone H.S. (1984): "Database Applications of the Fetch-and-Add Instruction", IEEE Transactions on Computers, Vol. C-33, No. 7, July 1984, pp. 604-612

Teorey T., Pinkerton T. (1972): "A Comparative Analysis of Disk Scheduling Policies", Communications of the ACM, Vol. 15, No. 3, March 1972, pp. 177-184

Trivedi K.S. (1976): "On a Semaphore Anamoly", Information Processing Letters, Vol. 5, No. 3, Aug. 1976, pp. 88-89

Tsichritzis D.C., Bernstein P. (1974): "Operating Systems", Academic Press, New York, 1974

U.S. Dept. of Defense (1981): "Programming Language ADA: Reference Manual", Lecture Notes in Computer Science, Vol. 106, Springer-Verlag, 1981

Vantilborgh H., van Lamsweerde A. (1972): "On an Extension to Dijkstra's Semaphore Primitives", Information Processing Letters 1, 1972, pp. 181-186

Wagstaff S.P. (1978): Letter to the Editor, ACM Operating Systems Review, Vol. 12, No. 1, Jan. 1978, pp. 17-18

Wah B.W. (1984): "A Comparative Study of Distributed Resource Sharing on Multiprocessors", IEEE Transactions on Computers, Vol. C-33, No. 8, Aug. 1984, pp. 700-711

Walden D.C. (1972): "A System for Interprocess Communication in a Resource Sharing Computer Network", Communications of the ACM, Vol. 15, No. 4, April 1972, pp. 221-230

Weatherly R.M., Leathrum J.F. (1982): "Efficient Semaphore Management Using Read/Modify/Write Cycles", ACM Operating Systems Review, Vol. 16, No. 1, Jan. 1982, pp. 10-13

Weck G. (1982): "Prinzipien und Realisierung von Betriebssystemen", Teubner-Verlag, 1982

Wegner P., Scott A.S. (1983): "Processes. Tasks, and Monitors: A Comparative Study of Concurrent Programming Primitives", IEEE Transactions on Software Engineering, Vol. SE-9, No. 4, July 1983, pp. 446-462

Weingarten A. (1972): "The Eschenbach Drum Scheme", Communications of the ACM, Vol. 15, No. 4, April 1972, pp. 221-230

Welsh J., Bustard D.W. (1979): "Pascal-Plus - Another Language for Modular Multiprogramming", Software-Practice and Experience, Vol. 9, 1979, pp. 947-957

Weng K. (1975): "Stream Oriented Computations in Recursive Data Flow Schemas", Technical Memo TM-68, Massachusetts Institute of Technology, Cambridge, Mass., Oct. 1975

Wettstein H. (1977): "The Implementation of Synchronizing Operations in Various Environments", Software-Practice and Experience, Vol. 7, 1977, pp. 115-126

Wettstein H. (1978): "The Problem of Nested Monitor Calls Revisited", ACM Operating Systems Review, Vol. 12, No. 1, Jan. 1978, pp. 19-23

Wettstein H. (1981): "Locking Operations for Maximum Concurrency", The Computer Journal, Vol. 24, No. 3, 1981, pp. 243-248

Wettstein H., Merbeth G. (1980): "The Concept of Asynchronization", ACM Operating Systems Review, Vol. 14, No. 4, Oct. 1980, pp. 50-70

Wexelblat R.L. (1978): Letter to the Editor, ACM Operating Systems Review, Vol. 12, No. 3, July 1978, pp. 12-13

White J.R., Johnson M.C., Presser L. (1973): "A Basic Guide to JOSSLE", Dept. of Electrical Engineering and Computer Science, University of California, Santa Barbara, Dec. 1973

van Wijngarden A., Mailloux B.J., Peck J.L., Koster C.H., Sintzoff M., Lindsey C.H., Meertens L.G., Fisker R.G. (1975): "Revised Report on the Algorithm Language ALGOL68", Acta Informatica, Vol. 5, No. 1-3, 1975, pp. 1-236

Williamson R., Horowitz E. (1984): "Concurrent Communication and Synchronization Mechanisms", Software-Practice and Experience, Vol. 14, No. 2, Feb. 1984, pp. 135-151

Wirth N. (1971): "The Programming Language PASCAL", Acta Informatica, Vol. 1, No. 1, 1971, pp. 35-63

Wirth N. (1977): "Modula: A Language for Modular Multiprogramming", Software-Practice and Experience, Vol. 7, 1977, pp.3-35

Wirth N. (1982): "Programming in MODULA-2", Springer-Verlag, 1982

Wodon P.L. (1972): "Still Another Tool for Controlling Cooperating Algorithms", Technical Report, Carnegie-Mellon University, Pittsburgh, 1972

Wood D.C.M. (1973): "An Example in Synchronization of Cooperating Processes: Theory and Practice", ACM Operating Systems Review, Vol. 7, 1973, pp. 10-18

Würges H. (1977): "Comments on Error Resynchronization in Producer Consumer Systems", Information Processing Letters, Vol. 6, No. 4, June 1977, pp. 87-90

Wulf W.A., Russel D.B., Habermann A. (1971): "A Language for Systems Programming", Communications of the ACM, Vol. 14, No. 12, Dec. 1971, pp. 780-790

Yau S.S., Fung H.S. (1977): "Associative Processor Architecture - A Survey", ACM Computing Surveys, Vol. 9, No. 1, March 1977, pp. 3-28

Zakharov V. (1984): "Parallelism and Array Processing", IEEE Transactions on Computers, Vol. C-33, No. 1, Jan. 1984, pp. 45-78

Zöbel D. (1983): "The Deadlock Problem: A Classifying Bibliography", ACM Operating Systems Review, Vol. 17, No. 4, Oct.1983, pp. 6-15

Zuse K. (1980): "Petri Netze aus der Sicht des Ingenieurs", Vieweg-Verlag, 1980

Zuse K. (1982): "Anwendungen von Petri Netzen", Vieweg-Verlag, 1982

Informatik—Fachberichte

Band 45: R. Marty, PISA–A Programming System for Interactive Production of Application Software. VII, 297 Seiten. 1981.

Band 46: F. Wolf, Organisation und Betrieb von Rechenzentren. Fachgespräch der GI, Erlangen, März 1981, VII, 244 Seiten. 1981.

Band 47: GWAI–81 German Workshop on Artifical Intelligence. Bad Honnef, January 1981. Herausgegeben von J. H. Siekmann. XII, 317 Seiten. 1981.

Band 48: W. Wahlster, Natürlichsprachliche Argumentation in Dialogsystem. KI-Verfahren zur Rekonstruktion und Erklärung approximativer Inferenzprozesse. XI, 194 Seiten. 1981.

Band 49: Modelle und Strukturen. DAG 11 Symposium, Hamburg, Oktober 1981. Herausgegeben von B. Radig. XII, 404 Seiten. 1981.

Band 50: GI–11. Jahrestagung. Herausgegeben von W. Brauer. XIV, 617 Seiten. 1981.

Band 51: G. Pfeiffer, Erzeugung interaktiver Bildverarbeitungssysteme im Dialog. X, 154 Seiten. 1982.

Band 52: Application and Theory of Petri Nets. Proceedings, Strasbourg 1980, Bad Honnef 1981. Edited by C. Girault and W. Reisig. X, 337 pages. 1982.

Band 53: Programmiersprachen und Programmentwicklung. Fachtagung der GI, München, März 1982. Herausgegeben von H. Wössner. VIII, 237 Seiten. 1982.

Band 54: Fehlertolerierende Rechnersysteme. GI-Fachtagung, München, März 1982. Herausgegeben von E. Nett und H. Schwärtzel. VII, 322 Seiten. 1982.

Band 55: W. Kowalk, Verkehrsanalyse in endlichen Zeiträumen. VI, 181 Seiten. 1982.

Band 56: Simulationstechnik. Proceedings, 1982. Herausgegeben von M. Goller. VIII, 544 Seiten. 1982.

Band 57: GI–12. Jahrestagung. Proceedings, 1982. Herausgegeben von J. Nehmer. IX, 732 Seiten. 1982.

Band 58: GWAI–82. 6th German Workshop on Artifical Intelligence. Bad Honnef, September 1982. Edited by W. Wahlster. VI, 246 pages. 1982.

Band 59: Künstliche Intelligenz. Frühjahrsschule Teisendorf, März 1982. Herausgegeben von W. Bibel und J. H. Siekmann. XIII, 383 Seiten. 1982.

Band 60: Kommunikation in Verteilten Systemen. Anwendungen und Betrieb. Proceedings, 1983. Herausgegeben von Sigram Schindler und Otto Spaniol. IX, 738 Seiten. 1983.

Band 61: Messung, Modellierung und Bewertung von Rechensystemen. 2. GI/NTG-Fachtagung, Stuttgart, Februar 1983. Herausgegeben von P. J. Kühn und K. M. Schulz. VII, 421 Seiten. 1983.

Band 62: Ein inhaltsadressierbares Speichersystem zur Unterstützung zeitkritischer Prozesse der Informationswiedergewinnung in Datenbanksystemen. Michael Malms. XII, 228 Seiten. 1983.

Band 63: H. Bender, Korrekte Zugriffe zu Verteilten Daten. VIII, 203 Seiten. 1983.

Band 64: F. Hoßfeld, Parallele Algorithmen. VIII, 232 Seiten. 1983.

Band 65: Geometrisches Modellieren. Proceedings, 1982. Herausgegeben von H. Nowacki und R. Gnatz. VII, 399 Seiten. 1983.

Band 66: Applications and Theory of Petri Nets. Proceedings, 1982. Edited by G. Rozenberg. VI, 315 pages. 1983.

Band 67: Data Networks with Satellites. GI/NTG Working Conference, Cologne, September 1982. Edited by J. Majus and O. Spaniol. VI, 251 pages. 1983.

Band 68: B. Kutzler, F. Lichtenberger, Bibliography on Abstract Data Types. V, 194 Seiten. 1983.

Band 69: Betrieb von DN-Systemen in der Zukunft. GI-Fachgespräch, Tübingen, März 1983. Herausgegeben von M. A. Graef. VIII, 343 Seiten. 1983.

Band 70: W. E. Fischer, Datenbanksystem für CAD-Arbeitsplätze. VII, 222 Seiten. 1983.

Band 71: First European Simulation Congress ESC 83. Proceedings, 1983. Edited by W. Ameling. XII, 653 pages. 1983.

Band 72: Sprachen für Datenbanken. GI-Jahrestagung, Hamburg, Oktober 1983. Herausgegeben von J. W. Schmidt. VII, 237 Seiten. 1983.

Band 73: GI–13. Jahrestagung, Hamburg, Oktober 1983. Proceedings. Herausgegeben von J. Kupka. VIII, 502 Seiten. 1983.

Band 74: Requirements Engineering. Arbeitstagung der GI, 1983. Herausgegeben von G. Hommel und D. Krönig. VIII, 247 Seiten. 1983.

Band 75: K. R. Dittrich, Ein universelles Konzept zum flexiblen Informationsschutz in und mit Rechensystemen. VIII, 246 pages. 1983.

Band 76: GWAI-83. German Workshop on Artificial Intelligence. September 1983. Herausgegeben von B. Neumann. VI, 240 Seiten. 1983.

Band 77: Programmiersprachen und Programmentwicklung. 8. Fachtagung der GI, Zürich, März 1984. Herausgegeben von U. Ammann. VIII, 239 Seiten. 1984.

Band 78: Architektur und Betrieb von Rechensystemen. 8. GI-NTG-Fachtagung, Karlsruhe, März 1984. Herausgegeben von H. Wettstein. IX, 391 Seiten. 1984.

Band 79: Programmierumgebungen: Entwicklungswerkzeuge und Programmiersprachen. Herausgegeben von W. Sammer und W. Remmele. VIII, 236 Seiten. 1984.

Band 80: Neue Informationstechnologien und Verwaltung. Proceedings, 1983. Herausgegeben von R. Traunmüller, H. Fiedler, K. Grimmer und H. Reinermann. XI, 402 Seiten. 1984.

Band 81: Koordinaten von Informationen. Proceedings, 1983. Herausgegeben von R. Kuhlen. VI, 366 Seiten. 1984.

Band 82: A. Bode, Mikroarchitekturen und Mikroprogrammierung: Formale Beschreibung und Optimierung, 6, 7-227 Seiten. 1984.

Band 83: Software-Fehlertoleranz und -Zuverlässigkeit. Herausgegeben von F. Belli, S. Pfleger und M. Seifert. VII, 297 Seiten. 1984.

Band 84: Fehlertolerierende Rechensysteme. 2. GI/NTG/GMR-Fachtagung, Bonn 1984. Herausgegeben von K.-E. Großpietsch und M. Dal Cin. X, 433 Seiten. 1984.

Band 85: Simulationstechnik. Proceedings, 1984. Herausgegeben von F. Breitenecker und W. Kleinert. XII, 676 Seiten. 1984.

Band 86: Prozeßrechner 1984. 4. GI/GMR/KfK-Fachtagung, Karlsruhe, September 1984. Herausgegeben von H. Trauboth und A. Jaeschke. XII, 710 Seiten. 1984.

Band 87: Mustererkennung 1984. Proceedings, 1984. Herausgegeben von W. Kropatsch. IX, 351 Seiten. 1984.

Band 88: GI–14. Jahrestagung. Braunschweig. Oktober 1984. Proceedings. Herausgegeben von H.-D. Ehrich. IX, 451 Seiten. 1984.